中外哲學典籍大全

總主編　李鐵映　王偉光

中國哲學典籍卷

春秋集傳

經部春秋類

〔宋〕張洽　著

陳峴　點校

中國社會科學出版社

圖書在版編目（CIP）數據

春秋集傳／（宋）張洽著；陳峴點校．—北京：中國社會科學出版社，2021.11

（中外哲學典籍大全．中國哲學典籍卷）

ISBN 978－7－5203－8185－7

Ⅰ.①春…　Ⅱ.①張…②陳…　Ⅲ.①中國歷史—春秋時代—編年體②《春秋》—注釋　Ⅳ.①K225.04

中國版本圖書館CIP數據核字（2021）第059471號

出 版 人　趙劍英
項目統籌　王　茵
責任編輯　孫　萍
責任校對　王沛姬
責任印製　王　超

出　　版　中国社会科学出版社
社　　址　北京鼓樓西大街甲158號
郵　　編　100720
網　　址　http://www.csspw.cn
發 行 部　010－84083685
門 市 部　010－84029450
經　　銷　新華書店及其他書店

印　　刷　北京君昇印刷有限公司
裝　　訂　廊坊市廣陽區廣增裝訂廠
版　　次　2021年11月第1版
印　　次　2021年11月第1次印刷

開　　本　710×1000　1/16
印　　張　38.25
字　　數　453千字
定　　價　139.00元

中外哲學典籍大全

學術委員會

「中國哲學典籍卷」

學術委員會

主　任　陳　來　趙汀陽　謝地坤　李存山　王　博

委　員（按姓氏拼音排序）

白　奚　陳璧生　陳　静　陳立勝　陳少明　陳衛平　陳　霞　丁四新　馮顔利

干春松　郭齊勇　郭曉東　景海峰　李景林　李四龍　劉成有　劉　豐　王中江

王立勝　吴　飛　吴根友　吴　震　向世陵　楊國榮　楊立華　張學智　張志强

鄭　開

項目負責人　張志强

提要撰稿主持人　劉　豐　趙金剛

提要英譯主持人　陳　霞

總序

中外哲學典籍大全的編纂，是一項既有時代價值又有歷史意義的重大工程。

中華民族經過了近一百八十年的艱苦奮鬥，迎來了中國近代以來最好的發展時期，迎來了奮力實現中華民族偉大復興的時期。中華民族祇有總結古今中外的一切思想成就，才能並肩世界歷史發展的大勢。爲此，我們須編纂一部匯集中外古今哲學典籍的經典集成，爲中華民族的偉大復興、爲人類命運共同體的建設、爲人類社會的進步，提供哲學思想的精粹。

哲學是思想的花朵，文明的靈魂，精神的王冠。一個國家、民族，要興旺發達，擁有光明的未來，就必須擁有精深的理論思維，擁有自己的哲學。哲學是推動社會變革和發展的理論力量，是激發人的精神砥石。哲學解放思維，净化心靈，照亮前行的道路。偉大的時代需要精邃的哲學。

一　哲學是智慧之學

哲學是什麽？這既是一個古老的問題，又是哲學永恒的話題。追問哲學是什麽，本身就是「哲學」問題。從哲學成爲思維的那一天起，哲學家們就在不停追問中發展、豐富哲學的篇章，給出一個又一個答案。每個時代的哲學家對這個問題都有自己的詮釋。哲學是什麽，是懸疑在人類智慧面前的永恒之問，這正是哲學之爲哲學的基本特點。

哲學是全部世界的觀念形態，精神本質。人類面臨的共同問題，是哲學研究的根本對象。本體論、認識論、世界觀、人生觀、價值觀、實踐論、方法論等，仍是哲學的基本問題和生命力所在！哲學研究的是世界萬物的根本性、本質性問題。人們可以給哲學做出許多具體定義，但我們可以嘗試用「遮詮」的方式描述哲學的一些特點，從而使人們加深對何爲哲學的認識。

哲學不是玄虛之觀。哲學來自人類實踐，關乎人生。哲學對現實存在的一切追根究底、「打破砂鍋問到底」。它不僅是問「是什麼」(being)，而且主要是追問「爲什麼」（why），特别是追問「爲什麼的爲什麼」。它關注整個宇宙，關注整個人類的命運，關注人生。它關心柴米油鹽 醋茶和人的生命的關係，關心人工智能對人類社會的挑戰。哲學是對一切實踐經驗的理論升華，它關心具體現象背後的根據，關心人類如何會更好。

哲學是在根本層面上追問自然、社會和人本身，以徹底的態度反思已有的觀念和認識，從價值理想出發把握生活的目標和歷史的趨勢，展示了人類理性思維的高度，凝結了民族進步的智慧，寄託了人們熱愛光明、追求真善美的情懷。道不遠人，人能弘道。哲學是把握世界、洞悉未來的學問，是思想解放、自由的大門！

古希臘的哲學家們被稱爲「望天者」，亞里士多德在形而上學一书中說，「最初人們通過好奇—驚讚來做哲學」。如果說知識源於好奇的話，那麼產生哲學的好奇心，必須是大好奇心。這種「大好奇心」衹爲一件「大事因緣」而來，所謂大事，就是天地之間一切事物的「爲什麼」。哲學精神，是「家事、國事、天下事，事事要問」，是一種永遠追問的精神。

哲學不祇是思維。哲學將思維本身作爲自己的研究對象，對思想本身進行反思。哲學不是一般的知識體系，而是把知識概念作爲研究的對象，追問「什麽才是知識的真正來源和根據」。哲學的「非對象性」的思想方式，不是「純形式」的推論原則，而有其「非對象性」之對象。哲學之對象乃是不斷追求真理，是一個理論與實踐兼而有之的過程，是認識的精粹。哲學追求真理的過程本身就顯現了哲學的本質。天地之浩瀚，變化之奥妙，正是哲思的玄妙之處。

哲學不是宣示絶對性的教義教條，哲學反對一切形式的絶對。哲學解放束縛，意味着從一切思想教條中解放人類自身。哲學給了我們徹底反思過去的思想自由，給了我們深刻洞察未來的思想能力。哲學就是解放之學，是聖火和利劍。

哲學不是一般的知識。哲學追求「大智慧」。佛教講「轉識成智」，識與智相當於知識與哲學的關係。一般知識是依據於具體認識對象而來的、有所依有所待的「識」，而哲學則是超越於具體對象之上的「智」。

公元前六世紀，中國的老子說，「大方無隅，大器晚成，大音希聲，大象無形，道隱無名。夫唯道，善貸且成」。又說，「反者道之動，弱者道之用。天下萬物生於有，有生於無」。對道的追求就是對有之爲有、無形無名的探究，就是對天地何以如此的探究。這種追求，使得哲學具有了天地之大用，具有了超越有形有名之有限經驗的大智慧。這種大智慧、大用途，超越一切限制的籬笆，達到趨向無限的解放能力。

哲學不是經驗科學，但又與經驗有聯繫。哲學從其作爲學問誕生起，就包含於科學形態之中，是以科學形態出現的。哲學是以理性的方式、概念的方式、論证的方式來思考宇宙人生的根本問題。在亞里士多德那裏，凡是研究實體（ousia）的學問，都叫作「哲學」。而「第一實體」則是存在者中的「第一個」。研究第一實體的學問稱爲「神學」，也就是「形而上學」，這正是後世所謂「哲學」。一般意義上的科學正是從「哲學」最初的意義上贏得自己最原初的規定性的。哲學雖然不是經驗科學，却爲科學劃定了意義的範圍、指明了方向。哲學最後必定指向宇宙人生的根本問題，大科學家的工作在深層意義上總是具有哲學的意味，牛頓和愛因斯坦就是這樣的典範。

哲學不是自然科學，也不是文學藝術，但在自然科學的前頭，哲學的道路展現了；在文學藝術的山頂，哲學的天梯出現了。哲學不斷地激發人的探索和創造精神，使人在認識世界的過程中，不斷達到新境界，在改造世界中從必然王國到達自由王國。

哲學不斷從最根本的問題再次出發。哲學史在一定意義上就是不斷重構新的世界觀、認識人類自身的歷史。哲學的歷史呈現，正是對哲學的創造本性的最好説明。哲學史上每一位哲學家對根本問題的思考，都在爲哲學添加新思維、新向度，猶如爲天籟山上不斷增添一隻隻黄鸝翠鳥。

如果説哲學是哲學史的連續展現中所具有的統一性特徵，那麽這種「一」是在「多」個哲學的創造中實現的。如果説每一種哲學體系都追求一種體系性的「一」的話，那麽每種「一」的體系之間都存在着千絲相聯、多方組合的關係。這正是哲學史昭示於我們的哲學多樣性的意義。多樣性與統一性的依存關係，正是哲學尋求現象與本質、具體與普遍相統一的辯證之意義。

哲學的追求是人類精神的自然趨向，是精神自由的花朵。哲學是思想的自由，是自由的思想。

中國哲學，是中華民族五千年文明傳統中，最爲内在的、最爲深刻的、最爲持久的精神追求和價值觀表達。中國哲學已經化爲中國人的思維方式、生活態度、道德準則、人生追求、精神境界。中國人的科學技術、倫理道德，小家大國、中醫藥學、詩歌文學、繪畫書法、武術拳法、鄉規民俗，乃至日常生活也都浸潤着中國哲學的精神。華夏文化雖歷經磨難而能够透魄醒神，堅韌屹立，正是來自於中國哲學深邃的思維和創造力。

先秦時代，老子、孔子、莊子、孫子、韓非子等諸子之間的百家争鳴，就是哲學精神在中國的展現，是中國人思想解放的第一次大爆發。兩漢四百多年的思想和制度，是諸子百家思想在争鳴過程中大整合的結果。魏晋之際，玄學的發生，則是儒道冲破各自藩籬，彼此互動互補的結果，形成了儒家獨尊的態勢。隋唐三百年，佛教深入中國文化，又一次帶來了思想的大融合和大解放，禪宗的形成就是這一融合和解放的結果。兩宋三百多年，中國哲學迎來了第三次大解放。儒釋道三教之間的互潤互持日趨深入，朱熹的理學和陸象山的心學，就是這一思想潮流的哲學結晶。

與古希臘哲學强調沉思和理論建構不同，中國哲學的旨趣在於實踐人文關懷，它更關注實踐的義理性意義。中國哲學當中，知與行從未分離，中國哲學有着深厚的實踐觀點和生活觀點，倫理道德觀是中國人的貢獻。馬克思説，「全部社會生活在本質上是實踐的」，實踐的觀點、生活的觀點也正是馬克思主義認識論的基本觀點。這種哲學上的契合性，正是馬克思主義能够在中國扎根並不斷中國化的哲學原因。

「實事求是」是中國的一句古話。今天已成爲深邃的哲理，成爲中國人的思維方式和行爲基準。實事求是就是解放思想，解放思想就是實事求是。實事求是是毛澤東思想的精髓，是改革開放的基石。只有解放思想才能實事求是。實事求是就是中國人始終堅持的哲學思想。實事求是就是依靠自己，走自己的道路，反對一切絶對觀念。所謂中國化就是一切從中國實際出發，一切理論必須符合中國實際。

二　哲學的多樣性

實踐是人的存在形式，是哲學之母。實踐是思維的動力、源泉、價值、標準。人們認識世界、探索規律的根本目的是改造世界，完善自己。哲學問題的提出和回答，都離不開實踐。馬克思有句名言：「哲學家們只是用不同的方式解釋世界，而問題在於改變世界！」理論只有成爲人的精神智慧，才能成爲改變世界的力量。

哲學關心人類命運。時代的哲學，必定關心時代的命運。對時代命運的關心就是對人類實踐和命運的關心。人在實踐中産生的一切都具有現實性。哲學的實踐性必定帶來哲學的現實性。哲學的現實性就是强調人在不斷回答實踐中各種問題時應該具有的態度。

哲學作爲一門科學是現實的。哲學是一門回答並解釋現實的學問，哲學是人們聯繫實際、面對現實的思想。可以説哲學是現實的最本質的理論，也是本質的最現實的理論。哲學始終追問現實的發展和變化。哲學存在於實踐中，也必定在現實中發展。哲學的現實性要求我們直面實踐本身。

哲學不是簡單跟在實踐後面，成爲當下實踐的「奴僕」，而是以特有的深邃方式，關注着實踐的發展，提升人的實踐水平，爲社會實踐提供理論支撑。從直接的、急功近利的要求出發來理解和從事哲學，無異於向哲學提出它本身不可能完成的任務。哲學是深沉的反思，厚重的智慧，事物的抽象，理論的把握。哲學是人類把握世界最深邃的理論思維。

哲學是立足人的學問，是人用於理解世界、把握世界、改造世界的智慧之學。「民之所好，好之，民之所惠，惠之。」哲學的目的是爲了人。用哲學理解外在的世界，理解人本身，也是爲了用哲學改造世界、改造人。哲學研究無禁區，無終無界，與宇宙同在，與人類同在。

存在是多樣的，發展是多樣的，這是客觀世界的必然。宇宙萬物本身是多樣的存在，多樣的變化。歷史表明，每一民族的文化都有其獨特的價值。文化的多樣性是自然律，是動力，是生命力。各民族文化之間的相互借鑒，補充浸染，共同推動著人類社會的發展和繁榮，這是規律。對象的多樣性、複雜性，決定了哲學的多樣性；即使對同一事物，人們也會産生不同的哲學認識，形成不同的哲學派别。哲學觀點、思潮、流派及其表現形式上的區别，來自於哲學的時代性、地域性和民族性的差异。世界哲學是不同民族的哲學的薈萃，如中國哲學、西方哲學、阿拉伯哲學等。多樣性構成了世界，百花齊放形成了花園。不同的民族會有不同風格的哲學。恰恰是哲學的民族性，使不同的哲學都可以在世界舞臺上演繹出各種「戲劇」。即使有類似的哲學觀點，在實踐中的表達和運用也會各有特色。

人類的實踐是多方面的，具有多樣性、發展性，大體可以分爲：改造自然界的實踐，改造人類社會的實踐，完善人本身的實踐，提升人的精神世界的精神活動。人是實踐中的人，實踐是人的生命的第一屬性。實踐的社會性決定了哲學的社會性，哲學不是脱離社會現實生活的某種遐想，而是社會現實生活的觀念形態，是文明進步的重要標誌，是人的發展水平的重要維度。哲學的發展狀况，反映着一個社會人的理性成熟程度，反映著這個社會的文明程度。

哲學史實質上是自然史、社會史、人的發展史和人類思維史的總結和概括。自然界是多樣的，社會是多樣的，人類思維是多樣的。所謂哲學的多樣性，就是哲學基本觀念、理論學説、方法的異同，是哲學思維方式上的多姿多彩。哲學的多樣性是哲學的常態，是哲學進步、發展和繁榮的標誌。哲學是人的哲學，哲學是人對事物的自覺，是人對外界和自我認識的學問，也是人把握世界和自我的學問。哲學的多樣性，是哲學的常態和必然，是哲學發展和繁榮的内在動力。一般是普遍性，特色也是普遍性。從單一性到多樣性，從簡單性到複雜性，是哲學思維的一大變革。用一種哲學話語和方法否定另一種哲學話語和方法，這本身就不是哲學的態度。

多樣性並不否定共同性、統一性、普遍性。物質和精神，存在和意識，一切事物都是在運動、變化中的，是哲學的基本問題，也是我們的基本哲學觀點！

當今的世界如此紛繁複雜，哲學多樣性就是世界多樣性的反映。哲學是以觀念形態表現出的現實世界。哲學的多樣性，就是文明多樣性和人類歷史發展多樣性的表達。多樣性是宇宙之道。

哲學的實踐性、多樣性，還體現在哲學的時代性上。哲學總是特定時代精神的精華，是一定歷史條件下人的反思活動的理論形態。在不同的時代，哲學具有不同的内容和形式，哲學的多樣性，也是歷史時代多樣性的表達。哲學的多樣性也會讓我們能够更科學地理解不同歷史時代，更爲内在地理解歷史發展的道理。多樣性是歷史之道。

哲學之所以能發揮解放思想的作用，在於它始終關注實踐，關注現實的發展；在於它始終關注著科學技術的進步。哲學本身没有絶對空間，没有自在的世界，只能是客觀世界的映象，觀念形態。没有了現實性，哲學就遠離人，就離開了存在。哲學的實踐性，説到底是在説明哲學本質上是人的哲學，是人的思維，是爲了人的科學！哲學的實踐性、多樣性告訴我們，哲學必須百花齊放、百家争鳴。哲學的發展首先要解放自己，解放哲學，就是實現思維、觀念及範式的變革。人類發展也必須多途並進，交流互鑒，共同繁榮。采百花之粉，才能釀天下之蜜。

三　哲學與當代中國

中國自古以來就有思辨的傳統，中國思想史上的百家争鳴就是哲學繁榮的史象。哲學是歷史發展的號角。中國思想文化的每一次大躍升，都是哲學解放的結果。中國古代賢哲的思想傳承至今，他們的智慧已浸入中國人的精神境界和生命情懷。

中國共産黨人歷來重視哲學，毛澤東在一九三八年，在抗日戰爭最困難的條件下，在延安研究哲學，創作了實踐論和矛盾論，推動了中國革命的思想解放，成爲中國人民的精神力量。

中華民族的偉大復興必將迎來中國哲學的新發展。當代中國必須有自己的哲學，當代中國的哲學必須要從根本上講清楚中國道路的哲學道理。中華民族的偉大復興必須要有哲學的思維，必須要有不斷深入的反思。發展的道路，就是哲思的道路，文化的自信，就是哲學思維的自信。哲學是引領者，可謂永恒的「北斗」，哲學是時代的「火焰」，是時代最精緻最深刻的「光芒」。從社會變革的意義上説，任何一次巨大的社會變革，總是以理論思維爲先導。理論的變革，總是以思想觀念的空前解放爲前提，而「吹響」人類思想解放第一聲「號角」的，往往就是代表時代精神精華的哲學。社會實踐對於哲學的需求可謂「迫不及待」，因爲哲學總是「吹響」這個新時代的「號角」。「吹響」中國改革開放之

「號角」的，正是「解放思想」「實踐是檢驗真理的唯一標準」「不改革死路一條」等哲學觀念。「吹響」新時代「號角」的是「中國夢」，「人民對美好生活的向往，就是我們奮鬥的目標」。發展是人類社會永恒的動力，變革是社會解放的永遠的課題，思想解放，解放思想是無盡的哲思。中國正走在理論和實踐的雙重探索之路上，搞探索没有哲學不成！

中國哲學的新發展，必須反映中國與世界最新的實踐成果，必須反映科學的最新成果，必須具有走向未來的思想力量。今天的中國人所面臨的歷史時代，是史無前例的。十三億人齊步邁向現代化，這是怎樣的一幅歷史畫卷！是何等壯麗、令人震撼！不僅中國歷史上亘古未有，在世界歷史上也從未有過。當今中國需要的哲學，是結合天道、地理、人德的哲學，是整合古今中西的哲學，只有這樣的哲學才是中華民族偉大復興的哲學。

當今中國需要的哲學，必須是適合中國的哲學。無論古今中外，再好的東西，也需要再吸收，再消化，必須要經過現代化和中國化，才能成爲今天中國自己的哲學。哲學是解放人的，哲學自身的發展也是一次思想解放，也是人的一个思維升華、羽化的過程。中國人的思想解放，總是隨著歷史不斷進行的。歷史有多長，思想解放的道路就有多長；發展進步是永恒的，思想解放也是永無止境的，思想解放就是哲學的解放。

習近平説，思想工作就是「引導人們更加全面客觀地認識當代中國、看待外部世界」。這就需要我們確立一種「知己知彼」的知識態度和理論立場，而哲學則是對文明價值核心最精練和最集中的深邃性表達，有助於我們認識中國、認識世界。立足中國、認識中國，需要我們審視我們走過的道路，立足中國、認識世界，需要我們觀察和借鑒世界歷史上的不同文化。中國「獨特的文化傳統」、中國「獨特的歷史命運」、中國「獨特的基本國情」，「決定了我們必然要走適合自己特點的發展道路」。一切現實的，存在的社會制度，其形態都是具體的，都是特色的，都必須是符合本國實際的。抽象的制度，普世的制度是不存在的。同時，我們要全面客觀地「看待外部世界」。研究古今中外的哲學，是中國認識世界、認識人類史，認識自己未來發展的必修課。今天中國的發展不僅要讀中國書，還要讀世界書。不僅要學習自然科學、社會科學的經典，更要學習哲學的經典。當前，中國正走在實現「中國夢」的「長征」路上，這也正是一條思想不斷解放的道路！要回答中國的問題，解釋中國的發展，首先需要哲學思維本身的解放。哲學的發展，就是哲學的解放，這是由哲學的實踐性、時代性所決定的。哲學無禁區、無疆界。哲學是關乎宇宙之精神，是關乎人類之思想。哲學將與宇宙、人類同在。

四　哲學典籍

中外哲學典籍大全的編纂，是要讓中國人能研究中外哲學經典，吸收人類精神思想的精華；是要提升我們的思維，讓中國人的思想更加理性、更加科學、更加智慧。

中國有盛世修典的傳統。中國古代有多部典籍類書（如「永樂大典」「四庫全書」等），在新時代編纂中外哲學典籍大全，是我們的歷史使命，是民族復興的重大思想工程。

只有學習和借鑒人類精神思想的成就，才能實現我們自己的發展，走向未來。中外哲學典籍大全的編纂，就是在思維層面上，在智慧境界中，繼承自己的精神文明，學習世界優秀文化。這是我們的必修課。

不同文化之間的交流、合作和友誼，必須達到哲學層面上的相互認同和借鑒。哲學之間的對話和傾聽，才是從心到心的交流。中外哲學典籍大全的編纂，就是在搭建心心相通的橋樑。

我們編纂這套哲學典籍大全，一是中國哲學，整理中國歷史上的思想典籍，濃縮中國思想史上的精華；二是外國哲學，主要是西方哲學，吸收外來，借鑒人類發展的優秀哲學成果；三是馬克思主義哲學，展示馬克思主義哲學中國化的成就；四是中國近現代以來的哲學成果，特别是馬克思主義在中國的發展。

編纂這部典籍大全，是哲學界早有的心願，也是哲學界的一份奉獻。中外哲學典籍大全總結的是書本上的思想，是先哲們的思維，是前人的足迹。我們希望把它們奉獻給後來人，使他們能够站在前人肩膀上，站在歷史岸邊看待自己。

中外哲學典籍大全的編纂，是以「知以藏往」的方式實現「神以知來」；中外哲學典籍大全的編纂，是通過對中外哲學歷史的「原始反終」，從人類共同面臨的根本大問題出發，在哲學生生不息的道路上，綵繪出人類文明進步的盛德大業！

發展的中國，既是一個政治、經濟大國，也是一個文化大國，也必將是一個哲學大國、思想王國。人類的精神文明成果是不分國界的，哲學的邊界是實踐，實踐的永恒性是哲學的永續綫性，打開胸懷擁抱人類文明成就，是一個民族和國家自强自立，始終佇立於人類文明潮頭的根本條件。

擁抱世界，擁抱未來，走向復興，構建中國人的世界觀、人生觀、價值觀、方法論，這是中國人的視野、情懷，也是中國哲學家的願望！

李鐵映

二〇一八年八月

「中國哲學典籍卷」

序

中國古無「哲學」之名，但如近代的王國維所説，「哲學爲中國固有之學」。「哲學」的譯名出自日本啓蒙學者西周，他在一八七四年出版的百一新論中説：「將論明天道人道，兼立教法的 philosophy 譯名爲哲學。」自「哲學」譯名的成立，「philosophy」或「哲學」就已有了東西方文化交融互鑒的性質。

「philosophy」在古希臘文化中的本義是「愛智」，而「哲學」的「哲」在中國古經書中的字義就是「智」或「大智」。孔子在臨終時慨嘆而歌：「泰山壞乎！梁柱摧乎！哲人萎乎！」（史記孔子世家）「哲人」在中國古經書中釋爲「賢智之人」，而在「哲學」譯名輸入中國後即可稱爲「哲學家」。

哲學是智慧之學，是關於宇宙和人生之根本問題的學問。對此，中西或中外哲學是共同的，因而哲學具有世界人類文化的普遍性。但是，正如世界各民族文化既有世界的普遍性，也有民族的特殊性，所以世界各民族哲學也具有不同的風格和特色。如果説「哲學」是個「共名」或「類稱」，那麼世界各民族哲學就是此類中不同的「特例」。這是哲學的普遍性與多樣性的統一。

在中國哲學中，關於宇宙的根本道理稱爲「天道」，關於人生的根本道理稱爲「人道」，中國哲學的一個貫穿始終的核心問題就是「究天人之際」。一般説來，天人關係問題是中外哲學普遍探索的問題，而中國哲學的「究天人之際」具有自身的特點。

亞里士多德曾説：「古今來人們開始哲學探索，都應起於對自然萬物的驚異……這類學術研究的開始，都在人生的必需品以及使人快樂安適的種種事物幾乎全都獲得了以後。」「這些知識最先出現於人們開始有閒暇的地方。」這是説的古希臘哲學的一個特點，是與當時古希臘的社會歷史發展階段及其貴族階層的生活方式相聯繫的。與此不同，中國哲學是産生於士人在社會大變動中的憂患意識，爲了求得社會的治理和人生的安頓，他們大多「席不暇暖」地周遊列國，宣傳自己的社會主張。這就決定了中國哲學在「究天人之際」

中首重「知人」，在先秦「百家争鳴」中的各主要流派都是「務爲治者也，直所從言之異路，有省不省耳」（史記太史公自序）。

中國哲學與其他民族哲學所不同者，還在於中國數千年文化一直生生不息而未嘗中斷，中國文化在世界歷史的「軸心時期」所實現的哲學突破也是采取了極温和的方式。這主要表現在孔子的「祖述堯舜，憲章文武」，删述六經，對中國上古的文化既有連續性的繼承，又經編纂和詮釋而有哲學思想的突破。因此，由孔子及其後學所編纂和詮釋的上古經書就以「先王之政典」的形式不僅保存下來，而且在此後中國文化的發展中居於統率的地位。

據近期出土的文獻資料，先秦儒家在戰國時期已有對「六經」的排列，「六經」作爲一個著作群受到儒家的高度重視。至漢武帝「罷黜百家，表章六經」，遂使「六經」以及儒家的經學確立了由國家意識形態認可的統率地位。漢書藝文志著録圖書，爲首的是「六藝略」，其次是「諸子略」「詩賦略」「兵書略」「數術略」和「方技略」，這就體現了以「六經」統率諸子學和其他學術。這種圖書分類經幾次調整，到了隋書經籍志乃正式形成「經、史、子、集」的四部分類，此後保持穩定而延續至清。

中國傳統文化有「四部」的圖書分類，也有對「義理之學」「考據之學」「辭章之學」和「經世之學」等的劃分，其中「義理之學」雖然近於「哲學」但並不等同。中國傳統文化没有形成「哲學」以及近現代教育學科體制的分科，但是中國傳統文化確實固有其深邃的哲學思想，它表達了中華民族的世界觀、人生觀，體現了中華民族的思維方式、行爲準則，凝聚了中華民族最深沉、最持久的價值追求。

清代學者戴震説：「天人之道，經之大訓萃焉。」（原善卷上）經書和經學中講「天人之道」的「大訓」，就是中國傳統的哲學；不僅如此，在圖書分類的「子、史、集」中也有講「天人之道」的「大訓」，這些也是中國傳統的哲學。「究天人之際」的哲學主題是在中國文化上下幾千年的發展中，伴隨著歷史的進程而不斷深化、轉陳出新、持續探索的。

中國哲學首重「知人」，在天人關係中是以「知人」爲中心，以「安民」或「爲治」爲宗旨的。在記載中國上古文化的尚書皋陶謨中，就有了「知人則哲，能官人；安民則惠，黎民懷之」的表述。在論語中，「樊遲問仁，子曰：『愛人。』問知（智），子曰：『知人。』」（論語顔淵）「仁者愛人」是孔子思想中的最高道德範疇，其源頭可上溯到中國文化自上古以來就形成的崇尚道德的優秀傳統。孔子説：「未能事人，焉能事鬼？」「未知生，焉知死？」（論語先進）「務民之義，敬鬼神而遠之，可謂知矣。」（論語雍也）「智者知人」，在孔子的思想中雖然保留了對「天」和鬼神的敬畏，但他的主要關注點是現世的人生，是「仁者愛人」「天下有道」的價值取向，由此確立了中國哲學以「知人」爲中心的思想範式。西方現代哲學家雅斯貝爾斯在大哲學家一書中把蘇格拉底、佛陀、孔子和耶穌作爲「思想範式的創造者」，而孔子思想的特點就是「要在世間建立一種人道的秩序」，「在現世的可能性之中」，孔子「希望建立一個新世界」。

中國上古時期把「天」或「上帝」作爲最高的信仰對象，這種信仰也有其宗教的特殊性。如梁啓超所説：「各國之尊天者，常崇之於萬有之外，而中國則常納之於人事之中，此吾中華所特長也。……其尊天也，目的不在天國而在世界，受用不在未來（來世）而在現在（現世）。是故人倫亦稱天倫，人道亦稱天道。記曰：『善言天者必有驗於人。』此所以雖近於宗教，而與他國之宗教自殊科也。」由於中國上古文化所信仰的「天」不是存在於與人世生活相隔絶的「彼岸世界」，而是與地相聯繫（中庸所謂「郊社之禮，所以事上帝也」，朱熹中庸章句注：「郊，祀天；社，祭地。不言后土者，省文也。」），具有道德的、以民爲本的特點（尚書所謂「皇天無親，惟德是輔」，「天視自我民視，天聽自我民聽」，「民之所欲，天必從之」），所以這種特殊的宗教性也長期地影響著中國哲學對天人關係的認識。相傳「人更三聖，世經三古」的易經，其本爲卜筮之書，但經孔子「觀其德義而已」之後，則成爲講天人關係的哲理之書。四庫全书總目易類序說：「聖人覺世牖民，大抵因事以寓教……易則寓於卜筮。故易之爲書，推天道以明人事者也。」不僅易經是如此，而且以後中國哲學的普遍架構就是「推天道以明人事」。

春秋末期，與孔子同時而比他年長的老子，原創性地提出了「有物混成，先天地生」（老子二十五章），天地並非固有的，在天地產生之前有「道」存在，「道」是產生天地萬物的總根源和總根據。「道」內在於天地萬物之中就是「德」，「孔德之容，惟道是從」（老子二十一章），「道」與「德」是統一的。老子說：「道生之，德畜之，物形之，勢成之。是以萬物莫不尊道而貴德。道之尊，德之貴，夫莫之命而常自然。」（老子五十一章）老子的價值主張是「自然無爲」，而「自然無爲」的天道根據就是「道生之，德畜之……是以萬物莫不尊道而貴德」。老子所講的「德」實即相當於「性」，孔子所罕言的「性與天道」，在老子哲學中就是講「道」與「德」的形而上學。實際上，老子哲學確立了中國哲學「性與天道合一」的思想，而他從「道」與「德」推出「自然無爲」的價值主張，這就成爲以後中國哲學「推天道以明人事」普遍架構的一個典範。雅斯貝爾斯在大哲學家一書中把老子列入「原創性形而上學家」，他說：「從世界歷史來看，老子的偉大是同中國的精神結合在一起的。」他評價孔、老關係時說：「雖然兩位大師放眼於相反的方向，但他們實際上立足於同一基礎之上。兩者間的統一在中國的偉大人物身上則一再得到體現……」這裏所謂「中國的精神」「立足於同一基礎之上」，就是說孔子和老子的哲學都是爲了解決現實生活中的問題，都是「務爲治者也」。

在老子哲學之後，中庸說：「天命之謂性」，「思知人，不可以不知天」。孟子說：「盡其心者知其性也，知其性則知天矣。」（孟子盡心上）此後的中國哲學家雖然對天道和人性有不同的認識，但大抵都是講人性源於天道，知天是爲了知人。一直到宋明理學家講「天者理也」，「性即理也」，「性與天道合一存乎誠」。作爲宋明理學之開山著作的周敦頤太極圖説，是從「無極而太極」講起，至「形既生矣，神發知矣，五性感動而善惡分，萬事出矣」，這就是從天道講到人事，而其歸結爲「聖人定之以中正仁義而主静，立人極焉」，這就是從天道、人性推出人事應該如何，「立人極」就是要確立人事的價值準則。可以説，中國哲學的「推天道以明人事」最終指向的是人生的價值觀，這也就是要「爲天地立心，爲生民立命，爲往聖繼絶學，爲萬世開太平」。在作爲中國哲學主流的儒家哲學中，價值觀又是與道德修養的工夫論和道德境界相聯繫。因此，天人合一、真善合一、知行合一成爲中國哲學的主要特點。

中國哲學經歷了不同的歷史發展階段，從先秦時期的諸子百家争鳴，到漢代以後的儒家經學獨尊，而實際上是儒道互補，至魏晋玄學乃是儒道互補的一個結晶；在南北朝時期逐漸形成儒、釋、道三教鼎立，從印度傳來的佛教逐漸適應中國文化的生態環境，至隋唐時期完成中國化的過程而成爲中國文化的一個有機組成部分；宋明理學則是吸收了佛、道二教的思想因素，返而歸於「六經」，又創建了論語孟子大學中庸的「四書」體系，建構了以「理、氣、心、性」爲核心範疇的新儒學。因此，中國哲學不僅具有自身的特點，而且具有不同發展階段和不同學派思想内容的豐富性。

一八四〇年之後，中國面臨着「數千年未有之變局」，中國文化進入了近現代轉型的時期。在甲午戰敗之後的一八九五年，「哲學」的譯名出現在黄遵憲的日本國志和鄭觀應的盛世危言（十四卷本）中。此後，「哲學」以一個學科的形式，以哲學的「獨立之精神，自由之思想」推動了中華民族的思想解放和改革開放，中、外哲學會聚於中國，中、外哲學的交流互鑒使中國哲學的發展呈現出新的形態，馬克思主義哲學在與中國的歷史文化傳統、中國具體的革命和建設實踐相結合的過程中不斷中國化而産生新的理論成果。中華民族的偉大復興必將迎來中國哲學的新發展，在此之際，編纂中外哲學典籍大全，中國哲學典籍第一次與外國哲學典籍會聚於此大全中，這是中國盛世修典史上的一個首創，對於今後中國哲學的發展、對於中華民族的偉大復興具有重要的意義。

李存山

二〇一八年八月

「中國哲學典籍卷」

出版前言

社會的發展需要哲學智慧的指引。在中國浩如煙海的文獻中，哲學典籍占據著重要地位，指引著中華民族在歷史的浪潮中前行。這些凝練著古聖先賢智慧的哲學典籍，在新時代仍然熠熠生輝。

收入我社「中國哲學典籍卷」的書目，是最新整理成果的首次發布，按照内容和年代分爲以下幾類：先秦子書類、两漢魏晋隋唐哲學類、佛道教哲學類、宋元明清哲學類、近現代哲學類、經部（易類、書類、禮類、春秋類、孝經類）等，其中以經學類占多數。全本次整理皆選取各書存世的善本爲底本，制訂校勘記撰寫的基本原則以確保校勘品質。全套書采用繁體竪排加專名綫的古籍版式，嚴守古籍整理出版規範，並請相關領域專家多次審稿，整理者反復修訂完善，旨在匯集保存中國哲學典籍文獻，同時也爲古籍研究者和愛好者提供研習的文本。

文化自信是一個國家、一個民族發展中更基本、更深沉、更持久的力量。對中國哲學典籍進行整理出版，是文化創新的題中應有之義。中國社會科學出版社秉持「傳文明薪火，發時代先聲」的發展理念，歷來重視中華優秀傳統文化的研究和出版。「中國哲學典籍卷」樣稿已在二〇一八年世界哲學大會、二〇一九年北京國際書展等重要圖書會展亮相，贏得了與會學者的高度讚賞和期待。

點校者、審稿專家、編校人員等爲叢書的出版付出了大量的時間與精力，在此一並致謝。由於水準有限，書中難免有一些不當之處，敬請讀者批評指正。

趙劍英

二〇二〇年八月

點校説明

張洽（一一六〇—一二三七），字元德，臨江清江（今屬江西）人，宋寧宗嘉定元年（一二〇八）登進士第，曾主講白鹿洞書院，官至著作佐郎，謚文憲。張洽爲朱子門人，習理學、經學，宋史道學傳稱張洽「自六經傳注而下，皆究其指歸，至於諸子百家、山經地志、老子浮屠之説，無所不讀」。

在朱子門人中，張洽以精研春秋聞名。朱子雖遍注群經，但却唯獨於尚書、春秋没有親自下筆注解，而以蔡沈和張洽的著作作爲朱子學派對尚書、春秋的代表性注解。朱子對於春秋的理解與其對周易等其他經典的詮釋方法有類似之處，解經時並不排斥漢人經説，但也並不認同今古文學派的家法，從方法上延續了唐人啖助、趙匡、陸淳等人的解經理路，對左傳、公羊傳、穀梁傳都有汲取和闡發，並在不同條目中適時援引三傳經義進行闡發，作爲調和之説，並不拘於一家。如公羊傳闡發微言大義，喜言「災異」「改制」和「一字褒貶」，受其影響，以調和三傳著名的宋代春秋學大家胡安國也喜歡用「一字褒貶」解説春秋。但朱子却並不認可公羊傳的「一字褒貶」之説，他認爲：「若欲推求一字之間，以爲聖人褒善貶惡專在於是，竊恐不是聖人之意。」

張洽對春秋的詮釋，基本延續了唐、宋以來諸儒尤其是朱子以調和三傳、間下己意爲主的路徑。其中，最具代表性的兩部著作便是十一卷本的春秋集注和二十六卷本的春秋集傳。而春秋集傳的整理和撰寫，則又早於春秋集注。春秋集傳以春秋經爲綱，在每一條經文後，根據經義闡發的需要，張洽酌情擇取左傳、公羊傳、穀梁傳之記載，及兩漢、隋唐、兩宋學者如杜預、何休、范甯、啖助、趙匡、陸淳、孔穎達、程頤、劉敞、胡安國、吕祖謙諸儒的議論，一一羅列，並間下己意。從編纂體例而言，春秋集傳與吕祖謙春秋集解類似，只是抒發己意略少，匯總諸家要義爲多。而對後世影響更大的春秋集注，則是在春秋集傳的基礎上，仿照朱子編纂論語集注、孟子集注的方法，「會其精意，詮次其説」，對春秋集傳中所引漢、唐、宋諸儒之説加以精選，薈萃其精義，以己意爲之調和、折中，最終撰成了精詳版的十一卷春秋集注，並成爲朱子學派注解春秋的扛鼎之作。

按照張洽本人在呈進表中的説法，春秋集注和春秋集傳在甲申年（一二二四）前已經粗成初稿，至端平元年（一二三四），則基本上已經完成寫定工作。同年（一二三四）八月初一，有尚書省劄子至臨江軍，訪求張洽的所有春秋類著作，以期上繳尚書省，以備御覽。次年（一二三五）七月，張洽將春秋集注十一卷和春秋集傳二十六卷完全寫定，与春秋綱領一卷，歷代郡縣地理沿革表二十七卷及目録二卷，一並送臨江軍上呈。

張洽詮釋春秋的理路大抵延續朱子「直書其事」的理解，以左傳爲史，公羊、穀梁爲經：「左氏釋經雖簡，而博通諸史，叙事尤詳，能令百代之下頗見本末，其有功於春秋爲多。公、穀釋經，其義皆密……深得聖人誅亂臣、討賊子之意。考其源流，必有端緒，非曲説所能及也。」〔二〕張洽對今古文春秋學持並重的態度，既援引左傳以史實解春秋，也援引公羊、穀梁，以「誅討亂臣賊子」的大義解春秋。與朱子類似的是，張洽雖然重視春秋「大義」，但並不喜言今文經學所倡導的「微言」，對胡安國春秋傳中尤爲重視的「一字褒

〔二〕同上。

貶」「夏時冠周月」諸説，也均持批評、否定的態度。

除春秋集注和春秋集傳外，張洽還著有春秋類的春秋綱領一卷、歷代郡縣地理沿革表二十七卷並目録二卷及左氏蒙求一書，此外還有續通鑒長編事略等著作，但除春秋集注和春秋集傳外，如今衹存春秋綱領一卷，其餘均已亡佚。

根據四庫全書總目提要的記載，張洽所撰春秋集注在明太祖時與胡安國春秋傳同立於學官，至明成祖纂集春秋大全時，纔被胡安國春秋傳全面壓制，喪失了在科舉考試中的權威地位，其流傳度也因此大大降低，二十六卷本的春秋集傳也就此亡佚。然而四庫提要對於春秋集傳的流傳情況也犯了失考的錯誤。事實上，春秋集傳並未失傳，該書尚存元延祐刻本，嚴修能、盧文弨等均曾經眼，後被阮元訪得，並編入宛委别藏之中，進呈嘉慶皇帝。不過，此書在流傳過程中有所散佚。根據張洽自序，原書共有二十六卷並綱領一卷。而在宛委别藏元延祐刻本中，衹存第一至十七卷及二十一、二十二卷，共十九卷。闕第十八、十九、二十、二十三、二十四、二十五、二十六卷。在所存十九卷中，除少量缺葉外，其餘部分基本保存完整，後來亦被收録於續修四庫全書之中。除此之外，還有另外七種基於宛委別藏元延祐刻本的清代抄本存世，分藏於國家圖書館、浙江圖書館、南京圖書館、北京大學圖書館、北京師範大學圖書館和黑龍江省圖書館。

清朝滅亡後，宛委別藏有所散失，由於整理者目力及學力有限，未能查得十九卷宛委別藏元延祐刻本春秋集傳現存何處。因此，本次整理工作，選取續修四庫全書影印宛委別藏元延祐刻本爲底本。而對原書的點校整理主要做了以下幾項工作：原書無標點，此次整理加以標點；原書在同一經文條目下引用多家文本時，以○加以分隔，並不分段。本次整理，均依照原書之○加以分段、提行。凡引用之條目皆頂格，張洽自撰之段落則均縮進二格，以清眉目；張洽在書中廣引左傳、公羊傳、穀梁傳之記載及兩漢、隋唐、兩宋學者之論説，因此在整理中，均將本書中所引用的内容與通行本原書進行校勘，凡與原文有異並影響文意理解的，均出校勘記，以備讀者核驗。僅有個別字句有異而並不影響文意的，則不出校勘記；改原書雙行小字爲單行小字；凡在原書中出現的明顯錯別字、異體字、避諱字均徑改，不出校。

根據張洽本人自述，春秋綱領一卷本亦附於春秋集傳中，然於宛委別藏元延祐刻本中亦已不見。不過，春秋綱領現保存於春秋集注中。因此，本書同時收録春秋綱領，選取宋寶祐三年（一二五五）臨江軍庠刻本爲底本，而以宋德祐元年（一二七五）衛宗武華亭義塾刻本和通志堂經解本爲校本。與此同時，亦將存於春秋集注中的省劄、相關文書和宋史張洽傳收於附録，以供廣大讀者參考。

在本書的整理和校對過程中，蔣鵬翔教授幫助考訂了元延祐刻本的流傳情況，張夏彤、李蝶、王悦、魯曉聰襄助校對，特此致謝。禮記有云：「屬詞比事，春秋教也。」春秋學本就以條例衆多、經義繁複聞名，再加以名物、地理等，整理難度頗高。本人學問粗疏，魯魚亥豕，在所難免，敬請方家批評賜教。

此次對春秋集傳的整理，也是全國高校古委會項目「張洽著作集點校整理」（799218039）的成果。

陳峴

辛丑孟春於嶽麓書院

目録

繳省投進狀

朝奉郎直秘閣主管建康府崇禧觀賜緋魚袋張洽

照會洽昨承臨江軍牒，備準省劄，訪聞洽多著成書，有裨治道，可備乙覽，劄下本軍詢訪件目，差人賫紙札謄寫，並繳申尚書省，以憑投進者。

伏念洽自幼貧苦，且復蚤孤，於他藝能無所通曉，遂發憤積思於文學。竊以爲，春秋之書，聖筆所刊。皆因時君之事，斷以是非之公，示之萬世。而生人之大倫、致治之大法，所賴以不泯者也。嘗從師友傳習講論凡二百四十二年之事，與漢、唐以來諸儒之議論，莫不考覈研究，會其異同，而參其中否。積年既久，似有得於毫髮之益。過不自度，取其足以發明聖人之意者，附於每事之左，以爲之傳，名曰春秋集傳。既又因此書之粗備，復倣先師文公語、孟之書，會其精意，詮次其說，以爲集注。而間有一得之愚，則亦竊自附於諸賢之説之後。雖平生心思稡在此書，然智識泯耗，學殖弗深，豈敢自謂盡得聖人筆削之大指？至於地理一書，則以封域分合之參差、古今名號之因革，此同彼異，驟改忽更，散在群書，莫能統會。蓋自誦旨之初，已病其然，乃博稽載籍，重加參究。竊規司馬迁十表之模範，述爲一編。以今之郡縣爲經，而緯以上下數千年異同之故。庶幾按圖而考，百世可知。

然而私家文籍，所有幾何？郡邑圖志，未閲千一。雖綱條粗立，而其間遺闕，尚多有之。故凡後來之升降，諸書之所未載，聞見之所未詳，大抵皆仍其舊而已。抵捂舛謬，不敢自保始。蓋期於餘力休暇之時，尚求他書，增而備之。而自登仕版，心志專於所職，不復能有所是正。間當甲申待次、庚寅奉祠以來，僅能整次集注之書，粗成編次。猶冀未遂首丘之日，凡有一聞一見，悉加刊定，使就條理，未嘗敢以爲成書也。載惟草野愚儒、章句末學，豈應妄有著述？所以犯是不韙者，不過因前賢已成之説，略加編剟，統會群言，掊擊僞辯，以私便觀覽而已。敢圖公朝俯加訪問，稱其有補於治道，給札取將，且欲以上備乙夜之覽？殊命下臨，不勝驚懼。然在疏遠賤士，匿不以聞，祇益爲罪。但惟此書實未得爲全備，故自聞命之後，雖復益加修潤，而自顧蕪陋，何所取材？踧踖累月，不敢以進。而終以方命爲懼，是以卒忘其冒昧，而徑以上陳。其春秋集傳二十六卷，春秋集注一十一卷并綱領一卷，歷代郡縣地理沿革表二十七卷并目録二卷，已送臨江軍繕寫裝褙了畢。敢因申發之次，具此申控情悃，欲望朝廷先賜看詳。如其書無所發明，迂闊於事，即乞免行奏御，塵瀆睿覽。若猶采其葑菲，遂以投進，伏乞敷奏前件所陳，冀逃有隱之誅。

洽下情無任惶懼俟命之至，須至申聞者。

右謹具狀，申尚書省，伏候指揮。謹狀。

端平二年七月日朝奉郎直秘閣主管建康府崇禧觀賜緋魚袋張洽狀

延祐甲寅李教授捐俸補刊于臨江路學

春秋卷第一

隱公

○杜氏曰：「春秋者，魯史記之名也。史之所記，必表年以首事，年有四時，故錯舉以爲所記之名也。」

○陸氏釋文曰：「隱公名息姑，惠公之子，母聲子。謚法：『不尸其位曰隱。』」杜氏釋例曰：「隱拂不成曰隱。」

○伊川程子曰：「夫子之道既不行於天下，於是因魯春秋立百王不易之大法。平王東遷，在位五十一年，卒不能復興先王之業，王道絶矣。孟子曰：『王者之迹熄而詩亡，詩亡然後春秋作。』適當隱公之初，故始於隱公。」又曰：王者之迹熄而詩亡者，謂雅亡，政教號令不及於天下也。

○泰山孫氏曰：「春秋之始於隱公者，非他，以平王之所終也。平既不王，周道絶矣。東遷之後，周室微弱，諸侯彊大。朝覲之禮不修，貢賦之職不奉，號令之無所束，賞罰之無所加，壞法易紀者有之，變禮亂樂者有之，弒君戕父者有之，攘國竊號者有之。征伐四出，蕩然莫禁。天下之政、中國之事，皆諸侯分裂之。平王庸暗，歷孝逾惠，莫能中興，播蕩陵夷，逮隱而死。雅、誥不復作，天下無復有王矣。〔二〕故詩自黍離而降，書自文侯之命而絶，春秋自隱公而始也。」

元年，春，王正月。

○公羊傳：「元年者何？君之始年也。春者何？歲之始也。」

○左氏傳：「元年，春，王周正月。」杜氏云：「言周以別夏、殷。」

○程氏傳：「春，天時。正月，王正。書『春王正月』，示人君當上奉天時，下承王正。明此義，則知王與天同大，而人道立矣。」

○公羊傳：「何言乎王正月？大一統也。」

○左氏傳：「惠公元妃孟子。孟子卒，繼室以聲子，生隱公。宋武公生仲子，仲子生而有文在其手，曰『爲魯夫人』，故仲子歸于我，生桓公而惠公薨，是以隱公立而奉之。」

○公羊傳：「桓公幼，諸大夫扳隱而立之，隱於是焉而辭立，則未知桓之將必得立也。且如桓立，則恐諸大夫之不能相幼君也。故凡隱之立，爲桓立也。」

○程氏傳：「隱公不書即位，明大法於始也。諸侯之立，必由王命。隱公自立，故不書即位，不與其爲君也。」

〔二〕「雅、誥不復作，天下無復有王矣」，孫復春秋尊王發微中在「春秋自隱公而始也」之後。

○胡氏傳：「國君逾年改元，必行告廟之禮，國史主記時政，必書即位之事。而隱公闕焉，是仲尼削之也。古者諸侯繼世襲封，則内必有所承；爵位土田，受之天子，則上必有所禀。内不承國於先君，上不禀命於天子，諸大夫扳己以立而遂立焉，是與争亂造端，而篡弑所由起也。春秋首絀隱公，以明大法，父子君臣之倫正矣。」

元年者，隱公之始年也。古者諸侯之國，各隨其君之年以紀事，故不書是年爲平王之四十九年。至於正朔，則王之所建也。此所謂正月，乃周正建子之月，在夏時則十一月也。然古史記事簡略，多以日繫月、以月繫年，至於事之以大略見者，乃繫於時。考之於書，如：「春，大會于盟津。」「秋，大熟，未穫。」此事之以大略見，乃繫於時者也。其餘謹其日月，則不必繫時。如伊訓：「惟元祀，十有二月。」畢命：「惟十有二年，六月庚午朏。」其他如武成、康誥、顧命等篇，皆月不繫於時。蓋舉月則知時，故不必書時也。春秋因史記而加筆削，於「元年」之下、「王正月」之上，與夫每歲四時，必加謹春、夏、秋、冬之文。程氏所謂「時，天時。正月，王正。書『春王正月』，示人君當上奉天時，下承王正。明此義，則知王與天同大，而人道立」者也。「正月」加「王」，示正月之必出於王也。正朔者，天子所以奉若天道，而敬授人時者也。堯之曆象，舜之璇璣，皆帝王之首政，天下之所當奉承者也。春秋之時，王政不行，諸侯不復知有王。不惟禮樂征伐不禀於天子，而正朔之大，亦國自爲曆數。周有周曆，魯有魯曆，晉當獻、惠之世，大抵專用夏正。周、魯、宋曆，見唐曆志。孔子將撥其亂而返之正，故於春之下特書「王正月」，示正朔必出於王。而天下之大，不可無所統也，示一統於此，而後禮樂征伐之專者，以次而正焉。此「元年春王正月」所以爲謹始之書也。

謹按：胡氏以爲：商、周雖改正朔，而實未嘗改月，故有夏時冠周月之説。今按周人改月之證見於書傳，坦然明甚。但以當時兼存夏正，故於經傳之間互見迭出，後人因此或迷而不覺。至於胡氏，又惑於商書之説，乃臆決而爲此言耳，其實非也。何以言之？周官於布治言「正月之吉」，此周正也，而以夏正爲正歲，所謂「正歲，十有二月，令斬冰」。此其證之尤章明者。又如詩：「七月流火，九月授衣。」此夏正也，而以周之正月爲一之日。觀此二者，可以見其兼存之驗矣。其兼存之何也？周人雖以天統改用建子爲正月，而以夏數之得天，故未嘗廢，而於因事當用之時，每存之也。顧其攽時授朔，則一以當代所建耳。如雜記載孟獻子曰：「正月日至，可以有事于上帝。七月日至，可以有事于祖考。〔二〕」又按孟子「歲十一月，徒杠成；十二月，輿梁成。」此皆用當代之正朔言之，與春秋左氏傳所紀之時月正合，顧後之人見當時之言，與詩人七月、四月之篇錯出，遂無所適從，而自爲紛亂耳。不特後世惑之，雖左氏固有不察者矣。何以言之？如晉之史，獻、惠之間見於左氏者，與經常差兩月。大子申生之死，經書於僖六年之春，而傳以爲五年之冬；韓之戰，經書十一月壬戌，而傳以爲九月壬戌；以至奚齊、卓子之弑，里克、丕鄭之殺，皆傳先而經後。蓋是時，晉之國史不用周正，而用夏正，是以差也。左氏不察，皆以爲經從告而書之，設使從告，何故每差兩月乎？且其訃告雖後，而告以日月，則固從其實也。豈有始經國史之録，再經仲尼之修，而不能釐正其訃告之誤乎？其不然也必矣。故知周正、夏正因兩存而淆混，不待後世而已惑也。左氏在當時，故以夏正爲周正。胡氏居後世，故以周正爲夏正，其爲誤一也。梓慎曰：「火出於夏爲四月，於商爲五月，於周爲六月。〔三〕夏數得天。」梓慎，周人也，其言如此，豈可謂周月之不改乎？至於程子以爲正月非春，而春秋假之以立義者，亦恐未然。按書序：「一月戊午，師渡盟津。」此周之一月也。而經言「十有三年春，大會于盟津」，則亦豈不遂以爲歲之首乎？蓋三代之改正朔，以天統、地統、人統而別之。歲建子之月，陽氣潛萌乎黄

〔二〕禮記雜記無「考」字。
〔三〕「火出於夏爲四月，於商爲五月，於周爲六月」，左傳作「火出於夏爲三月，於商爲四月，於周爲五月。」

鍾之宮，此天之所以爲春，而萬物之所由生也。獨不謂之天統之春乎？舉一隅於此，則夏、秋、冬可以類推矣。自胡氏之説興，學者於三代正朔之説紛然致疑。使不改之説信然，則是建寅之常爲正月，自堯、舜以達於三代，未嘗變更。而孔子作春秋，以欲行夏時之故，遽然反易，以啓後世之惑矣。使時王頒之、諸侯奉之、生民用之，而春秋輒改焉，則其大者既已失事實矣，尚可謂其文則史，而求傳信於將來也哉？

春秋，魯史也。聖人假之以立法，而時君之罪有難以顯言者，故於筆削之際，極其謹嚴，以示褒貶。隱公自立，故不書「即位」以見之。恐其未著，故特書「正月」以起之。即位，大事也。舜、禹之受終，載於典謨，而顧命一篇，紀康王受遺之制尤備，皆所以示後世正始之法也。諸侯之受國於天子、先公，猶天子之受於天與先王也。無王命與先君之命，則無以立乎其位而撫有一國，於是乎無以正其始矣。始之不謹，宜乎隱公之立，有以來譏聞之口、啓猜忌之意、成篡弑之端也。春秋於人君終始之際最爲謹重，隱公之即位，宜書而深没其文者，所以見其始之不正也。人皆知定之書即位不可不察，又豈知隱之不書即位尤不可不察者哉？

隱公之立，如穀梁之説，則受之於惠者也。如左氏、公羊之説，則隱之自立者也。胡氏之説舍穀梁從二氏者，蓋穀梁雖以爲惠公勝其邪心以與隱，而當時事實曾未之考，豈若左氏、公羊之有證乎？且左氏直以桓公爲大子，亦可見惠公屬意必立桓公，而當時大臣以幼君不可立，扳長君而立之也。程子、劉質夫於此皆有所未考，故直以穀梁爲斷，而謂隱公之不書即位，無天王之命耳。於隱，則貶其無王命而不書，至於莊、僖，則貶其無父命而不書。其義雖密，於事實則未協也。或曰：然則桓公誠爲太子已乎？曰：惠公之意則然矣，而未知嘗正其名否也。曰：惠公之正否何以辨？曰：自桓公而言，則諸侯無再娶之禮，仲子不可以爲夫人，故桓公非世嫡。惠雖欲立之，非正也。其大臣之舍桓而立隱，未爲失也。自隱公言之，則既無父命矣，復不請於天王，正其嫡庶之分，姑從大臣之言而立乎其位焉，安得不爲爭亂造端乎？嗚呼！此伯夷之終遜而逃之，所以爲求仁得仁，又何怨者也？

三月，公及邾儀父盟于蔑。邾，公羊並作「邾婁」。蔑，公羊、穀梁作「眛」。

○胡氏傳：「魯，侯爵，而其君稱公，此臣子之詞，春秋從周之文而不革者也。」

○公羊傳：「及者何？與也。」

○程氏傳：「凡盟，内爲主，稱『及』；外爲主，稱『會』。在魯地，雖外爲主，亦稱『及』，彼來而及之也。兩國以上，則稱『會』，彼盟而往會之也。」高郵孫氏曰：「凡盟會侵伐，重其爲首者。其事善，則首之者善重；其事惡，則首之者亦惡重。是故盟會則以主會爲首，侵伐則以主兵爲首，所以輕重之也。然而於内之主，則可言『公及某』，於外之主，則不可以言『某及公』，故聖人變其文曰會也。及者，以内而及外，因此而及彼。會者，以此從彼，彼處某而我往會之也。」○公羊傳：「及猶汲汲也。」○劉氏權衡曰：「按春秋有相與及者，此是也；有相次及者，『及其大夫孔父』是也；有逮及者，『公追齊師弗及』是也。文爲事出，不專汲汲而已。」

○杜氏註：「邾，今魯國鄒縣也。蔑，姑蔑，魯地。魯國卞縣南有姑城。」

○左氏傳：「邾子克也。未王命，故不書爵。」杜云：「附庸之君，未王命。」○劉氏傳：「如何則謂之附庸？公侯百里，伯七十里，子男五十里。不及五十里，附於諸侯，曰附庸。公九命，侯伯七命，子男五命，附庸之君四命。」

○公羊傳：「儀父者何？字也。」

○程氏傳：「附庸之君稱字，同王臣也；夷狄則稱名，降中國也。」胡氏傳：「王朝大夫例稱字，列國之命大夫例稱字，諸侯之兄弟例稱字，其常也。聖人按是非，定襃貶，則有例當稱字或黜而書名，例當稱名或進而稱字，其變也。」

○孔氏正義：「凡盟禮，殺牲歃血，告誓神明。若有背違，欲令神加殃咎，使如此牲也。曲禮曰：『約信曰誓，涖牲曰盟。』周禮司盟：『掌盟載之法，邦國有疑會同，則掌其盟約之載。』」

○程氏傳：「盟誓以結信，出於人情，先王所不禁也。後世屢盟而不信，則辠也。諸侯交相盟誓，亂世之事也。」

○左氏傳：「公攝位而欲求好於邾，故爲蔑之盟。」

○胡氏傳：「春秋大義以講信修睦爲事，以忠信誠慤爲先〔一〕，而刑牲歃血、要質鬼神之事，非所貴也。故盟有弗獲已者矣，即位之初，而汲汲以求焉，惡隱公之私也。」

或謂盟誓者，人情之所不免。春秋書盟會，惡不禀於天王而私爲盟誓耳。使是盟而掌於司盟，春秋所不惡也。曰：人之所以爲人者，以其有相與之道也。忠信不足以相孚，而矢誓以相約、殺牲以相詛。舍其所以爲人之道，而從事於怨仇相結之術，是豈爲人上者講信修睦之道哉？春秋之諸侯率多尚此，蓋其人無以大相過故也。惟其信不由中，故怵於利害，則遂變而寒之。隱公是盟之後，卒不免於伐邾，則今日之求好，豈非私哉？由春秋諸侯相與之道而無變其俗，聖人固不能爲也。曰：然則司盟其可廢乎？曰：司盟之設，聖人蓋爲諸侯

〔一〕「以忠信誠慤爲先」，春秋胡氏傳無。

之仇怨不釋者設耳。殆衰世之意，小康之事。聖人立法常關盛衰，故不得已而建此官以待之也。屢盟之長亂，自幽、厲以來惡之矣，況春秋諸侯之紛紛乎？居春秋之後，制其諸侯而欲以盟誓一之，是猶抱薪而捄火也。故春秋惡盟誓，謹參盟，善蕭魚之會。知此，則知所以撥亂反正之道矣。

夏，五月，鄭伯克段于鄢。

○杜氏註：「鄭在滎陽宛陵縣西南。鄢，今潁川鄢陵縣。」

○左氏傳：「鄭武公娶于申，曰武姜。生莊公及共叔段。莊公寤生，驚姜氏，故名曰寤生，遂惡之。愛共叔段，欲立之。亟請於武公，公弗許。及莊公即位，爲之請制。公曰：『制，巖邑也，虢叔死焉。他邑唯命。』請京，使居之，謂之京城大叔。祭仲曰：『都城過百雉，國之害也。』公曰：『姜氏欲之，焉辟害？』對曰：『姜氏何厭之有？不如早爲之所，無使滋蔓。蔓，難圖也。』公曰：『多行不義，必自斃，子姑待之。』既而大叔命西鄙、北鄙貳於己。公子呂曰：『國不堪貳，君將若之何？』公曰：『無庸，將自及。』大叔又收貳以爲己邑，至於廩延。子封曰：『可矣，厚將得衆。』公曰：『不義不暱，厚將崩。』大叔完聚，繕甲兵，具卒乘，將襲鄭。夫人將啓之。公聞其期，曰：『可矣！』命子封帥車二百乘以伐京。京叛大叔段，段入于鄢，公伐諸鄢。五月，辛丑，大叔出奔共。」

○公羊傳：「殺世子母弟，直稱君者，甚之也。」

○胡氏傳：「克者，力勝之詞。」程氏傳：「不書奔，義不係於奔也。」

○左氏傳：「段不弟，故不言弟。」

○穀梁傳：「段，弟也。而弗謂弟，公子也。而弗謂公子，貶之也。段失子弟之道矣，賤段而甚鄭伯也。何甚乎鄭伯？甚鄭伯之處心積慮，成于殺也。」穀梁子於當時之事失其傳，故以克爲殺。然論春秋筆削之旨，則此說蓋得之矣。

○程氏傳：「克，勝也，言勝段之彊。使之彊，所以致其惡也。」

○胡氏傳：「夫君親無將，段將以弟弑兄，以臣伐君，必誅之罪也，而莊公特不勝其母焉爾，何責之之甚哉？曰：姜氏當武公存之時，嘗欲立段矣。及公既没，姜以國君嫡母主乎内，段以寵弟多材居乎外，國人又説而歸之。恐其將軋己爲後患也，故授之大邑而不爲之所，縱使失道以至於亂，然後以叛逆討之，則國人不敢從，姜氏不敢主，而大叔屬籍當絶，不可復居父母之邦，此鄭伯之志也。夫中也養不中，才也養不才，故人樂有賢父兄也。仁人之於兄弟，不藏怒，不宿怨，親愛之而已矣。象憂亦憂，象喜亦喜，恩掩義也。使吏治其國，而不得有爲，義掩恩也。恩義並而中持衡，段雖凶逆，何由爲亂？柰何以惡養之〔二〕，使陷於罪，因以剪之乎！春秋推見至隱，誅莊公以爲首惡，示天下爲公，不可以私亂也，垂訓之義大矣。」

秋，七月，天王使宰咺來歸惠公、仲子之賵。

○程氏傳：「王者奉若天道，故稱天王，其命曰天命，其討曰天討。盡此道者，王道也。後世以智力把持天下

〔二〕「夫中」至「養之」，春秋胡氏傳無。

者，伯道〔二〕

王之宰也。宰而名之，所以著其貶也。文公五年成風之喪，亦妾母也，王使榮叔歸含且賵，又使召伯來會葬，俱不稱天者，以明其無天道也。一則名其宰而見貶，一則去其天以示譏。」○胡氏傳：「王朝公卿書官，大夫書字，上士、中士書名，下士書人。咺位六卿之長，而名之，貶也。仲子，惠公之妾爾。以天王之尊，下賵諸侯之妾，是加冠於屨，人道之大經拂矣。天王紀法之宗，六卿紀法之守，議紀法而修諸朝廷之上，則與聞其謀，頒紀法而行諸邦國之閒，則專掌其事。而承命以賵諸侯之妾，是壞法亂紀，自王朝始也。故特貶而書名，以見宰之非宰矣。」

天子賵弔諸侯之禮，行人之職也，而大宰親之，侵職曠官。雖微，仲子之事猶春秋之所譏，而況兼嬖妾之賵以行之乎？宰之書名，爲仲子也。凡此，皆聖人之所深惡，而特筆以示之者也。

九月，及宋人盟于宿。

○杜氏註：「宿，小國，東平無鹽縣也。凡盟以國地者，國主亦與盟。宋，今梁國睢陽縣。」

○穀梁傳：「及者何？內卑者也。宋人，外卑者也。」公羊傳：「孰及之？內之微者也。」程氏傳：「稱及、稱人，皆非卿也。」左氏傳：「惠公之季年，敗宋師于黃。公立，而求成焉。盟于宿，始通也。」

〔二〕此下闕一版二頁。

○程氏傳：「盟于宿，魯志也。」

○胡氏傳：「其地以國，宿亦與焉。微者盟會，不志于春秋。此其志何也？有宿國之君也。」

冬，十有二月，祭伯來。

○杜氏註：「祭伯，諸侯爲王卿士者。祭國，伯爵也。」

○左氏傳：「非王命也。」

○穀梁傳：「來者，來朝也。其弗謂朝，何也？寰内諸侯，非有天子之命，不得出會諸侯。不正其外交，故弗與朝也。禮〔一〕，聘弓鍭矢，不出竟場，束脩之肉，不行竟中，有至尊者，不貳之也。」胡氏傳：「祭伯，畿内諸侯，爲王卿士。來朝于魯，而直書曰來，不與其朝也。人臣義無私交，大夫非君命不越竟，所以然者，杜朋黨之原，爲後世事君而有貳心者之明戒也。惟此義不行，然後有藉外權，如繆留之語韓宣惠者；交私論議，如莊助之結淮南者；倚彊藩爲援，以脅制朝廷，如唐盧攜之於高駢、崔胤之於宣武，昭緯之於邠岐者。經於内臣朝聘告赴，皆貶而不與，正其本也。豈有誣上行私、自植其黨之患哉？」

○程氏傳：「當時諸侯不修朝覲之禮，失人臣之義。王所當治也。祭伯爲王臣，不能輔王正典刑，而反與之交，又來朝之，故不與其朝，以明其罪。」

公子益師卒。

〔一〕穀梁傳無「禮」字。

○左氏傳：「衆父卒。」海陵胡氏曰：「益師，字衆父。衆仲其後也。」

○劉氏傳：「公子曰公子，公子之子曰公孫，公孫之子以王父字爲氏，公子之尊視大夫。」

○程氏傳：「諸侯之卿，必受命於天子。當時不復請命，故諸侯之卿皆不書官，不與其爲卿也。稱公子，以公子故使爲卿也。惟宋王者後，得命官，故獨宋卿書官。卿者，佐君以治國。其卒，國之大事，故書於此，見君臣之義矣。范氏云：「君之卿佐，是謂股肱。股肱或虧，何痛如之？故録其卒。」○高郵孫氏曰：「古者遇臣之禮，來朝則改容，當坐則爲起，疾病則臨問，死則哭之。君之遇之也重，則其報之也亦重；遇之也輕，則其報之也亦輕。春秋之時，君遇臣之禮，不止於薄也，或專殺之；臣事君之道，不止於欺也，而或弑之。聖人痛君臣之交失道也，則於内大夫之卒少見其意焉。内大夫之書於經者四十有七，書卒者三十，不書卒者十有七，所以見君恩之厚薄，且記臣道之始終也。書卒者，或君臨之，或賻賵之，恩及之，則卒之。不書卒者，或弑賊，或出奔，或君不見臨，或賵賻不加，恩不及，則不卒也。亦或出於春秋後也。」或日，或不日，因舊史也。古者史記事簡略，日月或不備。春秋因舊史，有可損而不能益也。」蘇氏云：「春秋以事繫月，以月繫時，以時繫年。事成於日者日，成於月者月，成於時者時。不然，皆失之矣。故崩、薨、卒、弑、葬，郊廟之類，盟、戰、敗、入、滅、獲，日食、星变、山崩、地震、火灾，如此者，皆以日成也。朝覲、蒐狩、城築、作毁，如此者，皆以時成也。會、遇、平、如、來、至、侵、伐、圍、取、救、次、遷、降、追、襲、奔、叛、執、放、水、旱、雨、雹、冰、雪、彗孛、螽螟，如此者，或以月成，或以時成者也。惟公即位不書日，有常日也。外殺大夫不書月與日，卑不以告也。」

不書官之説有三：官制之紊也，大夫之無王命也，王命之不重也。諸侯，大國三卿耳，而晉有六卿，魯至鞌之戰亦有四卿。是官制非先王之舊也，無王命之説當矣。然當時王朝之卿士，類多世官，而不擇賢。大國以彊而請命，則雖有王命，亦豈足爲重哉？春秋以其不足譏，故别立一例，以書王朝諸侯之大夫，要不失其貴賤之分而已。天子之命官則書冢宰，見其任天下之重也。宋得自命官，則書三官，見其不失官也。此外王朝公卿，書爵而已，同諸侯也。天子之大夫、諸侯之附庸與命大夫，則書字，其班大略同也。天子上士及諸侯之卿，皆名氏。蓋列國之卿入天子之國，曰士也。惟有所褒，則字，進其等也。是亦足以見微顯志晦之體矣。

二年，春，公會戎于潛。

○胡氏傳：「按費誓稱「淮夷」、「徐戎」，此蓋徐州之戎，久居中國，在魯之東郊者也。」孔安國曰：「此戎蓋帝王所羈縻統叙，故錯居九州之内也。」

○杜氏註：「陳留濟南縣〔一〕東南有戎城。潛，魯地。」

○劉氏傳：「戎者何？戎之君也。曷爲不以其君稱之？不與君稱也。曷爲不與君稱？正朔不加，禮樂不及，朝聘不與。東方曰夷，南方曰蠻，西方曰戎，北方曰狄。雖大，皆曰子，有故也。然後著其名爵，外之也。曷爲外之？王者内京師而外諸夏，内諸夏而外夷狄。」啖子曰：「凡戎狄，皆不分爵號，而君臣同詞。」○胡氏傳：「戎狄舉號，外之也。天無所不覆，地無所不載，天子與天地參者也。春秋天子之事，何獨外戎狄乎？曰：中國之有戎狄，猶君子之有小人，内

〔一〕南，左傳杜預注作「陽」。

小人外君子，爲否；内君子外小人，爲泰。春秋聖人傾否之書，内中國而外四夷，使之各安其所也。無不覆載者，王德之體；内中國外四夷者，王道之用。是故以諸夏而親戎狄，致金繒之奉，首顧居下，其策不可施也；以戎狄而朝諸夏，位侯王之上，亂常失序，其禮不可行也；以羌胡而居塞内，無出入之防，非我族類，其心必異，萌猾夏之階，其禍不可長也。爲此説者，其知内外之旨而明於馭戎之道矣。」

○杜氏註：「戎而書會者，順其俗以爲禮。」孔氏疏曰：「戎飲食衣服，不與華同，贄幣不通，言語不達，計應不堪會盟。故言『順其俗以爲禮』。又會據公往，戎爲主人，故得隨主人之俗以爲會禮。而言會朝據戎來，魯爲主人，戎不能從主人之俗，故朝禮不成，而不言朝也。」

○左氏傳：「會于潛，修惠公之好也。戎請盟，公辭。」

○程氏傳：「周室既衰，蠻夷猾夏，有散居中國者。方伯大國，明大義而攘斥之，義也。其餘列國，慎固封守可也。若與之和好，以免侵暴，非所謂『戎狄是膺』，所以容其亂華也。故春秋華夷之辨尤謹。居其地，而親中國，與盟會者，則與之。公之會戎，非義也。」孫氏曰：「諸侯非有天子之事，不得出會諸侯，況會戎哉？」○穀梁傳：「知者慮，義者行，仁者守。有此三者，而後可以出會。會戎，危公也。」

書戎以外之，則往會焉者不待貶而惡見矣。會狄、會吳，放此。

夏，五月，莒人入向。

○杜氏註：「莒，今城陽莒縣。向，小國也。譙國龍亢縣東南有向城。」

○程氏傳：「書莒人，微者也。凡將尊師衆曰某帥師，將尊師少曰某伐某，將卑師衆曰某師，將卑師少曰某人，已上公羊説，詳見五年傳。不知衆寡、將帥名氏，亦曰某人。書入，入其國也。」公羊傳：「入者何？得而不居也。」

○左氏傳：「莒子娶于向，向姜不安莒而歸。夏，莒人入向，以姜氏還。」

○孫氏曰：「莒，小國，以兵入向者，隱、桓之際，征伐用師，國無小大，皆專而行之也。」

○程氏傳：「天下有道，禮樂征伐自天子出。春秋之時，諸侯擅相侵伐。舉兵以侵人之境，固爲暴亂，而王法之所禁，况入人之國乎？」

無駭帥師入極。穀梁「駭」作「侅」。

○杜氏註：「無駭，魯卿。極，附庸小國。賈逵曰：「極，戎邑也。」無駭不書氏，未賜族。」

○程氏傳：「古者卿皆受命於天子，春秋之時，諸侯自命。已賜族者，則書族，不書族者，未賜也。賜族者，皆命之世爲卿也。」劉氏傳：「無駭者何？魯大夫也。何以不氏？再命也。諸侯大國三卿，命於天子；次國三卿，二卿命於天子；小國三卿，一卿命於天子。大國之卿三命，次國再命，小國一命，禮也。」○襄陵許氏曰：「凡大夫未爵命於天子，則不氏。春秋之初，尚謹此也。無駭、翬、挾、柔、溺及宛之見隱、桓、莊篇是也。自隱、桓以後，列國皆自命。大夫非夷狄，無不稱族者矣，蓋不復請命于周也。」

○左氏傳：「司空無駭入極，費庈父勝之。」

○胡氏傳：「書帥師，用大衆也。莒、魯非王命而入人國邑，逞其私意，見諸侯之不臣也；擅興而征討不加焉，見天王之不君也。據事直書，義自見矣。」

秋，八月，庚辰，公及戎盟于唐。

○杜氏註：「高平方與縣北有武唐亭。」

○左氏傳：「戎請盟。秋，盟于唐，復修戎好也。」

○程氏傳：「戎猾夏，而與之盟，非義也。」泰山孫氏曰：「儀父，中國也。公與中國盟，猶不可；與戎盟于唐，甚矣。」

○胡氏傳：「韓愈氏言『春秋謹嚴』，君子以爲深得其旨。所謂謹嚴者，何謹乎？莫謹於華夷之辨矣。中國而夷狄則狄之，夷狄猾夏則膺之，此春秋之旨也。而與戎歃血以約盟，非義矣。是故盟于唐而特詳時月日者，謹之也。後世乃有結戎狄以許昏而配偶非其類，如西漢之於匈奴；約戎狄以求援而華夏被其毒，如肅宗之於回紇；信戎狄以與盟而臣主蒙其恥，如德宗之於尚結贊。雖悔於終，亦將奚及？春秋謹唐之盟，垂戒遠矣。」

九月，紀履緰來逆女。左氏「履緰」作「裂繻」。

○杜氏註：「紀，東莞劇縣。」

○公羊傳：「紀履繻者何？紀大夫也。何以不稱使？昏禮不稱主人。何休曰：「爲養廉遠恥。」然則曷稱？稱諸父兄師友。女曷爲或稱女，或稱婦，或稱夫人？女在其國稱女，在塗稱婦，入國稱夫人。」今按：「紀季姜」及「齊侯送姜氏」之書，則言在塗稱女可也。其實婦與夫人皆既至之稱，若「逆婦姜于齊」，則又變例，以明文公喪娶之罪矣。

○左氏傳：「卿爲君逆也。」杜氏釋例曰：「卿爲君逆，則稱逆女；其卿自逆，則稱所逆之字，尊卑之別也。」

○程氏傳：「内女嫁爲諸侯夫人，則書逆。書歸，明重事也。來逆非卿，則書歸而已矣，見其禮之薄也。先儒皆謂諸侯當親迎，親迎者，迎於所館，故有親御授綏之禮。豈有委宗廟社稷，遠適他國以逆婦者乎？」常山劉氏曰：「文王親迎于渭，不云于莘，且是時未爲諸侯也。詩云：『韓侯迎止，于蹶之里。』則蹶爲王卿士，韓侯因朝覲至周而迎，不亦宜乎？」

男女之配，萬事之先也。男下於女而親迎，而後女從乎男而合好。此聖人制禮所以尤重大昏，而謹夫婦之始也。然天子、諸侯，有宗廟社稷之守，不可爲逆女而出疆。故必使三公、上卿往逆於其國，至於所館，而後親往逆焉。人君者，風化之首也。昏禮之不備，無以正天下之夫婦矣。逆者，男之事也，其禮不可以不厚；歸者，女之事也，其待禮不可以不至。禮不至而遂從之，則不免於以說而動，而陷於歸妹之凶。紀以卿逆，猶可言也，逆者微，而止書歸，則内外兩失之矣。春秋恒事不書，而於内女、夫人之歸逆，一一詳之，亦足以見有國者之所當重矣。天子、諸侯之昏禮，不見於後世。古禮之存者，獨士昏禮耳。故天子、諸侯之親迎，後世儒者率無定説，如鄭康成言天子當親迎於侯國，引文王以爲證。殊不知文王親迎于渭，蓋諸侯世子之事也，豈得以言天子乎？故天子、諸侯之禮，不可得而見矣。若以義起之，則孟子以親迎爲禮之輕，而古之人君以宗廟社稷爲重，其必無越竟親迎之禮明矣。故程子、劉質夫之説爲當。然程子必以卿大夫而下皆不親迎，則又悖於士昏禮，詩國風之説蓋亦誤矣。或曰：然程、劉氏之辨明矣，而胡氏又從而主諸侯親迎之説，何也？曰：胡氏蓋惑於公羊子「不稱使」之説，求其傳而不得，是以反程子之説而從之。夫大夫來逆女而不稱使，蓋昏禮自有主昏者，故不得以君臣之例稱之，而祭公、劉夏皆不稱天王之使也。胡氏不察，復取親迎之説以實之。彼不知天子、諸侯親迎之禮若果有之，則周禮不應不載。今自天子巡守、會同，諸侯朝覲、邦交之外，無出疆迎女之禮。其他不見親迎女家之證，獨記有所謂冕迎於所館，故曰：「大昏既至，冕而親迎。」今不詳禮之文，而欲令天子之尊下屈侯國，諸侯之重越竟而娶。使後世如任人問屋廬子之類，姍笑先王之禮拘泥無權，而不可執守，豈非儒者講禮不明之過哉？

冬，十月，伯姬歸于紀。

○杜氏註：「伯姬，魯女，裂繻所逆者。」

○穀梁傳：「婦人謂嫁曰歸。反曰來歸，從人者也。婦人在家制於父，既嫁制於夫，夫死從長子。婦人不專行，必有從也。伯姬歸于紀，此其如專行之辭，何也？曰：非專行也，吾伯姬歸于紀，故志之也。」

○程氏傳：「送之者雖公子、公孫，非卿則不書。」

○劉氏傳：「歸于諸侯則尊同，尊同則志。」

紀子伯、莒子盟于密。伯，左氏作「帛」。

○公羊傳：「紀子伯者何？無聞焉爾。」何氏曰：「春秋，孔子遠害，其說口相傳授，至漢公羊氏及弟子胡毋生等，乃始記於竹帛，故有所失也。」

○程氏傳：「闕文也。當云『紀侯某伯、莒子盟于密』。左氏附會作帛，杜預以爲裂繻之字。春秋無大夫在諸侯上者也，公、穀皆作伯。」胡氏傳：「凡闕文，有斷以大義削之而非闕者，有本據舊史因之而不能益者，亦有先儒傳受承誤而不敢增者。如隱不書即位，桓不書王，賵葬成風，王不稱天，吳、楚之君卒不書葬之類，皆斷以大義削之而非闕也；『紀子伯、莒子盟于密』，『甲戌、己丑』，『夏五』，『郭公』之類，或曰本據舊史因之而不能益也，或曰先儒傳受承誤而不敢增也。闕之而慎言其餘可也，必爲之說則鑿矣。」

十有二月，乙卯，夫人子氏薨。

○穀梁傳：「夫人薨，不地。范氏曰：「夫人無出竟之事，薨有常處。」夫人者，隱之妻也。卒而不書葬，夫人之義，從君者也。」

○程氏傳：「隱公夫人也。薨，上墜之聲。諸侯國内稱之，曰小君。婦人從夫者也，公在故不書葬，於此見夫婦之義矣。」胡氏傳：「卒則書薨，以明齊也；先卒則不書葬，以明順也。苟知其義，則夫夫婦婦，而家道正矣。」

君在而不書葬者，蓋婦人從夫，故君生則葬禮未備，待君薨而合祔也。今世，后雖先崩，必俟祔葬於山陵，蓋古之遺制歟！

鄭人伐衛。

○陸氏纂例曰：「成公以前侵伐人者，遠事難詳，不必皆微者也。凡師，稱罪致討曰伐，無名行師曰侵。」胡氏傳：「凡兵，聲罪致討曰伐，潛師掠境曰侵，兩兵相接曰戰，環其城邑曰圍，造其國都曰入，徙其朝市曰遷，毁其宗廟社稷曰滅，詭道而勝之曰敗，悉虜而俘之曰取，輕行而掩之曰襲，已去而躡之曰追，聚兵而守之曰戍，以弱假彊而能左右之曰以，皆志其事實，以明輕重。内書敗曰戰，書滅曰取，特婉其詞，爲君隱也。」

○左氏傳：「鄭共叔之亂，公孫滑出奔衛。滑，段之子。衛人爲之伐鄭，取廩延。鄭人伐衛，討公孫滑之亂也。」

○程氏傳：「諸侯舉兵而侵伐人，春秋直書其事，而責常在被侵伐者。蓋彼加於己，則當引咎，或自辯，喻之以禮義，不得免焉，則固其封疆，告于天子、方伯，若忿而與戰，則以與戰者爲主，處已絶亂之道也。今鄭聲罪而伐衛，衛服，故不戰。衛服，可免矣。鄭人擅興戎，王法所不容也。」胡氏曰：「伐而服罪則不書戰，此義推之，一經皆可通矣。」

三年，春，王二月。

○程氏傳：「月，王月也，事在二月，則書王二月；在三月，則書王三月；無事，則書時、首月。蓋有事則道在事，無事則存天時、王朔。天時備則歲功成，王道存則人理立，春秋之大義也。」

己巳，日有食之。

○杜氏註：「日行遲，一歲一周天。月行疾，一月一周天。一歲凡十二交會。然日月動物，雖行度有大量，不能不小有盈縮，故有雖交會而不食者，有頻交而食者。今釋例以長歷推經、傳，此食是二月朔也。」

○穀梁傳：「其不言食之者，何也？知其不可知，知也。」杜氏註見桓三年。〔一〕

○公羊傳：「日食則曷爲或日或不日，或言朔或不言朔？曰：某月某日，朔，日有食之者，食正朔也；其或日或不日，或失之前，或失之後。失之前者，朔在前也。失之後者，朔在後也。」孫氏曰：「凡日食言日言朔，食正朔也。言日不言朔，失其朔也。言朔不言日，失其日也。不言日，不言朔，俱失也。皆歷象錯亂、太史職廢。或失之前，或失之後，故春秋

〔一〕杜預注在隱三年。

詳而録之。以正其罪。」○劉氏傳：「曷爲或日或不日，或言朔或不言朔？史之記失也。非史之記失，則日有食之不得其正也。」

○程氏傳：「太陽，君也，而被侵食，君道所忌。然有常度，災而非異也。」何氏公羊傳注云：「災者，有害於人物，隨事而至者；異者，非常可怪，先事而至者。」

○胡氏傳：「日者衆陽之宗，人君之表，而有食之，災咎之象也。克謹天戒，則雖有其象而無其應，弗克畏天，災咎之來必矣。凡經所書者，或妾婦乘其夫，或臣子背君父，或政權在臣下，或夷狄侵中國，皆陰盛陽微之證。是故十月之交，詩人以刺；日有食之，春秋必書，以戒人君不可忽天象也。」吕氏曰：「日有食之，有常度矣。而春秋不以爲常度而不顧也。以爲日者人君之象，德有不至，陰而侵陽，則日爲之食。遇災而懼，日夜修省，以塞天變，則禍亂可息。苟以爲常度而不顧，則殃咎隨之，危亡日至，其應如響矣。」

三月，庚戌，天王崩。

○穀梁傳：「高曰崩，厚曰崩，尊曰崩。天子之崩，以尊也。其不名，何也？大上，故不名也。」

○左氏傳：「三月，壬戌，平王崩。赴以庚戌，故書之。」劉氏權衡：「杜云『欲諸侯速至，故遠日以赴。春秋不書實崩日而書遠日者，即傳其僞以懲臣子之過也。』非也。王實以壬戌崩，而赴以庚戌，則天下皆謂直以庚戌崩也。以史自當書庚戌，聖人雖欲改正，亦不可得，豈故傳其僞者乎？且於春秋，何以見平王非庚戌崩乎？」

○程氏傳：「崩，上墜之形。四海之内，皆當奔赴，魯君不往，惡極罪大，不可勝誅，不書而自見也。」胡氏傳：「或曰：萬國，至衆也；封疆，至重也。天王之喪，不得越竟以奔，而脩服於國，卿供弔送之禮，既葬卒哭而除喪，禮乎？按周書康王之誥：『大保率西方諸侯入應門左，畢公率東方諸侯入應門右，再拜，趨出，王反喪服。』此奔王者之喪，安得以爲脩服於國而可乎？故周人有喪，魯人有喪，周人往弔，謂使人可也。魯人不往，謂當親之者，而不可使人代也。諸侯歲時或朝覲於京師，或會同於方岳，或從征討之事，越竟踰時，不以爲難，何獨難於奔喪而薄君臣始終存没之義？大非先王之禮，失春秋之義矣。」

○杜氏註：「不書葬，魯不會。」

○高郵孫氏曰：「春秋之王十有三。崩、葬皆書者五，周告之崩，魯會之葬也。崩而不書葬者四，周告之而魯不會也。崩、葬不見者三，周不告，魯不會也。其一則在春秋之後也。春秋之書葬，皆我葬之也。」

夏，四月，辛卯，尹氏卒。尹，左氏作「君」。

○左氏傳：「君氏卒。聲子也。」呂氏曰：「左氏以紀子帛爲裂繻，以君氏爲聲子。凡若此類，皆傳寫之誤，而左氏不知，從而穿鑿妄爲之説。吾知左氏之出，其後聖人也遠，學春秋者，其可以爲據乎？然則謂之尹氏者，正也。」

○公羊傳：「尹氏者何？天子之大夫也。外大夫不卒，此何以卒？天王崩，諸侯之主也。」陸氏纂例：「臣無外交之禮，今死而來赴，故書以譏。」「其稱尹氏何？貶。曷爲貶？譏世卿。世卿，非禮也。」常山劉氏曰：「尹子稱氏者，起其世繼也。節南山之詩曰：『赫赫師尹，不平謂何！尹氏大師，秉國之均。』然則尹氏世秉周權，以長乱階，從來遠也。其後尹氏立王子朝，又以子朝奔楚，皆書曰氏，其終可監矣。」

○程氏傳：「古者使以德，爵以功，世禄而不世官，是以俊傑在位，庶績咸熙。及周之衰，士皆世官，政由是敗。尹氏世爲王官，故於其卒書曰『尹氏』，譏其世繼也。」胡氏傳：「或曰：世卿非禮，裳裳者華何以作乎？曰：功臣之世世其禄，世卿之官嗣其位。禄以報功也，故其世可延；位以尊賢也，故其官當擇。官不擇人，世授之柄，大姦據位而莫除，人主孤立而無助，國之不亡，幸尔！」○劉氏傳：「曷爲貶世卿？古者寰外諸侯嗣，寰内諸侯禄也。」

秋，武氏子來求賻。

○程氏傳：「武氏，王之卿士。稱武氏，見其世官。」

○公羊傳：「武氏子者何？天子之大夫也。其稱武氏子何？譏。何譏爾？父卒，子未命也。何以不稱使？當喪未君也。」劉氏傳：「嗣子定位於初喪，則其曰未君何？百官總己，聽於冢宰三年。」○胡氏傳：「夫百官總己以聽冢宰，則是攝行軍國之事也。以非王命而不稱使，於以謹天下之通喪，而嚴君臣之名分也。」

○穀梁傳：「歸死者曰賵，歸生者曰賻。曰歸之者，正也；求之者，非正也。周雖不求，魯不可以不歸，魯雖不歸，周不可以求之。求之爲言，得不得，未可知之詞也。交譏之。」

○程氏傳：「天王崩，諸侯不供其喪，故遣武氏子徵求於四國。書之以見天子失道，諸侯不臣之甚也。」

天王之喪，同軌畢至。况侯甸來衛之國，兄弟昭穆之親哉？周之於魯，固不當以往來之禮論也。然惠公、仲子之喪，冢宰歸賵，而王室之賻至勤。武氏子之來求平王之葬，不遣一介，而往會隱公。於君臣之大義，廢缺如此，固無以訓其臣子矣。夫以諸侯之不臣如此，而爲政於王室者，不能困心衡慮，輔王修政以討之，顧乃遣使徵求、瀆體瀆貨，以取輕於天下。此春秋所以直書而交譏之歟！

八月，庚辰，宋公和卒。

○左氏傳：「宋穆公疾，召大司馬孔父而屬殤公焉，曰：『先君舍與夷而立寡人，寡人不敢忘。若以大夫之靈，得保首領以没，先君若問與夷，其將何辭以對？請子奉之，以主社稷。』使公子馮出居於鄭。」

○趙子曰：「春秋記諸侯卒，以著代也。不曰薨，異内外也。名之，降於天子也。」

○程氏傳：「吉凶慶弔，講好修睦，鄰國之常禮，人情之當然。諸侯之卒，與國之大，故來告則書。」

冬，十有二月，齊侯、鄭伯盟于石門。

○左氏傳：「尋盧之盟也。」盧盟在春秋前。

○程氏傳：「天下無王，諸侯不守信義，數相盟誓，將以長亂也。故外諸侯盟，來告則書之。」劉氏傳：「何以書會盟之事？告則書。曷爲告則書？常事不書，非常則書。盟會於春秋，常也；於王者之制，則非常。」杜氏註：「石門，齊地。」

癸未，葬宋穆公。穆，公羊作「繆」，後凡以爲謚者同。

○左氏傳：「天子七月而葬，同軌畢至；言同軌，以別四夷之國。諸侯五月，同盟至；同在方嶽之盟。大夫三月，同位至；古者行役不踰時。士踰月，外姻至。」

○程氏傳：「諸侯告喪，魯往會葬，則書。春秋之時，皆不請而私謚，稱私謚，所以罪其臣子。」

○陸氏纂例：「五等諸侯，本國臣子皆稱之曰公。正禮諸侯皆合請王謚。從而書之，以見非禮。」

○胡氏曰：「外諸侯葬，其事則因魯史，其義則或存或削。曷爲或存或削？春秋，天子之事也。諸侯於方岳之同盟，其生講會同之好，其没有葬送之禮，是諸侯所以睦鄰國也。卒而或葬或不葬者何？有怠於禮而不葬者，有討其賊而不葬者，有諱其辱而不葬者，有避其號而不葬者。宋殤、齊昭告亂書弑矣，而經不書葬，是討其賊也。晉主夏盟，在景公時告喪書日矣，而經不書葬，是諱其辱也。吴、楚之君書卒者十，亦有親送西門之外者矣，而經不書葬，是避其號也。怠於禮，弱其君而不會，無其事闕其文，魯史之舊也。討其賊，諱其辱，避其號，聖人所削，春秋之法也。」

四年，春，王二月，莒人伐杞，取牟婁。

○杜氏註：「杞國本陳留雍縣〔一〕。牟婁，杞邑，城陽諸縣東北有婁鄉。」

○穀梁傳：「言伐言取，所惡也。既伐其國，又取其土，明伐不以罪而貪其利，兩書伐取，以彰其惡。諸侯相伐，取地於是始，故謹而志之也。」

○陸氏纂例：「啖子曰：『先書伐國，後言取邑者，明其國之邑也。』趙子曰：『凡力得之曰取，或是邑，或是附庸，力得之，故曰取。不當取也。不是其爭奪，雖復取本邑，亦無異詞。』其有本是其邑及我之附庸，爲彼所奪後，却取得，當異其文，謂其不能申明直詞請於王，而正疆理，但專自以兵爭奪，不得正道。故悉同詞言之。」

○程氏傳：「諸侯土地，有所受之，伐其罪而奪取其土，惡又甚焉，王法所當誅也。」胡氏傳：「取者，收奪之名。

〔一〕左傳杜預注「雍」下有「丘」字。

聲罪伐人而疆奪其土，故特書取，以著其惡。」

戊申，衛州吁弑其君完。

○陸氏釋文：「君父言弑，積漸之名；臣子云殺，卑賤之意也。」

○左氏傳：「初，衛莊公娶于齊東宫得臣之妹，曰莊姜。美而無子，衛人所爲賦碩人也。又娶于陳，曰厲嬀。生孝伯，早死。其娣戴嬀，生桓公，莊姜以爲己子。公子州吁，嬖人之子也，有寵而好兵。公弗禁，莊姜惡之。石碏諫曰：『臣聞愛子，教之以義方，弗納於邪。驕、奢、淫、泆，所自邪也。四者之來，寵禄過也。夫寵而不驕，驕而能降，降而不憾，憾而能眕者，鮮矣。且夫賤妨貴，少陵長，遠間親，新間舊，小加大，淫破義，所謂六逆也。君義，臣行，父慈，子孝，兄愛，弟敬，所謂六順也。去順效逆，所以速禍也。君人者，將禍是務去，而速之，無乃不可乎！』弗聽。其子厚與州吁游，禁之，不可。桓公立，乃老。四年春，州吁弑桓公而立。」

○泰山孫氏曰：「易曰：『履霜，陰始凝也。馴致其道，至堅冰也。』又曰：『積善之家，必有餘慶；積不善之家，必有餘殃。臣弑其君，子弑其父，非一朝一夕之故，其所由來者漸矣。由辯之不早辯也。』斯聖人教人君御臣子，防微杜漸之深戒也。蓋以臣子之惡，始於微而積於漸，久而不已，遂成乎簒弑之禍，如履霜而至乎堅冰也。若辯之不早，則鮮不及矣。」

○程氏傳：「自古簒弑多公族，蓋謂先君子孫，可以爲君，國人亦以然，而奉之。春秋於此，明大義以示萬世，故春秋之初，弑君者皆不稱公子、公孫，蓋身爲大惡，自絶於先君矣，豈復得爲先君子孫也？古者公族刑死則無服，况弑君乎？大義既明於初矣，其後弑立者，則皆以屬稱，或見其以親而寵之太過，任之太重，以至於亂；或見其天屬之親而反爲寇讎，立義各不同也。春秋大率所書事同則辭同，後人因謂之例，然有事同而辭異者，蓋各有義。不可例拘也。」

○胡氏傳：「使莊公以公子之道待州吁，教以義方，弗納於邪，不以賤妨貴，少陵長，則桓公之位定矣。州吁有寵，好兵而公弗禁，石碏盡言極諫而公弗從，復使與聞政事，主兵權而當國，篡弑所由作也。以衛詩緑衣諸篇考之，所謂『前有讒而不見，後有賊而不知』者，莊公是矣。故春秋書之，以爲後世爲人君父者之戒。」

夏，公及宋公遇于清。

○趙子曰：「簡禮而會曰遇。」公羊傳：「遇者何？不期也。」○穀梁傳：「不期而會曰遇。」○何氏註：「古者有遇禮，爲朝天子；若朝罷朝，卒相遇于塗。近者爲主，遠者爲賓，稱先君以相接。所以崇禮讓，絶慢易也。」○陸氏纂例：「古者遇禮，恐諸侯有邂逅相遇，簡略而行，故與會禮不同。時雖非相遇，而從省易以遇禮，相見者故書曰遇。公羊、穀梁並是説遇本意。」○程氏傳：「諸侯相見而不行朝會之禮，如道路之相遇，故當曰遇，非周禮『冬見曰遇』之遇也。」

○左氏傳：「公與宋公爲會，將尋宿之盟。未及期，衛人來告亂。夏，公及宋公遇于清。」

○常山劉氏曰：「王室衰微，典制廢壞，諸侯各逞其欲，會盟紛然。舍此又簡易其事，若道路相逢遇，無國君之禮，春秋所以致譏也。」

宋公、陳侯、蔡人、衛人伐鄭。

○杜氏註：「陳，今陳國陳縣。蔡，今汝南上蔡縣。」

○左氏傳：「宋殤公之即位也，公子馮出奔鄭，鄭人欲納之。及衛州吁立，將修先君之怨於鄭，而求寵於諸侯，以和其民。使告於宋曰：『君若伐鄭以除君害，君爲主，敝邑以賦與陳、蔡從，則衛國之願也。』宋人許之。於是陳、蔡方睦於衛。故宋公、陳侯、蔡人、衛人伐鄭。」

○襄陵許氏曰：「擊鼓之詩，以爲使公孫文仲將而平陳與宋，是以書衛人。」

○程氏傳：「宋以公子馮在鄭，與諸侯謀伐之也。摟諸侯以伐鄭，固爲罪矣；而衛弑其君，天下所當誅也，乃與修好而同伐人，其惡甚矣。」胡氏傳：「陳恒弑其君〔一〕，孔子沐浴而朝，告於哀公，請討之。然則鄭有弑逆，聲罪赴討，雖先發，後聞可也。宋殤不恤衛有弑君之難，欲定州吁而從其邪説，是肆人欲、滅天理，非人之所爲也。」

秋，翬帥師會宋公、陳侯、蔡人、衛人伐鄭。

○杜氏註：「翬，魯大夫公子翬。」

○左氏傳：「宋公使來乞師，公辭之。羽父請以師會之，公弗許。固請而行，故書曰：『翬帥師』，疾之也。諸侯之師，敗鄭徒兵，取其禾而還。」

〔一〕陳恒弑其君，春秋胡氏傳作「田常弑簡公」。

○程氏傳：「宋虐用其民，衛當誅之賊，而與之同伐人，其罪大矣。再序四國，重言其辠。胡氏傳：「春秋立義至精，詞極簡嚴而不贅也。若曰『翬帥師會伐鄭』，豈不白乎？再序四國，何其詞費也？言之重，詞之複，其中必有大美惡焉。四國合黨，翬復會師，同伐無罪之邦，欲定弒君之賊，惡之極也。言之不足而再言，聖人之情見矣。春秋誅討亂臣賊子之法嚴矣。」左氏以爲再伐，妄也。翬不稱公子，姦逆之人，積其彊惡，非一朝一夕，辯之宜早。隱公不能辯，是以及禍。」

○泰山孫氏曰：「翬不氏，未命也。」

九月，衛人殺州吁于濮。

○杜氏註：「濮，陳地，水名。」

○左氏傳：「州吁未能和其民，厚問定君於石子。石子曰：『王覲爲可。』曰：『何以得覲？』曰：『陳桓公方有寵於王，陳、衛方睦，若朝陳使請，必可得也。』厚從州吁如陳。石碏使告于陳曰：『衛國褊小，老夫耄矣，無能爲也。此二人者，實弒寡君，敢即圖之！』陳人執之，而請涖於衛。九月，衛人使右宰醜涖殺州吁于濮，石碏使其宰獳羊肩涖殺石厚于陳。」

○公羊傳：「其稱人何？討賊之辭也。」何氏註：「明國中人人得討之，所以廣忠孝之路。」○程氏傳：「衛人，衆詞也，舉國殺之也。」陸氏纂例：「凡作亂自立爲君，而國人殺之者，皆稱人。以殺者衆所共棄，不君之也。且明無所累也。」

○胡氏傳：「其殺州吁，石碏謀之，而使右宰醜涖也，變文稱人，則是人皆有欲討賊之心，亦夫人之所得討也，故曰衆詞。公羊子之義是矣。于濮者，閔衛國之人，著諸侯之罪也。衛人失賊，而曰著諸侯之罪，何也？夫州吁二月弑君而不能即討者，緣四國連兵，欲定其位，故久然後能殺之于濮耳，非諸侯之罪而何？夫以討賊許衆人，而失賊罪鄰國，與賊者寡矣。故曰：『春秋成而亂臣賊子懼。』」

冬，十有二月，衛人立晉。

〇左氏傳：「衛人逆公子晉于邢。冬，十有二月，宣公即位。」

〇穀梁傳：「衛人者，衆詞也，立者不宜立也，晉之名惡也。其稱人以立之，何也？得衆也。得衆則是賢也，賢則其曰不宜立，何也？春秋之義，諸侯與正而不與賢也。」立君非以尚賢，所以明有統也。建儲非以私親，所以定名分。名分定，則賢無長亂之階，而自賢之禍塞矣。

〇程氏傳：「書『衛人立晉』，衛人立之也。諸侯之立，必受命於天子，當時雖不受命於天子，猶受命於先君。衛人以晉公子也，可以立，故立之，春秋所不與也。雖先君子孫，不由天子、先君之命，不可立也，故去其『公子』。」泰山孫氏曰：「諸侯受國于天子，非國人可得而立也。」〇高郵孫氏曰：「晉以國人衆立，疑有得立之理。聖人特於疑似之閒，衆人以爲功、一時以爲善者，聖人必立大中以正之，所以示皇極之道，而較著一王之法也。」

春秋卷第一

春秋卷第二

隱公

五年，春，公觀魚于棠。觀，左氏作「矢」。

○公羊傳：「棠者何？濟上之邑也。」杜氏註：「高平方與縣有武棠亭。」正義曰：「舊説棠，魯地。據公欲略地，則非魯竟也。釋例土地名：『棠在魯部內，云本宋地，蓋宋、魯之界上也。』」

○左氏傳：「公將如棠觀漁者。臧僖伯諫曰：『凡物不足以講大事，其材不足以備器用，則君不舉焉。君，將納民於軌、物者也。故講事以度軌量謂之軌，取材以章物采謂之物，不軌不物謂之亂政。亂政亟行，所以敗也。故春蒐、夏苗、秋獮、冬狩，皆於農隙以講事也。三年而治兵，入而振旅，歸而飲至，以數軍實，昭文章，明貴賤，辨等列，順少長，習威儀也。鳥獸之肉，不登於俎，皮革、齒牙、骨角、毛羽，不登於器，則公不射，古之制也。若夫山林川澤之實，器用之資，皁隸之事，官司之守，非君所及也。』公曰：『吾將略地焉。』僖伯稱疾，不從。書曰『公矢魚于棠』，非禮也，且言遠地也。」

○穀梁傳：「禮，尊不親小事，卑不尸大功。魚，卑者之事也。公觀之，非正也。」

○程氏傳：「諸侯非王事、民事不遠出，遠出觀魚，非道也。」泰山孫氏曰：「觀魚，非諸侯之事也。天子、諸侯無非事者，動必有爲也。故孟子曰：『天子適諸侯曰巡守，諸侯朝天子曰述職。是故春省耕而補不足，秋省斂而助不給。』隱怠棄國政，觀魚于棠，可謂非事矣。」○許氏曰：「廢政勤民，般樂于遠，蓋公畏天之志荒矣。」

夏，四月，葬衛桓公。

○左氏傳：「衛亂，是以緩。」有州吁之亂，十四月乃葬。

○泰山孫氏曰：「討賊則書葬。」

○程氏傳：「稱桓公，見國人私謚也。送終，大事也。必就正寢，不没於婦人之手。曾子易簀而没，豈苟然乎？死而加之不正之謚，知忠孝者肯爲乎？」

○胡氏曰：「謚者行之迹，所以紀實德、垂勸戒也。名之曰『幽』、『厲』，雖孝子慈孫，百世不能改也。失位而見弑，何以爲桓？列爵惟五，皆王命也。衛本侯爵，何以稱公？見臣子不請於王而私自謚爾。春秋於邦君之葬，從其私謚而稱公，所以罪不忠孝之臣子，皆所以遏人欲、存天理、大居正也。」

秋，衛師入郕。郕，公羊作「盛」。

○公羊傳：「曷爲或言率師，或不言率師？將尊師衆稱某率師，將尊師少稱將，將卑師衆稱師，將卑師少稱人，君將不言率師。書其重者也。」

○杜氏註：「東平剛父縣西南有郕鄉。」

○左氏傳：「衛之亂也，郕人侵衛，故衛師入郕。」

○程氏傳：「晉乘亂得立，不思安國保民之道，以尊王爲先，居喪爲重，乃興戎修怨，入人之國，書其失道也。」

○胡氏傳：「稱師者，紀其用衆，而立義不同。有紀其盛而稱師者，如齊師、宋師、曹師城邢之類是也；有著其暴而稱師者，楚滅陳、蔡，公子棄疾主兵而曰楚師之類是也；有惡其不義而稱師者，次于郎以俟陳、蔡及齊圍郕之類是也。衛宣繼州吁暴亂之後，不施德政，固本恤民，而毒衆臨戎，入人之國，失君道矣。書『衛師入郕』，著其暴也。」

九月，考仲子之宫。初獻六羽。

○公羊傳：「考宫者何？考猶入室也，始祭仲子也。景氏曰：「考，落而成之，與宣王考室同意。」桓未君，則曷爲祭仲子？隱爲桓立，故爲桓祭其母也。」杜氏註：「成仲子宫，安其主而祭之。惠公以手文娶之，欲以爲夫人。諸侯無二嫡，蓋隱公成父之志，爲别立宫也。」穀梁傳：「禮，庶子爲君，爲其母築宫，使公子主其祭也。於子祭，於孫止。」

○胡氏傳：「禮無二嫡，孟子入惠公之廟，仲子無祭享之所，故爲别立宫以祀之，非禮也。因其來賵而正名之曰『仲子之賵』，因其考宫而正名之曰『仲子之宫』，而夫人衆妾之分定矣。存則以氏繫姓，以姓繫號，没則以謚繫號，以姓繫謚者，夫人也；存不稱號，没不稱謚，單舉姓字者，妾也。」

○陸氏纂例：「凡改舊而遂以爲常者，則曰『初税畒』及『六羽』是也。」

○孔氏正義：「廟初成，設祭以安神。祭則有樂，故初獻六羽。」

○高郵孫氏曰：「凡舞有干羽，此不言干但言羽者，婦人無武事，但陳羽舞也。」

○左氏傳：「考仲子之宫，將萬焉。公問羽數於衆仲。對曰：『天子用八，諸侯用六，大夫四，士二。』公從之。於是初獻六羽，始用六佾也。」劉氏權衡曰：「左氏云：『王命諸侯，名位不同。禮亦異數。』若五等之君均於六佾，無乃同之乎？且所謂士者，特牲、少牢皆士禮也，無用樂舞之儀，安得二佾而施之乎？周禮舞師之職：『凡小祭祀，則不興舞。』小祭祀者，王服玄冕之祭也。王服玄冕不舞，士服玄冕反舞之乎？且玄冕又非士所當服者，以此推之，則是衆仲之誤，而隱公從之，爲非禮無疑。」

○公羊傳：「初獻六羽何以書？譏。何譏爾？譏始僭諸公也。六羽之爲僭柰何？天子八佾，諸公六，諸侯四。諸公者何？諸侯者何？天子之三公稱公，王者之後稱公，其餘大國稱侯，小國稱伯、子、男。始僭諸公昉於此乎？前此矣。昉猶始也。前此則曷爲始乎？此僭諸公猶可言也，僭天子不可言也。」

○程氏傳：「成王賜魯用天子禮樂祀周公，後世遂群廟皆用。仲子別宫，故不敢同群廟而用六羽也。書『初獻』，見前此用八佾之僭也。仲尼以魯之郊禘爲周公之道衰，用天子之禮樂祀周公，成王之過也。」

○常山劉氏曰：「魯僭天子禮樂，孔子每事書之，以正天下之典也。」

論衆仲言樂之失當，以劉氏之説爲正；論聖人書初之旨，當以公羊、程氏之説爲正。後世皆以六佾爲魯之所當用者，不考於周禮之過也。

郳人、鄭人伐宋。

○左氏傳：「宋人取郳田。郳人告於鄭曰：『請君釋憾於宋，敝邑爲道。』鄭人以王師會之。伐宋，入其郛，以報東門之役。」

○杜氏註：「郳主兵，故序鄭上。」胡氏曰：「凡班序上下，以國之大小，從禮之常也。而會盟征伐，以主者爲先，因事之變也。」

○趙氏曰：「凡侵伐不書勝敗，殺掠而還也。」

會盟征伐，必先主者，胡氏之説當矣。然以爲衛州吁告於宋事與此同，則豈亦未深考其實哉！州吁之辭曰君爲主，推其主於宋也；郳人之辭曰敝邑爲道，以主兵自居也。豈可謂同哉？會盟征伐之先主者，正公羊所謂「其會則主會者爲之也。」垂隴之盟，先宋公、陳侯、鄭伯，後晉士縠。伐許之役，先鄭伯，而後晉荀偃。蓋春秋之際，名分尚明，故王人雖微，而必列於諸侯之上，霸主之卿亦不敢位諸侯之先，春秋皆因其事實而書之爾。若胡氏釋四國伐鄭之師，齊、衛圍戚之事，左氏以後論滅下陽之役，皆謂聖筆以意易其主兵之人，豈其然哉？

螟。

○杜氏註：「蟲食苗心者。」

○公羊傳：「何以書？記災也。」

○程氏傳：「書螟，書螽，皆爲災也。國之大事，故書。」胡氏傳：「國以民爲本，民以食爲天。詩去螟螣，害稼也。春秋書螟，記災也。聖經以爲大事而書之，近世王安石乃稱爲人牧者不必論奏災傷之事，亦獨何哉？甚矣！其不講於聖人之經，以欺當年而誤天下與來世也！」

冬，十有二月，辛巳，公子彄卒。

○左氏傳：「臧僖伯卒。公曰：『叔父有憾於寡人，寡人不敢忘。葬之加一等。』」胡氏傳：「公將如棠觀漁者，僖伯諫而不聽，則稱疾不從，可謂忠臣矣。葬之加一等，夫是之謂稱。然隱公不敢忘其忠而不能聽其言，與郭公善善不能用，至於亡國，一也。」

○杜氏註：「大夫書卒不書葬。葬者臣子之事，非公家所及。」

宋人伐鄭，圍長葛。

○杜氏註：「潁川長社縣北有長葛城。」

○左氏傳：「以報入郛之役也。」

○穀梁傳：「伐國不言圍邑。此其言圍邑，何也？久之也。伐不踰時，戰不逐奔，誅不填服。」程氏傳：「伐國而圍邑，肆其暴也。」○陸氏纂例：「既伐其國，又圍其邑，皆書之，其事輕重等不可偏遺也。」

六年，春，鄭人來輸平。輸，左氏作「渝」。劉氏曰：「蓋是字誤。」

○杜氏註：「和而不盟曰平。」

○高郵孫氏曰：「輸者，納也。鄭人請和，來納其平。」泰山孫氏曰：「輸者，來輸誠于我，平四年翬會伐鄭之怨也。」

○胡氏傳：「鄭人納成于魯，以利相結，解怨釋仇，離宋、魯之黨也。公之未立，與鄭人戰于狐壤，止焉。元年及宋盟于宿，四年遇于清，其秋會師伐鄭，即宋、魯爲黨，與鄭有舊怨明矣。五年鄭人伐宋，入其郛，宋來告命，魯欲救之，使者失詞，公怒而止。其冬，宋人伐鄭，圍長葛。鄭伯知其適有用閒可乘之隙也，是以來納成耳。然則善之乎？曰：平者解怨釋仇，固所善也；輸平者以利相結，則貶矣。曷爲知其相結之以利也？後此鄭伯使宛來歸祊，而魯入其地，會鄭人伐宋，得郜及防，而魯又取其二邑，是知輸平者以利相結也。諸侯修睦以蕃王室，所主者義耳。苟以爲利，則爲人臣子者且將懷利以事其君父，而大夫、士、庶人交征於利，不至簒奪則不厭矣。故特稱『輸平』，以明爲國者必正其義不謀其利，杜亡國敗家之本也。」劉氏傳：「輸平，猶致成也。曷爲致成？爲伐鄭，故致也。然則何致？致祊田也。其曰來，使人也。其曰輸，有挾也。」

夏，五月，辛酉，公會齊侯盟于艾。

○杜氏註：「泰山牟縣東南有艾山。」

○左氏傳：「始平于齊也。」杜氏註：「春秋前，與魯不平。」

秋，七月。

○公羊傳：「此無事，何以書？春秋雖無事，首時過則書。首時過則何以書？四時具，然後爲年。」何氏註：「歷一時無事，則書其首月。明王者當奉順四時之正也。書『欽若昊天，歷象日月星辰，敬授人時』是也。有事不月者，人道正則天道定矣。」

○程氏傳：「天時，王月備而後成歲也。」

冬，宋人取長葛。

○杜氏註：「上有『伐鄭，圍長葛』，鄭邑可知，故不言鄭也。」

○公羊傳：「外取邑不書，此何以書？久也。」

○程氏傳：「宋人之圍長葛，歲且周矣，其虐民無道之甚，而天子弗治，方伯弗征，鄭視其民之危困，而不能保有赴訴，卒喪其邑，皆罪也。宋人彊取，不可勝誅矣。」

七年，春，王三月，叔姬歸于紀。

○何氏註：「叔姬者，伯姬之媵也。至是乃歸者，待年父母國也。」程氏傳：「伯姬爲紀夫人，叔姬其娣也，待年於家，今始歸。」

○高郵孫氏曰：「媵不當書而書者，變例以見其賢也。紀侯去國，紀季以酅入齊，復存紀之宗社。叔姬又歸于酅，以承紀之宗祀。紀之國侵削殆盡，其所存者，宗祀而已。而叔姬不以國之存亡易其慮，惟宗社之是依，聖人安得不賢之乎！」蘇氏曰：「書叔姬，賢之也。吳無君無大夫，賢季子而書『吳子使札來聘』，亦猶是也。若賢不得書，必貴而後書，則是以位而蔑德也。小國無大夫，至於接我則書，是位不可以廢事也。位不可以廢事，獨可以廢賢乎？」

滕侯卒。

○杜氏註：「滕國在沛國公丘縣東南。」

○左氏傳：「不書名，未同盟也。凡諸侯同盟，於是稱名，故薨則赴以名，告終、稱嗣也，以繼好息民，謂之禮經。」劉氏權衡曰：「天下有道，王巡守四岳，則諸侯各朝方岳，以聽黜陟。故一方諸侯共事方伯，死則相恤，朝聘通焉，赴告及焉。苟異方殊州，生不共事，患不共憂，則朝聘不相通，赴告不相及。左氏所云『同盟則赴以名』，蓋緣此也。言同盟赴以名，非也。同盟則相赴是也。」○陸氏纂例曰：「臣子正當創巨痛深之日，豈忍稱君之名以赴列國？禮固不爾。且禮篇所録，亦曰寡君不禄而已。凡曾同會盟，知其名，故於死時書之。春秋諸侯卒不同盟會，凡五十二人，九人不書名，餘並書名。」

○程氏傳：「不名，史闕也。」趙子曰：「凡諸侯，同盟名於載書，朝會名於要約，聘告名於簡牘。故於卒赴，可知而紀也，非此則否示詳慎也。春秋唯有九人卒不書名，檢尋事迹，並無朝會聘盟之事，所以不知其名耳，是其明證也。」

○胡氏傳：「滕侯卒，何以不書葬？怠於禮、弱其君而不葬者，滕侯、宿男之類是已。古者邦交有常制，不以國之彊弱而有謹慢也，不以情之疎密而有厚薄也。春秋之時則異於是，晉北國也，楚南邦也，地非同盟而親往俟其葬；滕鄰竟也，宿同盟也，訃告雖及而魯不之恤，豈非以其壤地褊小乎？怠於禮而不往，弱其君而不會，無其事闕其文，此魯史之舊也。聖人無加損焉，存其卒，闕其葬，義自見矣。卒自外録，不卒非外也；葬自内録，不葬非内也。」

夏，城中丘。

○杜氏註：「中丘在琅邪臨沂縣東北。」

○左氏傳：「書，不時也。」泰山孫氏曰：「城邑、宮室，高下小大皆有王制，不可妄作。是故城一邑、新一廏、作一門、築一囿，時與不時，皆詳而録之。此年夏城中丘，桓五年夏城祝丘，莊二十九年冬十有二月城諸及防，文十二年冬十有二月季孫行父帥師城諸及鄆，定十四年秋城莒父及霄，僖二十年春新作南門，定二年冬十月新作雉門及兩觀之類是也。時謂周之十二月，夏之十月，非此不時也。然得其時者惡小，非其時者其惡大，此聖人愛民力、重興作，懲僭忒之深旨也。」

○公羊傳：「何以書？以重書也。」

○程氏傳：「爲民立君，所以養之也。養民之道，在愛其力。力足則生養遂，生養遂則教化行而風俗美，故爲政以民力爲重也。春秋凡用民力必書。其所興作，不時害義，固爲罪也；雖時且義，亦書，見勞民爲重事也。後之人君知此義，則知慎重於用民力矣。然有用民力之大而不書者，爲教之意深矣。僖公修泮宮，復閟宮，非不用民力也，然而不書，二者興廢，復古之大事，爲國之先務。如是而用民力，乃所當用也。人君知此義，則知爲政之先後輕重矣。凡書城者，完舊也；書築者，創始也。城中丘，使民不以時，非人君之用心也。」

齊侯使其弟年來聘。

○陸氏纂例：「趙子曰：『以禮通好曰聘。』」

○左氏傳：「齊侯使夷仲年來聘，結艾之盟也。」

○常山劉氏曰：「周禮大行人：『凡諸侯之邦交，歲相問也，殷相聘也，世相朝也。』先王制禮，所以盡人之情。諸侯之於鄰國，壤地相接，苟無禮以相與，則何足以講好而修睦哉？王室不綱，典禮大壞，無禮義之交，而惟彊弱之視，或附大而結好，或畏威而共命。故小國則朝而不聘，大國則聘而不朝。故來朝於魯者，非邾、莒、紀、薛，則郜、杞、曹、滕，皆小國也；魯侯之如者，惟齊、晉、楚三大國。而聘於魯者，則齊、晉、宋、衛、陳、鄭、秦、楚之邦；魯臣之所如者，亦唯大國，而或及於小國者矣。」

○程氏傳：「凡不稱公子而稱弟者，或責其失兄弟之義，或罪其以弟之愛而寵任之過。左氏、公羊傳皆曰年，齊僖公之母弟。先儒母弟之説，蓋緣禮文有立嫡子同母弟之説。其曰同母弟，蓋謂嫡爾，非以同母爲加親也。若以同母爲加親，是不知人理，近於禽道也。天下不明斯義也久矣。僖公愛年，其子尚禮秩如嫡，卒致簒弑之禍。書弟，見其以弟之愛而寵任之過也。」趙子曰：「將命，國之大事，此譏弟也。」

○胡氏傳：「兄弟，先公之子，不稱公子，貶也。書盟、書帥師，而稱兄弟者，罪其有寵愛之私。書出奔、書歸，而稱兄弟者，責其薄友恭之義。仁人之於兄弟，絶偏係之私，篤友恭之義，人倫正而天理存，其春秋以訓天下與來世之意也。」

秋，公伐邾。

○左氏傳：「秋，宋及鄭平。七月庚申，盟于宿。公伐邾，爲宋討也。」公距宋而與鄭平，欲以鄭爲援。今鄭、宋平，故懼而伐邾，以求宋。」

○胡氏傳：「宋人先取邾田，故邾人入其郛。魯與儀父則元年盟于蔑矣，邾人何罪可聲？特託爲辭説以伐之爾。」

○程氏傳：「擅興甲兵，爲人而伐人，非義之甚也。」

冬，天王使凡伯來聘。

○杜氏註：「凡伯，周卿士。凡，國。伯，爵。汲郡共縣東南有凡城。」

○程氏傳：「諸侯不修臣職而聘之，非王體也。」

戎伐凡伯于楚丘以歸。

○杜氏註：「楚丘，衛地。」

○左氏傳：「初，戎朝于周，發幣于公卿，凡伯弗賓。冬，王使凡伯來聘。還，戎伐之于楚丘以歸。」

○程氏傳：「言伐，見其以衆。天子之使，道由於衛，而戎得以衆伐之，衛不能衛，其罪可知。言『以歸』，則非執，凡伯有失節之罪。」泰山孫氏曰：「書楚丘，責衛不能救難。録『以歸』者，惡凡伯不能死位。」○胡氏曰：「周之秩官：『敵國賓至，關尹以告，侯人爲導，司徒具徒，司寇詰姦，佃人積薪，火師監燎；其貴國之賓至，則以班加一等，益虔；至於王使，則皆官正涖事。』今凡伯承王命，以爲過賓於衛，而戎得伐之以歸，是蔑先王之官而無君父也。故旄丘録於國風，見衛不能修方伯連率之職也。戎伐凡伯于楚丘以歸，見衛不救王臣之患也。爲狄所滅，則有由矣。」○許氏曰：「王靈既竭，戎索不勝。於是夷狄陵中國而侮王室，政刑不修之咎也。」

八年，春，宋公、衛侯遇于垂。

○穀梁傳：「不期而會曰遇。」

○杜氏註：「垂，衛地。濟陰句陽縣東北有垂亭。」

○左氏傳：「齊侯將平宋、衛，有會期。宋公以幣請於衛，請先相見，故遇于大丘。」即垂也。

○程氏傳：「宋忌鄭之深，故與鄭卒不成好。無諸侯相見之禮，故書曰遇。」

○劉氏傳：「垂者何？吾近邑也。何以書？接乎我也。我未有接之者，其曰接乎我何？諸侯之遇于我者，雖無事焉，必以禮交之道也。饋牽云乎？芻米云乎？」

三月，鄭伯使宛來歸祊。公羊、穀梁作「邴」。

○杜氏註：「宛，鄭大夫。不書氏，未賜族。祊，鄭祀泰山之邑，在琅邪費縣東南。」

○公羊傳：「邴者何？鄭湯沐之邑也。天子有事于泰山，諸侯皆從，泰山之下，諸侯皆有湯沐之邑焉。」范氏註穀梁傳曰：「諸侯有大功盛德於王室者，京師有朝宿之邑，泰山有湯休之邑，所以共祭祀也。魯，周公之後；鄭，宣王母弟。若此，有賜邑，其餘則否。」

○左氏傳：「鄭伯請釋泰山之祀而祀周公，以泰山之祊易許田。三月，宛來歸祊，不祀泰山也。」杜氏註：「成王營王城，有遷都之志，故賜周公許田，以爲魯朝宿之邑，故有周公廟。鄭桓公，宣王母弟，封鄭，有助祭泰山湯沐邑在祊。鄭以天子不復巡狩，故欲以祊易許田，從本國所近。恐魯以周公廟爲疑，故云已廢泰山之祀，而爲魯祀周公廟也。」

○胡氏傳：「鄭伯欲以泰山之祊易許田，前此來輸平者，以言請之矣，未入地也。至是來歸祊者，地既輸矣，未易許也。」

○程氏傳：「魯有朝宿之邑，在王畿之内，曰許。鄭有湯沐之邑，近於魯，曰祊。時王政不修，天子不巡守，魯亦不朝，故欲以祊易許田，各取其近者，故使宛來歸祊，始以祊歸魯。未〔二〕言易也。朝宿之邑，先祖受之於先王，豈可相易也？鄭來歸而魯受之，其罪均也。」

○胡氏傳：「用是見鄭有無君之心，而謂天王不復能巡守矣；有無親之心，而敢與人以先祖所受之邑矣。」

庚寅，我入祊。

○公羊傳：「入者何？難也。」

○程氏傳：「入者，内弗受也，義不可而彊入之也。」

○劉氏傳：「未有言『我入』者，其曰『我入』何？祊非我有也。何言乎祊非我有？王者制諸侯之地也有常，鄭不得以與人，魯不得以取諸人。」襄陵許氏曰：「春秋撥亂務，謹名分，書我者，以義立辨者也。非所有而有之，則與物亂矣。」

夏，六月，己亥，蔡侯考父卒。

○胡氏傳：「古者死而不謚，不以名爲諱，周人以謚易名，於是乎有諱禮，故君薨赴於他國，則曰『寡君不禄，敢告執事。』春秋之時，遵用此禮，凡赴者皆不以名矣。經書其終，雖五伯彊國齊桓、晉文之盛，莫不以名者，是仲尼筆之也。赴不以名而書其名，與魯通也。已通而不名者，舊史失之爾；未通而名者，有所證矣。故

〔二〕未，程氏傳作「來」。

傳此義者，記於禮篇曰『諸侯不生名』。夫生則不名，死則名之，别於大上，示君臣尊卑之等也。」

諸侯告終，則必稱嗣以赴。故楚郟敖告喪，而伍舉更其爲後之詞曰『共王之子圍爲長』。然則諸侯之名，自其告先君之終，則已紀録於列國之史矣。非特同盟朝會聘告之有證也。春秋於諸侯之卒，悉以名書，亦所以謹終辨實，使邦君之名謚可考，而不至於混淆爾，豈特辨等之一端而已哉？胡氏至謂春秋革周之制，而欲諸侯以名赴，此又求之過者也。

辛亥，宿男卒。

○穀梁傳：「宿，微國也。」

○吕氏曰：「其不名，史失之。聖人不得而益也。」

秋，七月，庚午，宋公、齊侯、衛侯盟于瓦屋。

○杜氏註：「瓦屋，周地。」

○穀梁傳：「諸侯之參盟於是始，故謹之也。誥誓不及五帝，盟詛不及三王，交質子不及二伯。」

○胡氏傳：「大道隱而家天下，然後有誥誓；忠信薄而人心疑，然後有盟詛；盟詛繁而要約亂，然後有交質子。至是傾危之俗成，民不立矣。春秋書參盟，謹其始也。周官設司盟，掌盟載之法，凡邦國有疑，則請盟於會同，聽命於天子，亦聖人待衰世之意爾。德又下衰，諸侯放恣，其屢盟也，不待會同；其私約也，不由天子。口血未乾而渝盟者有矣，其末至於交質子，猶有不信者焉。春秋譏盟詛，以信待人而不疑也。凡此類，蓋有不循周制者矣。」

八月，葬蔡宣公。

○杜氏註：「三月而葬，速。」

○公羊傳：「卒何以名，而葬不名？卒從正，而葬從主人。」

九月，辛卯，公及莒人盟于浮來。公羊、穀梁作「包來」。

○左氏傳：「盟于浮來，以成紀好也。」

○程氏傳：「鄰國之交，講信修睦可也，安用盟爲？公屈已與臣盟，義非安也。」

○陸氏微旨：「凡公與外大夫盟，例不書公。『及齊高傒、晉處父』是也，所以罪齊、晉也。此特書公者，莒小國也。非大夫所敢盟公，公自欲與之盟爾。所以譏公之失禮，且明非莒之罪也。」

○劉氏傳：「非公之棄南面而下與大夫盟也。」

螟。

○程氏傳：「螽〔一〕災也。民以食爲命，故有災必書。」

〔一〕螽，程氏傳作「爲」。

冬，十有二月，無駭卒。

○左氏傳：「無駭卒，羽父請謚與族。公問族於衆仲。對曰：『天子建德，因生以賜姓。因其所由生以賜姓，謂若舜由嬀汭，故陳爲嬀姓。胙之土而命之氏。報之以土而命氏曰陳。諸侯以字諸侯不得賜姓，故其臣因氏其王父字。爲謚，因以爲族。或使即先人謚用族。官有世功，則以官族，邑亦如之。』謂取其舊官、舊邑之稱以爲族，皆稟之時君。公命以字爲展氏。無駭，公子展之孫。以王父字爲氏。」

○程氏傳：「未賜族，稱名而已。」

○啖氏曰：「魯卿既王命，皆書卒。隱公攝位，不命大夫，故未命之卿亦書卒，明非怠慢也，俠、無駭是也。餘公不命之卿無書卒者，責不尊王室。」胡氏通旨曰：「春秋雖尊君抑臣，而寵遇大臣，必以禮。正大夫書卒者，示恩禮之有終也；其不卒者，或正其分，或討其罪也。以命，則或再或三，禄則或四或倍。非正大夫，其禮殺矣。柔溺結之，不卒，正其分者也。」

○胡氏傳：「無駭書名，未賜族也。諸侯之子爲大夫，則稱公子；其孫也而爲大夫，則稱公孫。公孫之子與異姓之臣，未賜姓而身爲大夫，則稱名，無駭、挾之類是也；已賜族而使之世爲大夫，則稱族，如仲孫、叔孫、季孫之類是也。古者置卿，必求賢德，不以世官，春秋之初猶爲近古，故無駭與挾皆書名爾。其後官人以世，無不賜之族，或以字，或以族，或以官，或以邑，而先王之禮亡矣。至於三家專魯，六卿分晉，諸侯失國出奔者相繼，職此由也。按禮，天子寰內諸侯，世其禄而不嗣。然則諸侯所置大夫，嗣其位而不易，豈禮也哉？觀春秋所書，而是非之迹著，治亂之理明矣。」

九年，春，天王使南季來聘。

○穀梁傳：「南，氏姓也。季，字也。」

○劉氏傳：「曷爲字？下大夫也。天子之下大夫四命。」

○何氏註：「古者諸侯順軌，有德行，天子聘問之，當北面稱臣，受之於大廟。」

○穀梁傳：「聘諸侯，非正也。」胡氏傳：「按周禮行人：『王者待諸侯，有時聘以結好，間問以諭志。』而穀梁子以聘諸侯爲非正，何也？古者諸侯於天子，比年一小聘，三年一大聘，五年一朝。天子於諸侯，不可若是恝，故亦有聘問之禮焉。隱公即位九年于此，而史策不書遣使如周，則是未嘗聘也；亦不書公如京師，則是未嘗朝也。一不朝則貶其爵，再不朝則削其地，如隱公者，貶爵削地可也。刑則不舉，遣使聘焉，其斯以爲不正乎？」

○程氏傳：「王法之行，時加聘問，以懷撫諸侯，此常禮也。春秋之時，諸侯不修臣職，朝覲之禮廢絶，王法所當治也。不能正典刑，而反聘之，又不見答，失道甚矣。」胡氏傳：「經書『公如京師』者一，『朝于王所』者二，卿、大夫如京師者五，舉魯一國，則天下諸侯怠慢不臣可知矣。書天王來聘者七，錫命者三，賵葬者四，則問於他邦及齊、晉大國又可知矣。王之不王如此，征伐安得不自諸侯出乎？諸侯之不臣如此，政安得不自大夫出乎？君臣上下之分易矣。陪臣執國命，夷狄制諸夏矣。其原皆自天王失威福之柄也，春秋於此蓋有不得已焉爾矣。」

隱公十年之閒，宰咺、凡伯、南季三至魯庭，得非以魯爲周公之胄，而欲親之與？公不知尊王明義以正其國，而朝聘之禮不復行於王室。於是諸侯視傚而王靈竭，臣子則象而篡弒萌。隱公之惡，積不可揜如此。乃欲修區區之小讓，以成名後世，或以賢君稱之，何哉？春秋詳王使之來魯，以待讀者之自考，而知隱公之罪不可勝誅，蓋不特譏天子之失政而已矣。

三月，癸酉，大雨震電。庚辰，大雨雪。

○杜氏註：「三月，今正月。」

○穀梁傳：「震，雷也。電，霆也。庚辰，大雨雪，志疏數也。八日之間，再有大變，陰陽錯行，故謹而日之也。」

○公羊傳：「大雨震電，何以書？記異也。何異爾？不時也。大雨雪，何以書？記異也。何異爾？俶甚也。」

○程氏傳：「陰陽運動，有常無忒，凡失其度，皆人爲感之也。故春秋災異必書。漢儒傳其說，而不達其理，故所言多妄。震電不時，災也；雨雪非常爲大，亦災也。」劉向曰：「夏正月，雷未可以出，電未可以見。雷電已出見，則雪不當復降，皆失節也。雷電，陽也；雨雪，陰也。雷出非其時者，是陽不能閉，陰氣縱逸，而將爲害也。」

挾卒。公羊、穀梁作「俠」。

○公羊傳：「俠者何？吾大夫之未命者也。」

○杜氏註：「挾，魯大夫之未賜族者。」

○穀梁傳：「俠者，所俠也。弗大夫者，隱不爵大夫也。不成爲君也。」

夏，城郎。

○杜氏註：「郎，邑也。高平方與縣有郁郎亭」。

○左氏傳：「書，不時也。」

○胡氏傳：「城者，禦暴保民之所，而城有制，役有時。大都不過參國之一，邑無百雉之城，制也。魯嘗城費、城郈，其後復墮焉，則越禮而非制矣。凡土功，龍見而戒事，火見而致用，水昏正而栽，日至而畢，時也。隱公城中丘、城郎，皆以夏，則妨農而非時矣。城不踰制，役不踰時，又當分財用，平板榦，議遠邇，略基址，具餱糧，度有司，量工命日，不愆于素，然後爲之可也。況失其時制，妄興大作，無愛養斯民之意者，其罪之輕重見矣。」

○許氏曰：「七年，城中丘，而後伐邾；今城郎，而後伐宋。皆譏公不務崇德修政以戒蕭墻，而念外人之有非，干時勤衆，恃城守國，亦已末矣。」

秋，七月。

冬，公會齊侯于防。公羊作「邴」。

○杜氏註：「防，魯地，在琅邪華縣東南。」

○左氏傳：「宋公不王。鄭伯爲王左卿士，以王命討之，伐宋。宋以入郛之役怨公，不告命。公怒，絶宋使。

秋，鄭人以王命來告伐宋。冬，會于防，謀伐宋也。」

○常山劉氏曰：「古之治時，諸侯服天子之命，以守疆土，以治民人。其朝聘有時，出入有度，無非禮者。自王綱不振，諸侯無法以自守，大者則糾合其黨，以逞其欲；中者附從，不暇以救其亡。故列國之會，紛然於天下。聖人一以王法正之，凡書會者，皆譏也。若夫彼善於此，惡有輕重，則各存乎其事、其意，則真罪其非王事相會聚爾。」胡氏傳：「左氏稱『宋公不王而謀伐宋』，則防與中丘謂之非王事，可乎？曰：以王命討宋，而聽征討之禁於王都，雖謂之王事可也。始則私相會而爲謀于防，中則私相盟而爲師期於鄧，終則乘敗人而深爲利，取二邑歸諸已。奉王命討不庭者，果如是乎？」

十年，春，王二月，公會齊侯、鄭伯于中丘。

○左氏傳：「會于中丘。盟于鄧，爲師期。」

夏，翬帥師會齊人、鄭人伐宋。

○左氏傳：「羽父先會齊侯、鄭伯伐宋」。言先會，非公本期。

○程氏傳：「三國先遣將致伐。齊、鄭稱人，非卿也。翬不稱公子，與四年同。」

六月，壬戌，公敗宋師于菅。

○左氏傳：「六月，戊申，公會齊侯、鄭伯于老桃。壬戌，公敗宋師于菅。」

○杜氏註：「齊、鄭後期，故公獨敗宋師。書敗宋，未陳也。」左氏例，敵未陳曰敗某師。○菅，宋地。
○劉氏傳：「曷爲或言戰，或不言戰？皆陳曰戰，詐戰曰敗。」
○程氏傳：「不言戰而言敗，敗者爲主，彼與戰而此敗之也。」

辛未，取郜。辛巳，取防。

○左氏傳：「庚午，鄭師入郜；辛未，歸于我。庚寅，鄭師入防；辛巳，歸于我。」
○杜氏註：「濟陰城武縣東南有郜城。高平昌邑縣西南有西防城。鄭伯後期，而公獨敗宋師，故鄭頻進兵以入郜、防。入而不有，命魯取之。」
○公羊傳：「一月而再取，甚之也。」
○程氏傳：「取二邑而有之，盗也。」胡氏曰：「内大惡，其辭婉，小惡直書而不隱。夫非其有而取之，盗也，曷不隱乎？於取之中，猶有甚焉者，若成公取鄟、襄公取邿、昭公取鄫，皆覆人之邦而絶其嗣，亦書曰取，所謂猶有重焉者。此故取郜、取防，直書而不隱也。」

秋，宋人、衛人入鄭。

○左氏傳：「蔡人、衛人、郕人不會王命。不伐宋也。秋，七月，鄭伯入郊。猶在郊，宋人、衛人入鄭。」
○程氏傳：「鄭勞民以務外，而不知守其國，故二國入之。」

宋人、蔡人、衛人伐戴。公、穀作「載」。鄭伯伐取之。

○杜氏註：「戴，國也。今陳留外黄縣東南有戴城。」

○左氏傳：「宋人、衛人入鄭。蔡人從之伐戴。八月，壬戌，鄭伯圍戴。癸亥，克之，取三師焉。宋、衛既入鄭，而以伐戴召蔡人。蔡人怒，故不和而敗。」

○程氏傳：「戴，鄭與也，故三國伐之。鄭、戴合攻，盡取三國之衆，其殘民甚矣。」胡氏傳：「孟子曰：『善戰者服上刑。』稱伐取者，其以鄭莊殘民之之甚，當此刑矣。」

冬，十月，壬午，齊人、鄭人入郕。

○左氏傳：「討違王命也。」

○程氏傳：「討不會伐宋也。宋以公子馮在鄭，故二國交惡。左氏云宋公不王，鄭伯以王命討之。於春秋不見其爲王討也。王臣不行，王師不出，矯假以逞私忿耳。」胡氏傳：「若討違王命，則不書入矣。入者，不順之辭也。」

十有一年，春，滕侯、薛侯來朝。

○杜氏註：「薛，魯國薛縣。」

○劉氏傳：「其言朝何？王者之制，諸侯歲相問，殷相聘，世相朝。」

○趙子曰：「朝聘諸侯，必有婚姻之好、疆場之理，故王者不絶其交焉。春秋之代，則多自於黨仇矣，皆國之大事，故君子志之。」

○程氏傳：「諸侯雖有相朝之禮，而當時諸侯之於天子，未嘗朝覲，獨相率以朝魯，得爲安乎？」

○泰山孫氏曰：「周室不競，干戈日尋，以大陵小，小國不得已而朝之。齊、晉、宋、衛未嘗朝魯，而滕、薛、邾、杞來朝，奔走而不暇也。齊、晉、宋、衛未嘗朝魯者，齊、晉彊也，宋、衛敵也。滕、薛、邾、杞奔走來朝而不暇者，土地狹隘，兵衆寡弱，不能與魯抗也。春秋之法，諸侯非天子之事，不得踰竟，凡書朝云者，皆惡之。」高郵孫氏曰：「春秋一經，外之朝天子者不見於經，內之朝天子者二而已，又皆在於王所而不在於京師。如京師者，一而已，又因會伐秦而遂行。由此觀之，當朝之禮一施於彊國，天子名存而已。聖人因其實而書之，以罪之也。」

○劉氏傳：「其兼之何？譏旅見也。非天子，不旅見諸侯。諸侯相旅見，非禮也。朝者考禮正刑一德，以尊天子也。不待有德而朝之，雖不旅見，亦非禮也。」意林曰：「隱公之志也已驕，晉侯使荀庚來聘，衛侯使孫良夫來聘，固人臣也。魯不敢同日而參盟，丙午盟晉，丁未盟衛，是也。今一旦而朝兩國君，不能識其非禮也，而受之。則非獨驕也，志荒矣，死不亦宜乎！」

夏，五月，公會鄭伯于時來。左氏無「五月」。時來，公羊作「祁黎」。

○杜氏註：「時來，郲也。滎陽縣東有釐城。」

○左氏傳：「謀伐許也。」

秋，七月，壬午，公及齊侯、鄭伯入許。

○杜氏註：「許，潁川許昌縣。」

○程氏傳：「書及，內爲主也。非內爲主，則先書會伐，後書入也。」陸氏纂例曰：「凡魯與兩國盟及用兵而言及者，乃是魯爲之主。若諸侯、大夫會而盟及用兵，悉是盟主所召，故往就之，非魯起意，故悉不言及。唯僖四年『及江人、黄人伐陳』，是齊所命，以我及江、黄同行耳，非魯主之也。又僖五年『公及齊侯會王世子』，尊王世子，齊不敢爲會主，言及也。並變例也。」

○蘇氏曰：「急曰及，緩曰會。」

○左氏傳：「公會齊侯、鄭伯伐許。庚辰，傅于許。瑕叔盈〔二〕取鄭伯之旗蝥弧以登。壬午，遂入許。許莊公奔衛。齊侯以許讓公。公曰：『君謂許不共，故從君討之。許既伏其罪矣，雖君有命，寡人弗敢與聞。』乃與鄭人。鄭伯使許大夫百里奉許叔以居許東偏，使公孫獲處許西偏。」

○泰山孫氏曰：「公二年之閒與齊侯、鄭伯伐宋，敗宋，取郜、取防；會時來；入許。連兵自恣，以爲無道，其惡甚矣。」

○胡氏傳：「隱公即位十有一年矣，天王遣使來聘者再，而未嘗朝于京師，罪一也；平王崩，不奔喪會葬，至使武氏子來求賻，罪二也；禮樂征伐自天子出，而擅興甲兵，爲宋而伐邾，爲鄭而伐宋，罪三也；山川土田，各有封守，上受之天王，下傳之先祖，而取防、取郜，入祊、易許，罪四也；今又入人之國而逐其君，罪五也。此五不韙者，人臣之大惡，而隱公兼有之，然則不善之殃，豈特始于惠、成於桓，而隱之積亦不可得而揜矣。使隱公者爲國以禮，而自彊於善，豈有鍾巫之及乎？是故春秋所載，以人事言，則是非善惡之迹施設於

〔二〕瑕叔盈，左傳作「潁考叔」。

前，而成敗吉凶之效見於後；以天道言，則感應之理明矣。不可不察也。」呂氏曰：「公有蕭牆之憂，近在目前而不知，方且夏與鄭伯會，秋及齊侯、鄭伯入人之國，至冬遂及。其不明如是，死固宜也。」劉氏意林曰：「隱公之所以弑也，德薄而多大功；慮淺而數得意也。備其四竟，禍反在内，可不哀與！孔子曰：『人無遠慮，必有近憂。』『不在顓臾，而在蕭墻之内也。』」

冬，十有一月，壬辰，公薨。

○趙子曰：「公必薨於正寢，以就公卿也。大位，姦之窺也；危病，邪之伺也；若蔽於隱，是使小人、女子得行其志也。莊公正終而嗣禍，分位不明而闈幃不脩也。故宗嗣素定之，兵權散主之，闈幃嚴飾之，女子、小人不尸重任，賢良受託，鼎足交輔，則簒弑之禍曷由而至哉？」

○左氏傳：「羽父請殺桓公，將以求大宰。公曰：『爲其少故也，吾將授之矣。使營菟裘，吾將老焉。』羽父懼，反譖公于桓公，而請弑之。公之爲公子也，與鄭人戰于狐壤，止焉。鄭人囚諸尹氏，賂尹氏，而禱於其主鍾巫，遂與尹氏歸，而立其主。十一月，公祭鍾巫，齋于社圃，館于寪氏。壬辰，羽父使賊弑公于寪氏。公羊傳：「公子翬諂乎隱公，謂隱公曰：『百姓安子，諸侯説子，盍終爲君矣。』隱曰：『吾否。吾使修塗裘，吾將老焉。』公子翬恐若其言聞乎桓，於是謂桓曰：『吾爲子口隱矣，曰：吾不反也。』桓曰：『然則奈何？』曰：『請作難，弑隱公。』於鍾巫之祭焉弑隱公也。」立桓公，而討寪氏，有死者。欲以弑君之罪加寪氏，而不能正法誅之。傳言進退無據。」

○公羊傳：「公薨何以不地？不忍言也。高郵孫氏曰：「弑君不地，不忍言也。春秋之法，外弑言弑，内弑不地，所以辨内外、遠凶變、養忠孝也。」何以不書葬？春秋君弑，賊不討，不書葬，以爲無臣子也。子沈子曰：『君弑，臣不討賊，非臣也，子不復讎，非子也。葬，生者之事也，春秋君弑賊不討不書葬，以爲不繫乎臣子也。』」劉氏傳：「君弑臣討賊，猶親弑子復讎也。讎不復則不葬，不葬則服不除，寢苦枕戈，所以明爲臣子也。葬者，臣子之終事也。其義未終，故不敢以急葬也。」

○胡氏傳：「致隱讓國，立不以正，惠公之罪也；致桓弑君，幾不早斷，隱公之失也。既有讒人交亂其閒，憂虞之象著矣，而曰『使營菟裘，吾將老焉』，是猶豫留時，辯之弗早辯也，其及也宜。隱公見弑，魯史必以實書，而曰『公薨』者，仲尼親筆也。古者史官以直爲職，而不諱國惡，仲尼筆削舊史，斷自聖心，於魯君見弑，削而不書者，蓋國史一官之守，春秋萬世之法，其用固不同矣。不書弑，示臣子於君父有隱避其惡之禮；不書地，示臣子於君父有不没其實之忠；不書葬，示臣子於君父有討賊復讎之義。非聖人莫能脩，謂此類也。」

春秋卷第二

春秋卷第三

桓公

○名軌，惠公之子，隱公之弟，母仲子。謚法：「辟土服遠曰桓。」

元年，春，王正月，公即位。

○程氏傳：「桓公弑君而立，不天無王之極也，而書『春，王正月，公即位』，以天道王法正其罪也。」

○穀梁傳：「桓無王，其曰王，何也？謹始也。其曰無王，何也？桓弟弑兄，臣弑君，天子不能定，諸侯不能救，百姓不能去，以爲無王之道，遂可以至焉爾。元年有王，所以治桓也。」高郵孫氏曰：「元年書王者，以爲弑君之賊將而必誅。已弑君矣，其能免於誅乎！元年書王，所以誅桓也。二年書王，必以謂王室爲弱，弑君之賊力不能即誅。二年誅之，亦已晚矣，然亦足以爲王誅也。十年書王者，政教之出，不可一日無之，十年無王，則王道將絶於天下也。十八年有王者，桓公之終也。弑君之賊，無可赦之理，不見誅於一時，當見誅於歲月；不見誅於生，當見誅於死；不見誅於終身，當見誅於萬世。」

○杜氏注：「嗣子位定於初喪，而踰年始改元者，繼父業，成父志，不忍有變於中年也。諸侯每歲首必有禮於廟，諸遭喪繼位者因此而改元正位，百官以序。故國史亦書即位于策。桓公篡立而用常禮，欲自同於遭喪繼位者。」

○公羊傳：「其言即位何？如其意也。」弒君欲即位，故如其意，以著其惡。即，就也。先謁宗廟，明繼祖也。還之朝，正君臣之位也。事畢而反凶服焉。

○胡氏傳：「桓公與聞乎故，而書即位，著其弒隱自立之罪，深絶之也。美惡不嫌同辭。或問：桓非惠公之嫡子乎？嫡子當立而未能自立，是故隱公攝焉，以俟其長而授之位，久攝而不歸，疑其遂有之也，是以至於見弒，而惡亦有所分矣。春秋曷爲深絶桓也？曰：古者諸侯不再娶，於禮無二嫡，惠公元妃既卒，繼室以聲子，則是攝行内主之事矣，仲子安得爲夫人？母非夫人，則桓乃隱之庶弟，安得爲適子，謂當立乎？桓不當立，則國乃隱公之國，其欲授桓，乃實讓也，非攝也。攝、讓異乎？曰：非其有而居之者，攝也，故周公即政而謂之攝；推己所有與人者，讓也，故堯、舜禪授而謂之讓。惠無適嗣，隱公繼室之子，於次居長，禮當嗣也。其欲授桓，所謂推所有以與人者也，豈曰攝之云乎？以其實讓而桓乃弒之，春秋所以惡桓，深絶之也。然則公羊所謂『桓幼而貴，隱長而卑，子以母貴』者，其説非歟？曰：此據惠公失禮而爲之詞，非春秋法也。仲子有寵，惠公欲其爲夫人，母愛者子抱，惠公欲以桓爲適嗣，禮之所不得爲也。禮不得爲，而惠公縱其邪心而爲之，隱公又探其邪志而成之，公羊又肆其邪説而傳之，漢朝又引爲邪議而用之，夫婦之大倫亂矣。春秋明著其罪，深加貶絶，備書終始討賊之義，以示王法，正人倫、存天理、訓後世，不可以邪汩之也。」

三月，公會鄭伯于垂。鄭伯以璧假許田。

○杜氏注：「垂，犬丘，衛地。」

○劉氏傳：「許田者何？魯湯沐之邑也。方伯時朝乎天子，天子賜之湯沐之邑於縣内，視元士。魯非方伯也，其謂之方伯何？自陝而東者，周公主之；自陝而西者，召公主之。許田之爲魯，自周公始焉。易之者我也，使其辭若自鄭出，然是亦爲之諱也。此蓋邑也，其稱田何？田多邑少稱田，邑多田少稱邑。」意林曰：「許田，周公之邑也。詩云：『居嘗與許，復周公之宇。』蓋非方伯，不得有湯沐之邑，非周公，不得世享其地。」

○左氏傳：「公即位，修好于鄭。鄭人請復祀周公，卒易祊田。公許之。『三月，鄭伯以璧假許田』，爲周公、祊故也。」

○穀梁傳：「會者，外爲主焉爾。假不言以，言以，非假也。非假而曰假，諱易地也。禮天子在上，諸侯不得以地相與也。許田者，魯朝宿之邑也[一]。邴者，鄭伯之所受命而祭泰山之邑也。用見魯之不朝周，而鄭之不祭泰山也。」范氏注：「泰山非鄭竟内，從天王巡狩受命而祭。」

○程氏傳：「隱公八年，鄭伯使宛來歸祊，蓋欲易許田，魯受祊而未與許[二]。及桓弑立，故爲會而求之，復加以璧。朝宿之邑，先祖受之於先王，豈可相易也？故諱之曰假。諱國惡，禮也。」蘇氏曰：「許田，所以易祊也，以桓爲未足，而益之以璧爾。」

[一] 也，底本誤作「之」，據穀梁傳改。
[二] 許，底本誤作「記」，據二程集改。

○胡氏傳：「魯，山東之國，與祊爲鄰；鄭，畿内之邦，許田近地也。以此易彼，各利其國，而聖人乃以爲惡而隱之，獨何歟？曰：利者，人欲之私，放於利則必至於奪攘而後厭；義者，天理之公，正其義則推之天下國家而可行。春秋惡易許田，孟子極陳利國之害，皆拔本塞原、杜篡弑之漸也。湯沐之邑，朝宿之地，先王所錫，先祖所受，私相貿易而不顧，是有無君之心，而廢朝覲之禮矣；是有無親之心，而棄先祖之地矣。故聖人以是爲國惡，而隱之也。」

夏，四月，丁未，公及鄭伯盟于越。

○杜氏注：「越，近垂，地名。」

○左氏傳：「結祊成也。」杜氏注：「公以篡立而修好於鄭，鄭因而迎之，以成禮于垂，終易二田，然後結盟。」

○穀梁傳：「及者，内爲志焉爾。」鄭人欲得許田以自廣，是以爲垂之會；桓公欲結鄭好以自安，是以爲越之盟。

○程氏傳：「弑君之人，凡民罔不憝，而鄭與之盟以定之，其罪大矣。」

秋，大水。

○公羊傳：「何以書？記災也。」

○高郵孫氏曰：「大者，非常之辭。水非常而爲災，或害民禾稼、敗民廬居。凡爲災，則書。」

○程氏傳：「君德修，則和氣應而雨暘。若桓，行逆德而致陰沴，乃其宜也。」

冬，十月。

二年，春，王正月，戊申，宋督弑其君與夷，及其大夫孔父。

○穀梁傳：「桓無王，其曰王，何也？正與夷之卒也。」程氏傳：「桓公無王，而書王正月，正宋督之罪也。弑逆之罪，不以王法正之，天理滅矣。督雖無王，而天理未嘗亡也。」

○公羊傳：「宋宣公謂繆公曰：『以吾愛與夷，則不若愛女；以爲社稷宗廟主，則與夷不若女，盍終爲君矣。』宣公死，繆公立，繆公逐其二子馮與勃，曰：『爾爲吾子，生毋相見，死毋相哭。』與夷復曰：『先君之所以不與臣國，而致國乎君者，以君可以爲宗廟社稷主也。今君逐君之二子，而將致國乎與夷，此非先君意也。且使子而可逐，先君其逐臣矣。』繆公曰：『先君之不爾逐，可知矣。吾立乎此，攝也。』終致國乎與夷，莊公馮弑與夷。」景氏曰：「繆公逐子馮而致國乎與夷，自以爲不廢先君之舉，而不知馮之賢不及與夷，非有推讓之誠心也。馮之在鄭，未嘗一日忘宋；鄭之於宋，未嘗一日不欲納馮。與夷既立，而與陳、衛、蔡興師于鄭者數矣，是與夷欲除馮之害而伐鄭也，馮安得不恃鄭之援而欲得宋哉？督弑與夷，爲馮故也。故公羊於隱三年傳稱『莊公馮弑與夷』，是探其心而言之耳。」「及之者何？累也。君曰弑，臣曰殺，常也。孔父之死不以殺爲文，而蒙曰及者，所謂累者謂是也。弑君多矣，舍此無累者乎？曰：有。仇牧、荀息皆累也。舍荀息、仇牧無累者乎？曰：有。有則此何以書？賢也。何賢乎孔父？孔父可謂義形於色矣。其義形於色柰何？督將弑殤公，孔父生而存，則殤公不可得而弑也，於是先攻孔父之家。殤公知孔父死，已必死，趨而救之，皆死焉。孔父正色而立於朝，則人莫敢過而致難於其君者。孔父可謂義形於色矣。」

○左氏傳：「宋殤公立，十年十一戰，民不堪命。孔父嘉爲司馬，督爲太宰，故因民之不堪命，先宣言曰：『司馬則然。』已殺孔父而弑殤公，召莊公於鄭而立之。」

○穀梁傳：「孔父之先死，何也？督欲弑君，而恐不立，於是乎先殺孔父。」孔父閑也。

○纂例曰：「忠義見殺，與君而死，故言及以連之。」

○程氏傳：「臣死君難，書及以著其節。父，名也。稱大夫，不失其官也。」

○劉氏傳：「春秋賢者不名。孔父者，所賢也，則其名之何？父前子名，君前臣名。」權衡曰：「既名其君於上，不得字其臣於下。春秋於此，謹禮之大節也。」

○胡氏傳：「按左氏：『宋殤公立，十年十一戰，民不堪命。』孔父爲司馬，無能改於其德，非所謂格君心之非者，然君弑死於難，處命不渝，亦可以無愧矣。故春秋著其節而賢之也。凡亂臣賊子畜無君之心者，必先剪其所忌而後動於惡，不能剪其所忌，則有終其身而不敢動也。華督欲弑君而憚孔父，劉安欲叛漢而憚汲直，曹操欲擅位而憚孔融，此數君子者，義形於色，皆足以衛宗社而忤邪心，姦臣之所以憚也。不有君子，其能國乎？春秋賢孔父，示後世人主崇奬節義之心，乃天下之大閑，有國之急務也。」

滕子來朝。

○泰山孫氏曰：「滕子首朝弒逆之人，其惡可知。」

○胡氏傳：「隱末年，滕侯稱爵，距此三歲爾，乃降而稱子者，先儒謂爲時王所黜也。使時王能黜諸侯，春秋豈復作乎？又有言其在喪者，終春秋之世不復稱侯，無説矣。然則云何？春秋爲誅亂臣、討賊子而作，其法尤嚴於亂賊之黨，使人人知亂臣賊子之爲大惡，而莫之與，則無以立於世。無以立於世，則莫敢勸於爲惡，而篡弒之禍止矣。今桓公弟弒兄，臣弒君，天下之大惡，凡民罔弗憝也，己不能討，又先鄰國而朝之，是反天理、肆人欲，與夷狄無異，而春秋之所深惡也，故降而稱子，以正其罪。四夷雖大，皆曰子，其降而稱子，狄之也。或曰：非天子，不制度、不議禮、不考文，仲尼豈以匹夫專進退諸侯、亂名實哉？則將應之曰：仲尼固不以匹夫專進退諸侯、亂名實矣。不曰『春秋天子之事乎』、『知我罪我者，其惟春秋乎？』世衰道微，暴行交作，仲尼有聖德而無其位，不得如黄帝、舜、禹、周公之伐蚩尤、誅四凶、戮防風、殺管蔡，行天子之法於當年也。故假魯史、用五刑、奉天討、誅亂賊，垂天子之法於後世。其事雖殊，其理一爾，何疑於不敢專進退諸侯，以爲亂名實哉？夫奉天討、舉王法以黜諸侯之滅天理、廢人倫者，此名實所由定也，故曰：『春秋成而亂臣賊子懼。』」

聖王制朝事之禮，固曰考禮、正刑、壹德，以尊天子耳。滕侯昔嘗朝隱公矣，桓公弒之而篡其位，今才二年，縱不能請於天子、謀於同列，聲其罪而討之，以正君臣、息亂賊，獨柰何先天下而朝事之乎？春秋於桓公之編，正月不稱王；宰臣來聘，則名之；穀、鄧來朝，則名之；邾、葛、牟來朝，則人之；及死而錫命，則王不稱天，蓋修理三綱之書，視瀆亂綱常之人，惟恐王誅之不加，而深痛與之爲禮者敗德失刑也。滕君首朝，焉得而無貶？滕自齊桓盟幽，而後自貶其爵而列於子。聖人因其後日之自貶，而於此貶之。若曰滕之失爵自此始也，與吳、楚、杞之貶稱子同意。

三月，公會齊侯、陳侯、鄭伯于稷，以成宋亂。

〇杜氏注：「稷，宋地。」

〇左氏傳：「會于稷，以成宋亂。爲賂故，立華氏也。督殺孔父而弒殤公，召莊公於鄭而立之，以親鄭。以郜大鼎賂公，齊、陳、鄭皆有賂，故遂相宋公。」

〇劉氏傳：「成之者何？成之者，平之也。平之則曷爲不言平之？保人之賊，私人之賂，制人之上下，謂之成亂則可，謂之平亂則不可。」任氏曰：「宋已亂，而其曰成者何也？蓋宋之亂，諸侯皆得討之，而有人心者亦莫不欲討也。向使四國未有此會，則督尚有見討之懼，而莫之自安。自魯與四國受其賂，遂華督之惡，以立公子馮，而後諸侯莫之討矣。謂之曰成，豈不宜哉？」〇徐邈曰：「宋雖已亂，治之則治，治亂成不，繫此一會。若諸侯討之，則有撥亂之功；不討，則受成亂之責。辭豈虛加也哉？春秋雖爲尊者諱，然亦不没其實。故納鼎于廟、躋僖逆祀，及王室之亂、昭公之孫，皆指事而書。」

〇胡氏傳：「按左氏：『爲賂故，立華氏也。』邾定公時有弒父者，公瞿然失席，曰：『是寡人之罪也，嘗學斷斯獄矣。臣弒君，凡在官者殺無赦；子弒父，凡在宮者殺無赦。殺其人，壞其室，洿其宮而豬焉。蓋君踰月而後舉爵。』華督，弒君之賊，凡民罔不憝也，桓與諸侯會而受賂以立華氏，使相宋公，甚矣。故特書其所爲而曰「成宋亂」。夫臣爲君隱，子爲父隱，禮也。此其目言之何？桓惡極矣。臣子欲盡隱之，不可以欺後世，其曰「成宋亂」，而不書立華氏，猶爲有隱乎耳。春秋列會，未有言其所爲者，獨此與襄公末年會于澶淵，各書其事者。桓弑隱，督弑殤，般弑景，皆天下大惡，聖人所爲懼，春秋所以作也。一則受宋賂而立華氏，一則謀宋災而不能討，故特書其事以示貶焉。然澶淵之會既不書魯卿，又貶諸國之大夫而稱人，此則書公，又序諸侯之爵，何也？澶淵之會，欲謀宋災而不討弑君之賊，雖書曰宋災故，而未能表其誅責之意也，必深諱魯卿而重貶諸國之大夫，然後足以啓問者、見其是非也。稷之會，前有宋督弑君，後有取宋鼎之事，書曰「成宋亂」，則其責已明，不必諱公與貶諸侯爵次，然後見其罪矣。」○纂例：「夫子制作，本教中人，故簡易其文，昭著其義。若能以質直見之，則可不俟傳注而自通矣。故言滅國則知滅者之罪，見諸侯生名則知非復人君，此類皆文勢常理，何必立異乎？又上言伐衛，次言王人救衛，下言衛侯朔入于衛，則知逆王命；上言成宋亂，下言納鼎，則知貪賂縱罪；見正月烝，又五月烝，則知黷祀。凡此類，上下相應而見其理。」

夏，四月，取郜大鼎于宋。戊申，納于大廟。

○杜氏注：「郜國所造器也，故繫名於郜。濟陰城武縣東南有北郜城。」高郵孫氏曰：「鼎自宋得之，然而謂之郜大鼎者，鼎之成自郜也。凡物皆有以名之，若和氏之璧、垂和之琴瑟之類是也。公、穀論郜鼎之名煩碎，無足取焉。」

○穀梁傳：「桓内弑其君，外成人之亂，受賂而退，以事其祖，非禮也。其道以周公爲弗受也。」

○程氏傳：「四國既成宋亂，而宋以鼎賂魯。齊、陳、鄭皆有賂，魯以爲功而受之，故書取。以成亂之賂器，置于周公之廟，周公其享之乎？故書納，納者，弗受而强致也。」

○左氏傳：「納于大廟，非禮也。臧哀伯諫曰：『君人者，將昭德塞違以臨照百官，猶懼或失之，故昭令德以示子孫。是以清廟茅屋，大路越席，大羹不致，粢食不鑿，昭其儉也。衮、冕、黻、珽，帶、裳、幅、舄，衡、紞、紘、綖，昭其度也。藻、率、鞞、鞛，鞶、厲、游、纓，昭其數也。火、龍、黼、黻，昭其文也。五色比象，昭其物也。錫、鸞、和、鈴，昭其聲也。三辰旂旗，昭其明也。夫德，儉而有度，登降有數，文、物以紀之，聲、明以發之，以臨照百官。百官於是乎戒懼，而不敢易紀律。今滅德立違，而寘其賂器於大廟，以明示百官。百官象之，其又何誅焉？國家之敗，由官邪也。官之失德，寵賂章也。郜鼎在廟，章孰甚焉？武王克商，遷九鼎于雒邑，義士猶或非之，而况將昭違亂之賂器於大廟，其若之何？』公不聽。」胡氏紹興時政論曰：「三綱，軍國政事之本。三綱正，則基於治以興；三綱淪，則習於亂以亡。華督有不赦之惡，四國會稷以成其亂，受賂而歸。天子不討，方伯不正，誠自以爲利也，不知百官象之，有大不利焉。未幾，陳有五父之亂，齊有無知之亂，鄭有祭仲、子亹、突儀之亂，魯有叔牙、慶父之亂，數十年間，四國弑逆，皆幾喪亡。則以昧於履霜之戒，不能辨之於早也。春秋備書於策，明三綱之重，爲後世鑒，深切著明矣。」

秋，七月，紀侯來朝。紀，左氏作「杞」。

○左氏傳：「杞侯來朝，不敬。杞侯歸，乃謀伐之。」

○穀梁傳：「桓内弑其君，外成人之亂，於是爲齊侯、陳侯、鄭伯討，數日以賂，己即是事而朝之，惡之也。」

○程氏傳：「凡杞稱侯者，皆當爲紀。杞爵非侯，文誤也。及『紀侯大去其國』之後，杞不復稱侯矣。」

或問：紀侯、州公來朝，何以不貶？曰：滕以始朝，穀、鄧以遠，郳、牟、葛以衆。特出三者，以示法，其餘則從同同。

蔡侯、鄭伯會于鄧。

○杜氏注：「鄧，潁川召陵縣西南有鄧城。」孔氏云：「賈、服以鄧爲國，言會于鄧國都。釋例以潁川鄧城蔡地，其鄧國則南陽縣是也。以鄧本小國，去蔡路遠，蔡、鄭不宜遠會其都；且蔡、鄭懼楚，始爲此會，何當反求近楚之小國，而與之結援？故疑非國。」

○左氏傳：「始懼楚也。」杜注：「楚，今南郡江陵縣北紀南城。楚武王始僭號稱王，欲害中國。蔡、鄧姬姓，近楚，故懼而會謀。」

○胡氏傳：「楚自西周已爲中國之患，宣王蓋嘗命將南征矣。及周東遷，僭號稱王，憑陵江、漢。此三國者，地與之鄰，是以懼也。其後卒滅鄧，虜蔡侯，而鄭以王室之懿親，爲之服役，終春秋之世，聖人蓋傷之也。夫天下莫大於禮，莫强於信義。循天理、惇信義，以自守其國家，荆楚雖大，何懼焉？不知本此，事醜德齊，莫能相尚，則以地之大小、力之彊弱分勝負矣。觀諸侯會盟離合之迹，而夷夏盛衰之由可攷也；觀春秋進退、與奪、抑揚之旨，則知安中夏、待四夷之道矣。許氏曰：「蔡、鄭之懼象，在震之復矣，震遂泥，其何以光大？」

九月，入杞。

○穀梁傳：「我入之也。」不稱主者，内之卑也。

○程氏傳：「將卑師少，外則稱人，内則止云入某、伐某。」

○呂氏曰：「入杞，微者也。其事弗詳。然則何以書？曰：天子在上，諸侯擅相攻伐，入人之國，罪之大者。聖人以爲無王也，春秋所由作也。」

公及戎盟于唐。冬，公至自唐。

○左氏傳：「脩舊好也。冬，公至自唐，告于廟也。凡公行，告于宗廟；反行，飲至、舍爵、策勳焉，禮也。特相會，往來稱地，讓事也。自參以上，則往稱地，來稱會，成事也。」爵，飲酒器也。既飲置爵，則書勳勞於策。○高郵孫氏曰：「春秋書至者，皆至其所出之事。以地至者，四而已。此年公至自唐，文十七年公至自穀，定八年公至自瓦，十年公至自夾谷，四處耳。趙子以爲魯地，則至以地，此說是。」

○穀梁傳：「致君者，殆其往，而喜其反。此致君之義也。」見襄二十九年。

○常山劉氏曰：「君行，其致必書，於法當然也。古者，諸侯朝會有常節，出入有常期。周衰已後，無法而妄行，征伐會盟，紛紛四出，棄社稷，委人民，往往越月逾歲，而後得反。觀其所書，而其亂自著矣。然必因其告廟而見於册書者，則春秋可見而紀；其不告者，則史所不載，春秋亦不得而書焉。」胡氏傳：「凡爲人子者，出必告，反必面，事亡如事存。故君行必告爾，反必奠而後入，禮也。出必告行，反而告至，常事爾，何以書？或志其去國踰時之久也，或錄其會盟侵伐之危也，或著其黨惡附姦之罪也。」

○程氏傳：「君出而書至者有三：告廟也，過時也，危之也。桓公弑立，嘗與鄭、齊、陳會矣，皆同爲不義；及遠與戎盟，故危之而書至。戎若不如三國之黨惡，則討之矣，居夷浮海之意也。中國既不知義，夷狄或能知也。」

三年，春，正月，公會齊侯于嬴。

〇穀梁：「無王，傳見元年。」

〇程氏傳：「桓公弒君而立，元年書王，以王法正其罪也；三年不書王，見桓之不王也。」胡氏傳：「桓公三年而後，經不書王，有以爲周不班曆者，昭公末年，王室有子朝之亂，豈暇班曆？而經皆書王，非不班曆明矣。又有以此爲闕文者，安得一公之內，凡十四年皆不書王？其非闕文亦明矣。然則云何？桓公弒君而立，至于今二年，而諸侯之喪事畢矣。是人見受命於天子之時也。而王朝之司馬，不施殘執之刑；鄰國之大夫，不聞有沐浴之請。魯之臣子，義不戴天，反面事讎，曾莫之耻，使亂臣賊子肆其凶逆，無所忌憚，人之大倫滅矣。故自是而後不書王者，見桓公無王與天王之失政而不王也。」

〇左氏傳：「會于嬴，成昏于齊也。」杜氏注：「公不由媒介，自與齊侯會而成昏，非禮也。」

〇杜氏注：「嬴，齊邑，今泰山嬴縣。」

夏，齊侯、衛侯胥命于蒲。

〇杜氏注：「蒲，衛地，在陳留長垣縣西南。」

〇劉氏傳：「胥命者何？相命也。何言乎相命？古者有方伯，有州牧，有卒正，有連率。命於天子，正也；諸侯自相命，非正也。齊，太公之後，東州之侯也；衛，康叔之後，北州之侯也。以事相命也。」意林曰：「當此之時，齊僖公自以爲小伯，見於國語。而狄人迫逐黎侯，黎之臣子亦以方伯、連率之職責衛宣公。故此所謂『胥命』者，以方伯之事自相命也。」

東遷以來，王政不綱，諸侯放恣，賢伯之思自黍苗之作已可見矣。隱公而降，中國絲棼，荆楚僭横，莫有任中國之事者。獨齊、衛爲列國之望，欲私天下之權於己，遂起而圖之。西周方伯皆命於天子，今欲專之，事出創見，必求勢力之均。相讓相先，布之天下耳目而不以爲異，然後彊者乃敢專之。故蒲之胥命，正齊桓非命伯而專征之權輿。春秋謹書之，志王命不行，列國授霸，從此階也。下逮戰國，諸侯欲稱王，則齊、魏會于笠澤以相王；秦昭王欲稱帝，則使人致東帝於齊，僭竊交私，百准一揆。故知「胥命」者，春秋謹霸政擅命之始也。

六月，公會紀侯于郕。紀，已見二年，公、穀並作「紀」。至此年，左氏、穀梁並作「杞」。

○左氏傳：「杞求成也。」

○程氏傳：「自桓公篡立，無歲不與諸侯盟會，結外援以自固也。」

○襄陵許氏曰：「媚大國，服小國，著得意也。天下無王，而後亂人得意如此。」

秋，七月，壬辰，朔，日有食之，既。

○公羊傳：「既者何？盡也。」杜氏云：「曆家之説，謂日光以望時遥奪月光，故月食。日月同會，月奄日，故日食。食有上下者，行有高下，日光輪存而中食者，相奄密，故月光溢出。皆既者，正相當，而相奄間疏也。然聖人不言月食日，而以自食爲文。闕於所不見。」

○程氏傳：「既盡，爲異大也。」

○胡氏曰：「先儒以爲荆楚僭號，鄭拒王師之應。」何休說。

公子翬如齊逆女。

○程氏傳：「翬於隱世不稱公子，隱之賊也；於桓世稱公子，桓之黨也。卿逆夫人，於禮爲稱。翬雖尊屬，當官而行，亦無嫌也。」

○泰山孫氏曰：「關雎樂而不淫，哀而不傷。孔子之言，豈徒然哉！蓋傷周室陵遲，婚姻失道，無賢女輔佐君子，致關雎后妃之德以化天下也。是時文姜亂魯，驪姬惑晉，南子傾衛，夏姬喪陳，上下化之，滔滔皆是，不可悉舉也。故自隱而下，夫人内女出處之迹，皆詳而録之，以懲以戒，爲萬世法。夫夫婦婦，風教之始，人倫之本也，可不重乎！」

九月，齊侯送姜氏于讙。公會齊侯于讙。

○杜氏注：「讙，魯地。濟北蛇丘縣西有下讙亭。」

○公羊傳：「諸侯越竟送女，非禮也。此入國矣，何以不稱夫人？自我言齊，父母之於子，雖爲鄰國夫人，猶曰『吾姜氏』。」

○左氏傳：「齊侯送姜氏，非禮也。凡公女嫁于敵國，姊妹，則上卿送之，以禮於先君；公子，則下卿送之。

於大國，雖公子，亦上卿送之；於天子，則諸卿偕行，公不自送；於小國，上大夫送之。」

○穀梁傳：「送女，父不下堂，母不出祭門，諸母兄弟不出闕門。父戒之曰：『謹慎從爾舅之言。』母戒之曰：『謹慎從爾姑之言。』諸母般申之曰：『謹慎從爾父母之言。』送女踰竟，非禮也。」

○程氏傳：「齊侯出疆送女，公遠會之，皆非禮也。」

夫人姜氏至自齊。

○程氏傳：「告于廟也。」

○公羊傳：「翬何以不致？得見乎公矣。」

○泰山孫氏曰：「此齊侯送姜氏，公受之于讙也。公受姜氏于讙，不以讙至者，不與公受姜氏于讙也。故曰『夫人姜氏至自齊』，以正其義。」

○胡氏傳：「古者昏禮必親迎，則授受之義明。後世親迎之禮廢，於是有父母兄弟越竟而送其女者。以公子翬往逆矣，爲齊侯來，乃逆之于讙。是公之行，其重在齊侯而不在姜氏，豈禮也哉？不言『以至』者，既得見乎公也，不能防閑，於是乎在敝笱之刺兆矣。禮者，所以別嫌明微，制治于未亂，不可不謹也。娶夫人，國之大事，故詳。」二說當考。

冬，齊侯使其弟年來聘。

○左氏傳：「致夫人也。」

○程氏傳：「稱弟義見隱七年。」

有年。

○穀梁傳：「五穀皆熟，爲有年也。」

○程氏傳：「書有年，紀異也。人事順於下，則天氣和於上。桓弑君而立，逆天理，亂人倫，天地之氣爲之謬戾，水旱凶災，乃其宜也。今乃有年，故書其異。宣公爲弑君者所立，其惡有間，故大有年則書之。」

○高郵孫氏曰：「春秋二百四十年之久，而書『有年』、『大有年』者，二而已。其一即宣公是也。桓、宣大惡，是行何道而有年乎？書『有』者，不宜有也。」

○胡氏傳：「舊史災異與慶祥並記，故『有年』、『大有年』得見于經。若舊史不記，聖人亦不能附益之也。然十二公多歷年所，有務農重穀，閔雨而書雨者，豈無豐年？而不見於經，是仲尼於他公皆削之矣，獨桓『有年』、宣『大有年』，則存而弗削者，緣此二公獲罪於天，宜得水旱凶災之譴，今乃有年，則是反常也。故以爲異，特存耳。然則天道亦僭乎？桓、宣享國十有八年，獨此二年書有年，他年之歉可知也。而天理不差，信矣。此一事也。在不脩春秋則爲慶祥，君子修之則爲變異，故史文如畫筆，經文如化工。嘗以是觀，非聖人莫能修之，審矣。」○公羊傳：「此其曰有年何？僅有年也。何以書？恃有年也。」○何氏注：「恃，賴也。若桓公之行，諸侯所當誅，百姓所當叛，而又元年大水，二年耗減，人民將去，國喪無日，賴五穀皆有，百姓安土樂業，故喜而書之，所以見不肖之君爲國尤危也。」

四年，春，正月，公狩于郎。

○公羊傳：「狩者何？田狩也。何氏注：『禽獸多則傷五穀，因習兵事，又不虛設，故因以補禽獸，所以共承宗廟，不忘其武備，又因以爲田除害。』冬曰狩。諸侯曷爲必田狩？一曰乾豆，二曰賓客，三曰充君之庖。」

○啖氏曰：「蒐狩合禮者，常事不書。非時及越禮而爲之則書，以示譏也。」

○趙氏曰：「四時之田，其事各殊，其名亦異。春以閱武擇材，故以蒐稱。夏以爲苗除害，故以苗爲名。秋則順天時以殺物，故以獮爲義。冬則因守禽獸以習戰，故以狩爲目。左氏曰『春蒐，夏苗，秋獮，冬狩』是也。」周禮、爾雅並同此義。

○杜氏注：「周之春，夏之冬也。田狩從夏時，郎非國内之狩地，故書地。」孔氏曰：「狩之地須有常者，古者民多地狹，擇山澤間不殖之地爲之。若鄭原圃、秦具囿，是諸國之常處，違其常則犯害民物，故書地以譏之。魯狩之常也，大野是也。傳哀十四年，狩于大野。經不書『大野』，明其得常地，故不書耳。由此言，則狩于禚，蒐于紅，及昌間、比蒲，皆非地也。」

○公羊傳：「常事不書，此何以書？譏。何譏爾？遠也。」程氏傳：「公出動衆皆當書。于郎，遠也。」○劉氏意林：「狩非其地爾而書之。此春秋謹於微之意也。以謂微事不謹，則大事不立。故每謹其微，而後王德全矣。」○胡氏傳：「違其常所，犯害民物，而百姓苦之，則將聞車馬之音，見羽毛之美，舉疾首蹙頞而相告，其可不謹乎？」

夏，天王使宰渠伯糾來聘。

○劉氏傳：「『宰』者何？官也。天子之冢宰也。天子之宰，通乎天下。『渠伯』者何？爵也。『糾』者何？

名也。天子大夫不名，其曰宰渠伯糾何？譏。何譏爾？桓内弒其君，外成人之亂，又不受命，王弗能討。糾爲冢宰，而親聘之，是崇亂也。」意林：「春秋於大夫莫書其官，至冢宰獨書之，以此見任之最重也。宰天下者莫名，至糾獨名之，以此見責之最備也。周公作周禮，冢宰之職，固賞善誅惡、進賢退不肖。」○胡氏傳：「王朝公卿書爵，大夫書字，上士、中士書名，下士書人，例也。糾位六卿之長，降從中士之例而書名，貶也。在周制大司馬九伐之法，諸侯有賊殺其親則正之，放弒其君則殘之。桓公之行，當此二者，舍曰不討，而又聘焉，失天職矣。操賞刑之柄以御下者，王也；論賞刑之法以詔王者，宰也。以經邦國，則有治典；以安邦國，則有教典；以平邦國，則有政典；以詰邦國，則有刑典。治、教、政、刑而謂之典，明此天下之大常也。大宰所掌而謂之建，以此典大宰之所定也，乃爲亂首，承命以聘篡弒之賊乎？故貶而書名，以見宰之非宰也。」○又曰：「咺賵仲子，糾聘桓公，其事皆三綱之所繫也，然咺獨書官、糾兼稱爵，何也？如咺者，豈初得政，猶未受封，而糾以諸侯入相，或既相而已封者乎？漢初命相，必擇列侯爲之，後用公孫弘，因相得封，蓋欲倣古，重其任也。任之重，則責益深矣。嫡妾之分，君臣之義，天下之大倫，無所輕重。糾以既封，故兼稱爵，見春秋責相之意也。」

○程氏傳：「桓公弒其君而立，天子不能治，天下莫能討，而王使其宰聘之，示加尊寵，天理滅矣，人道亡矣！書『天王』，言當奉天也，而其爲如此。名糾，尊卑貴賤之義亡也。人理既滅，天運乖矣，陰陽失序，歲功不能成矣，故不具四時。」

五年，春，正月，甲戌。

○陸氏曰：「『甲戌』下脱也。」

己丑，陳侯鮑卒。

○左氏傳：「陳侯鮑卒。於是陳亂，文公子佗殺大子免而代之。」

夏，齊侯、鄭伯如紀。

○左氏傳：「齊侯、鄭伯朝于紀，欲以襲之。紀人知之。」

○趙氏曰：「外相如不書，凡書皆譏也。」州公同。

○程氏傳：「齊爲諸侯，而欲爲賊於鄰國，不道之甚，鄭伯助之，其罪均矣。」

○劉氏傳：「外相如不書，此何以書？疾之也。曷爲疾之？齊侯、鄭伯將襲紀，以朝往焉。紀人知之，而後以朝反。如者，朝辭也。尊不朝乎卑，大不朝乎小，彊不朝乎弱。不正其爲詐以圖人之國，使若誠朝然。疾之也。」意林曰：「春秋惡其懷不義之心。雖卒不能害，而疾之與襲侵人之國無異。此聖人誅意之効也。故云：『兵莫憯於志，莫邪爲下矣。』〔一〕」○胡氏曰：「外相如而書者，紀人主魯，故來告其事，魯史承告，故僭書于策。夫子修經，存而弗削，以著齊人滅紀之罪，明紀侯去國之由也。」

天王使仍叔之子來聘。

○公羊傳：「仍叔之子者何？天子之大夫也。其稱『仍叔之子』何？譏。父老，子代從政也。」左氏傳：「仍叔

〔一〕出莊子庚桑楚，原文無「矣」字。

之子，弱也。」○程氏傳：「古之授任，稱其才德，故士無世官。周衰，官人以世，故卿大夫之子代其父任事。仍叔受命，而使其子代行也。」○胡氏傳：「『仍叔之子』云者，譏世官非公選也。帝王不以私愛害公選，故仕者世祿而不世官。任之不以其賢也，使之不以其能也，卿大夫子弟，以父兄故而見使，則非公選，而政由是敗矣。上世有自野耕釣渭，擢居輔相，而人莫不以爲宜。伊陟象賢，後相大戊，丁公世美，入掌兵權，不以世故疑之也。崇伯殛死，禹作司空，蔡叔既囚，仲爲卿士，不以父故廢之也，惟其公而已矣。及周之衰，小人得政，視朝廷官爵爲已私，援引親黨，分據要道，施及童稚，賢者退處於蓽門，老而不用，公道不行，然後夷狄侵陵，國家傾覆，雖有智者，不能善其後矣。春秋書『武氏』、『仍叔之子』云者，戒後世人主徇大臣私意，而用其子弟之弱者居公選之地，以敗亂其國家。欲其深省之也。」

葬陳桓公。

城祝丘。

○泰山孫氏曰：「祝丘，魯地。」

○杜氏曰：「齊、鄭將襲紀故。」

○范氏曰：「譏公不修德政，恃城以安民。」

秋，蔡人、衛人、陳人從王伐鄭。

○陸氏微旨曰：「三國之君不行，而使微者從，不待貶絶而罪自見者也。」

○公羊傳：「從王，正也。」

○啖氏曰：「不言會、及，臣從君之辭。」常山劉氏曰：「周衰，諸侯皆叛，莫有尊王而從命者。惟此年，王以蔡、衛、陳人伐鄭，而聖人書曰：『蔡人、衛人、陳人從王伐鄭』，所以明君臣之大義，君行而臣從之正也。或曰：蔡、衛、陳皆稱人，微者乎？曰：雖使卿行，苟不命於天子者，若從王則亦不得以名舉，以尊厭卑，亦云宜矣。」

○左氏傳：「王奪鄭伯政，鄭伯不朝。秋，王以諸侯伐鄭，鄭伯禦之。王爲中軍；虢公林父將右軍，蔡人、衛人屬焉；周公黑肩將左軍，陳人屬焉。戰于繻葛。蔡、衛、陳皆奔，王卒潰，鄭師合以攻之，王卒大敗。祝聃射王中肩。」

○程氏傳：「王師於諸侯不言敗，諸侯不可敵王也；於夷狄不書戰，夷狄不能抗王也，此理也。其敵其抗，王道之失也。」

○胡氏傳：「春秋書王必稱天者，所章則天命也，所用則天討也。王奪鄭政而怒其不朝，以諸侯伐焉，非天討也，故不稱天。或曰：鄭伯不朝，惡得爲無罪？曰：桓公弑君而自立，宋督弑君而得政，天下大惡，人理所不容也，則遣使來聘而莫之討。鄭伯不朝，貶其爵可也，何爲憤怒自將以攻之哉？移此師以加宋、魯，誰曰非天討乎？春秋天子之事，述天理而時措之也，既譏天王以端本矣。三國以兵會伐，則言從王者，又以明君臣之義也。君行而臣從，正也。戰于繻葛而不書戰，王卒大敗而不書敗者，又以存天下之防也。三綱，軍政之本，聖人寓軍政於春秋，而書法若此，皆裁自聖心，非國史所能與也。」

大雩。

○公羊傳：「大雩者何？旱祭也。」

○劉氏傳：「曷爲或言雩，或言旱，或旱而雩，或旱而不雩？旱而雩，禮也；旱而不雩，非禮也。雩而雨則言雩，雩而不雨則不言雩。」

○泰山孫氏曰：「雩，求雨之祭，建巳之月常祀也，故經無六月雩者。建午至建申之月，失其常則書。左氏傳：『凡祀，龍見而雩。』○杜氏注：「雩之言遠也。建巳之月。蒼龍，宿之體，昏見東方。萬物始盛，故祭天，遠爲百穀祈雨。」謂之大者，雩于上帝。天子雩上帝，諸侯雩于山川百神。魯，諸侯也，雩于山川百神，禮也；雩于上帝，非禮也。噫！是時周室既微，王綱既絶，禮樂壞崩，諸侯之僭者多矣，舉于魯，則諸侯之僭從可知之矣。然春秋魯史，其或災異非常、改作不時者，則從而録之，以著其僭天子之惡。隱五年九月考仲子之宫、初獻六羽；此年秋大雩；六年八月壬午大閱；閔二年夏五月吉禘于莊公；僖三十一年夏四月四卜郊，不從，乃免牲；宣三年春王正月郊牛之口傷，改卜牛，牛死，乃不郊；定二年夏五月壬辰雉門及兩觀災之類是也。嗚呼！其旨微矣。」

○程氏傳：「成王尊周公，故賜魯重祭，得郊禘大雩。大雩于上帝，用盛樂也。諸侯雩于境内之山川耳。成王之賜，魯公之受，皆失道也，故夫子曰：『魯之郊禘非禮也，周公其衰矣。』大雩，歲之常祀，不能皆書也，故因其非時則書之。遇旱災，則非時而雩，書之所以見其非禮，且志旱也。郊禘亦因事而書。」胡氏傳：「魯諸侯而郊禘大雩，欲悉書於策，則有不可勝書，故雩祭則因旱以書，而特謂之大，郊禘亦因事以書而義自見，此皆國史所不能與，君子以謂性命之文是也。」○劉氏意林曰：「爲説者皆曰：成王康周公，故賜魯以天子禮樂祀上帝、禘文王。吾未知其然。成王者，周之盛王也，其亦謹於禮矣。禮之有天子、諸侯之别，自伏犧以來未之有改，成王其惑歟？然則魯之有天子禮樂，殆周之末王賜之，非成王矣。昔者魯惠公使宰讓請郊廟之禮於天子，天子使史角往，惠公止之。其後在魯，實始爲墨翟之學。由是觀之，使成王之世魯已郊矣，則惠公奚請？惠公之請也，殆由平王以下乎！」

螽。

○杜氏注：「螽，蚣蝑之屬。」疏云：「陸機云：『蝗類也。長而青，股鳴者。或似蝗而小，般黑，其股狀玳瑁，五月相切作聲。』」

○公羊傳：「何以書？記災也。」

○程氏傳：「蝗也。既旱又蝗，饑不在書也。」

冬，州公如曹。

○左氏傳：「淳于公如曹。度其國危，遂不復。」杜氏注：「淳于，州國所都，城陽淳于縣也。國有危難，不能自安，故出朝而遂不還。」

○孔氏曰：「稱公者，或嘗爲三公之官，若虢公之屬也。」

○杜氏注：「曹國，今濟陰定陶縣。」

○公羊傳：「外相如不書，此何以書？過我也。」「『寔來』是也。將有其末，不得不録其本。」

六年，春，正月，寔來。

○左氏傳：「自曹來朝。書曰『寔來』，不復其國也。」

夏，四月，公會紀侯于成。公、穀作「郕」。

○左氏傳：「會于成，紀來諮謀齊難也。」齊欲滅紀，故來謀之。

○杜氏注：「成，魯地，在泰山鉅平縣東南。」

秋，八月，壬午，大閱。

○左氏傳：「大閱，簡車馬也。」孔氏曰：「狩于郎、狩于禚，皆書公，大蒐、大閱，不書公者，狩于郎、禚，主爲遊戲，田獵從禽，故斥公，以譏其由私欲勞民也。大蒐、大閱，國之大事，它有所譏，非以公私欲而行，故不書。」

○泰山孫氏曰：「八月不時也，大閱非禮也。大閱，仲冬簡車馬，八月不時可知也。大閱、大蒐，謂天子田。」胡氏曰：「以鼓，則王執路鼓，諸侯執賁鼓；以旗，則王載太常，諸侯載旂；以殺，則王下大綏，諸侯下小綏。其禮固不同也。書『大閱』，非禮矣。」

○胡氏傳：「先王寓軍政於四時之田，訓民禦暴，其備豫也。懼鄭忽，畏齊人，不因田狩而閱兵車，害農失政甚矣，春秋非特以不時非禮書也，乃『天未陰雨』、『徹彼桑土』、『綢繆牖户』之意。」

○程氏傳：「爲國之道，武備不可廢，必於農隙講肄，保民守國之道也。盛夏大閱，妨農害人，失政之甚。無事而爲之，妄動也。有警而爲之，教之不素，何以保其國乎？」襄陵許氏曰：「桓蓋聞齊圖紀之謀、周伐鄭之事，是以飭城守，閱武備，蓋其謀國知此而已。觀其用衆之不時，知其志不在民矣。」

蔡人殺陳佗。

○左氏傳：「厲公，蔡出也，故蔡人殺五父而立之。」

○陸氏曰：「佗雖逾年，本簒弑之賊，故不成之爲君，與無知同。」

○程氏傳：「佗弑世子而竊位，不能有其國，故書曰『陳佗』。陳厲公，蔡出也，故蔡桓侯殺佗而立之。佗，天下之大惡，人皆得而誅之。蔡侯殺之，實以私也，故書『蔡人』，見殺賊者衆人之公也。」陸氏微旨曰：「淳聞於師曰：『臣弑君，凡在官者殺無赦；子弑父，凡在宫者殺無赦。陳佗，殺太子之賊也。蔡雖他國，以義殺之，亦變之正也，故書曰「蔡人」。』」

○胡氏傳：「不成佗之爲君，以賊討之。書『蔡人』以善蔡，書『陳佗』以善陳。善蔡者，以蔡人知佗爲賊；善陳者，以陳國不以佗爲君。知其爲賊，故稱人，稱人，討賊之詞也；不以爲君，故稱名，稱名，當討之賊也。魯桓弑君而鄭伯與之盟，宋督弑君而齊侯納其賂，則不知其爲賊矣。齊商人弑君，及其見殺則書位；蔡般殺父，及其見殺則稱爵，是齊、蔡國人皆以爲君矣。聖人於此，抑揚予奪，遏人欲於横流，存天理於既滅，見諸行事，可謂深切著明矣。簒弑之賊，外則異國皆欲致討而不赦，内則國人不以爲君而莫之與，誰敢勸於爲惡？故曰：春秋成而亂臣賊子懼。」

九月，丁卯，子同生。

○左氏傳：「子同生，以大子生之禮舉之；接以大牢，卜士負之，士妻食之，公與文姜、宗婦命之。問名於申繻，命之曰同。」

○杜氏注：「同，桓公子莊公也。十二公唯子同是適夫人之長子，備用大子之禮，故史書之於策。」

○程氏傳：「冢嫡之生，國之大事，故書。」

○胡氏傳：「適冢始生，即書于策，與子之法也。唐、虞禪，夏后、殷、周繼，春秋兼帝王之道，賢可禪，則以天下爲公，而不拘世及之禮；子可繼，則以天下爲家，而不必於讓國之義，萬世之通道也。與賢貴於得人，與子定於立嫡。傳子以嫡，天下之達禮也。」常山劉氏曰：「立嫡，三代之達禮。故有君薨而世子未生之禮，植遺腹，朝委裘，而天下不亂，由此道也。周衰，名分不明，而民志不定，是以上惟私愛之徇，下有長亂之階，其禍非一日矣。書『子同生』，聖人所以正國家之大本，而防後世之僭亂也。子同，桓公之嫡長子也，於其始生即書之，其位固已定矣。然則配嫡奪正之事何緣而生？春秋之時，魯有桓公之禍，王室有子朝之亂，諸侯之國如此，不可勝紀。苟知聖人之志，大法一定，豈至是乎？春秋大居正，所以爲萬世法，可不戒哉！」○胡氏通旨：「憲問『子同生』，公羊謂『喜有正』，伊川謂『適冢之生，國之大事，故書。』然則出姜之子，不書其生，何也？答曰：記子同生，明與子法也。按左氏載舉子同之禮，即太子之禮也。載于史策，名分一定，則自始生至于受誓爲世子，其物采等衰固殊絶矣，配適奪正之事無所從起，此春秋與子之法也。文公不知此義，故子赤見殺，出姜婦魯，其生不見于經，蓋仲尼削之耳。董氏所謂『前有讒而不見，後有賊而不知』，正謂是矣。鄭忽、衛蒯聵出奔，宋痤、晉申生見殺，王猛兄弟之以于大臣，皆其君父不知此義，以蒙首惡之名，不亦悲乎！」

○劉氏傳：「此世子也，其不曰『世子』何？天下無生而貴者，誓於天子，然後爲世子。」

冬，紀侯來朝。

○左氏傳：「紀侯來朝，請王命以求成于齊。公告不能。」

○程氏傳：「紀侯懼齊，來朝以求助。不能上訴於天子，近赴於諸侯，和輯其民人，效死以守，而欲求援於魯桓，不能保其國宜也。」

○胡氏傳：「孟子曰：『觀近臣以其所爲主，觀遠臣以其所主。』主者，成敗之機，榮辱之本也。昭公棄晉主齊，至於客死；鄭伯逃齊主楚，終以乞盟，觀其所主，而成敗榮辱見矣。魯桓，弑君之賊，而主之以求援，其能國乎？」

春秋卷第三

春秋卷第四

桓公

七年，春，二月，己亥，焚咸丘。

○杜氏注：「焚，火田也。咸丘，魯地。高平鉅野縣南有咸亭。譏盡物，故書。」

○程氏傳：「古者昆蟲蟄而後火田，去莽翳以逐禽獸，非竭山林而焚之也。焚咸丘，如盡焚其地，見其廣之甚也」。胡氏曰：「在禮『天子不合圍，諸侯不掩群』，易稱『王用三驅』，夫子『弋不射宿』，皆愛物之意。推此心以及物，故至於鳥獸，若草木裕。焚咸丘，淫獵也。」

夏，穀伯綏來朝。鄧侯吾離來朝。

○杜氏注：「穀國在南鄉筑陽縣北。」

○劉氏傳：「此同時，其特言之何？同時而特言之者，特見之者也。」杜氏云：「不總稱朝，各自行朝禮。」

○泰山孫氏曰：「春秋之法，諸侯不生名，生名，惡之大者也。桓大逆之人，諸侯皆得殺之，穀伯綏、鄧侯吾離不能致討，反交臂而來朝，故生而名之也。」胡氏曰：「鄧侯相繼朝桓，即大惡之黨也，故特貶而書名，與失地、滅同姓者比焉。經於朝桓，或貶爵，或書名，或稱人，以深絶其黨，撥亂之法嚴矣。誅止其身而黨之者無罪，則人之類不相賊殺，爲禽獸也幾希。」

○程氏傳：「臣而弑君，天理滅矣，宜天下所不容也，而反天子聘之，諸侯相繼而朝之，逆亂天道，歲功不能成矣。故不書秋、冬，與四年同。曰：然則郕人、葛人、牟人來朝，何以書秋、冬？四年與此明其義矣，三國之來，別立義也。」胡氏曰：「立天之道曰陰與陽，陽居春、夏，以長育爲事，所以生物，王者繼天則有賞。陰居秋、冬，以肅殺爲事，所以成物，王者繼天則有刑。賞以勸善，非私與也，故五服五章，謂之天命。刑以懲惡，非私怒也，故五刑五用，謂之天討。獨於四年、七年闕焉者，大司馬賊殺其親則正之，放弑其君則殘之。桓弑隱而立，猶有望也。及冢宰下聘，恩禮加焉，則天下之望絶矣，故四年去秋、冬，以見天王之不復能用刑也。田恒弑君，夫子沐浴而請討。以從大夫之後，不敢不告也。桓弑隱而立，猶有望也，及穀、鄧自遠來朝，則天下諸侯無可望者矣，故七年去秋、冬，以見諸侯不復能修其職也。其見之行事，不亦深切著明乎？」

八年，春，正月，己卯，烝。

○杜氏注：「此夏之仲月，非爲過而書，爲下五月復烝見瀆也。」胡氏傳：「按大司馬：『烝以仲冬。』今魯烝以春正月，其不同何也？周書有周月以紀政，而其言曰：『夏數得天，百王所同，其在商、周。革命改正，示不相沿。至於敬授民時，巡狩承享，猶自夏焉。』然則司馬『中冬教大閱，獻禽以享烝』，所謂『自夏』，而魯之烝祭在春正月，見春秋用周正紀魯事也。」○陸氏纂例曰：「周雖以建子爲正，至於祭祀，則用夏時本月，以行四時之祭。故桓八年春正月烝，則夏之仲冬也。宣八年六月有事于大廟，即夏之孟月也。」

○公羊傳：「烝者何？冬祭也。春曰祠，夏曰礿，秋曰嘗，冬曰烝。」高郵孫氏曰：「不書祭之名，而謂之有事，若宣八年『有事于大廟，仲遂卒于垂，壬午猶繹。』失禮者，猶繹也，祭無譏焉。書祭名者，罪在祭也，『己卯烝』、『丁丑烝』之類是也。」

天王使家父來聘。

○杜氏注：「家父，天子大夫。家，氏；父，字。」孔氏曰：「此年及十五年，上距幽王之卒七十五歲，而詩節南山乃家父刺幽王，古人字或累世同之。雲漢序曰：『仍叔美宣王』，桓五年『仍叔之子來聘』，仍氏亦或世字叔，如趙氏世稱孟，智氏世稱伯也。」

○程氏傳：「魯桓公弑立，未嘗朝覲，而王屢聘之，失道之甚也。」胡氏傳：「下聘弑逆之人而不加貶，何也？既名冢宰於前，其餘無責焉，乃同則書重之義，以此見春秋任宰相之專，而責之重也。虞史以人主、大臣爲一體，春秋以天王、宰相爲一心。以爲一體，故帝庸作歌，皋陶賡歌，以元首、股肱爲喻，而垂、益九官之徒不與也；以爲一心，故賵仲子，葬成風，則宰咺書名於前，而王不稱天於後；聘桓公，錫桓命，則宰糾書名以正其始，王不稱天以正其終，而榮叔、家父之徒不與也，故人主之職在論相而止矣。」

夏，五月，丁丑，烝。

○公羊傳：「常事不書，此何以書？譏。何譏爾？亟也。亟則黷，黷則不敬。君子之祭也，敬而不黷。」

○程氏傳：「正月既烝矣，而非時復烝者，必以前烝爲不備也，其黷亂甚矣。」

○胡氏傳：「春秋之文，有一句而包數義者，有再書而一貶者，『戎伐凡伯于楚丘以歸』之類，一句而包數義。『正月己卯烝』，『夏五月丁丑烝』，再書而一貶。」

秋，伐邾。

○吕氏曰：「不書名，微者也，其事不可得而詳也。然則何以書？曰：天子在上，諸侯擅相侵伐，君子以爲無王也。」

冬，十月，雨雪。

〇公羊傳：「何以書？記異也。何異爾？不時也。」程氏傳：「建酉之月，未霜而雪，書異也。」

祭公來，遂逆王后于紀。

〇公羊傳：「祭公者何？天子之三公也。女在其國稱女，此其稱王后何？王者無外，其辭成矣。」

〇穀梁傳：「遂，繼事之詞也。」

〇公羊傳：「大夫無遂事，此其言遂何？成使乎我也。其成使乎我柰何？使我爲媒，可則因用是往逆矣。」何氏注：「昏禮成於五：先納采、問名、納吉、納徵、請期，然後親迎。時王者遣祭公來，使魯爲媒，可則因用魯往逆之，不復成禮，疾王者不重天下之母，逆后若逆婢妾，將謂海内何哉？」

〇穀梁傳：「不正，其以宗廟之大事，即謀於我，故弗與使也。」

九年，春，紀季姜歸于京師。

〇杜氏注：「季姜，桓王后也。季，字。姜，姓也。」

〇公羊傳：「其辭成矣，則其稱紀季姜何？自我言紀，父母之於子，雖爲天王后，猶曰吾季姜。京師者何？天子之居也。京者何？大也。師者何？衆也。天子之居，必以衆大之辭言之。」

〇劉氏傳：「自歸者言之，王雖有命，未見宗廟則不敢處也。不敢處，恭也。」意林曰：「逆也稱王后，歸也稱季姜，此言禮之上下取予，進退各有所宜，而不相悖也。公卿謀之，龜策諏之，天子命之，是王后矣。然而未見宗廟也，未觀君子也，未覿群臣也，則不敢以居其位，其詞順以聽。此正直之道，王化之本也。」

○左氏傳：「凡諸侯之女行，唯王后書。」胡氏通旨〔一〕曰：「王后歸于京師，過我則書，來告則書。」

夏，四月。

秋，七月。

冬，曹伯使其世子射姑來朝。射，食亦反。

○左氏傳：「曹大子來朝，賓之以上卿。」

○穀梁傳：「朝不言使，言使非正也。使世子伉諸侯之禮而來朝，曹伯失正矣。孔氏曰：『大子不合稱朝，攝行父事，故稱朝也。』○意林曰：『古者爲人子，三賜不及車馬，立不中門，坐不主奧，享食不爲概，祭祀不爲尸，不敢乘父之車、衣其衣，所以示民有尊也。如之，何其以諸侯朝哉？此後世之所以多子禍也。』諸侯相見曰朝。以待人父之道待人之子，以內爲失正矣，內失正，曹伯失正，世子可以已矣，則是放〔二〕命也。尸子曰：『夫已，多乎道。』」已，止也。已曹伯使朝之命，則父與魯皆免譏，是有爭子。

○常山劉氏曰：「九年冬，射姑來朝；十年正月，曹伯終生卒。然則九年冬，曹伯固已有疾，而使世子來

〔一〕旨，底本誤作「行」，據春秋通旨改。
〔二〕放，穀梁傳作「故」。

朝，是危道也。大位，姦之窺也；危病，邪之伺也；世子，君之貳也。君病而世子出，豈不危哉？使世子來朝，曹伯之非也；從曹伯之命以來，世子之非也。交譏之。」

春秋多從同同之例。射姑之朝魯桓，當以滕子、穀綏、鄧吾離之例推之，而知其父子之悖人倫、忘大計也。

十年，春，王正月，

○泰山孫氏曰：「此年書『王』者，王無十年不書也。十年無王，則人道滅矣。」

○胡氏傳：「桓無王，今復書，何也？十者，盈數也。天道十年則亦周矣，人事十年則亦變矣，故易稱『守貞』者，十年而必反，傳論『遠惡』者，十年而必棄。桓公至是，其數已盈，宜見誅於天人矣。十年書『王』，紀常理也。」

庚申，曹伯終生卒。

夏，五月，葬曹桓公。

秋，公會衛侯于桃丘，弗遇。

○杜氏注：「衛侯與公爲會期，中背公，更與齊、鄭。故公獨往而不相遇也。桃丘，衛地。濟北東阿縣東南有桃城。」

○穀梁傳：「弗，内詞也。」劉氏傳：「不者，正詞也。弗者，遷詞也。」○范氏曰：「倡會者衛，魯至桃而衛不來，故書『弗遇』以殺耻。」

○趙氏曰：「書『弗遇』者，罪衛侯之無信。」

○吕氏曰：「公與衛侯爲會而衛侯弗至，其無信可知。春秋之世，專計利害，不顧義理如此。」

冬，十有二月，丙午，齊侯、衛侯、鄭伯來戰于郎。

○左氏傳：「齊、衛、鄭來戰于郎，我有辭也。初，北戎病齊，諸侯救之。鄭公子忽有功焉。齊人餼諸侯，魯以周班後鄭，鄭人怒，請師于齊。齊人以衛師助之，故不稱侵伐。」不稱侵伐，而以「來戰」爲文，明魯直，諸侯曲，故言「我有辭」。

○程氏傳：「來戰于郎，三國爲主。」常山劉氏曰：「春秋之中，諸侯加兵於魯者，爲不少矣，而未有書『來戰』者。此不言侵伐而以『來戰』，于文則彼曲我直，其義坦然。我則有詞，彼及悖道，從以興戎，故特曰『來戰』，以甚彼之惡也。」○劉氏意林：「戰者，仁人之所惡也，有不得已而應者矣，未有得已而先之者也。」

○劉氏傳：「戰言師敗績者，敗在内也。何以不言？恥也。」

十有一年，春，正月，齊人、衛人、鄭人盟于惡曹。

○左氏傳：「齊、衛、鄭、宋盟于惡曹。」

○胡氏傳：「盟會皆君臣之禮，故微者之盟會不志於春秋，凡春秋所志，必有君與貴大夫居其間者也。惡曹之盟，即三國之君矣，既不以道興師，爲郎之戰，又結怨固黨，爲惡曹之盟，故前書其爵而以『來戰』著罪，後書此盟，而以奪爵示貶。」

夏，五月，癸未，鄭伯寤生卒。

○左氏傳：「夏，鄭莊公卒。」

○胡氏傳：「鄭莊公志殺其弟，使糊其口於四方，自以爲保國之計得也，然身没未幾，而世嫡出奔，庶孽奪正，公子五爭，兵革不息，忽、儀、亹、突之際，其禍憯矣。亂之初生也，起於一念之不善，後世則而象之，至於兄弟相殘，國内大亂，民人思保其室家而不得，不亦酷乎？有國者所以必循天理，而不可以私欲滅之也，莊公之事，可以爲永鑒矣。」

秋，七月，葬鄭莊公。

○杜氏注：「三月而葬，速。」

九月，宋人執鄭祭仲。突歸于鄭。

○左氏傳：「昭公之敗北戎也，齊人將妻之，昭公辭。祭仲曰：『必取之。君多内寵，子無大援，將不立。三公子皆君也。』弗從。夏，莊公卒。初，祭封人仲足有寵於莊公，莊公使爲卿。爲公娶鄧曼，生昭公，故祭仲立之。宋雍氏女于鄭莊公，曰雍姞，生厲公。雍氏宗有寵於宋莊公，故誘祭仲而執之，曰：『不立突，將死！』亦執厲公而求賂焉。祭仲與宋人盟，以厲公歸而立之。九月，丁亥，昭公奔衛。己亥，厲公立。」

○穀梁傳：「宋人者，宋公也。其曰人，何也？貶之也。」

○劉氏傳：「曷爲或稱人以執，或稱侯以執？稱侯以執者，伯討也；稱人以執者，非伯討也。」

○泰山孫氏曰：「宋公執人權臣，廢嫡立庶，以亂于鄭，故奪其爵。祭仲字者，天子命大夫也。」

○穀梁傳曰：「突，賤之也。」

○程氏傳：「突不稱公子，不可以有國也。」

○胡氏傳：「小白入于齊，則曰齊小白；突歸于鄭，何以不稱鄭突乎？以小白繫之齊者，明桓公之宜有齊也；不以突繫之鄭者，正厲公之不當立也。」

○穀梁傳：「歸，易辭也。祭仲易其事，權在祭仲也。死難，臣道也。今立惡而黜正，惡祭仲也。」范氏注：「傳例曰：歸爲善。此傳曰歸，易辭也。然則歸有二義，不皆善矣。突篡兄之位，制命權臣，則歸無善。」

○劉氏傳：「其曰『突歸于鄭』何？病祭仲也。祭仲之爲人臣也，處則不能守，出則不能權，貪生而好勢，廢正以立亂。曰『突歸于鄭』者，見突之挈乎祭仲者也。歸者，順辭也，有易辭焉。非所順而書歸，易也。入者，逆辭也，有難辭焉，非所逆而書入，難也。突之易，見祭仲之挈也，交惡之。」意林曰：「鄭突內因强臣之力，曹赤外援戎狄之衆，以奪其嫡而禍其宗，皆有不仁之心，姦黠之才，春秋所惡也。專治突則祭仲不明，專治赤則戎不見，故挈其上而易其下，其罪一施之，所以絶禍本，禁首惡也。」

○胡氏傳：「祭仲，鄭相也，見執於宋，使出其君而立不正，罪較然矣。何以不名？命大夫也。大夫而稱字，非賢之也，乃尊王命貴正卿，大祭仲之罪以深責之也。其意若曰：以天子命大夫爲諸侯相，事權重矣，固將下庇其身，而使其君保安富尊榮之位也。今乃至於見執，廢絀其君，而立其非所立者，不亦甚乎？任之重者責之深，祭仲無所逃其罪矣。春秋美惡不嫌同辭，突之書名，則本非有國，由祭仲立之也。若忽則以世嫡之正，至於見逐，不能立乎其位，貴賤之分亡矣。凡此類抑揚其詞，皆仲尼親筆，非國史所能與，而先儒或以從赴告而書者，殊誤矣。或曰：孔父賢而書名，則曰禮之大節也。今此則名其君於下，而字其臣於上，何以異乎？曰：春秋者，輕重之權衡也。變而不失其正之謂權，常而不過於中之謂正。宋殤、孔父道其常，祭仲、昭公語其變，惟可與權者其知之矣。」

鄭忽出奔衛。

○程氏傳：「忽國氏，正也；不能有其位，故不稱爵。」

○劉氏傳：「此鄭子也，何以名？貶。曷爲貶？忽不子也。忽不子者何？遠君子，近小人，不與賢者圖事，權臣擅命，放乎五世亂鄭者，忽失爲子之道也。」胡氏傳：「或曰：詩人刺忽之不昏於齊，至於見逐。欲固其位者，必待大國之援乎？曰：此獨爲鄭忽言也。如忽之爲人，苟無大援，則不能立爾。若夫志士仁人，卓然有以自立者，進退之權在我矣。鄭自五霸之後，益以侵削，他日子產相焉，馳辭執禮以當晉、楚，卒莫能屈，亦待大國之助乎！然則仲見脅，忽出奔，咸其自取焉爾。春秋書法如此，欲人自彊於爲善。」

柔會宋公、陳侯、蔡叔盟于折。

○公羊傳：「柔者何？吾大夫之未命者也。」杜氏注：「柔，魯大夫未賜族者。」

○杜氏注：「蔡叔，蔡大夫。叔，名也。」蘇氏曰：「叔，蔡大夫之未賜族者。」

○纂例：「趙子曰：『凡大夫特盟公侯，非禮也。』言特者，明更有公侯，則不兼大夫也。言公、侯者，可以會子、男也。」

○胡氏傳：「臣與宋公盟于折，君與宋公會于夫鍾、于闞、于虚、于龜，皆存而不削，何其詞費也？曰：屢盟而長亂，數會以厚疑，聖人皆存而弗削，於以見屢盟而卒叛，數會而卒離，其事可謂著明矣。」

公會宋公于夫鍾。

○杜氏注：「夫鍾，郕地。」

冬，十有二月，公會宋公于闞。

○杜氏注：「闞，魯地，在東平須昌縣東南。」

十有二年，春，正月。

夏，六月，壬寅，公會杞侯、莒子，盟于曲池。杞，公、穀並作「紀」。曲池，公羊作「毆蛇」。

○杜氏注：「曲池，魯地。魯國汶陽縣北有曲水亭。」○左氏傳：「盟于曲池，平杞、莒也。」隱四年，莒人伐杞，自是遂不平。

秋，七月，丁亥，公會宋公、燕人，盟于穀丘。

○杜氏注：「燕人，南燕大夫。高郵孫氏曰：『北燕伯欵出奔齊，又稱北燕。則燕有二燕矣。言北燕，則亦有南燕也，杜氏於此解「燕人」爲南燕大夫，蓋北燕限於山戎，自莊公二十八年齊桓公伐山戎之後，始爲繼開路，得通中國。是於此穀丘之盟燕，燕猶爲山戎所隔，未能自通，則杜氏以燕爲南、北是也。』穀丘，宋地。」

〇左氏傳：「公欲平宋、鄭。秋，公及宋公盟于句瀆之丘。」杜氏云：「即穀丘也。宋以厲公立故，多責賂於鄭。鄭人不堪，故不平。」

八月，壬辰，陳侯躍卒。

〇杜氏注：「厲公也。不書葬，魯不會。」

公會宋公于虛。公羊作「郯」。

〇杜氏注：「虛，宋地。」

冬，十有一月，公會宋公于龜。

〇杜氏注：「龜，宋地。」

〇左氏傳：「宋成未可知也，故又會于虛。冬，又會于龜。」

丙戌，公會鄭伯，盟于武父。

〇左氏傳見下文。

〇杜氏注：「武父，鄭地。」

〇呂氏曰：「此年書盟會之數如此，諸侯無王，放恣自若，多事屢盟，民不堪命如此之極也。聖人傷之，以爲世戒。後之君子有意於善者，其知慎始守約，愛民爲急，以合聖人之意乎！」襄陵許氏曰：「王迹既熄，伯統未興，諸侯自擅，無所禀命。觀隱十年，見兵革之亂也；桓十一年以來，見盟會之亂也。是以君子不得已於斯民，而以禮樂征伐實予桓、文，故伯統興起，無復此亂，諸侯有所一矣。」

丙戌，衛侯晉卒。

○泰山孫氏曰：「再言丙戌，羨文。」

十有二月，及鄭師伐宋。丁未，戰于宋。

○左氏傳：「宋公辭平，故與鄭伯盟于武父，遂帥師以伐宋，戰焉，宋無信也。君子曰：苟信不繼，盟無益也。詩云：『君子屢盟，亂是用長。』無信也。」

○蘇氏傳：「宋多責賂於鄭，公三爲會而平之，宋公不可，故與鄭師伐宋。伐而言戰，伐而又戰也。不言及宋人戰，何也？以國地，則及宋人戰可知。」

○胡氏傳：「既書伐宋，又書戰于宋者，責賂於鄭而無厭。屢盟於魯而無信者，宋也。二國聲其罪以致討，故書曰伐。夫宋人之罪，固可伐矣，然取其賂以立督者，魯桓也；資其力以簒國者，鄭突也。無諸己而後可以非諸人，春秋之義，用賢治不肖，不以亂治亂，故又書曰『戰于宋』。來戰者，罪在彼，戰于郎是也；往戰者，罪在内，戰于宋是也。」孔氏曰：「此既書伐，又書戰者，以見宋之無信，魯聲其罪而伐之，彼不服罪，而反與我戰，所以深責之也。」

愚按：胡氏之言，固得之矣。孔氏之釋，亦不可以不考也。此其書「戰于宋」者，莫適爲主、兩皆有罪之詞。使春秋而專罪魯，則當書「及宋人戰于宋」；專罪宋，則書法又必有變於此者。今欲見二國無以相尚，故以「戰于宋」書。然此役則宋公納䓨子而厚責其賂，數從魯盟會而隨壞其成，其所以致兵，則宋公之罪爲多，故首書「及鄭師伐宋」，以見魯、鄭之有辭焉。

○劉氏傳：「孰及之？公也。戰者曷爲或言公，或不言公？戰而勝，則言公，言敗；戰而不勝，則不言公，不言敗；戰而敵，則言公，而不言敗。」

十有三年，春，二月，公會紀侯、鄭伯。己巳，及齊侯、宋公、衛侯、燕人戰。齊師、宋師、衛師、燕師敗績。

○杜氏注：「衛宣公未葬，惠公稱侯以接鄰國，非禮也。」胡氏曰：「禮，喪在殯，孤無外事。衛宣未葬，朔乃即戎，已爲失禮。又不稱子，是以吉服從金革之事，其爲惡大矣。凡此類，據事直書，年月具存，而惡自見也。」○趙子曰：「凡諸侯在喪而有境外之事，以喪行者稱子，以吉行者稱爵，志惡之淺深也。」

○常山劉氏曰：「會者，外爲主，主在紀侯也。」

○穀梁傳：「其不地，於紀也。」

○趙氏曰：「内兵以紀爲主，外兵以齊爲主，蓋齊與三國之師伐紀，欲滅之，公與鄭救之而勝也。」

○胡氏傳：「齊爲無道，恃强凌弱，此以紀主是戰，何也？彼爲無道，加兵於己，必有引咎責躬之事，禮義辨喻之文，猶不得免焉，則亦固其封疆，效死以守，上訴諸天子，下告諸方伯連率與鄰國之諸侯，其必有伸之者矣。不如是而憤然與戰，豈已亂之道乎？同力度德，動則相時，小國讎大國而幸勝焉，禍之始也。息伐鄭而亡，鄭勝蔡而懼，蔡敗楚而滅。今紀之不度德、不量力、不徵詞，輕與齊戰，而爲之援者，弑君之賊，篡國之人也，不能保其國，自此戰始矣。春秋以紀爲主，省德相時，自治之意也。」

三月，葬衛宣公。

〇劉氏傳：「葬，自内録也。君子怨不棄義，怒不廢禮，惡不忘親。」胡氏曰：「既與衛人戰，曷爲葬宣公？怨不棄義，怒不廢禮，是知古人以葬爲重也。」

夏，大水。

秋，七月。

冬，十月。

十有四年，春，正月，公會鄭伯于曹。

無冰。

〇穀梁傳：「無冰，時燠也。」何氏曰：「周之正月，夏之十一月，法當冰堅。無冰者，温也。」

〇胡氏傳：「豳風：『二之日鑿冰冲冲，三之日納于凌陰。』周官凌人之職，頒冰於夏，藏之周，用之徧，亦理天地陰陽之一事也。今在仲冬之月，燠而無冰，則政治縱弛，不明之所致也，故書于策。夫春秋所載，皆經邦大訓，而書法若此，察於四時寒暑之變詳矣。」

夏五。

○泰山孫氏曰：「孔子作春秋，筆削損益，以成大法，豈其曰『月，舊史之有闕者』，不隨而刊正之哉？此云『夏五』，無『月』者，後人傳之脱漏耳。」

鄭伯使其弟語來盟。

○穀梁傳：「來盟，前定也。」程氏曰：「使來盟，前定矣，與高子不同。」

○趙子曰：「盟，彼欲之也。欲之故來，此與外爲志同義。不書其誰，敵者也，不書内盟者。位敵，無譏嫌。簡辭也。」若書内盟者，又須書來者，則詞煩也。○蘇氏曰：「凡外大夫來盟，于書内大夫涖盟於他國，皆盟其君也。」

愚按：既書「來盟」，則或君、或大夫與之盟，皆不可得而詳。此年鄭語以爲敵者，與盟可也。僖公豈能使大夫與高子盟哉？春秋書「來盟」者，所以紀其要言以爲信耳。其或解怨，或結黨，則隨事而見得失焉。敵與不敵，春秋既不以文明之，不足深辨也。

○左氏傳：「鄭子人來尋盟，且修曹之會。」子人即弟語也，其後爲子人氏。

○胡氏傳：「春秋之兄弟例以字書，而書名者，罪其有寵愛之私，非友于之義也。」

秋，八月，壬申，御廩災。

○公羊傳：「御廩者何？粢盛委之所藏也。御廩災何以書？記災也。」胡氏曰：「門觀災而新作則書，御廩粢盛之所藏，其新必矣。何以不書？營宫室以宗廟爲先，重本也。御廩災而新則不書，常事也。以爲常事而不書，垂教之意深矣。知其説者，然後知有國之急務，爲政之後先，雖勤於工築而民不怨勞，與妄興土木，困民力以自奉者異矣。」

乙亥，嘗。

○公羊傳：「常事不書，此何以書？譏。何譏爾？譏嘗也。」

○穀梁傳：「以爲唯未易災之餘，而嘗可也，志不敬也。用火焚之餘，以祭宗廟，非人子所以盡其心力，不敬之大也。天子親耕，以共粢盛；王后親蠶，以共祭服。國非無良農工女也，以爲人之所盡，事其祖禰，不若以己所自親者也。何用見其未易災之餘而嘗也？曰甸粟，而内之三宫，三宫米，而藏之御廩。夫嘗必有兼甸之事焉。壬申，御廩災；乙亥，嘗。以爲未易災之餘而嘗也。壬申、乙亥，相去四日。」○泰山孫氏曰：「嘗，秋祭也，周之八月，夏之六月。其言『八月，壬申，御廩災。乙亥，嘗』者，以不時與災之餘而嘗，此桓之不恭甚矣。」胡氏曰：「禮以時爲大，施於事則不時；禮以敬爲本，發於心則不敬，故書。」

冬，十有二月，丁巳，齊侯禄父卒。

宋人以齊人、蔡人、衛人、陳人伐鄭。

○公羊傳：「以者何？行其意也。」胡氏曰：「師而曰以，能用之以行己意也。宋怨鄭突之背己，故以四國伐鄭；魯怨齊人之侵己，故以楚師伐齊；蔡怨囊瓦之拘己，故以吴子伐楚。蔡弱於吴，魯弱於楚，宋與蔡、衛、陳敵而弱於齊，乃用其師以行己意，故特書曰『以』。」

○穀梁傳：「以者，不以者也；民者，君之本也。使人以其死，非正也。不以，謂本非所制，今得以之也，刺四國使宋得用其師，輕民也。」

○胡氏傳：「列國之兵有制，皆統乎天子，而敢私用之，與私爲之用以伐人國，大亂之道也。」

○左氏傳：「宋人以諸侯伐鄭，報宋之戰也。焚渠門，入，及大逵。伐東郊，取牛首。以大宮之椽歸，爲盧門之椽。」

十有五年，春，二月，天王使家父來求車。

○公羊傳：「王者無求，求車非禮也。」左氏曰：「諸侯不貢車服，天子不私求財。」○穀梁傳：「古者諸侯時獻乎天子，以其國之所有，故有辭讓，而無徵求。求車，非禮也。求金，甚矣。」

○胡氏傳：「遣使需索之謂求。王畿千里，租賦所入足以充費，不至於有求；四方諸侯，各有職貢，不至於來求。以喪事而求貨財，已爲不可，况車服乎？經於求賻、求金、求車皆書曰求，垂後戒也。夫上有好者，下必有甚焉者矣。王者有求，下觀而化，諸侯必將有求以利其國，大夫必將有求以利其家，士庶人必將有求以利其身。皇皇然唯恐不足，未至於簒弑奪攘則不厭矣。觀春秋所書，則見王室衰亂之由，而知興衰撥亂之説矣。」

○常山劉氏曰：「世之治也，天子命貢賦於下，而無敢不從，無有求也。諸侯奉貢賦於天子，而無敢不供，不至於來求也。世亂反此。書者，交譏之，求車與求賻、求金義同，蓋命使以須之耳。而特書曰『求』，所以見王室之微，著諸侯之罪也。」

三月，乙未，天王崩。

○何氏注：「桓王也。」襄陵許氏曰：「桓紹文勝之弊，不反其質，而欲詐諼以欺天下。諸侯弗聽，則以兵從之。至於覆敗不暇，而王之威靈盡矣。」

夏，四月，己巳，葬齊僖公。

五月，鄭伯突出奔蔡。

○左氏傳：「祭仲專。鄭伯患之，使其壻雍糾殺之。將享諸郊，雍姬知之，遂告祭仲。祭仲殺雍糾，尸諸周氏之汪。夏，厲公出奔蔡。」

○公羊傳：「突何以名？奪正也。」

○陸氏曰：「淳聞於師曰：『祭仲逐君，其惡大矣。没而不書，其義何也？』曰：『逐君之臣，其罪易知也。君而見逐，其惡甚矣。聖人之教，在乎端本清源，故諸侯之奔，皆不書所逐之臣，而以自奔爲名，所以警乎人君也。』」杜氏曰：「突既篡立，權不足以自固，又不能倚任祭仲，反與小臣造盜賊之計，故以自奔爲文，罪之也。」

鄭世子忽復歸于鄭。

○左氏傳：「六月，乙亥，昭公入。」

○程氏傳：「稱世子，本當立者，不能保其位，故不爵。」蘇氏曰：「忽嘗爲君矣，其出也稱鄭忽，其復歸也稱世子，何也？於其出，言其不能君也；於其復歸，言其所以得反國者，唯世子也，舍是，無足以歸者矣。」○劉氏意林曰：「忽之出，無鄭者也，而又不得稱子，則忽之可以君國者無幾矣。春秋別嫌疑，明是非，以謂忽雖失道，固君之世子矣。若側庶因亂得逐而奪之，則天下姦臣縱矣。故正其名，予之繼世，深惡亂臣賊子之意也。」

○劉氏傳：「曷爲或言復歸，或不言復歸？復歸有二道，有諸侯之歸，有大夫之歸。諸侯歸可言復，大夫歸不可言復。諸侯何以可言復？大夫何以不可言復？諸侯世國，故可以復；大夫不世官，故不可以復。諸侯之言復者，位未絶，復可也；大夫之言復者，位絶矣，復不可也。諸侯位未絶，歸而不言復，已絶者也；大夫位已絶，入而不言復，未絶者也。忽之爲可復柰何？忽正也。」意林曰：「復歸，有君臣之異言，固不可概舉也。以其世也，故可言復。而不言復者，奪其國之意也。以其不世也，故不可言復。而言復者，效其竊取之意也。」○高郵孫氏曰：「忽雖未善，比之不善有甚於此者，不得不少進以見彼之惡也。忽之得稱『世子』、『復歸』，非以其德而見許也，蓋亦突之不正爾。」

許叔入于許。

○杜氏注：「許叔，莊公弟也。隱十一年，鄭使許大夫奉許叔居許東偏。鄭莊公既卒，乃入居位。」

○穀梁傳：「許叔，許之貴者也，莫宜乎許叔。其曰入，何也？其歸之道，非所以歸也。」范氏注：「許國之貴，莫過許叔。叔之宜立，又無與二，而進無王命，退非父授，故不書歸，同之惡入。」

○啖氏曰：「字之，善興復也。言入，志非其正也。」

○常山劉氏曰：「許叔蓋因鄭亂以竊入于許也。許，先王之建國，叔不能申正義于天王，或求直于大國，以反厥邦，復先君之宗廟社稷，乃竊入焉，則許叔之罪亦可見矣。因亂竊入，故難。」胡氏曰：「入者，難辭也。」

公會齊侯于艾。

○左氏傳：「謀定許也。」

郳人、牟人、葛人來朝。

○杜氏注：「牟國，今泰山牟縣。葛國，今在梁國寧陵縣東北。」

○公羊傳：「皆何以稱人？夷狄之也。」

○胡氏傳：「其狄之何？天王崩，不奔喪，而相率朝弒君之賊也。」

秋，九月，鄭伯突入于櫟。

○杜氏注：「櫟，鄭別都也。今河南陽翟縣。」

○左氏傳：「鄭伯因櫟人殺檀伯，而遂居櫟。申無宇對楚子虔曰：『鄭莊公城櫟而寘子元焉，使昭公不立。由是觀之，則害於國。末大必折，尾大不掉，君所知也。』十七年，高渠彌弒昭公而立公子亹。十八年，齊人殺子亹，祭仲逆鄭子于陳而立之。鄭子，昭公弟子儀也。莊十四年，傅瑕殺鄭子及其二子，而納厲公。」

○襄陵許氏曰：「此詩所謂『公子五爭，兵革不息』者也。鄭亂如此，春秋弗志，志突入櫟而已。語曰：『櫟人實使鄭子不得其位。』言邑，國之大也。忽失其政，不能制鄭突，使析鄭而居之，以生民心，此亂根也。故君子略夫枝葉，使世謹夫亂之所生。」胡氏曰：「夫制邑之死虢君，共城之叛大叔，皆莊公所親戒也。今又城櫟而寘子元焉，使昭公不立，何謀國之誤也！衛有蒲、戚而出獻公，楚有陳、蔡、不羹而叛棄疾。末大必折，有國之害也，故夫子行乎季孫曰：『家不藏甲，邑無百雉之城。』遂墮三都以張公室。於厲公復國削而不書者，若曰：既入于櫟，則其國已復矣，於以明居重馭輕、强幹弱枝、以身使臂之義，爲天下與來世之鑒也，爲國者可不謹於禮乎？」

冬，十有一月，公會宋公、衛侯、陳侯于袲，伐鄭。

○杜氏注：「袲，宋地，在沛國相縣西南。」

○左氏傳：「會于袲，謀伐鄭，將納厲公也。弗克而還。」

○穀梁傳：「地而後伐，疑辭也，非其疑也。」

○胡氏傳：「昭公之與突，是非邪正亦明矣。然昭公雖正，其才不足以君國，復歸于鄭，日以微弱；厲公雖篡，其才足以結四鄰之援，既入于櫟，日以盛彊。諸侯不顧是非，而計其彊弱，始疑於輔正，終變而與邪。穀梁所謂『非其疑』者，非其疑於爲義，而果於爲不義，相與連兵動衆，納篡國之公子也。故詳書其會地，而後言伐，以譏之也。」

十有六年，春，正月，公會宋公、蔡侯、衛侯于曹。

○左氏傳：「謀伐鄭也。」

夏，四月，公會宋公、衛侯、陳侯、蔡侯伐鄭。

○杜氏注：「蔡常在衛上，今序陳下，蓋後至。」

○吕氏曰：「會于曹，蔡先衛；伐鄭，衛先蔡。蓋當時諸侯皆以一切彊弱、目前利害爲先後，不復用周班也。春秋因事紀實，以見當時之亂，無復禮文也。」胡氏傳：「王制諸侯之爵次，其先後固有序矣。在周官大司馬『設儀辨位，以等邦國』，猶天建地設，不可亂也。及春秋時，禮制既亡，伯者以意之向背爲升降，諸國以勢之彊弱相上下。蔡嘗先衛，今序陳下者，先儒以爲後至也。以至之先後易其序，是以利率人，而不要諸禮也，豈所以定民志乎」？

○程氏傳：「突善結諸侯，故皆爲之致力，屢伐鄭也。」王氏曰：「突之未出也，宋嘗伐之；既出也，又求納之。始宋不和，而公以鄭伐宋，及突已出，而公與宋伐鄭。向也相戾之深，今也相用之固，豈無意而然哉？春秋之世，弒逆公行，固有自而然，蓋以正繼正，禮之常也，諸侯無所求；以亂易亂，國之釁也，諸侯有所苟。故利其亂而幸其危，貪其賄則黨其邪。聖人觀其聚散而求其情，書其向背以見其故。自突入櫟，公及宋公三會諸侯，而再伐鄭，無他焉，賄故也。」

秋，七月，公至自伐鄭。

○程氏傳：「不惟告廟，又以見勤勞於鄭突也。」

○孫氏曰：「助篡奪正，踰時而返。」

冬，城向。

○啖氏曰：「按：下有十一月，縱是同月，亦今之九月，農功未畢，不可興役。」

十有一月，衛侯朔出奔齊。

○左氏傳：「初，衛宣公烝於夷姜，生伋子，屬諸右公子。爲之娶於齊，而美，公取之，生壽及朔，屬壽於左公子。夷姜縊。宣姜與公子朔構伋子。公使諸齊，使盜待諸莘，將殺之。壽子告之，使行。不可，曰：『棄父之命，惡用子矣！有無父之國則可也。』及行，飲以酒。壽子載其旌以先，盜殺之。伋子至，曰：『我之求也，彼何罪？請殺我乎！』又殺之。二公子故怨惠公。十一月，左公子洩、右公子職立公子黔牟。惠公奔齊。」

○杜氏曰：「朔譖構取國，故不言二子逐，罪之也。」

○公羊傳：「衛侯朔何以名？絶。曷爲絶之？得罪于天子也。」

十有七年，春，正月，丙辰，公會齊侯、紀侯盟于黄。

○杜氏注：「黄，齊地。」

○左氏傳：「平齊、紀，且謀衛故也。」

○任氏曰：「公十三年會紀侯，敗齊師，以益其怨。今乃盟之，豈足以釋前憾乎？」

二月，丙午，公及邾儀父盟于趡。左氏經作「公會」，公、穀並作「公及」。

○杜氏注：「趡，魯地。」

○左氏傳：「尋蔑之盟也。」蔑盟在隱元年。

五月，丙午，及齊師戰于奚。不書「夏」，闕文。

○杜氏注：「奚，魯地。」

○左氏傳：「及齊師戰于奚，疆事也。於是齊人侵魯疆，疆吏來告。公曰：『疆埸之事，慎守其一，而備其不虞，事至而戰，又何謁焉？』」

○穀梁傳：「内諱敗，舉其可道者也。」

六月，丁丑，蔡侯封人卒。

秋，八月，蔡季自陳歸于蔡。

○左氏傳：「蔡桓侯卒，蔡人召蔡季于陳。秋，蔡季自陳歸于蔡，蔡人嘉之也。」

○何氏注：「蔡侯封人無子，蔡季當立。封人欲立獻舞而疾害季，季辟之陳。封人死，反歸奔喪，卒無怨心，故賢而字之。」

○劉氏傳：「蔡季者，蔡侯之弟也。何以稱字？賢也。何賢爾？其去也以道，其反也以禮。公子不去國，何賢乎？季之去，權也。若季者，道足以與權而不亂，力足以得國而不居，遠而不攜，邇而不偪者也。其言自陳何？陳有力焉爾。」意林曰：「蔡季之去其國，與秦伯之弟鍼無以異。鍼以富懼誅，季以賢見疑，俱不安其身，而季爲顯矣。晉大子申生知必不免而終不去，以稱其父之欲；衛公子伋知必見殺而終不忍逃，以遂其弟之求。行非不難也，而春秋不貴，是皆不明於權者也。明於權者，莫如法舜，舜之事瞽叟，小杖則受，大杖則走。故曰『烝烝乂，不格姦。』使申生、衛伋深見輕重之分，因負罪引慝，超然遠舉，必無陷其父、兄於不義之名，豈不益賢乎？」

癸巳，葬蔡桓侯。

○陸氏纂例曰：「按史記、世本、左氏，蔡之諸君皆謚爲侯，經則皆稱公者，以其私謚，與僭同也。唯蔡桓稱侯，蓋告王請謚，故特書之，明得禮也。」啖氏曰：「其稱侯，蓋蔡季之賢，請謚於王也。此言凡諸侯請謚於王，王之策書則云：『謚曰某侯。』諸國史因而紀之，故西周諸侯紀傳皆因本爵，春秋諸侯則皆稱公。夫子因而書之，以明其不請命於王也。」

○劉氏傳：「葬者稱公，此其稱爵何？稱爵禮也，稱公非禮也。稱爵何以禮？稱公何以非禮？稱爵者，誄之于天子者也；稱公者，非誄之于天子者也。賤不誄貴，幼不誄長，天子崩誄於郊，諸侯薨誄於王，大夫卒誄於君。」意林曰：「諸侯之國亦多矣，莫有能正死生之禮者。桓侯之賢，又未有聞於春秋，吾以此考之，蔡季請之可知矣。人亦有多愛其君者矣。莫能愛君以禮，而蔡季行之，此賢者所以異於衆人也。」○胡氏傳：「或曰：葬未有不稱公者，其稱侯，傳失之爾。臣子之於君，極其尊而稱之，禮也。其説誤矣。孔子疾，子路使門人爲臣子，曰：『無臣而爲有臣，吾誰欺？欺天乎？』曾子疾革而易簀，曰：『吾得正而斃焉，斯已矣。』故終而必安於正。人子不以非所得而加之於父，是爲孝；人臣不以非所得而加之於君，是爲忠。極其尊而稱之，不正之大者，而可以爲禮哉？曰：魯君生而稱公，亦非禮乎？曰：生而稱公爲虚位，禮之文也；没而繫謚爲定名，禮之實也。春秋諸侯，雖伯子男，葬皆稱公，志其失禮之實，欲以正其終也，其垂訓之義大矣。」

及宋人、衛人伐邾。

○左氏傳：「宋志也。」杜氏注：「邾、宋爭强，魯從宋志，背趡之盟。」

○襄陵許氏曰：「正月與齊爲黄之盟，而五月戰焉；二月與邾爲趡之盟，而八月伐之。詩曰：『君子屢盟，亂是用長。』豈不然哉。」

冬，十月，朔，日有食之。

○左氏傳：「不書日，官失之也。」

十有八年，春，王正月。

○范氏注：「此年書王，以王法終，治桓之事。」

○胡氏傳：「是年桓公已終，復書王者，春秋之時，諸侯放恣，弑君篡國者已列於會，則不復致討。故魯宣殺惡及視以取國，賂齊請會，而傳曰：『會于子州，以定公位。』曹伯負芻殺大子自立，見執於晉，而曹人請之曰：『若有罪，則君列諸會矣。』孔子爲此懼，作春秋。於十八年復書王者，明弑君之賊雖身已没，而王法所不得赦也。又據桓十五年天王崩，至是新君嗣位，三年之喪畢矣，明弑君之賊雖在前朝，而古今之惡一也。然則篡弑者，不容於天地之間，身無存没，時無古今，皆得討而不赦，聖人之法嚴矣。已列於會則不致討，可乎？故曰：春秋成而亂臣賊子懼。」

公會齊侯于濼。公與夫人姜氏遂如齊。

○杜氏注：「濼水在濟南歷城縣西北，入濟。公本與夫人俱行，至濼，公與齊侯行會禮，故先書會濼，既會而相隨至齊，故曰遂。」

○左氏傳：「公將有行，遂與姜氏如齊。申繻曰：『女有家，男有室，無相瀆也，謂之有禮。易此必敗。』公會齊侯于濼，遂及文姜如齊。齊侯通焉，公謫之，以告。」蘇氏傳：「濼之會，公實與姜氏行，其不言『公與夫人姜氏會齊侯于濼』，夫人不會也。」

○劉氏傳：「何以不言『及夫人』？伉也，猶曰匹夫匹婦之相與云爾。」

○胡氏傳：「與者，許可之詞。曰與者，罪在公也。爲亂者文姜，而春秋罪桓公，治其本也。易曰：『夫夫婦婦而家道正。』乾者，夫道也，以乘御爲才；坤者，婦道也，以順承爲事。夫不夫則婦不婦矣。」意林曰：「公與夫人姜氏遂如齊，原其禍之所自始，以伉言之。微而顯，志而晦之意也。公子遂、季孫行父如齊，則以起子赤之弑；季孫斯、仲孫何忌如晉，則以起陪臣執國命之禍。事之始構，而文已變矣。此亦春秋慮患於微，除禍於早之情也。」

夏，四月，丙子，公薨于齊。

○左氏傳：「夏，四月，丙子，享公。使公子彭生乘公，公薨于車。公羊傳：「夫人譖公于齊侯。齊侯怒，與之飲酒。於其出焉，使公子彭生送之，於其乘焉，搚幹而殺之。」魯人告于齊曰：『寡君畏君之威，不敢寧居，來脩舊好。禮成而不反，無所歸咎，惡於諸侯。請以彭生除之。』齊人殺彭生。」

○杜氏注：「不言戕，諱之也。」

○胡氏傳：「魯君弑而薨者，則以不地見其弑，今書『桓公薨于齊』，豈不没其實乎？前書『公與夫人姜氏如齊』，後書『夫人孫于齊』，去其姓氏，而莊公不書即位，則其實亦明矣。」

丁酉，公之喪至自齊。

○石氏曰：「公内不能正室，外取禍於齊，其致，痛之也。」

秋，七月。

冬，十有二月，己丑，葬我君桓公。

○公羊傳：「賊未討，何以書葬？讎在外也。讎在外，則何以書葬？君子辭也。」何氏注：「時齊彊魯弱，不可立得報，故君子量力，且假使書葬。於可復讎而不復，乃責之。」穀梁傳：「不責踰國而討于是也。」胡氏曰：「夫桓公之讎在齊，則外也；隱公之讎在魯，則内也。在外者不責其踰國，固有任之者矣；在内者討于是，此春秋之法也。」

○趙子曰：「葬稱我君，舉其謚也，將葬，方作謚。若只言桓公，則恐涉他國君，故明言我君，以舉其新加之謚也。臣子之敬詞也。」若不然，則詞不順敬也。

春秋卷第四

春秋卷第五

莊公

○名同，桓公子，母文姜。謚法：「勝敵克亂曰莊。」

元年，春，王正月。

○左氏傳：「不書即位，內無所承，上不請命也。」或曰：莊公嫡長，其爲儲副明矣，雖內無所承，上不請命，獨不可以享國而書即位乎？曰：諸侯之嫡子必誓於王，莊雖嫡長而未誓，安得爲國儲君副，稱世子也？夫爲世子，必誓於王。爲諸侯可以內無所承，上不請命，擅有其國，即諸侯之位耶？春秋詘而不書，父子君臣之大倫正矣。」

三月，夫人孫于齊。

○杜氏注：「魯夫人，莊公母也。魯人責之，故出奔。」

○公羊傳：「孫者何？孫猶孫也。內諱奔，謂之孫。」

○左氏傳：「不稱姜氏，絶，不爲親，禮也。」胡氏傳：「夫人，文姜也。桓公之弑，姜氏與焉，爲魯臣子者，義不共戴天矣。嗣君，夫人所出也，恩如之何？徇私情則害天下之大義，舉王法則傷母子之至恩，此國論之難斷者也，經書『夫人孫于齊』，而恩義之輕重審矣。梁人有繼母殺其夫者，而其子殺之，有司欲當以大逆。孔季彦曰：『文姜與弒魯桓，春秋去其「姜氏」，傳謂「絶不爲親，禮也。」夫絶不爲親，即凡人耳。方諸古義，宜以外司寇而擅殺當之，不得以逆論也。』人以爲允。故通於春秋，然後能權天下之事矣。」○穀梁傳：「人之於天也，以道受命；於人也，以言受命。不若於道者，天絶之也，不若於言者，人絶之也，臣子大受命。」

夏，單伯逆王姬。左氏「逆」作「送」，誤也。

○公羊傳：「單伯者何？吾大夫之命乎天子者也。穀梁曰：「命大夫，故不名也。」逆者何？使我主之也。曷爲使我主之？天子嫁女乎諸侯，必使諸侯同姓者主之。諸侯嫁女于大夫，必使大夫同姓者主之。」何氏曰：「不自爲主者，尊卑不敵，其行婚姻之禮，則傷君臣之義；行君臣之義，則廢婚姻之好，故必使同姓有血脉之屬，宜爲父道，與所適敵体者主之。」

○穀梁傳：「其不言如，何也？其義不可受於京師也。其義不可受於京師，何也？曰：躬君弒於齊，使之主婚姻，與齊爲禮，其義固不可受也。」

○臨江劉氏曰：「單伯者何？附庸之君，周禮所謂孤也。上公九命，侯、伯七命，子、男五命，公之孤四命。

此皆人君也，有不生名之義，故附庸稱字矣。周禮有孤無附庸，魯頌有附庸無孤。附庸即孤，孤即附庸。附於大國，故謂之附庸；南面稱孤，故謂之孤。其實一也。」

○胡氏傳：「忘親釋怨，無以立人道矣。」

秋，築王姬之館于外。

○穀梁傳：「主王姬者，必自公門出。公門，朝之外門。主王姬者，當設几筵于宗廟，以俟迎者，故在公門之內，築王姬之館也。於廟則已尊，於寢則已卑。爲之築，節矣。築之外，變之正也。築之外之爲正，何也？仇讎之人，非所以接婚姻也，衰麻非所以接弁冕也。」劉氏權衡：「穀梁以謂變之正也，非也。魯本自當以仇讎，不可以接婚姻，上告諸天子，不當默然受命。此乃春秋譏其捨大卹小，以謂未盡臣子之道者也。何謂變之正乎？凡變之正者，謂亡於禮者之禮，若權死亡者也。非謂可爲而不爲，以傷禮害義者也。若莊公者，可謂變於邪矣，未見變於正也。」

○麗澤呂氏曰：「魯之於齊，絶之，而不與主婚義也。而莊公外畏齊之彊，而不敢絶；內畏清議，而不敢與其君臣之間謀爲兩不相妨之計，故欲築之於外也。夫不知其不共戴天之讎不可與者，猶不足責也；既知之，而求所以委曲回互，則亦終於此而已矣。父子之親，天屬之恩。莊公讎齊之心，宜如火之必熱、水之必寒，如手足之必捍頭目，安可委曲安排，而使之兩不相妨哉？」

○陸氏微旨：「言築之爲宜，不若辭之爲正也，故君子貴端本也。」

○泰山孫氏曰：「魯主王姬，非一也。王姬之館，固有常處。此言築王姬之館于外者，知齊讎不可接婚姻也。」

知齊讎不可接婚姻，故築王姬之舘于外。與其築之於外，不若辭而勿主也。夏，單伯逆王姬，秋，築王姬之舘于外，此公之惡從可見矣。」

○胡氏傳：「春秋於此事，一書、再書、又再書者，其義以復讎爲重，示天下後世臣子不可忘君親之意。」

冬，十月，乙亥，陳侯林卒。

王使榮叔來錫桓公命。

○杜氏注：「榮叔，周大夫，榮，氏；叔，字。錫，賜也。追命桓公，褒稱其德，若昭七年王追命衛襄之比。」蘇氏曰：「錫命者，命之以策也。衛襄公之歿也，王使成簡公追命之，曰：『叔父陟恪，在我先王之左右，以佐事上帝，予敢忘高圉、亞圉也？』」

○陸氏纂例：「趙氏曰：『不稱天王，寵篡弑以瀆三綱也。』」微旨曰：「言不能法天正道，故去『天』字，以示貶也。」○劉氏意林：「王者之義，必純法天，天道予善奪惡而無私者也。今桓公篡君取國，而王不能討，反追命之，此無天法甚矣。其失非小過小惡也，與葬成風引之爲夫人，使妾並后無以異，故其文一施之。春秋所刺，譏於王亦多矣，皆莫謂之無天。獨至於錫桓公命、會葬成風而以無天責之者，王者之位至貴也，至重也，至大也，不及小事，不任小義，未可以小失貶也。今臣弑君、妾僭嫡，而王尊禮之，則王義廢、人倫滅矣，不可以不深貶。」

王姬歸于齊。

○胡氏傳：「魯主王姬之嫁，舊矣。在他公時，常事不書，此獨書者，以歸于齊故也。逆于京師，築舘于外，而不書歸于齊，則無以見其罪之在也。書歸于齊，而後忘親釋怨之罪著矣。」

○趙氏曰：「凡外女歸，皆以非常乃書。」

齊師遷紀郱、鄑、郚。

○杜氏注：「齊欲滅紀，故徙其三邑之民而取其地。郱在東莞臨朐縣東南，郚在朱虛縣東南，北海都昌縣西有訾城。」

○胡氏傳：「邑不言遷，遷不言師，其以師遷之者，見紀民猶足與守，而齊人彊暴，用大衆以迫之爲己屬也。」

○常山劉氏曰：「遷者，迫逐而遷之以爲己屬也。不曰滅者，時未滅也。凡書遷者，皆自是而滅矣。」

二年，春，王二月，葬陳莊公。

夏，公子慶父帥師伐於餘丘。

○杜氏注：「於餘丘，國名也。莊公時年十五，則慶父莊公庶兄。」

○公羊傳：「於餘丘者何？邾婁之邑也。曷爲不繫乎邾婁？國之也。曷爲國之？君存焉爾。」劉氏權衡：「公羊謂於餘丘邾婁邑，非也。公羊見邑不繫國若可疑者，悉附之邾婁爾。」○辯疑：「啖子曰：『案前後未有邑言伐者，故依左氏舊説爲國。』」

○泰山孫氏曰：「於餘丘，附庸國。」

○吕氏曰：「於餘丘，或曰邑，或曰國也；或曰附庸國，或曰夷國也。以爲夷國似是也。於，發語辭，若曰

『於越』然。」

○襄陵許氏傳：「當莊公之初，魯未有以勝齊，則當休兵息民，畜德修政，以俟有間。今舍堂堂之讎國弗圖，而用師伐於餘丘，有以知莊公之無志。」

○胡氏傳：「按二傳，於餘丘，邾邑也。國而曰伐，此邑爾，其曰伐，何也？誌慶父之得兵權也。莊公幼年即位，首以慶父主兵，卒致子般之禍。於餘丘，法不當書，聖人特書，以誌亂之所由，爲後戒也。魯在春秋中見弒者三君，其賊未有不得魯國之兵權者。公子翬再爲主將，專會諸侯，不出隱公之命。仲遂擅兵兩世，入杞伐邾，會師救鄭，三軍服其威令之日久矣。故翬弒隱公，而寪氏不能明其罪；慶父弒子般，而成季不能遏其惡；公子遂殺惡及視，而叔仲惠伯不能免其死。夫豈一朝一夕之故哉？春秋所書，爲戒遠矣。」

秋，七月，齊王姬卒。

○公羊傳：「外夫人不卒，此何以卒？録焉爾。曷爲録焉爾？我主之也。」杜氏曰：「魯爲之主，比之内女。」○孔氏疏：「檀弓曰：『齊告王姬之喪，魯莊公爲之大功，或曰由魯嫁，故爲之服姊妹之服。』是其比内女也。」

○泰山孫氏曰：「莊公忘父之讎，既主其嫁，又主其卒，不子之甚也。」胡氏曰：「此謂『不能三年之喪而緦小功之察』也，特卒王姬以著其罪。」

冬，十有二月，夫人姜氏會齊侯于禚。公羊作「郜」，後同。

○左氏傳：「書，姦也。」

○趙氏曰：「姜氏、齊侯之惡著矣，亦所以病公也。曰：子可以制母乎？夫死從子，通乎其下，况於國君？君者，人神之主，風教之本也。不能正家，如正國何？若公者，哀痛以思父，誠敬以事母，威刑以督下，車馬僕從莫不俟命，夫人徒往乎！夫人之往也，則公威命之不行，哀戚之不至云爾。」

○胡氏傳：「婦人無外事，送迎不出門，見兄弟不踰閾，在家從父，既嫁從夫，夫死從子。今會齊侯于禚，是莊公不能防閑其母，失子之道也。」

乙酉，宋公馮卒。

三年，春，王正月，溺會齊師伐衛。

○穀梁傳：「此公子溺也，其不稱『公子』，貶也。」

○左氏傳：「疾之也。」任氏曰：「衛侯朔得罪天子，出奔于齊，齊侯當執以歸于京師，受而爲逋逃主焉，固已有罪，今乃又爲之興師，以内之魯，忘父讎，使溺往會。不書官氏，疾之也。疾溺，所以疾莊公也。」

○公羊傳：「溺者何？吾大夫之未命者也。」

夏，四月，葬宋莊公。

五月，葬桓王。

○左氏傳：「緩也。」以桓十五年三月崩，七年乃葬，故曰緩。○胡氏傳：「先儒或言『天子不志葬』，又以爲『不言葬者，常也。』

夫事孰有大於葬天子者？而可以不志乎？死生終始之際，人道之大變，豈以是爲常事而不書也？」

秋，紀季以酅入于齊。

○公羊傳：「紀季者何？紀侯之弟也。」

○穀梁傳：「酅，紀之邑也。杜氏注：『在齊國東安平縣。』入于齊者，以酅事齊也。」

○公羊傳：「魯子曰：『請後五廟以存姑姊妹。』」

○左氏傳：「紀於是乎始判。」

○胡氏傳：「大夫不得用地，公子不當去國，盜地以下敵，棄君以避患，非人臣也。故春秋之義，私逃者必書奔，有罪者必加貶。今季不書奔，則非竊地也；不書名，則非貶也。諸侯兄弟貶則書名，宋辰、秦鍼之類是也；不貶則書字，蔡季、許叔之類是也。紀季所以不書奔者，有紀侯之命矣；所以不書名者，天下無道，强衆相陵，天子不能正，方伯不能伐。屈己事齊，請後五廟，其亦不得已而爲之者，非其罪也，所以無貶乎！『入』云者，難詞也。」

冬，公次于滑。滑，公、穀作「郎」。

○杜氏注：「滑，鄭地，在陳留襄邑縣西北。」

○左氏傳：「將會鄭伯謀紀故也。鄭伯辭以難。厲公在櫟故。凡師，一宿爲舍，再宿爲信，過信爲次。」

○穀梁傳：「次，止也，有畏也。欲救紀而不能也。」

○胡氏傳：「春秋紀兵，伐而書次，以次爲善，救而書次，以次爲譏。次于滑，譏之也。魯、紀有婚姻之好，當恤其患，於齊有父之讎，不共戴天。苟能救紀抑齊，一舉而兩善并矣。見義不爲，而有畏也。春秋之所惡，故書『公次于滑』以譏之也。」

四年，春，王二月，夫人姜氏享齊侯于祝丘。享，公、穀作「饗」。

○穀梁傳：「饗，甚矣。」

○杜氏注：「祝丘，魯地。」

○陸氏微旨曰：「參譏之也。公、夫人、齊侯皆失正也。」

○呂氏曰：「前此嘗會矣，而未之享也。今享矣，又復如齊師矣。人之爲不善，一縱之後，如水方至，莫知所極，其可不戒慎於始，而防閑其微哉！」

三月，紀伯姬卒。

○穀梁傳：「外夫人不卒，此言其卒，何也？吾女也。適諸侯則尊同，以吾爲之變，卒之也。」禮，諸侯絶旁期，姑姊妹、女子嫁於國君者，尊與己同，則爲之服大功九月。其適大夫，則不書卒。

○泰山孫氏曰：「爲夏紀侯大去其國、六月齊侯葬紀伯姬起。」

夏，齊侯、陳侯、鄭伯遇于垂。

○襄陵許氏傳：「齊與陳、鄭遇垂，蓋謀取紀。是以紀侯見難而去也。」

○蘇氏傳：「鄭伯，鄭子儀也。桓十五年五月書鄭伯突出奔蔡，鄭公子忽復歸于鄭；九月書鄭伯突入于櫟；十七年高渠彌弒忽而立子亹；十八年齊襄公殺子亹，鄭人立子儀；莊十四年突使傳瑕弒子儀而入，則遇于垂者，子儀也。然則鄭有二君矣，可乎？春秋有一國而二君者，鄭突與儀、衛衎與剽是也。突、衎始終爲君，儀之君鄭十有四年，剽之君衛十有一年，皆既能君者也，故春秋因其實而書之。然則孰與？曰：皆不與也。突之入也以簒，衎之出也以惡；儀、剽雖國人之所立，而突、衎在焉，非所以爲安也。故四人者，春秋莫適與也，皆不没其實而已。君子不幸而處於此，如子臧、季札可也。不如是，則亂不止。」胡氏通旨：「蘇子由以莊公四年鄭伯會于垂爲子儀，而謂春秋有一國二君，其説辯，其理通，善發春秋之意者。然而鄭伯實厲公，終始能君，故不没其實，非與之也。惟不没其實，故出奔蔡、入于櫟、會于垂皆書其爵。惟非與之也，故歸于鄭、出奔蔡、入于櫟皆書其名。春秋於世子忽猶不書爵，而况子儀之微者乎？」

紀侯大去其國。

○左氏傳：「紀侯不能下齊，以與紀季。夏，紀侯大去其國，違齊難也。」

○程子曰：「紀侯大，名也。國君死社稷，雖死之可也。齊侯、衛侯方遇于垂，紀侯遂去其國，豈齊之罪哉？故聖人不言齊滅之者，罪紀侯輕去社稷也。」

○杜氏注：「以國與季，季奉社稷，故不言滅；不見迫逐，故不言奔。」

○任氏曰：「大去者，離其民社之守而不反之辭也。」

○胡氏傳：「夫守天子之土疆，承先祖之祭祀，義莫重焉，委而去之，無貶與？曰：有國家者，以義言之，世守也，非身之所能爲，則當効死而勿去；以道言之，不以其所以養人者害人，亦可去而不守。於斯二者，顧所擇如何爾？然則擬諸大王去邠之事，其可以無媿矣。曰：大王去邠，從之者如歸市，紀侯去國，日以微滅，則何大王之可擬哉？故聖人與其不爭而去，而不與其去而不存。與其不爭而去，是以異於失地之君而不名；不與其去而不存，是故書『叔姬歸酅』，而不録紀侯之卒，明其爲君之末矣。」

六月，乙丑，齊侯葬紀伯姬。

○胡氏傳：「葬紀伯姬，不稱齊人而目其君者，見齊襄迫逐紀侯，使之去國，雖其夫人在殯而不及葬，然後襄公之罪著矣。或曰：葬之，禮也，而以爲著其罪。何也？弑魯君，滅其婚姻之國而葬其女，是猶加刃於人，以手撫之也，而可以爲禮乎？」陸氏微旨：「齊侯恃其强大，并人之國而禮葬其妻，是謂豺狼之行而爲婦人之仁也。」

秋，七月。

冬，公及齊人狩于禚。公、穀作「郜」。

○穀梁傳：「齊人者，齊侯也。其曰人，何也？卑公之敵，所以卑公也。何爲卑公也？不復讎，則怨不釋，刺釋怨也。」

○公羊傳：「前此者有事矣，後此者有事矣，則曷爲獨於此焉譏？於讎者，將壹譏而已矣，故擇其重者而譏焉，莫重乎其與讎狩也。」胡氏傳：「夫狩者，馳騁田獵其爲樂，下主乎己；一爲乾豆其事，上主乎宗廟。以爲有人心者，宜於此焉變矣。」於讎者，則曷爲將壹譏而已？讎者無時焉可與通，通則爲大譏，不可勝譏，故將壹譏而已，其餘從同同。」

五年，春，王正月。

夏，夫人姜氏如齊師。

○王氏曰：「言齊師，則齊侯在焉。」

○胡氏傳：「曰會曰享，猶爲之名也，至是如齊師，羞惡之心亡矣，夫人之行不可復制矣。師者，衆多之地。」

秋，郳犂來來朝。郳，公羊作「倪」。犂，公、穀作「黎」。纂例不載黎字之異。

○杜氏注：「附庸國也。東海昌慮縣東北有郳城。犂來，名。其後數從齊桓以尊周室，王命以爲小邾子。」公子譜云：「郳之上世出於邾國。夷父顔有功於周，別封其子友爲附庸，居郳。友生慶，慶生犂來。」

○公羊傳：「倪者何？小邾婁也。小邾婁則曷爲謂之倪？未能以其名通也。」劉氏傳：「未成國謂之倪，既成國謂之小邾。」

○常山劉氏曰：「夷狄、附庸，例書名。泰山孫氏曰：「名者，以其十地微陋，其禮不足也。」郳犂來能脩朝禮，故書曰朝。其後數從中國之會，王命以爲小邾子，蓋於此已能自進於禮矣。若介葛盧曰：『狄唯以夷禮，不能成朝也。』」

冬，公會齊人、宋人、陳人、蔡人伐衛。

○左氏傳：「納惠公也。」

○穀梁傳：「是齊侯、宋公也，其曰人，何也？人諸侯，所以人公也。其人公何也？逆天王之命也。」程氏傳：「貶諸侯，則魯在其中矣。」

六年，春，王正月，王人子突救衛。正月，公、穀作「三月」。

○左氏傳：「王人救衛。」

○穀梁傳：「王人，卑者也。稱名，貴之也。善救衛也，救者善，則伐者不正矣。」范氏注云：「名當爲字誤爾。」

○劉氏傳：「王人者何？微者也。子突者何？字也。曷爲字？貴之也。曷爲貴之？以其任之重貴之也。任之重，則曷爲貴之？諸侯亂命，納衛侯朔，君子由子突見一正焉。」胡氏傳：「或曰：子突，王之子弟也。用兵大事，而委諸子弟，使無成功，故書人以譏之。必若此言，是春秋以成敗論事而不計理也。使諸侯苟顧順逆之理，子突雖微，自足以申王命矣，彼既肆行，莫之顧也。雖天子親臨，將有請從如祝聃者，況其下乎？子突不勝五國，使之得入也，其亦不幸焉爾矣。幸不幸，命也。守義循理者，法也。君子行法以俟命。」

夏，六月，衛侯朔入于衛。

○左氏傳：「衛侯入，放公子黔牟于周，放甯跪于秦，殺左公子洩、右公子職，乃即位。」

〇公羊傳：「衛侯朔何以名？絶。曷爲絶之？犯命也。其言入何？篡詞也。」

〇程氏傳：「朔搆其兄而使至於死，其罪大矣。然父立之，諸侯莫得而治也。王治其舊惡而廢之，宜也，故書名、書入。」胡氏傳：「入有二義，一難詞也，一逆詞也。朔藉諸侯之力，連五國之師，距王官之微者，以復歸于衛，其勢宜無難者矣。而書入者，逆王命也。春秋大義，在於天下爲公，選賢與能，而不拘大人世及之禮，雖以正取國，未之貴也，况殺其兄，又逆王命乎？故衛朔書名、書入，以著其惡。」

秋，公至自伐衛。

〇任氏傳：「去年冬伐，今年秋歸。逆命殖惡，老師三時。」

螟。

冬，齊人來歸衛俘。公、穀作「寶」。武夷胡氏曰：「按書稱『遂伐三朡，俘厥寶玉。』則知俘者，正文也；寶者，釋詞也。」

〇左氏傳：「齊人來歸衛寶，文姜請之也。」

〇胡氏傳：「言齊歸衛寶，即知四國皆受朔之賂矣，春秋特書此事，結正諸侯之罪也。夫以弟弑兄，臣弑君，篡居正位，上逆天王之命，人理所不容矣。彼諸侯者，豈其弗察而援之甚力？則未有以驗其喪心失志，迷惑之端也。及書『齊人歸寶』，然後知其有欲貨之心，而後動於惡也。世衰道微，暴行交作，徇于貨寶，賄賂公行，使君臣、父子、兄弟終去仁義，懷利以相與，不至於篡弑奪攘則不厭也。春秋書此，結正諸侯之罪，垂戒明矣。」

七年，春，夫人姜氏會齊侯于防。

○左氏傳：「齊志也。」杜氏注：「防，魯地。遠至魯地，齊侯之志也。」

夏，四月，辛卯，夜，恒星不見。夜中，星隕如雨。夜，穀梁作「昔」。隕，公羊作「霣」。

○左氏傳：「恒星不見，夜明也。」恒，常也，謂常見之星。辛卯，四月五日，月光尚微，蓋時無雲，日光不以昏没。

○穀梁傳：「恒星者，經星也。」

○劉氏傳：「如雨者何？如雨者，非雨也。非雨則曷爲謂之如雨？言衆多，不可爲數也。」

○范氏注：「鄭君曰：『衆星列宿，諸侯之象。不見者，是諸侯棄天子禮義法度也。』劉向曰：『隕者，象諸侯隕墜，失其所也。』」

○襄陵許氏曰：「王運將終而霸統方起之祥也。」

○吕氏曰：「恒星不見，星隕如雨，變異之極也。而當世君臣莫能自省，日趨於亂，先王之道不復行於世矣，堯、舜、禹、湯、文、武之澤不復被於生民矣。變異之極，豈徒然哉！」

秋，大水。

○高郵孫氏曰：「按大者，非常之辭。非常而爲災，故書也。」

無麥、苗。

○穀梁傳：「麥、苗同時也。」

○杜氏注：「今五月，周之秋。平地水出，漂殺熟麥及五稼之苗。」何氏曰：「苗者，禾也。生曰苗，秀曰禾。是時苗微麥强，俱遇水災也。」

○胡氏傳：「書『大水』，畏天災也；『無麥、苗』，重民命也。畏天災、重民命，見王者之心矣。忽天災而不懼，輕民命而不圖，國之亡無日矣，春秋所以謹之也。」

冬，夫人姜氏會齊侯于穀。

○杜氏注：「穀，齊地，今濟北穀城縣。」○胡氏傳：「一歲而再會焉，其爲惡益遠矣。明年無知弑諸兒，其禍淫之明驗也。」

八年，春，王正月，師次于郎，以俟陳人、蔡人。

○穀梁傳：「次，止也；俟，待也。」

○杜氏注：「期共伐郕，陳、蔡不至，故駐師于郎以待之。」孔疏云：「賈逵及説穀梁者皆云陳、蔡欲伐魯，故待之。陳、蔡於魯竟絶路遠，未嘗搆怨，何因伐魯？又俟者，相須同行之詞，非防寇禦敵之稱，故杜云『期共伐郕』也。」

○武夷胡氏傳：「伐而次者，有整兵慎戰之意，其次善之也，遂伐楚次于陘是也；救而次者，有緩師畏敵之意，其次譏之也，次于匡、于聶北、于雍榆是也；俟而次者，有無名妄動之意，次于郎以俟陳人、蔡人是也。其曰次、曰俟者，深貶之也。」

○常山劉氏傳：「諸侯非王命不出竟，而莊公棄社稷、委人民，出次于外，豈理也哉？至於卿大夫，國政所屬，兵師民命所係，凡非王命，遷延次舍，必詳録之，以正非法。春秋之義，謹嚴如此。」

甲午，治兵。治，公羊作「祠」。

○穀梁傳：「出曰治兵，習戰也。入曰振旅，習戰也。」

○劉氏傳：「何以不言地？國中則不言地。」

○胡氏傳：「俟而不至，暴師露衆，役久不用，則有失伍離次，逃亡潰散之虞。故復申明軍法，以整齊之。其志非善之也，譏黷武也。」

夏，師及齊師圍郕，郕降于齊師。郕，公羊作「成」。

○左氏傳：「師及齊師圍郕，郕降于齊師。仲慶父請伐齊師。公曰：『不可。』秋，師還。」

○劉氏傳：「郕者何？國也。降者何？降之者何？降者，未失其國家者也。降之者，失其國家者也。未失其國家者復見，失其國家者不復見，猶遷也。」

○常山劉氏傳：「春秋之世，諸侯用師衆矣，未有所書如此之詳者，何則？莊公此年之師，尤爲非義。上既不稟天王之命，復無故而興師，自正月久次于郎，以俟陳、蔡，而陳、蔡不至，可謂無名矣；甲午復治兵，可謂黷武矣；夏，師及齊師圍郕，郕又降于齊，可謂無義矣；歷三時而師還，可謂害民矣。夫逆天道、親仇讎、圍同姓、勦民力，與國不信，伐國不服，故聖人備書之，以見其惡。」

秋，師還。

○胡氏傳：「按左氏，仲慶父請伐齊師，莊公不可，是國君上將親與圍郕之役也。然其次、其及、其還，不稱公者，重衆也。春秋正例，君將不稱帥師，則以君爲重，今之不稱公，又以爲重衆，何也？輕舉大衆，妄動久役，俟陳、蔡而陳、蔡不至，圍郕而郕不服，歷三時而後還，則無名黷武，非義害人，未有如此之甚也，至是師爲重矣。義繫於師，故不書公，以著勞民毒衆之罪，爲後戒也，春秋王道輕重之權衡，此類是也。」

冬，十有一月，癸未，齊無知弑其君諸兒。

○左氏傳：「齊侯使連稱、管至父戍葵丘。瓜時而往，曰：『及瓜而代。』期戍，公問不至。請代，弗許。故謀作亂。僖公之母弟夷仲年，生公孫無知，有寵於僖公，衣服禮秩如適，襄公絀之。二人因之以作亂。十二月，齊侯田于貝丘。反，徒人費遇賊于門，伏公而出，鬭死于門中。石之紛如死于階下。遂入，殺孟陽于牀。曰：『非君也，不類。』見公之足于户下，遂弑之。而立無知。」

○胡氏傳：「無知曷爲不稱公孫而以國氏？罪僖公也。弑君者無知，於僖公何罪乎？不以公孫之道待無知，使恃寵而當國也。按無知者，夷仲年之子。年者，僖公之母弟也。私其同母，異於他弟，施及其子，衣服禮秩如嫡，此亂本也。故於年之來聘特以弟書，於無知之弑不稱公孫，著其有寵而當國也，垂戒之義明矣。古者親親與尊尊並行而不相悖，故堯親九族，必先明俊德，而後九族睦；周封同姓，必庸康叔、蔡仲而後王室强。徒知寵愛親屬，而不急於尊賢，使爲儀表，以明親親之道，必有簒弑之禍矣。按左氏，徒人費、石之紛如皆死，是能死節者也。春秋重死節之臣，法有特書，其不見于經，何也？如費等，所謂『使嬖私暱之臣』，逢君之惡，田獵畢弋而不修民事，使百姓苦之者也，與大臣孔父、仇牧，義形於色，不畏强禦，以身死其職則異矣。當是時，管仲、隰朋、鮑叔皆沉於下寮，不見庸也。而徒人費、石之紛如乃得居左右，襄公之所踈遠親信者如此。故以齊國之强大，一也。桓公用之，則九合諸侯，不以兵車，由親賢人、遠小人，所以興也；襄公用之，不能保其身，死于户下，由親小人、遠賢人，所以亡也。此二人雖死于難，與自經溝瀆而莫之知者，猶不逮焉，乃致亂之臣，死不償責，又何取乎？」

九年，春，齊人殺無知。

○左氏傳：「雍廩殺無知。」

○劉氏傳：「雍廩殺之，則其稱人以殺之何？討賊之辭也。」

○胡氏傳：「弑君之賊，人人之所惡，夫人之所得討。故稱人者，衆詞也。無知不稱君，已不能君，齊人亦莫之君也。」

公及齊大夫盟于蔇。公、穀作「暨」。

○穀梁傳：「公不及大夫，大夫不名，無君也。春秋之義，明尊卑、定内外。内大夫可以會諸侯，外大夫不可以敵公。今齊無君，要當有任其盟者，故不得不以權通。盟納子糾也。」

○陸氏纂例：「趙子曰：『納讎人之子，自損禮而盟大夫，故書公。』」

○杜氏注：「來者非一人，故不稱名。蔇，魯地。」

○劉氏意林：「公伐齊納糾。仲尼正天下之大義，明德怨之處，以謂德不可報怨。設之詭，其理則去王遠矣。故怨莫甚乎父母之仇，德莫重乎君國子民，豈可相貿易哉？」

夏，公伐齊，納糾。齊小白入于齊。公羊、穀梁作「納糾」，左氏作「納子糾」。按正義，左氏舊本亦有作「納糾」者。

○左氏傳：「初，襄公立，無常。鮑叔牙曰：『君使民慢，亂將作矣！』奉公子小白出奔莒。亂作，管夷吾、召忽奉公子糾來奔。桓公自莒先入。」范氏注：「春秋於内公子爲大夫者，乃録其奔。重非適嗣，官非大夫，皆事例所略，故子糾不書來奔。」

○杜氏注：「二公子各有黨，故雖盟而迎子糾，當須伐乃得入，又出在小白之後。」

○胡氏傳：「左氏書『子糾』，二傳曰『伐齊納糾』，君子以公、穀爲正。納者，不受而强致之稱。入者，難詞。糾不書子者，明糾不當立也；以小白繫齊者，明小白宜有齊也。所以然者，襄公見殺，糾與小白皆以庶子出奔，而糾弟也，又未嘗爲世子。按史稱『周公殺管、蔡以安周，齊桓殺其弟以反國』，是糾幼、小白長，其有齊宜矣。宜則何以不稱『公子』？内無所承，上不禀命，故以王法絶之也。桓公於王法雖可絶，視子糾則當立，故管氏相桓爲徙義，而聖人稱之曰：『微管仲，吾其被髮左衽矣。』召忽死，於子糾爲傷勇，比諸匹夫匹婦之諒，自經於溝瀆而莫之知也。」

秋，七月，丁酉，葬齊襄公。

八月，庚申，及齊師戰于乾時，我師敗績。

○左氏傳：「秋，師及齊師戰于乾時，我師敗績，公喪戎路，傳乘而歸。秦子、梁子以公旗辟于下道，是以皆止。」

○杜氏注：「小白既定而公猶不退師，歷時而戰，戰遂大敗。不稱『公戰』，公敗，諱之。乾時，齊地，時水在樂安界，岐流，旱則竭，故曰乾時。」

○公羊傳：「内不言敗，此其言敗何？伐敗也。曷爲伐敗？復讎也。」

○陸氏纂例：「趙子曰：『内敗不書。此書者，納讎喪師，以惡内也。』」

○胡氏傳：「何以不言『公』？貶之也。公本忘親釋怨，欲納讎人之子，謀定其國家，不爲復讎與之戰也，是故没『公』以見貶。若復讎舉事，則此戰爲義戰，當書『公』冠于敗績之上，與沙隨之不得見，平丘之不與盟爲比，以示榮矣。惟不以復讎戰也，是故諱『公』以重貶其忘親釋怨之罪。」

九月，齊人取子糾，殺之。

○胡氏傳：「取者，不義之詞。前書納糾不稱子者，明不當立也；此書糾殺復稱子者，明不當殺也。或奪或予，於義各安，春秋精意也。仁人之於兄弟，不藏怒焉，不宿怨焉，親愛之而已。糾雖爭立，越在他國，置而勿問可也，必請于魯殺之，然後快於心，其不仁亦甚矣。後世以傳讓爲名，而取國者必殺其主，以爲一人心，防後患，意與此同，流毒豈不遠哉？故孟子曰：『五伯，三王之罪人也。仲尼之徒無道桓、文之事者。』」

○論語：「子路曰：『桓公殺公子糾，召忽死之，管仲不死。』曰：『未仁乎？』子曰：『桓公九合諸侯，不以兵車，管仲之力也。如其仁，如其仁。』子貢曰：『管仲非仁者與？桓公殺公子糾，不能死，又相之。』子曰：『管仲相桓公，伯諸侯，一匡天下，民到于今受其賜。微管仲，吾其被髮左衽矣。豈若匹夫匹婦之爲諒也，自經於溝瀆而莫之知也。』」伊川程氏解曰：「子路以不死爲不仁，故相對而言，謂不死之不仁，未如以九合之爲仁也。九合，仁之功也，謂管仲爲仁人則不可也。仲之於子糾，所謂可以死、可以無死者也。桓公兄也，子糾弟也。薄昭與淮南厲王書云：『齊桓殺其弟以反國。』時相去尚近，當知之。仲私其所事，輔之以爭國，非義也。桓公殺之雖過，而糾之死實當，仲始與之同謀，遂與之同死，可也；知輔之以爭爲不義，將自勉而期後功，亦可也。故聖人稱其功，而曰：『豈若匹夫匹婦之爲諒也，自經於溝瀆而莫之知也。』匹夫匹婦執信，知有死而已。所謂莫之知也者，不復能知權其輕重，有可以無死之義也。考之春秋，桓公之入也，書曰：『齊小白入于齊』，魯之納子糾也，書曰：『公伐齊，左氏誤多「子」字，公、穀之言是也。納糾。』後齊書人取子糾，言子者，蓋罪齊人也。已盟立之，而又殺之也，齊人非以其不正而舍之也，直反覆而背之爾。若使桓弟而糾兄，管仲所輔者正，桓奪其國而殺之，則管仲與桓公乃不可同世之讎也。若計其後功而與其事桓，聖人之言無乃害義之甚，啓萬世反覆不忠之亂乎？」

冬，浚洙。

○杜氏注：「洙水在魯城北，下合泗。浚深之，爲齊備。」

○公羊傳：「曷爲深之？畏齊也。」

○胡氏傳：「固國以保民爲本。輕用民力，妄興大作，邦本一摇，雖有長江巨川，限帶封域，洞庭、彭蠡、河、漢之險，猶不足憑，而况洙乎？書『浚洙』，見勞民於守國之末務而不知本，爲後戒也。」

十年，春，王正月，公敗齊師于長勺。

○杜氏注：「長勺，魯地。」○左氏傳：「齊師伐我。公將戰，曹劌請見。其鄉人曰：『肉食者謀之，又何間焉？』劌曰：『肉食者鄙，未能遠謀。』乃入見。問何以戰？公曰：『衣食所安，弗敢專也，必以分人。』對曰：『小惠未徧，民弗從也。』公曰：『犧牲玉帛，弗敢加也，必以信。』對曰：『小信未孚，神弗福也。』公曰：『小大之獄，雖不能察，必以情。』對曰：『忠之屬也，可以一戰，戰則請從。』公與之乘。戰于長勺，公將鼓之。劌曰：『未可。』齊人三鼓，劌曰：『可矣。』齊師敗績。」權衡：「左氏曰『戰于長勺，曹劌請見』云云，杜氏曰：『齊人雖成列，魯人以權譎稽之，列成而不得用，故以未陳爲文。』非也。傳本設皆陳，曰戰未陳、曰敗之例者，見正不正也。此既皆陳矣，是正也。雖復鼓之，有先後，亦何謂之以權譎稽之、列成而不得用乎？要是，傳所據者，當時雜記妄出曹劌及戰事耳，不足以爲據。」

○胡氏傳：「齊師伐魯，經不書伐，意責魯也。詐戰曰敗，敗之者爲主。或曰：長勺，魯地，而齊師至此，所謂敵加於己，不得已而後應者也，疑若無罪焉，何以見責乎？善爲國者不師，善師者不陣，善陣者不戰，故行使則有文告之詞，而疆埸則有守禦之備。至於善陣，德已衰矣，而况兵刃相接，又以詐謀取勝乎？故書魯爲主以責之，皆已亂之道，寡怨之方，王者之事也。」

二月，公侵宋。

○穀梁傳：「乃深其怨於齊，又退侵宋以衆其敵，惡之也。」

○纂例：「凡書侵伐不書勝敗，掠而還也。凡師稱罪致討曰伐，無名行師曰侵。」

三月，宋人遷宿。

○穀梁傳：「遷，亡辭也。其不地，宿不復見也。遷者，猶未失其國家以往者也。襄陵許氏傳：「遷之，使未失其國家以往，其義猶有所難，則是王澤之未盡亡也。至僖、文以後，有滅國、無遷國矣。」

○陸氏纂例：「啖子曰：『凡言遷者，有二義。如宋人遷宿、齊人遷陽，是移其國於國中而爲附庸也。公羊云遷人者，非其意也。此説是也。如邢遷于夷儀，衛遷于帝丘之類，或自請遷，或見强遷，皆猶爲列國，故不言某人遷之、言所遷之地，但言移國都而已，非爲附庸也。公羊云遷者，其意也。此説是也。』趙子曰：『凡非所遷而遷之，其惡著矣。』」

夏，六月，齊師、宋師次于郎。公敗宋師于乘丘。

○杜氏注：「乘丘，魯地。」

○左氏傳：「齊師、宋師次于郎。公子偃曰：『宋師不整，可敗也。宋敗，齊必還，請擊之。』公弗許。自雩門竊出，蒙皋比而先犯之。公從之，大敗宋師于乘丘。齊師乃還。」

○劉氏傳：「此次也，其言敗何？諼之也。何謂諼之？齊師、宋師次于郎，未知其伐我與？伐人與？公子偃自雩門竊出而犯之，大敗宋師。次者不以義，敗者不以道，交譏之。」意林：「齊、宋輕用其衆，揚兵整旅，以經人之國而不名所伐，欲闚利乘便，快其攻取之意。故使魯人恫疑憂恐，出奇計詐謀以自救，覆滅其軍。百姓父子無辜陷没，此人君貪利輕用其衆之罪也。蓋君子貴道德而賤功利，上禮讓而鄙爭奪。魯人誠能不用詐謀，推忠信，奉辭令，雖以膏沐整齊、宋之師，齊、宋去矣。其所以弭患止亂、安國便民，不亦益堅且久耶！偷得一時之勝，而忘長世之慮，此小人矜於勇、啬於禍之咎，非君子之道。」○襄陵許氏傳：「齊桓始入，未撫其民而輕用之，是以再不得志於魯。」

秋，九月，荆敗蔡師于莘。以蔡侯獻舞歸。舞，穀梁作「武」。

○左氏傳：「蔡哀侯娶于陳，息侯亦娶焉。息嬀將歸，過蔡，蔡侯曰：『吾姨也。』止而見之，弗賓。息侯聞之，怒，使謂楚文王曰：『伐我，吾求救於蔡而伐之。』楚子從之。秋，九月，荆敗蔡師于莘，以蔡侯獻舞歸。」荆初見於經。左氏載楚事始於桓二年，蔡、鄭懼楚，爲鄧之會。六年，侵隨，盟之，楚實始大。九年，敗鄧、鄾。十一年，敗鄖，盟貳、軫。十三年，爲羅與盧戎所敗。莊四年，楚武王卒，文王立。六年，伐申。至此始侵伐中國。

○劉氏傳：「荆者何？楚也。楚則曷爲謂之荆？荆者，其自名也；楚者，中國名之者也。其不曰『荆子』，何也？夷狄之。夷狄之者何？有君有大夫，中國也；夷狄無君無大夫，夷狄云而已矣。吴、楚、徐、越以國稱君，以人稱大夫，略之也。曷爲略之？有王者則後至，無王者則先叛，其禮與其號，不可以通乎天下。」意林：「論者以吴、楚、徐、越爲狄乎？不然也。吴、楚、徐、越有狄之名，無狄之情。聖人者，謹絶人。吴，太伯之後也；楚，祝融之後也；徐，伯益之後也；越，大禹之後也。其上世皆有元德顯功，通乎周室矣，與中國冠帶之君一，奚以異？徐始稱王，楚後稱王，吴、越因遂稱王。王非諸侯所當名也，故夷狄之。雖然，猶不欲絶其類。是以上之不使與中國等，下不使與夷狄均，推之可遠，引之可來也。此聖人謹絶人也。庠序之間，不率教者，左移之右，右移之左，尚不變則移之鄉，尚不變則屏之四夷。及其屏之四夷也，天子縞素爲之，不舉樂。吾以此知之，王者亦謹絶人也。」○杜氏曰：「荆，楚本號，後改爲楚。」

○纂例：「趙子曰：『不曰獲，見其戰之不力，敗而不奔也。』言楚之易，所以云以蔡侯也。」

○常山劉氏傳：「凡書敗、書滅、書入，而以其君歸，皆名者，爲其服而以之歸也。責其不死位，又無興復之志，言其君位已絶，故以匹夫名之也。」

○胡氏傳：「春秋之法，諸侯不生名，失地則生而名之，比於賤者，欲使有國之君戰戰兢兢，長守富貴，無危溢之行也。」

冬，十月，齊師滅譚，譚子奔莒。陸氏纂例：「趙氏曰：『十月，公羊作「十一月」。』」

○杜氏注：「譚國，在濟南平陵縣西南。」

○左氏傳：「齊侯之出也，過譚，譚不禮焉。及其入也，諸侯皆賀，譚又不至。冬，齊師滅譚。」胡氏曰：「若譚子者，責其失事大之禮可矣，坐此見滅，可乎？」

○趙子曰：「凡覆邦絶祀曰滅，其惡著矣。」

○公羊傳：「何以不言出？國已滅矣，無所出也。」

○纂例：「啖子曰：『凡滅國直書滅者，罪來滅者，楚子滅蕭、衛侯燬滅邢之類是也。言力屈而死故也。凡書滅，又有書其君奔者，則兩罪之，且責其不死社稷也。諸侯失地則書名，國滅而奔者何以不名？既書其滅，罪已昭矣。胡氏曰：「書爵者，已無取滅之罪，爲横逆所加而力不能勝，至於出奔，亦不幸焉爾矣，其義蓋未絶也。」緣隨敵人歸者，書名以重其罪。故奔者不名，以示等差也。凡書滅又書以歸及名者，罪重於奔者也。既責其不死位，又責其無興復之志也。楚滅頓，以頓子牄歸、楚滅胡，以胡子豹歸之類是也。奔所以不名者，位或未絶也。以歸者，位必絶矣。國滅而君奔者四，其三不書名，唯徐子章禹書名，傳以服吴後乃奔楚，故依以歸例書名以罪之。隨之以歸者皆名之，夔子不名，變例也。』」注言：不復爲人君也。

○胡氏曰：「春秋之法，雖在於抑强扶弱，又責弱者之不能自强，故其書法如此。」

十有一〔二〕年，春，王正月。

〔二〕一，底本作「○」，據春秋經改。

夏，五月，戊寅，公敗宋師于鄑。

○杜氏注：「鄑，魯地。」

○左氏傳：「宋爲乘丘之役故，侵我。公禦之。宋師未陳而薄之，敗諸鄑。凡師，敵未陳曰敗某師，皆陳曰戰，大崩曰敗績，覆而敗之曰取某師，京師敗曰王師敗績于某。」

秋，宋大水。

○左氏傳：「宋大水。公使弔焉，曰：『天作淫雨，害於粢盛，若之何不弔？』對曰：『孤實不敬，天降之災，又以爲君憂。拜命之辱。』臧文仲曰：『宋其興乎！禹、湯罪己。其興也悖焉；桀、紂罪人，其亡也忽焉。且列國有凶，稱孤，禮也。言懼而名禮，其庶乎！』」

○劉氏傳：「此宋大水也，何以書？弔焉爾。王人告災不告異，諸侯弔災不弔異，告異則書之，弔災則書之。」意林：「異者，夫所以譴人君使脩德也，故異至則内自省而已耳，非所待於外也。不當告者，皆爲失禮，失禮則書。災者，害之及民物者也，諸侯於四鄰固有卹病救急之義，是所待於外也，不可不弔。弔爲得禮，得禮則書。由此觀之，凡物不當待於外者，己不可不内自竭也，其當待於外者，人亦不可不勉趨之也。此一天下之道也。」○胡氏曰：「凡外災，告則書。所謂災者，害及民物，如水火兵戎之寇是也。諸侯於四鄰，有恤病救急之義，則告爲得禮，而不可以不弔。故四國災，許人不弔，君子以是知許之先亡也。」

○胡氏傳：「凡志災，見春秋有謹天戒、恤民隱之心，王者之事也。」

冬，王姬歸于齊。

○左氏傳：「齊侯來逆共姬。」

○泰山孫氏曰：「群公受命主王姬者多矣，唯元年與此書者，惡公忘父之讎，再與齊接婚姻也。」高郵孫氏曰：「元年之書王姬，莊公之父新見殺，創巨痛深之際，於仇讎者之婚也，而使人逆之，築館待之，故詳書之以重其罪。於此王姬之歸，非無逆之者，然不書於經者，仇讎之人已易世，於其子孫之婚，但擇其重者書之耳。」

○胡氏傳：「按周制，王姬嫁於諸侯，車服不繫其夫，下王后一等，禮亦隆矣。春秋之義，尊君抑臣，其書王姬下嫁，曷爲與列國之女同辭而不異乎？曰：陽倡陰和，夫先婦從，天理也。述天理，訓後世，則雖以王姬之貴，其當執婦道，與公、侯、大夫、士、庶人之女，何以異哉？故舜爲匹夫，妻帝之二女，而其書曰『嬪于虞。』西周王姬嫁於齊侯，亦執婦道，成肅雝之德。其詩曰『曷不肅雝，王姬之車』。自秦而後，尤欲尊君抑臣爲治，而不得其道，至謂列侯尚公主，使男事女，夫屈於婦，逆陰陽之位。故王陽條奏世務，指此爲失，而長樂王回亦以其弊至父母不敢畜其子、舅姑不敢畜其婦。原其意，雖欲尊君抑臣爲治，而使人倫悖於上，風俗壞於下，又豈所以爲治也？其流至此，然後知春秋王姬、侯女同詞而不異，垂訓之義大矣。」

十有二年，春，王三月，紀叔姬歸于酅。

○公羊傳：「其言歸于酅何？隱之也。何隱爾？其國亡矣，徒歸于叔爾。」

○胡氏傳：「歸者，順詞。以宗廟在酅，歸奉其祀也。魯爲宗國，婦人有來歸之義，紀既亡矣，不歸于魯，所謂全節守義，不以亡故而虧婦道者也。魯人高其節義，恩禮有加焉，是故其歸于酅、其卒、其葬，史册悉書。

夫子修經，存而弗削，使與衛之共姜同垂不朽，爲後世勸。若夏侯令女，曹爽之弟婦也，寡居守志，父母欲奪而嫁之，誓而弗許，曰：『曹氏全盛之時尚欲保終，況今衰亡，何忍棄之？』聞者爲之感動，其聞叔姬之風而興起者乎？」紀侯去國而死，叔姬因紀季自定於齊而歸之。

夏，四月。

秋，八月，甲午，宋萬弒其君捷，及其大夫仇牧。捷，公羊作「接」。

○穀梁傳：「宋萬，宋之卑者也，卑者以國氏。」襄陵許氏傳：「春秋之法，與時偕行。莊公以前，自衛州吁至於宋萬，弒君之賊皆貶其氏。蓋是時，大夫有氏有不氏也，故貶其氏，不與其貴也。自霸統變正，大夫無不氏者，則氏輕。輕，則去之不足以誅元惡，雖弒君之賊，亦以氏書矣。」

○左氏傳：「乘丘之役，公以金僕姑射南宮長萬，公右歂孫生搏之。宋人請之，宋公靳之，曰：『始吾敬子。今子魯囚也，吾不敬子矣。』病之。秋，宋萬弒閔公于蒙澤。遇仇牧于門，批而殺之。遇太宰督于東宮之西，又殺之。立子游，群公子奔蕭，公子御說奔亳。南宮牛、猛獲帥師圍亳。」

○公羊傳：「及者何？累也。弒君多矣，舍此無累者乎？孔父、荀息皆累也。舍孔父、荀息無累者乎？曰：有。有則此何以書？賢也。何賢乎仇牧？仇牧可謂不畏彊禦矣。其不畏彊禦奈何？宋萬搏閔公，絕其脰。仇牧聞君弒，趨而至，手劍而叱之。萬臂摋仇牧，碎其首，齒著乎門闔。仇牧可謂不畏强禦矣。」

○胡氏傳：「君弒而大夫死於難，春秋書之者，其所取也。大夫死於弒君之難而有不書者，故知孔父、牧、息，皆所取也。夫仇牧可謂不畏强禦矣，然徒殺其身，不能執賊，無益於事也，亦足取乎？食焉不避其難，義也。徒殺其身，不能執賊，亦足爲求利焉而逃其難者之訓矣，何名爲無益哉？夫審事物之輕重者，權也；權重輕而處之得其宜者，義也。太宰督亦死於閔公之難，削而不書者，身有罪也；惠伯亦死於子惡之難，亦削而不書者，非君命也；召忽死於子糾之難，孔子比於匹夫匹婦之諒，自經於溝瀆而莫之知者，所事不正也。崔杼弑君，晏平仲不肯死之，而君子不以罪平仲者，齊莊公不爲社稷，而晏子非其私昵之臣也。若仇牧、荀息，立乎人之本朝，執國之政，而見君弑不以其私也，雖欲勿死，焉得而不死？聖人書而弗削，以爲利焉而逃其難者之勸也。惟此義不行，然後有視棄其君猶土梗弁髦，曾莫之省，而三綱絶矣。」

冬，十月，宋萬出奔陳。

○左氏傳：「冬，十月，蕭叔大心及戴、武、宣、穆、莊之族，以曹師伐之。殺南宮牛于師，殺子游于宋，立桓公。猛獲奔衛；南宮萬奔陳，以乘車輦其母，一日而至。宋人請猛獲于衛。衛人欲勿與，石祁子曰：『不可！天下之惡一也，惡於宋而保於我，保之何補？得一夫而失一國，與惡而棄好，非謀也。』衛人歸之。亦請南宮萬于陳，以賂。陳人使婦人飲之酒，而以犀革裹之。比及宋，手足皆見。宋人皆醢之。」

○常山劉氏傳：「内外大夫出，惟卿則書。國政所寄，以重而録。」〔一〕

〔一〕此下闕一版二葉。

（引穀梁傳）

乎？舉人，衆之辭也。」胡氏傳：「桓何以及四國之微者會？是宋公、邾子也。然則何以稱人？春秋之世，諸侯而主天下會盟之政，自北杏始。其後宋襄、晉文、楚莊、秦穆，迭主夏盟，跡此而爲之者也。桓非受命之伯，諸侯自相推戴以爲盟主，是無君矣。故四國稱人，以誅首亂、正王法也。齊侯稱爵，其與之乎？上無天子，下無方伯，有能會諸侯、安中國而免民於左衽，則雖與之可也。誅諸侯者，正也，與桓公者，權也。」

夏，六月，齊人滅遂。

〇穀梁傳：「遂，國也。」

〇杜氏注：「遂在濟北蛇丘縣。」按漢地里志：「蛇丘，漢屬泰山郡。」注云：「隧鄉，故遂國。」

〇左氏傳：「北杏之會，遂人不至。夏，齊人滅遂而戍之。」

〇何氏曰：「齊桓行伯，不任文德而尚武力，滅人之國，書以見其惡。」

〇胡氏傳：「滅國之與見滅，罪孰爲重？取國而書滅，奪人土地，使不得有其人民，毀人宗廟，使不得奉其祭祀，非至不仁者，莫之忍爲。見滅而書滅亡，國之善詞，上下之同力也，其亦不幸焉爾。語有之曰：『興滅國，繼絶世，天下之民歸心焉。』今乃滅人之國而絶其世，罪莫重矣。齊人滅遂，其稱人，微者爾。凡書滅者，不待貶絶而惡已見。」

秋，七月。

冬，公會齊侯，盟于柯。

○左氏傳：「始及齊平也。」

○胡氏傳：「始及齊平也。世讎而平，可乎？於傳有之：『敵惠敵怨，不在後嗣。』魯於襄公，有不共戴天之讎，當其身則釋怨不復，而主王姬，狩於禚，會伐衛，同圍郕，納子糾，故聖人詳加譏貶，以著其忘親之罪。今易世矣，而桓公始合諸侯，安中國，攘夷狄，尊天王，乃欲修怨怒鄰而危其宗社，可謂孝乎？故長勺之役，專以責魯，而柯之盟，公與齊侯皆書其爵，以爲釋怨而平可也。或稱齊襄公復九世之讎而春秋賢之，信乎？以仲尼書柯之盟，其詞無貶，則復九世之讎而春秋賢之者，妄矣。其諸傳者，借襄公事深罪魯莊，當其身而釋怨耶？」公羊傳：「桓會不致，信齊侯也。莊公將會乎桓，曹子進曰：『君之意何如？』莊公曰：『寡人之生，則不若死矣。』曹子曰：『然則君請當其君，臣請當其臣。』莊公曰：『諾。』於是乎會于桓，莊公升壇，曹子手劍而從之，管子進曰：『君何求乎？』曹子曰：『城壞壓境，君不圖與？』管子曰：『然則君何求？』曹子曰：『請汶陽之田。』管子顧曰：『君許諾。』桓公曰：『諾。』曹子請盟，桓公下而與之盟。已盟，曹子摽劍而去之。要盟可犯，而桓公不欺。曹子可讎，而桓公不怨。桓公之信著乎天下，自柯之盟始焉。」

十有四年，春，齊人、陳人、曹人伐宋。

○左氏傳：「宋人背北杏之會。春，諸侯伐宋。」

○程氏傳：「春秋之法，將尊師衆曰某帥師，將卑師衆曰某師，將卑師少曰某人，將尊師少曰某伐某。齊自管仲爲政，莊十一年而後，未嘗興大衆也，其賦於諸侯亦寡矣。終管仲之身，四十年，息養天下厚矣。惟救邢稱師，譏其次也。至於秦、晉，使之不競而已，不强致也，是以其功卑而易成。」

○胡氏傳：「其稱人者，將卑師少也。或以爲貶齊稱人，誤矣。」

夏，單伯會伐宋。

○泰山孫氏曰：「此公使單伯會伐宋也。桓以諸侯伐宋，本不期魯，魯自畏桓，故夏使單伯會伐宋。」

○胡氏傳：「隱公四年諸侯伐鄭，翬帥師會伐，則再舉宋、陳、蔡、衛四國之名。今諸侯伐宋而單伯會伐，不復再舉三國之名，何也？謀伐鄭而欲求寵於諸侯以定其位者，州吁也。會之者，黨逆賊也。故其詞繁而不殺，疾之也。宋人背北杏之會，合諸國伐之者，齊桓也。會伐者無貶焉，故其詞平。」

秋，七月，荆入蔡。

○左氏傳：「蔡哀侯爲莘故，繩息嬀以語楚子。楚子如息，以食入享，遂滅息，以息嬀歸。生堵敖及成王焉，未言。楚子問之，對曰：『吾一婦人而事二夫，縱弗能死，其又奚言？』楚子以蔡侯滅息，遂伐蔡。秋，七月，入蔡。」

○泰山孫氏曰：「荆入蔡，桓未能救中國也。」

冬，單伯會齊侯、宋公、衛侯、鄭伯于鄄。

○左氏傳：「宋服故也。」

○杜氏注：「鄄，衛地，今東郡鄄城。」

○泰山孫氏曰：「此桓既服宋，會單伯、宋公、陳侯、衛侯、鄭伯于鄄也。經以單伯正會爲文者，凡會盟，公或大夫往，則皆以魯主會爲文，春秋魯史故也。内不與，則曰某人某人會于某，十五年齊侯、宋公、陳侯、衛侯、鄭伯會于鄄，昭二十七年晉士鞅、宋樂祁犂、衛北宫喜、曹人、邾人、滕人會于扈之類是也。」

十有五年，春，齊侯、宋公、陳侯、衛侯、鄭伯會于鄄。

○左氏傳：「復會焉，齊始霸也。」劉氏權衡曰：「非也。凡伯者，則當主諸侯，諸侯莫先焉。此年秋伐郳，宋序齊上；明年夏伐鄭，宋亦序齊上，齊之未主諸侯明矣。然則齊始霸在十六年，九國盟于幽之時也。自此始爲諸侯主矣。」

○襄陵許氏曰：「始伯在十三年，而人諸侯，微之。至十四年以宋服會，又至是，諸侯始以禮會，霸體正矣。齊桓三合諸侯而不盟，以示重慎。是以盟則衆信，莫敢渝也。」

夏，夫人姜氏如齊。

○杜氏注：「文姜，齊桓公姊妹。父母在則禮有歸寧，没則使卿寧。」

○襄陵許氏曰：「鄄之會，魯侯尚未從桓。以其未能比近，無以示遠，務在求好于魯，是以於此受文姜而弗逆，以昭親親，而齊、魯之交卒合。然而禮坊一弛，夫人復啓越境之恣，而遂成如莒之姦，使人倫失正而風俗相化。此先王之興所以貴道謹法而不言利也。」

秋，宋人、齊人、邾人伐郳。公羊作「兒」。

○左氏傳：「諸侯爲宋伐郳。」郳，附庸，屬宋而叛，故齊桓爲之伐郳。

○杜氏注：「宋主兵，故序齊上。」

○劉氏傳：「宋其序齊上何？主兵者也。諸侯無專征，有霸者在焉，霸者之先諸侯，專征也；非霸者而先諸侯，主兵也。譏也。此齊桓之師，何以不得爲霸者？猶未成乎霸也。」

○意林：「明年會于幽，爲九合之始，始于幽，終于淮者，九也，而皆不以兵車。」

鄭人侵宋。

○左氏傳：「鄭人閒之而侵宋。」

○胡氏傳：「侵伐之義，三傳不同。左氏曰：『有鐘鼓曰伐，無鐘鼓曰侵。』先儒或非其説，以爲『聲罪致討曰伐，無名行師曰侵』，未有以易之也。然考諸六經，皆稱『侵伐』。在易謙之六五曰：『利用侵伐，征不服也。』書之太誓曰：『我武惟揚，侵于之疆。』詩之皇矣曰：『依其在京，侵自阮疆。』周官以大司馬九伐之法正邦國，而曰：『賊賢害民則伐之，負固不服則侵之』，而以爲無名行師，可乎？然則或曰侵、或曰伐何？

曰：「聲罪致討曰伐，潛師掠境曰侵。聲罪者，鳴鐘擊鼓而行，兵法所謂正也；潛師者，銜枚卧鼓，出人不意，兵法所謂奇也。」

冬，十月。

春秋卷第五

春秋卷第六

莊公

十有六年，春，王正月。

夏，宋人、齊人、衛人伐鄭。

○左氏傳：「諸侯伐鄭，宋故也。」

○襄陵許氏曰：「中國諸侯，宋爲大，既爲之服郳，又爲之報鄭，宋蓋自是與齊爲一。宋親而中國諸侯定矣。」

○杜氏注：「宋主兵。班序上下，以國爲次，征伐則以主兵爲先，春秋之常也。」

秋，荆伐鄭。

○左氏傳：「鄭伯自櫟入，緩告于楚。秋，楚伐鄭及櫟，爲不禮故也。」

○師氏曰：「自桓公之立，而荆爲中國患矣。十年敗蔡師，十四年又入蔡，今復伐鄭，而桓不能討，聖人詳而書之，以累桓也。」

冬，十有二月，會齊侯、宋公、陳侯、衛侯、鄭伯、許男、曹伯、滑伯、滕子，同盟于幽。

公羊作「公會」，左氏無「曹伯」。

○杜氏注：「陳國小，每盟會，皆在衛下，齊桓始伯，楚亦始彊，陳侯介於二大國之間，而爲三恪之客，故齊桓因而進之，遂班在衛上，終於春秋。滑國都費，河南緱氏縣。幽，宋地。」

○公羊傳：「同盟者何？同欲也。」

○穀梁傳：「同者，有同也，同尊周也。」

○劉氏傳：「同盟者何？殷同之盟也。古者諸侯之於天子，春見曰朝，夏見曰宗，秋見曰覲，冬見曰遇，時見曰會，殷見曰同。同盟之禮，見於儀禮覲禮詳矣。桓非受命之伯也，假同盟之禮，率諸侯以尊天子，蓋自是始伯也。」

○程氏傳：「齊桓始伯，仗義以盟，而魯首畔盟，故諱不稱公。上無明王，下無方伯，諸侯交爭。齊桓始伯，天下與之，故書同。」

邾子克卒。

○穀梁傳：「其曰子，進之也。」

○杜氏注：「克，儀父名。稱子者，蓋齊桓請王命以爲諸侯也。」

十有七年，春，齊人執鄭詹。詹，公羊作「瞻」，下同。

〇左氏傳：「齊人執鄭詹，鄭不朝也。」

〇杜氏注：「齊桓公始伯，鄭既伐宋，又不朝齊。詹，鄭執政大臣，詣齊見執。」疏云：「僖七年傳曰：『鄭有叔詹、堵叔、師叔』，先言詹，是最貴。齊以鄭不朝責鄭，鄭令詹詣齊謝罪，齊人執之。」

〇纂例曰：「凡執諸侯、執大夫，皆稱人，亂常也。」

〇胡氏傳：「書齊人以執詹，惡齊之詞也，鄭既侵宋，又不朝齊，詹爲執政，蓋用事之臣也，其見執宜矣，而以惡齊，何也？以責人之心責己，則盡道；以愛己之心愛人，則盡仁，春秋待齊之意也。」

〇劉氏傳：「鄭詹者何？鄭大夫也。執者曷爲或稱行人，或不稱行人？稱行人者，執之以其所爲使者也。不稱行人者，執之不以其所爲使及非行人者也。」

〇襄陵許氏傳：「宋大鄭小，齊桓蓋懷宋以示德，而威鄭以正法。文王之興，大邦畏其力，小邦懷其德。而桓權反之，是以爲霸道者也。至於宋襄執鄭之虐，則桓不爲矣。」

夏，齊人殲于遂。殲，公羊作「瀸」。

〇左氏傳：「遂因氏、頜氏、工婁氏、須遂氏饗齊戍，醉而殺之，齊人殲焉。」

〇穀梁傳：「殲者，盡也，然則何爲不言遂人盡齊人也？無遂之辭也。無遂則何爲言遂？其猶存遂也。」

〇陸氏纂例：「啖子曰：『殲者，自滅之義也。不言遂人殲之，言齊人自取其殲也。』」

○胡氏傳：「春秋書此者，見齊人滅遂，恃强陵弱，非伐罪弔民之師。遂人書滅，乃亡國之善辭，上下之同力也。夫以亡國遺民，能殲强齊之戍，則申胥一同可以存楚，楚雖三户可以亡秦，固有是理。足爲强不義之戒，而弱者亦可省身而自立矣。」

○襄陵許氏曰：「滅譚，譚子奔莒，著其君不詘也。齊人滅遂，齊人殲于遂，著其民不歸也。孟子以謂『霸者以力服人，非心服也，力不贍也』。觀桓之興如此，則所謂以力服人者非耶。荀子曰：『桓詐邾襲莒，并國三十五。』如卿之言，所滅不盡書。書滅譚、滅遂，上下一見之也。」

秋，鄭詹自齊逃來。

○穀梁傳：「逃義曰逃。」

○杜氏注：「詹不能仗節守死以解國患，而遁逃苟免，書逃以賤之。」

○陸氏纂例：「逃者，匹夫之事也。」

○常山劉氏曰：「詹爲鄭卿，見執於齊，不能自辯以理，取直而歸。反如匹夫之逃，越來他國，斯可賤也。」

○蘇氏傳：「詹之義，當以身任齊責，以紓國患，而逃遁自免，故不書來奔而書逃來，賤之也。」

○胡氏傳：「齊桓始霸，同盟于幽，而魯首叛盟，受其逋逃，虧信義矣。書自齊逃來，又以罪魯也。」

冬，多麋。

○杜氏注：「麋多則害五稼，故以災書。」

○孔氏疏：「麋澤獸，魯所常有，多則爲災，故以多書。」

○高郵孫氏曰：「春秋之法，以有爲災則書，『有蜚』是也；以無爲異則書，『無冰』是也。至於麋者，常有之物，雖無，不足以爲異，惟其多而害五穀，則書之矣。」

○呂氏曰：「麋多爲民害，君德不明、政事不修所致也。」

十有八年，春，王三月，日有食之。

○呂氏曰：「無日與朔，史失之，春秋亦無由追改也。災異之變，褒貶之義，蓋不在是焉。」

夏，公追戎于濟西。

○杜氏注：「戎來侵魯，公逐之於濟水之西。」

○泰山孫氏傳：「案：僖二十六年，齊人侵我西鄙，公追齊師至酅，弗及。先言侵而後言追。此不言侵我者，明不覺其來，已去而追之也。書者，譏内無備也。」

○胡氏傳：「爲國無武備，啓戎心而不知警，危道也。春秋之意，其必未雨而徹桑土，閒暇而明政刑。」

秋，有蜮。纂例云：「或作『蜮』。」

○穀梁傳：「一有一亡曰有。蜮，射人者也。」孔氏疏云：「蜮，短狐也，一名射景，如鼈，三足，在江、淮水中，人在岸上，景見水，投人景則殺之，或謂含沙射人，入皮膚，其瘡如疥。五行傳曰：『淫妒蜮亂之氣所生也。』」

○左氏傳：「爲災也。」

○蘇氏傳：「生於南方，魯之所無。凡稱有，皆所無也。」

○山陰陸佃曰：「蜚，陰物也；麋，亦陰物也。是時莊公上不能防閑其母，下不能正其身，陽淑消而陰慝長矣，此惡氣之應也。」

冬，十月。

○胡氏傳：「春秋書物象之應，欲人主之慎所感也。」

十有九年，春，王正月。

夏，四月。

秋，公子結媵陳人之婦于鄄，遂及齊侯、宋公盟。

○公羊傳：「媵不書，此何以書？爲其有遂事書。大夫無遂事，此其言遂何？聘禮，大夫受命不受辭，出境有可以安社稷，利國家者，專之可也。」

○程氏傳：「鄄之巨室嫁女于陳人，結以其庶女媵之，因與齊、宋盟。挈之以往，結好大國，所以安國息民，乃以私事之小取怒大國，故深罪之。書其爲媵而往，盟爲遂事。」

○杜氏注：「結在鄄聞齊、宋有會，權事之宜，去其本職，遂以二君爲盟，故備書之。本非魯公意，而又失媵陳之好，故各來伐。」

○劉氏權衡曰：「陳人者，陳大夫也。」

○胡氏傳：「媵，淺事；陳人，微者。公子往焉，是以所重臨乎禮之輕者也。齊侯伯主，宋公王者之後，盟，國之大事，大夫輒與焉，是以所輕當乎禮之重者也。禮者不失己，亦不失人。失己與人，寇之招也，是故結書公子，而曰媵陳人之婦，譏其重以失己也；齊、宋書爵而曰遂，譏其輕以失人也。遂者，專事之詞，聘禮大夫受命不受辭，出境有可以安社稷、利國家者，則專之可也。謂本有此命得便宜從事，特不受專對之辭耳。若違命行私，雖有利國家安社稷之功，使者當以矯制請罪，有司當以擅命論刑，何者？終不可以一時之利亂萬世之法也。」

夫人姜氏如莒。

○杜氏注：「非父母國而往，姦。」

冬，齊人、宋人、陳人伐我西鄙。

○胡氏傳：「奉詞曰伐。其稱人，將卑師少也。結方與二國盟，則其來伐我，何也？齊桓始伯，責魯不恭，所謂失己與人以招寇也。或以結爲設免難之策，爲齊、宋書講好之計，身在境外而權其國家，爲春秋予之，故稱公子，非矣。」

二十年，春，王二月，夫人姜氏如莒。

○泰山孫氏曰：「文姜行惡，比年如莒。」

○胡氏傳：「十有五年，夫人姜氏如齊，至是再如莒，而春秋書者，禮義天下之大防也，其禁亂之所由生，猶坊止水之所自來也。衛女嫁於諸侯，父母終，思歸寧而不得，故泉水賦；許穆夫人閔衛之亡，思歸唁其兄而阻於義，故載馳作。聖人録於國風以訓後世，使知男女之别，自遠於禽獸也。今夫人如齊以寧其父母，而父母已終，以寧其兄弟，又義不得。宗國猶爾，而况如莒乎？婦人，從人者也，夫死從子，而莊公失子之道，不能防閑其母，禁亂之所由生。故初會于禚，次享于祝丘，又次如齊，師又次會于防、于穀，又次如齊，又再如莒，此以舊坊爲無所用而廢之者也，是以至此極。觀春秋所書之法，則知防閑之道矣。」

夏，齊大災。

○常山劉氏曰：「人火曰火，天火曰災，爲害者亦曰災。」

○穀梁傳：「其志，以甚也。」

○杜氏注：「來告以火，故書。」

○劉氏傳：「此齊大災也，何以書？弔焉耳。弔人者，哀其禍而救其乏。」

秋，七月。

冬，齊人伐戎。戎，穀梁作「我」。

○襄陵許氏曰：「戎自春秋之初即見，荆後起。是故攘中國之患，莫宜戎先。齊桓既伯七年，諸侯略定，蓋自是始伐戎。」

二十有一年，春，王正月。

夏，五月，辛酉，鄭伯突卒。

○胡氏傳：「杜預稱『莊公四年，鄭伯遇于垂者，乃子儀也。』而以爲厲公者，按春秋突歸于鄭之後，其出奔蔡，入于櫟，皆以名書，猶繫於爵，雖簒而實君，雖君而實簒，不没其實也。忽雖世子，其出奔猶不得稱子，其復歸猶不稱伯，以其實不能君也。子儀雖乘間得立，其爲君微矣，豈敢輕去國都與諸侯會于外乎？故知遇于垂者，乃厲公也。其始終爵不没其實也，亦可以爲居正而不能保者之戒矣。」

秋，七月，戊戌，夫人姜氏薨。

○穀梁傳：「婦人弗目也。」婦人無外事，居有常所，故薨不目其地也。

冬，十有二月，葬鄭厲公。

○杜氏注：「八月乃葬，緩也。」

二十有二年，春，王正月，肆大眚。眚，公羊作「省」。

○泰山孫氏曰：「肆，赦也。眚，過也。肆大眚者，罪惡無不赦之辭也。」

○胡氏傳：「肆眚而曰大眚，譏失刑也。常山劉氏曰：「舜典曰：『眚災肆赦。』皋陶曰：『宥過無大。』易曰：『君子以赦過宥罪』。呂刑曰：『五刑之疑有赦，五罰之疑有赦。』斯先王肆赦之道，即未聞肆大眚也。肆大眚者，元惡大憝俱肆之辭也。上廢天討，下虧國典，縱釋有罪，賊虐無辜，莫斯爲甚。天子尚曰不可，況魯國諸侯而敢專肆哉！後世惠姦宄、賊良民，其流於此乎！殊失春秋之旨也」。周官：『司刺掌赦宥之法。一宥曰不識，再宥曰過失，三宥曰遺忘，一赦曰幼弱，再赦曰老耄，三赦曰惷愚。』未聞肆大眚也。大眚皆肆則惡人幸以免矣。故諸葛孔明曰：『治世以大德，不以小惠。』其爲政於蜀，軍旅數興，而赦不妄下，蜀人久而歌思，猶周人之思召公也，斯得春秋之旨矣。」

癸丑，葬我小君文姜。

○穀梁傳：「小君非君也，其曰君，何也？以其爲君配，可以言小君也。」

○常山劉氏曰：「夫人之謚，皆私謚也。常疑夫人之義，皆從君者也，無非無儀。婦人不尸善名，不當别謚。謂如宋共姬者爲得禮。恐此不特爲私謚著譏也。」

○胡氏傳：「文姜之行甚矣，而用小君之禮，其無譏乎？以書『夫人孫于齊』，不稱姜氏。及書『哀姜薨于夷』、『齊人以歸』攷之，則譏小君之典禮，當謹之於始，而後可正也。文姜已歸爲國君母，臣子致送終之禮，雖欲貶之，不可得矣。」

陳人殺其公子禦寇。左氏「禦」作「御」。

○穀梁傳：「公子之重視大夫，命以執公子。」范氏注：「一本大夫命以視公子。」

○左氏傳：「陳人殺其太子御寇。」

○劉氏傳：「公子非大夫也，何以書？公之嫡子也。公之嫡子則世子也，其謂之公子何？嫡子既誓稱世子，未誓稱公子。雖未誓，書也。殺世子、母弟目君。此其曰陳人殺之何？世子以誓爲貴，貴成而目君。其曰陳人殺之者，病禦寇也。曷爲病之？禦寇之爲人子也，蓋足以殺其身而已矣。」意林曰：「以爲大夫則非大夫也，以爲世子則非世子也。然而書者，知其爲君之嫡也。君之嫡未誓，未可以稱世子，然而已有可以爲世子之端矣，故不可不重也。王法貴嫡，嫡子之生，而其禮固已異矣。王法正名，嫡子雖生而異其禮，苟未誓，則不敢名世子也。此道並行而不相悖也。輕重大小，義各有施，而不可亂，此之謂禮之情。」

○泰山孫氏曰：「春秋之義，非天子不得專殺。此言『陳人殺其公子禦寇』者，譏專殺也。是故二百四十二年無天王殺大夫文，書諸侯殺大夫者四十七也，何哉？古者諸侯之大夫皆命于天子，諸侯不得專命也。大夫有罪，則請于天子，諸侯不得專殺也。大夫猶不得專殺，况世子、母弟乎？春秋之世，國無小大，其卿、大夫、士皆專命之，有罪無罪，皆專殺之，其無王也甚矣。故孔氏從而録之，以誅其惡。觀其稱君、稱國、稱人，雖書法有輕重，其專殺之罪則一也。」

○胡氏傳：「殺而或稱國、或稱人，何也？稱君者，獨出於其君之意，而大夫、國人有不與焉，如晉侯殺其世子申生之類是也。稱國者，國君、大夫與聞其事，而不請於天子，如鄭殺其大夫申侯之類是也。稱人有二義，其一國亂無政，衆人擅殺，而不出於其君，則稱人，如陳人殺其公子禦寇之類是也；其一弒君之賊，人人所得討，背叛之臣，國人之所同惡，則稱人，如衛人殺州吁、鄭人殺良霄之類是也。攷於傳之所載，以觀經之所斷，則罪之輕重自見矣。」

夏，五月。

○泰山孫氏曰：「春秋未有以夏五月首時者，此言『夏，五月』者，蓋『五月』之下文有脱事耳。」

秋，七月，丙申，及齊高傒盟于防。

○公羊傳：「齊高傒者何？貴大夫也。曷爲就吾微者而盟？公也。公則曷爲不言公？諱與大夫盟也。」

○程氏傳：「高傒上卿，魯無使微者與盟之理，蓋諱公盟。始與仇爲昏，惡之大也。」胡氏傳：「娶者其爲吉，下主乎己，上主乎宗廟，以爲有人之心者，宜於此焉變矣。公親如齊納幣，則不待貶也。」

冬，公如齊納幣。

○穀梁傳：「納幣，大夫之事也。禮有納采，有問名，有納徵，有告期，四者備而後娶，禮也。公之親納幣，非禮也。」啖氏曰：「魯往他國納幣，皆常事，不書。凡書者，皆譏也。他國來，亦如之。」○趙氏曰：「昏禮有六，一納采，二問名，三納吉，四納徵，納徵即納幣也，五請期，六親迎。親迎即逆女也。春秋獨書其二，以納幣方契成，逆女爲事終，舉重之義也。」

○泰山孫氏曰：「按：桓六年九月丁卯，子同生，公十四歲即位。又二十四年如齊逆女，其年三十七歲，始得成昏于齊者，文姜制之，不得以時而婚耳。故其母喪未終，如齊納幣，圖婚之速也。」

○常山劉氏曰：「莊公於齊，義不共戴天，乃娶仇讎之女奉宗廟。母喪未終，復忘哀而圖昏，親如齊納幣，親如齊逆女。不孝之惡，不待貶絶而自見矣。」

○程氏傳：「齊疑昏議，故公自行納幣。後二年方逆，齊難之也。」

二十有三年，春，公至自齊。

祭叔來聘。

○穀梁傳：「其不言使，何也？天子之内臣也，不正其外交，故不與使也。」穀梁以祭叔爲祭公來聘，魯天子内臣，不得外交，故不言使，不與其得使聘。

○劉氏傳：「祭者何？邑也。叔者何？字也。曷爲氏邑而字？天子之下大夫也。下大夫視附庸。」意林：「祭非無臣也，不達於春秋所以正上下之禮也。孔子曰：『大夫具官，祭器不假，聲樂皆具，非禮也。』此之謂也。」

○胡氏傳：「祭伯來朝而不言朝，祭叔來聘而不言使，尹氏、王子虎、劉卷來訃而不書其爵秩，皆所以正人臣之義也。人君而明此，不容下比之臣；人臣而明此，不爲交私之計，黨錮之禍息矣。」

夏，公如齊觀社。

○左氏傳：「夏，公如齊觀社，非禮也。曹劌諫曰：『不可！夫禮，所以整民也。故會以訓上下之則，制財用之節；朝以正班爵之義，帥長幼之序；征伐以討其不然。諸侯有王，王有巡守，以大習之。非是，君不舉矣。君舉必書。書而不法，後嗣何觀？』」外傳曰：「曹劌諫曰：『齊棄太公之法，觀民於社，君爲是舉而往觀之，非故業也。天子祀上帝，諸侯會之受命焉；諸侯祀先公，卿大夫佐之受事焉。不聞諸侯之相會祀也。』」

○公羊傳：「何以書？譏。何譏爾？諸侯越竟觀社，非禮也。」劉氏意林：「觀社與觀魚一也。觀社稱如，觀魚不稱如，内外之辨也。諸侯於其竟外可以言如，於其竟内不可以言如。」

○常山劉氏傳：「莊公越境觀讎國之社，不待譏，而惡自見也。」

公至自齊。

荊人來聘。

○公羊傳：「荆何以稱人？始能聘也。」

○杜氏注：「不書『荆子使某來聘』，君臣同辭者，蓋楚之始通，未成其禮。」

○纂例：「啖子曰：『凡夷狄朝聘，皆稱人，君臣同辭。』」

○胡氏傳：「荆自莊公十年始見於經，十四年入蔡，十六年伐鄭，皆以州舉者，惡其猾夏不恭，故狄之也。至是來聘，遂稱人者，嘉其慕義自通，故進之也。朝聘者，中國諸侯之事，雖蠻夷而能修中國諸侯之事，則不念其猾夏不恭而遂進焉，見聖人之心樂與人爲善。後世之君能以聖人之心爲心，則與天地相似。凡變於夷者，叛則懲其不恪，而威之以刑；來則嘉其慕義，而接之以禮。邇人安，遠者服矣。春秋謹華夷之辨，而荆、吴、徐、越，諸夏之變於夷者，故書法如此。」

公及齊侯遇于穀。

○劉氏傳：「穀者何？内之邑也。」

○高郵孫氏曰：「簡禮而會之曰遇。」

○吕氏曰：「公不肖人也，初未嘗有怨齊心。公羊：『柯之盟，公謂曹沫曰：「寡人之生則不若死矣。」』以公爲不能忘齊也者，皆里巷雜記妄説也。至是以圖婚於齊，納幣、觀社、與其大夫盟，夏與齊侯遇于穀，冬又盟于扈，君子以魯莊非人也。聖人書春秋如此之詳者，以爲萬世不肖子之戒，於莊公何責焉？」

蕭叔朝公。

○穀梁傳：「微國之君未爵命者。其不言來，於外也。朝於廟，正也。於外，非正也。」公羊傳：「其言朝公何？公在外也。」○劉氏意林：「爲禮非其時，猶非其禮也；爲禮非其處，猶非其禮也；爲禮非其義，猶非其禮也；爲禮非其物，猶非其禮也。九月郊，五月烝，此之謂非其時。蕭叔朝公，此之謂非其處。祭叔來聘，齊侯來獻捷，此之謂非其義。郳人、牟人、葛人來朝，此之謂非其物。雖有肅敬之心，繁飾之容，君子不受也。故禮非其禮而猶不受，必歸之正而止，又况乎未始有正者也！」

秋，丹桓宫楹。

○何氏注：「楹，柱也。丹之者，爲將娶齊女，欲以誇大示之。」

○穀梁傳：「禮，天子、諸侯黝堊，大夫倉，士黈。丹楹，非禮也。」

冬，十有一月，曹伯射姑卒。

十有二月，甲寅，公會齊侯，盟于扈。

○杜氏注：「扈，鄭地。」

○胡氏傳：「遇于穀，盟于扈，皆爲要結姻好也。傳稱男子二十而冠，冠而列丈夫。三十而不娶，則非禮也。然天子、諸侯十五而冠者，以娶必先冠，而國不可久無儲貳，欲人君早有繼體，故因以爲節也。鰥者，老而無妻之稱。舜方三十未娶，而師錫帝堯已曰：『有鰥在下矣。』妻帝之二女，則不告於父母，以爲告則不得娶，而廢人之大倫。堯亦不告而妻焉，其欲及時而無過如此也。今莊公生於桓之六年，至是三十有六載矣。以世嫡之正，諸侯之貴，尚無内主同任社稷之事，何也？蓋爲文姜所制，使必娶于母家，而齊女待年未及，故莊公越禮不顧如此其急，齊人有疑如此其緩。而遇于穀，盟于扈，要結之也。娶夫人，奉祭祀，爲宗廟之主。而母言是聽，不以大義裁之，至於失時，不孝甚矣。春秋詳書于策，爲後戒也。」

二十有四年，春，王三月，刻桓宮桷。

○杜氏注：「刻，鏤也。桷，椽也。將逆夫人，故爲盛飾。」

○左氏傳：「二十三年，秋，丹桓宮之楹。二十四年，春，刻其桷，皆非禮也。御孫諫曰：『臣聞之：儉，德之共也；侈，惡之大也。先君有共德，而君納諸大惡，無乃不可乎？』」胡氏傳：「自常情觀之，丹楹、刻桷，疑若小失，而春秋詳書于策，御孫以爲大惡，何也？桓公見殺於齊則不能復，而盛飾其宮，夸示仇人之女，乃有亂心，廢人倫，悖天道，而不知正者也。御孫知爲大惡而不敢盡言。春秋謹禮於微，正後世人主之心術者也，故詳書于策，爲後鑒也。」

○穀梁傳：「天子之桷，斲之礱之，加密石焉。諸侯之桷，斲之礱之。大夫斲之。士斲本。刻桷，非正也。夫人，所以崇宗廟也，取非禮與非正而加之宗廟，以飾夫人，非正也。刻桓宮桷，丹桓宮楹，斥言桓宮，以惡莊也。」

葬曹莊公。

夏，公如齊逆女。

○穀梁傳：「親迎，恒事也，不志。此其志，何也？不正其親迎於齊也。」胡氏傳：「或曰：常事不志。歲事之常也，親迎可以常乎？則其説誤矣。所謂常者，其事非一，有月事之常，則視朔是也；有時事之常，則蒐狩是也；有歲事之常，則郊祀雩祭之類是也；有合禮之常，則婚姻納幣逆女至歸之類是也。凡此類，合禮之常則不志矣，其志則於禮不合，將以爲戒者也。若夫崩薨卒葬即位之類，不以禮之合否而皆書，此人道始終之大變也，其於親迎異矣。」

穀梁、胡氏以親迎爲恒事，諸侯越竟，恐不得以爲恒事而略之也。

秋，公至自齊。

○穀梁傳：「迎者，行見諸，舍見諸。先至，非正也。」

○公羊傳：「夫人不僂，不可使入，與公有所約，然後入。」約，遠媵妾也。杜氏云：「蓋以孟任故。」

○泰山孫氏曰：「公親迎于齊，不俟夫人而至，失夫之道也。婦人，從夫者也，夫人不從公而入，失婦之道也。夫不夫，婦不婦，何以爲國？非所以奉先公而紹後嗣也，不亂何待？」

八月，丁丑，夫人姜氏入。

○穀梁傳：「入者，内弗受也。何用不受也？以宗廟弗受也。其以宗廟弗受何也？娶仇人子女以薦舍於前，其義不可受也。」

○胡氏傳：「何以不致？不可見乎宗廟也。姜氏，齊襄公之女。入者，不順之詞。昏義以正始爲先，而公不與夫人皆至，姜氏不從公而入，已失夫婦之正，弑閔、孫邾之亂兆矣。莊公不勝其母，越禮踰時，俟仇人之女，薦舍於宗廟，以成好合，卒使宗嗣不立，弑逆相仍，幾至亡國。故春秋詳書其事，以著莊公不孝之罪。」

戊寅，大夫宗婦覿用幣。

○公羊傳：「宗婦者何？大夫之妻也。覿者何？見也。用者何？用者不宜用也。」

○杜氏注：「禮，小君至，大夫執贄以見，明臣子之道。莊公欲奢夸夫人，故使大夫、宗婦同贄俱見。」

○左氏傳：「秋，哀姜至，公使宗婦覿，用幣，非禮也。御孫曰：『男贄，大者玉帛，小者禽鳥，以章物也。女贄，不過榛、栗、棗、脩，以告虔也。今男女同贄，是無別也。男女之別，國之大節也，而由夫人亂之，無乃不可乎？』」胡氏曰：「男女無別，公子牙、慶父之亂兆矣。春秋詳書，正始之道也。」

○胡氏傳：「公事曰見，私事曰覿。見夫人，禮也，曷爲以私言之？夫人不可見乎宗廟，則不可以臨諸臣，故以私言之也。」

大水。

○吕氏曰：「政有不得於此，則災變見乎彼，理之不必然也。人君覩此，而知所以戒懼，則危亂之禍何從而至哉！春秋之世，多水災，其必有所爲矣。」

冬，戎侵曹。曹羈出奔陳。

○杜氏注：「羈蓋曹世子也。先君既葬而不稱爵者，微弱不能自定。」蘇氏曰：「羈，曹莊公世子。既葬而不稱爵，不能君也。」

○劉氏意林：「赤之爲言者，與鄭伯突無以異。突因宋，赤因戎，皆奪其君。然而春秋一貶之，無上下之異者。春秋治治，不治亂也。使鄭忽、曹羈事親而孝，爲上而禮，在喪而哀，臨事而恭，大夫順之，國人信之，雖有宋戎之衆，突、赤之孽何緣而起？然而君臣交爭，兄弟爲仇者，上失，故下得也。」

赤歸于曹。

○杜氏注：「赤，曹僖公也。蓋爲戎所納，故曰歸。」

○劉氏傳：「赤者何？曹之庶公子也。曷爲不繫曹？貶。曷爲貶？曹非赤之所可號也。則其曰赤歸于曹何？易也。何易耳？易乎戎也。」

○胡氏傳：「歸，易詞也。宋人執鄭祭仲而忽出突歸，權在宋也；戎侵曹而羈出赤歸，制在戎也。」

郭公。

○杜氏註：「蓋經闕誤也。」

○劉氏傳：「或曰：是郭亡也。」胡氏曰：「於傳有之。齊桓公之郭，問父老曰：『郭何故亡？』曰：『以其善善而惡惡也。』公曰：『若子之言，乃賢君也，何至於亡？』父老曰：『郭君善善不能用，惡惡不能去，所以亡也。』考其時與事，謂之郭亡，理或然也。」孰亡之？蓋齊滅之。齊滅之，則其曰亡何邪？郭公善善不能用，惡惡不能去，非有能亡郭者，郭自亡也。」

二十有五年，春，陳侯使女叔來聘。

○杜氏注：「女叔，陳卿。女，氏；叔，字。」

○穀梁傳：「其不名，何也？天子之命大夫也。」

○高郵孫氏曰：「諸侯之大夫，天子賜之邑，使之歸國，則書氏書字，鄭祭仲、魯單伯、陳女叔是也。」

○左氏傳：「始結陳好也。」

夏，五月，癸丑，衛侯朔卒。

六月辛未朔，日有食之，鼓，用牲于社。

○左氏傳：「非常也。杜氏曰：「非常鼓之月。長曆推辛未實七月朔，置閏失，故月錯。」唯正月之朔，慝未作，正月，夏之四月，周之六月，謂正陽之月。日有食之，於是乎用幣于社，伐鼓于朝。」權衡：「夏書記日食之變，季秋月朔亦有伐鼓之事，豈必正陽之月哉？倘夏禮與周不同乎？然日有食之，變之大者，人君當恐懼修省以荅天意。豈但非正陽之月者，則安而視之哉！左氏之説謬矣。春秋所以書者，蓋譏其不鼓于廟朝，乃鼓于社，又用牲耳。」

○穀梁傳：「鼓，禮也；用牲，非禮也。天子救日，置五麾，陳五兵、五鼓。諸侯置三麾，陳三鼓、三兵。大夫擊門。士擊柝。言充其陽也。」

○胡氏傳：「按禮『諸侯旅見天子，入門不得終禮者四』，而日食與焉。古者固以是爲大變，人君所當恐懼修省以荅天意，而不敢忽也。故夏書曰：『乃季秋月朔，辰弗集于房。瞽奏鼓，嗇夫馳，庶人走。』周官鼓人：『救日月，則詔王鼓。』太僕：『凡軍旅、田役贊王鼓，救日月，亦如之。』諸侯用幣于社，伐鼓于朝，退而自責，皆恐懼修省以荅天意而不敢忽也。」

○公羊傳：「日食，則曷爲鼓用牲于社？求乎陰之道也。」

伯姬歸于杞。

○杜氏注：「伯姬，莊公女。」

○穀梁傳：「其不言逆，何？逆之道微，無足道焉爾。」

○胡氏傳：「逆者非卿，其姓名不登於史册，則書歸以志禮之失也。大夫來逆，名姓已登於史册，足以志其失矣，猶書歸者，以別於大夫之自逆者也。猶書歸者，紀伯姬是也；自逆者，莒慶、齊高固是也。」

秋，大水。鼓，用牲于社，于門。

○杜氏注：「門，國門也。」

○左氏傳：「亦非常也。失常禮。凡天災，有幣，無牲。天災，日月食、大水之類。祈請而已，不用牲。○疏云：「天之譴告人君，而見異，欲令改過修善。人君唯當告請而已，不當用牲以飲食求免。唯旱則有祭，祭則有牲。詩云：『靡愛斯牲。』祝祀群神，求弭災沴，故祈禱用牲。」非日月之眚，不鼓。」眚，猶災也。○疏云：「日食，陰犯陽爲逆，故鼓之。周禮太僕職云：『凡軍旅，田役，贊王鼓，救日月，亦如之。』是日月食皆有鼓。穀梁所謂『充其陽』也。」○程氏遺書曰：「月不受日光，故食不受日光者，月正相當，陰盛亢陽也，故日月之眚，皆可鼓也。」

冬，公子友如陳。

○杜氏注：「報女叔之聘諸魯。出朝聘，皆書如。不果彼國必成其禮，故不稱朝聘，春秋之常也。公子友，莊公之母弟。」

二十有六年，春，公伐戎。夏，公至自伐戎。公羊無「春」字。

○襄陵許氏傳：「以伐戎，致大伐戎也。齊、魯伐戎而中國崇也。隱、桓以來，世有戎盟。至於莊公，戎始變渝我，是以有濟西之役。於此伐戎，義已勝矣。」

曹殺其大夫。

○劉氏傳：「曷爲或稱人以殺，或稱國以殺，或稱人而不名，或稱國而不名？稱國以殺者，罪累上也；稱人以殺者，殺有罪也；稱人而不名者，大夫無罪，衆殺之也；稱國而不名者，大夫無罪，君殺之也。大夫無罪而君殺之，非也。雖有罪，不以歸于京師，亦非也。」

○胡氏傳：「稱國以殺者，國君、大夫與謀其事，不請於天子而擅殺之也。義繫於殺，則止書其官，曹殺其大夫，宋人殺其大夫是也；義繫於人，則兼書其名氏，楚殺其大夫得臣，陳殺其大夫洩冶之類是也。然殺大夫而曰大夫與謀其事，何也？與謀其事者，用事之大夫也；見殺者，不得於君之大夫也。所謂義繫於殺者，罪在於專殺，而見殺者之是非有不足紀也，故止書其官而不録其名氏也。五霸，三王之罪人，而葵丘之會，猶曰『無專殺大夫』，故春秋明書于策，備天子之禁也。凡諸侯之大夫，方其交政中華，會盟征伐，雖齊、晉上卿，止録其名氏；至於見殺，雖曹、莒小國，亦書其官。或抑或揚，或與或奪，聖人之大用也，明此，然後可以司賞罰之權矣。」

秋，會宋人、齊人伐徐。公、穀作「公會」，左氏古本無「公」字，陸氏纂例同。

○杜氏注：「宋序齊上，主兵。」

○劉氏意林：「小事也，而亂王者之制。王者之制，固曰諸侯不專征。諸侯不專征，是以屬之方伯連率。今齊以其事小、其衆少而因使宋主之，是則人自爲政，與諸侯無霸奚以異？物蓋有其變微而其損大者，此之類也，不可不正也。」

○胡氏傳：「按書『伯禽嘗征徐戎』，則戎在徐州之域，爲魯患舊矣。是年春，公伐戎，秋又伐徐者，必戎與徐合兵，表裏爲魯國之患也。故雖齊、宋將卑師少，而公獨親行。其不致者，役不淹時，而齊人同會，則無危殆之憂矣。

冬，十有二月，癸亥，朔，日有食之。

二十有七年，春，公會杞伯姬于洮。

○杜氏注：「洮，魯地。」

○左氏傳：「非事也。天子非展義不巡守，諸侯非民事不舉，卿非君命不越竟。」

○陸氏微旨：「參譏之也。公及杞侯、伯姬俱失正矣。」

夏，六月，公會齊侯、宋公、陳侯、鄭伯同盟于幽。

○左氏傳：「陳、鄭服也。」二十二年，陳亂而齊納敬仲；二十五年，鄭文公之四年，獲成於楚，皆有二心於齊，今始服也。

○程氏傳：「同志而盟，非率之也。」

○穀梁傳：「同者，有同也，同尊周也。於是而後授之諸侯也。其授之諸侯何也？齊侯得衆也。」

○胡氏傳：「同盟之例，有惡其反覆而書同盟，有諸侯同欲而書同盟。此盟，鄭伯之所欲，而書同盟也。凡盟，皆小國受命於大國，不得已而從焉者也。其有小國願與之盟，非出於勉强者，則書同盟，所以志同欲也。前此，鄭伯嘗貳於齊矣，至是，齊桓强盛，有伯中國、攘夷狄之勢，諸侯皆歸之，鄭伯於是焉有畏服之心。其得與於盟，所欲也，故特書同。視他盟爲愈矣。」

秋，公子友如陳，葬原仲。

○杜氏注：「原仲，陳大夫。原，氏；仲，字也。禮，臣既卒不名，故稱字。」

○劉氏傳：「原仲者何？陳大夫也。曷爲字？卒從正，葬從主人。公子友如陳葬原仲，何以書？譏。何譏爾？君不行，使乎大夫。君行使乎大夫，内失正也。大夫不交諸侯。大夫交乎諸侯，原氏失正也。内失正、原氏失正，季子可以已矣。則是從命也，參譏之。」

○吕氏曰：「凡此一歲之中，公會杞伯姬于洮，公子友如陳葬原仲，杞伯姬來，莒慶來逆叔姬，皆爲非禮。然則治世，惟能使人克己復禮而已，使人克己復禮，春秋所爲作也。」

冬，杞伯姬來。

○左氏傳：「歸寧也。凡諸侯之女，歸寧曰來，出曰來歸。夫人歸寧曰如某，出曰歸于某。」纂例：「合禮者，悉常事不書，豈有二百四十二年内女惟兩度歸寧乎？益知非禮而來，故書云爾。」

○胡氏傳：「禮，父母在，歲一歸寧。若歸而合禮，則常事不書。其曰杞伯姬來者，不當來也。女子有行，遠父母、兄弟。春會于洮矣，冬又歸魯，故知其不當來也。來而必書春、秋，於男女往來之際嚴矣。」

莒慶來逆叔姬。

○劉氏傳：「莒慶者何？莒大夫也。其言逆叔姬何？自爲逆也。大夫非君命不越境，越境逆女，非禮也。然則嫁女於大夫，書乎？不書。不書則此何以書？以公之自主之也。諸侯嫁女於大夫，主大夫以與之。公之自主之，非禮也。」意林曰：「莒慶非有君命也，叔姬非適諸侯也。何以得書乎？以公之自主之。公之自主之則敵，敵則書矣。凡喜怒哀樂愛惡者，人情之所不免也。人情之所不免，而無禮義之制，則放而不反。是以聖人物爲之防，使人乃廢情而任禮，禮然而然，不以私意損益。其間未始有物者也。」

○胡氏傳：「叔姬，莊公女也。何以稱字？大夫自逆則稱字，爲其君逆則稱女，尊卑之别也。」

杞伯來朝。

○杜氏注：「杞稱伯者，蓋爲時王所黜。」

○石氏曰：「杞，公爵也，或稱侯，或稱伯，亦猶滕之或稱子，或稱侯，皆聖王不作，諸侯自恣，朝會不常。彼數國者，力既不足，禮亦不備，或進而侯，或黜而伯，孔子從而書之，以見周襄禮籍不存，高下之爵列由時君之所升黜，而王制不復，與班次失叙之旨同也。杜預謂『時王所黜』，非也。」

公會齊侯于城濮。

○杜氏注：「城濮，衛地，將討衛也。」

二十有八年，春，王三月，甲寅，齊人伐衛。衛人及齊人戰，衛人敗績。

○左氏傳：「王使召伯廖賜齊侯命，且請伐衛，以其立子頽也。齊侯伐衛，戰，敗衛師，數之以王命，取賂而還。」

○孫氏曰：「前年同盟于幽，衛侯不至，故齊人伐衛。衛人及齊人戰，衛不服罪也。不地者，戰于衛也。」

○公羊傳：「伐不日，此何以日？至之日也。戰不言伐，此其言伐何？至之日也。」胡氏傳：「見齊人奉詞伐罪，方以是日至，而衛人不請其故，直以是日與之戰，所以深疾之也。」纂例：「凡外戰，先書被伐之國，以及來伐者。又戰之道，以主及客也。主人服則不戰。凡戰。不書『及』，迭爲主也。」如秦初伐晉而退，晉復追之，至河曲而戰之類是也。

○胡氏傳：「春秋紀兵，及者爲主。齊人舉兵而伐衛，衛人見伐而受兵，則其以衛及之，何也？按左氏：衛嘗伐周，立子頽，至是王使召伯廖賜齊侯命，且請伐衛。則齊人舉兵，乃奉王命，聲衛立子頽之罪，以討之也。爲衛計者，誠有是罪，則當請歸司寇，服刑可也，若惠徽康叔，不泯其社稷，使得自新，亦惟命，則可以免矣。今不徵詞請罪，而上逆王命，下拒方伯之師，直與交戰。則是衛人爲志乎此戰，故以衛主之也。齊稱人，將卑師少也。」

夏，四月，丁未，邾子瑣卒。

秋，荊伐鄭，公會齊人、宋人救鄭。公羊有邾人。

○左氏傳：「楚令尹子元以車六百乘伐鄭，入于桔柣之門。衆車入自純門，及逵市。縣門不發。楚言而出，子元曰：『鄭有人焉。』諸侯救鄭，楚師夜遁。」

○穀梁傳：「其曰荆，州舉之也。善救鄭也。」

○胡氏傳：「楚子元無故興師，陵弱暴寡，故狄之。諸侯救之，楚師夜遁，是得救急恤鄰之義也，故書『救鄭』，善之也。齊、宋稱人，將卑師少也。」

冬，築郿。公、穀並作「微」。

○公羊傳：「造邑也。」權衡曰：「築者，作邑耳。詩云：『築室百堵。』『百堵皆興，鼛鼓弗勝。』非謂城邑也。」杜氏注：「郿，魯下邑。」

○胡氏傳：「不視年之豐凶，而輕用民力於其所不必爲也，則非君人之心矣。」

大無麥禾。

○蘇氏曰：「是歲，未嘗有水、旱、螟、螽之災，而書『大無麥禾』，劉向曰：『土氣不養，稼穡不成也。』沈約宋志言：『吴孫皓時嘗有之，苗稼豐美，而實不成，百姓以飢，闔竟皆然，連歲不已。』」

○杜氏注：「書於冬者，五穀畢入，計食不足，而後書也。」胡氏傳：「莊公惟宫室臺榭是崇是飾，費用浸廣，調度不充，有司會計歲之多寡虚實，然後知倉廩之竭也，故於歲抄而書曰『大無麥禾』。大無者，倉廩皆竭之詞也。」

○劉氏意林曰：「此言爲國者之不可以無九年之蓄也。三年耕，餘一年之食；九年耕，餘三年之食；三九二十七年，則餘九年之食。百官之奉、賓客之禮，不外求而足。雖有水旱，如堯、湯之久，而上下不憂。今莊公在位二十八年矣，而麥禾曾不足以待國用，所謂寄生之君也。」

臧孫辰告糴于齊。辰，穀梁作「臣」。

○杜氏注：「臧孫辰，魯大夫臧文仲。」

○魯語曰：「魯饑，臧文仲言於公曰：『夫爲四鄰之援，固國之艱急是爲。鑄名器，藏寶財，固民之殄病是待。今國病矣，盍以名器請糴于齊？』公曰：『誰使？』對曰：『國有饑饉，卿出告糴，古之制也。辰也請如齊。』公使往。從者曰：『君不命而請之，其爲選事乎？』文仲曰：『賢者急病而讓夷，居官者當事不避難。在位者，恤民之患，是以國家無違。我不如齊，非急病也。在上不恤下，居官而惰，非事君也。』文仲以鬯圭與玉磬如齊，齊人歸其玉，而予之糴。」

○公羊傳：「告糴者何？請糴也。何以不稱使？以爲臧孫辰之私行也。曷爲以臧孫辰之私行？君子之爲國也，必有三年之委，一年不熟告糴，譏也。」穀梁傳：「國無九年之畜曰不足，無六年之畜曰急，無三年之畜曰國非其國也。古者税什一，凶年補敗，不外求而上下皆足也。雖累凶年，民弗病也。一年不艾而百姓饑，君子非之。」○胡氏傳：「劉敞曰：『不言「如齊告糴」，而曰「告糴于齊」者，言『如齊』，則其詞緩；『告糴于齊』，則其情急。」

○劉氏曰：「君子之爲國也，恃己而不恃人，貴義而不貴名。臧孫辰告糴于齊，此言大臣任國事，治名而不治實之蔽也。務農重穀，節用而愛人，則倉廩實。不知爲此，事至而憂之，何其末歟！魯人悦其名，而以急病讓夷爲功。君子責其實，而以不能節用爲罪，此王政之務本也。」

二十有九年，春，新延廄。

○公羊傳：「新延廄者何？脩舊也。脩舊不書，此何以書？譏。何譏爾？凶年不脩。」

○穀梁傳：「延廄者何？法廄也。其言新，有故也。有故則何爲書也？古之君人者，必時視民之所勤。民勤於力，則功築罕；民勤於財，則貢賦少；民勤於食，則百事廢矣。冬築微，春新延廄，以其用民力爲已悉矣。」孫氏曰：「無麥禾而告糴，則民飢矣。延廄雖壞，未新可也。莊公春新延廄，不愛民力若此。」○胡氏傳：「此屈宜臼所謂『時詘舉贏』者也。」○劉氏意林曰：「張瓌問於劉子曰：『昔僖公修泮宮，詩人頌之，而春秋不書，何哉？』劉子曰：『泮宮者，諸侯之學也，僖公修之，得其時制，則諸侯之事也，不可勝書，故春秋不書也。春秋以制度弼其上爲法，而詩人以恩厚愛其君爲事，詩有過厚，而春秋無虚美。此其所以異也。夫春秋之記，略常事，簡小事，謹大事，所以經後世，非史官之任也。』」

夏，鄭人侵許。

○許氏曰：「許以近楚，自桓之伯，未會諸侯，故鄭侵之，以求好焉。蓋自是後，許從中國矣。」

秋，有蜚。

○左氏傳：「爲災也。凡物不爲災，不書。」

○公羊傳：「何以書？記異也。」惡臭之蟲，南越所生，非中國所有。○劉氏意林曰：「鸜鵒不逾濟，而蜚非中國之物，暫而一至，故不可言多而言有。麋者，中國所有也，有之不足異，而多則爲異，故不可言有而言多。螽螟者，中國所多也，多不足怪，而爲災則害，故不可言多而言災。此制言之體也。」

冬，十有二月，紀叔姬卒。

○杜氏注：「紀國雖滅，叔姬執節守義，故繫之紀，賢而録之。」

○胡氏傳：「紀已滅矣，其卒之何？見紀侯去國，終不能自立，異於古公亶父之去矣。」

城諸及防。

○杜氏注：「諸、防，皆魯邑。諸，今城陽諸縣。」今密州諸城縣，縣又有故防城。

○左氏傳：「冬，城諸及防。書，時也。凡土功，龍見而畢務，戒事也。謂今九月，周十一月，龍星角、亢晨見東方，三務始畢。戒民以土功事。火見而致用，大火，心星，次角亢。見者，致築作之物。水昏正而栽，謂今十月，定星昏而中，於是樹板幹而興作。日至而畢。」日南至，微陽始動，故土功息。

○疏云：「賈逵曰：『言及先後之辭。』」劉氏權衡曰：「若言諸、防，則似一城，故以所先成記耳。」陸氏辯疑：「趙子曰：『此但依先後次第，或甚者先之。』」

三十年，春，王正月。

夏，師次于成。左氏無「師」字。

○辯疑：「趙氏曰：『據齊伯已成，魯爲之弱。何敢議救？蓋欲會齊圍鄣。至成待命，聞鄣已降，故不行耳。然疑而無質，但當存而勿解爾。』」

秋，七月，齊人降鄣。

○杜氏注：「鄣，紀附庸國。東平無鹽縣東北有鄣城。小國孤危，不能自固，蓋齊遥以兵威脅，使降附。」

○趙氏曰：「鄣蓋小國，降服而爲附庸也。」

○常山劉氏曰：「齊人降鄣，鄣微弱小國，齊肆其强力，脅而服之也。不書『鄣降』而曰『齊人降鄣』者，以齊之强，故罪之深；以鄣之弱，故責之薄也。春秋之義，抑强扶弱而已。」高郵孫氏曰：「郕降于齊師，是時齊、魯之師相會圍郕，郕不降我而獨降齊，非齊師能使之附，郕自降耳。齊人降鄣，非鄣欲降，齊人降之耳。」○吕氏曰：「管仲所以相其君者，功業可見矣。」

八月，癸亥，葬紀叔姬。

○劉氏傳：「滅國不葬，此何以葬？賢叔姬也，何賢乎叔姬？紀侯大去其國，叔姬從焉；紀侯卒，叔姬歸于酅。婦人，從人者也。從不失節，以是爲賢也。」胡氏傳：「紀侯既卒，不歸宗國而歸于酅，所謂秉節守義，不以故而睽婦道者也，故繫之於紀而録其卒。先儒謂賢而得書，所以爲後世之勸也。」

九月，庚午，朔，日有食之，鼓，用牲于社。

冬，公及齊侯遇于魯濟。

○杜氏注：「濟水歷齊、魯界，在齊界爲齊濟，在魯界爲魯濟，蓋魯地。」

○左氏傳：「謀山戎也。以其病燕故也。」齊桓行霸，故欲爲燕謀難。燕國，今薊縣。○襄陵許氏曰：「齊桓伐郳、伐鄭、伐徐，皆以宋人主兵；而與公會城濮，而後伐衛，與公遇魯濟，而後伐戎。以是知桓公之霸不自恃也，用人之能以爲能，集人之功以爲功。

故其用兵行師，每資武於宋桓，而取策於魯莊。其治國也，一則仲父，二則仲父，遂能力正天下，澤濟生民。」

齊人伐山戎。

○杜氏注：「山戎，北狄。」

○穀梁傳：「齊人者，齊侯也。」胡氏曰：「何以知其非將卑師少？以齊侯來獻戎捷，則知之矣。」

○胡氏傳：「其稱人，譏伐戎也。夫北戎病燕，職貢不至，桓公内無因國，外無從諸侯，越千里之險爲燕闢地，可謂能修方伯連帥之職，何以譏之乎？桓不務德，勤兵遠伐，不正王法，以譏其罪，則將開後世之君，勞中國而事外夷，舍近政而貴遠略，困吾民之力，爭不毛之地，其患有不勝言者，故特貶而稱人，以爲好武功，而不修文德者之戒也。然則伐楚之役，何以美之？其謂退師召陵，責以大義，不務兵交，而强楚自服乎？觀於此，可以見聖人强本治内、柔服遠人之意矣。」通旨曰：「楚頻侵鄭，鄭乃内地，故齊桓伐楚，聖人取之。戎，遠地，齊桓爲燕而伐山戎，聖人則貶之。於此可見帝王用兵之意矣。」

三十有一年，春，築臺于郎。

○何氏注：「天子有靈臺，以候天地；諸侯有時臺，以候四時。登高遠望，人情所樂。動而無益於民者，雖樂不爲也。四方而高曰臺。」

○劉氏傳：「何以書？譏。何譏爾？譏厲民也。去國而築臺，是樂而已矣。」

夏，四月，薛伯卒。

築臺于薛。

○杜氏注：「薛，魯地。」

六月，齊侯來獻戎捷。

○左氏傳：「非禮也。凡諸侯有四夷之功，則獻于王，王以警于夷。中國則否，諸侯不相遺俘。」

○常山劉氏曰：「齊伐山戎得其捷，齊侯躬來夸示以威我。而聖人書曰『來獻』者，抑之也。」

秋，築臺于秦。

○杜氏注：「東平范縣西北有秦亭。」案：范縣今屬濮州，亭尚存。

○穀梁傳：「不正罷民三時，虞山林藪澤之利，且財盡則怨，力盡則懟。君子危之，故謹而志之也。」

冬，不雨。

○公羊傳：「何以書？記異也。」

○程氏傳：「一歲三築臺，明年城小穀，故冬書『不雨』，閔之深也。」

三十有二年，春，城小穀。

○范氏注：「小穀，魯邑。」

○泰山孫氏曰：「曲阜西北有小穀城」。胡氏曰：「孫，魯人也，而終身學春秋，其考此事必詳矣。」

夏，宋公、齊侯遇于梁丘。

○杜氏注：「梁丘在高平昌邑縣西南。」

○左氏傳：「齊侯爲楚伐鄭之故，請會于諸侯。楚伐鄭在二十八年，謀爲鄭報楚。宋公請先見于齊侯。夏，遇于梁丘。」

○劉氏傳：「何以書？我接之也。則其先宋何？宋主齊也。宋何以主齊？齊遠而宋近也。席則有上下，室則有奥阼。諸侯之事，重主輕，大主小，近主遠，貴主賤。」

○襄陵許氏傳：「隱、莊之間，凡六書遇，以其去古爲未遠。自閔以後，有會無遇，忠益不足而文有餘矣。」

秋，七月，癸巳，公子牙卒。

○左氏傳：「初，公築臺臨黨氏，見孟任，從之。閟而以夫人言，許之，割臂盟公。生子般焉。公疾，問後於叔牙，對曰：『慶父材。』問於季友，對曰：『臣以死奉般。』公曰：『鄉者牙曰慶父材。』成季使以君命命僖叔，待于鍼巫氏。使鍼季酖之。曰：『飲此，則有後於魯國，不然，死且無後。』飲之，歸，及逵泉而卒。立叔孫氏。」

○杜氏注：「牙，慶父同母弟僖叔也。飲酖而死，不以罪告，故得書卒。」

○公羊傳：「曷爲不言刺之？爲季子諱殺也。曷爲爲季子諱殺？季子之遏惡也，不以爲國獄，緣季子之心而爲之諱。季子之遏惡奈何？莊公病召季子，曰：『牙謂我曰：「魯一生一及，君已知之矣。」慶父也存。』季子曰：『夫何敢？是將爲亂乎！夫何敢？』俄而牙弑械成。季子和藥而飲之。公子牙今將爾，辭曷爲與親殺者同？君親無將，將而誅焉。然則善之與？曰：然。殺世子、母弟，直稱君者，甚之也。季子殺母兄，何善爾？誅不得辟兄，君臣之義也。然則曷爲不直誅而酖之？行誅乎兄，隱而逃之，使託若以疾死然，親親之道也。」疏云：「杜氏釋例曰：經書公子慶父伐於餘丘，而公羊以爲慶父、叔牙皆莊公母弟，計其歲，未能統軍，公羊之説殆非也。今推按傳，桓以成人而弑隱，即位乃娶於齊，自應有長庶，故氏曰『孟』，此明證也。公疾，問後於叔牙，牙稱慶父才，疑同母也。傳稱季友文姜之愛子，與公同生，故以死奉般，情義相推，理當然也。」

○陸氏微旨：「季子愛義俱立，變而得中，故夫子書其自卒，以示其無譏。」意林曰：「殺也，而卒之，殺之當其罪，故遂其隱之之意也。使季子謀不緣君，誅不當罪，則春秋猶將探其專誅之惡，以示後世矣。聖人原情議獄，以季子之爲忠於國而適於權，聽而與之，所謂『大夫强而君殺之，義也。自三桓始』者，乃此之謂矣。然則大夫非强，雖有罪可殺，君不得殺也。」

八月，癸亥，公薨于路寢。

○穀梁傳：「路寢，正寢也。寢疾居正寢，正也。男子不絶于婦人之手，以齊終也。」

○杜氏注：「公薨皆書其所，詳凶變。」

○纂例：「趙子曰：『莊公正終而嗣禍，分位不明而閨幃不飾也。』」詳見隱十一年。

○胡氏曰：「莊公以世嫡承國，不爲不貴；周公之後，奄有龜蒙，不爲不强；即位三十有二年，不爲不久；薨于路寢，不爲不正。而嗣子受禍，幾至亡國，何也？大倫不明而宗嗣不定，兵柄不分而主威不立，得免其身，幸矣。」

冬，十月，己未，子般卒。己未，公羊、穀梁作「乙未」。

○左氏傳：「初，雩，講于梁氏。雩，祭也。講，肄也。梁氏，魯大夫。女公子觀之。女公子，般妹。圉人犖自牆外與之戲。圉人，養馬者，以慢言戲之。○呂氏曰：「圉人戲公子，魯之家法自文姜壞之至此。」子般怒，使鞭之。公曰：『不如殺之，是不可鞭。犖有力焉，能投蓋于稷門。』稷門，魯南城門。○呂氏曰：「爲國君不能誅，而謂子般之言如此，莊公之志荒矣。」八月，公薨。子般即位，次于黨氏。即喪位。次，舍也。冬，十月，己未，共仲使圉人犖賊子般于黨氏。成季奔陳。立閔公。」

○公羊傳：「子卒云『子卒』，此其稱『子般卒』何？君存稱世子，君薨稱子某，既葬稱子，踰年稱公。子般卒，何以不書葬？未踰年之君也。有子則廟，廟則書葬。無子不廟，不廟則不書葬。」

○杜氏注：「子般，莊公太子。不書殺，諱之也。」

○胡氏傳：「昔舜不告而娶，恐廢人之大倫以懟父母，君子以爲猶告也。莊公過時越禮，謬於易基乾、坤，詩始關雎，大舜不告而娶之義甚矣。而子般乃孟任之所出也，胡能有定乎？雖享國日久，獲終路寢，而嗣子見弒，幾至亡國，有國者可不以爲戒哉！」

公子慶父如齊。

○陸氏微旨：「啖子云：『書「公子慶父如齊」，見臣子之罪也。此言弒君之賊，臣子不能討，又非君逐而去，故明書如齊，以見其罪。』淳聞於師曰：『齊爲伯主而不能討，又許其來，惡可知也。』」

○劉氏權衡：「慶父雖弒子般，未敢便取其國，利閔公之幼立焉，其如齊者，直告立君也。」

○胡氏傳：「子般之卒，慶父弒也，宜書『出奔』。其曰『如齊』，見慶父主兵自恣，國人不能制也。昔成王將終，命大臣相康王；方是時，掌親兵者，太公望之子伋也，宰臣召公奭命仲桓、南宮毛取二干戈，虎賁百人于伋以逆嗣子。伋雖掌兵，非有宰臣之命，不敢發也；召公雖制命，非二諸侯將命以往，伋亦不承也。兵權散主，不偏屬於一人可知矣。今莊公幼年即位，專以兵權授之慶父，歲月既久，威行中外，其流至此，故於餘丘法不當書，而聖人特書慶父帥師，以志得兵之始。而卒書『公薨』、『子般卒』、『慶父如齊』，以見其出入自如，無敢討之者，以示後世，其垂戒之義明且遠矣。」

○永嘉薛氏曰：「其言如齊何？自託于齊也。」

狄伐邢。

○杜氏注：「邢國在廣平襄國縣。」

○襄陵許氏曰：「春秋戎先見，荆次之，狄次之，而荆暴於戎，狄又暴於荆。當惠王世，戎、狄、荆楚交伐諸夏，使無齊桓攘服定之，豈復有中國哉？」

春秋卷第六

春秋卷第七

閔公

〇名啓方，莊公夫人哀姜之娣叔姜之子。謚法：「在國遭難曰閔。」

元年，春，王正月。

〇胡氏傳：「不書『即位』，内無所承，上不請命也。莊公薨，子般卒，慶父、夫人利閔公之幼而得立焉，是内不承國於先君也。按周制，『王哭諸侯，則大宗伯爲上相』，未有諸侯之薨而不告于王者也。『職喪掌諸侯之喪，以國之喪禮涖其禁令，序其事。凡國有司，以王命有事焉，則詔贊主人』，未有諸侯之子主喪而王不遣使者也。今魯有大故，不告于周，閔既主喪，而王不遣使，是上不請命于天子也。内無所承，上不請命，故不書『即位』，正人道之大倫也。」

〇劉氏傳：「公何以不言即位？繼弒君。孰繼？繼子般也。孰弒子般？慶父也。莊公存之時，圉人犖淫于宫中，子般執而鞭之。子般即位，慶父將弒君以取其國，使謂犖曰：『般之辱爾，國人莫不知，盍弒之矣？』遂殺子般于次，季友奔陳。閔公者，莊公之子也，生八年矣，慶父立焉，討犖而歸獄焉。不知慶父之意，利其幼與？國人不從與？閔公既立，慶父以君事聘于齊，不知慶父之意，自釋于國人與？憂大國之討與？然而所立閔公，則慶父之力也；所以繼子般，則非閔公之志也。出奔者曷爲或書或不書？書者，治之也；不書者，予之也。季友奔陳，其爲予之柰何？莊公死，子般弑，慶父、夫人亂乎内，魯國之不絶若綫。季子生，則可以易死，季子存，則可以易亡。其生也，賢於死其亡也。賢於存，是以雖出奔，予之也。」

○穀梁傳：「親之非父也，尊之非君也。未踰年。繼之如君父也者，受國焉爾。」

齊人救邢。去冬，狄伐邢。

○左氏傳：「狄人伐邢。管敬仲言於齊侯曰：『戎狄豺狼，不可厭也；厭，一塩反。諸夏親暱，不可棄也。宴安酖毒，不可懷也。詩云：「豈不懷歸？畏此簡書。」簡書，同惡相恤之謂也。請救邢，以從簡書。』同惡相恤，同有所惡則相憂之謂也。齊人救邢。」

○穀梁傳：「善救邢也。」

○武夷胡氏傳：「凡書『救』者，未有不善之也。救在京師，則罪列國，子突救衛是也；救在夷狄，則罪諸侯，『狄救齊』、『吴救陳』是也；救在遠國，則罪四鄰，『晉陽處父帥師伐楚以救江』是也；救而不速救，則書所次，以罪其慢，『叔孫豹救晉次于雍榆』是也；救而不敢救，則書所至，以罪其怯，『齊侯伐我北鄙，圍成，公救成，至遇』是也。兵者，春秋之所甚重。衛靈公問陳，孔子對曰：『俎豆之事，則嘗聞之矣，軍旅之事，則未之學也。』獨至於救兵而書法若此，聖人之情見矣。其稱人，將卑師少也。」

夏，六月，辛酉，葬我君莊公。

○左氏傳：「六月葬莊公，亂故，是以緩。」十一月乃葬。

秋，八月，公及齊侯盟于落姑。齊地，公、穀作「洛姑」。

○左氏傳：「盟于落姑，請復季友也。閔公初立，國家多難，以友忠賢，故請於伯主而復之。齊侯許之，使召諸陳。公次于郎，以待之。」非師旅事，故不書「次」。

○穀梁傳：「盟，納季子也。」

季子來歸。

○公羊傳：「其稱季子何？賢也。其言來歸何？喜之也。」季子來歸，則國安，故喜之。變至加録云爾。○范氏穀梁注曰：「喜之者，季子賢大夫，以亂故出奔，國人思之，懼其遂去不返。今得其還，故皆喜曰：『季子來歸。』」

○微旨：「季友之出不書，何也？曰：慶父之難，季子力不能正，違而去之，權也。君立，見召而來，義也。聖人善其歸，不譏其去，以明變而得中，進退不違道也。」

○劉氏傳：「慶父專魯，則曷爲召季子？季子之賢，内得於國人，外聞於諸侯，則未知其以是爲説與？不得已與？抑將圖之與？季子至，而國人授之以政，百姓歸焉。殺公子牙，今將爾，季子不免。慶父弑君，何以不誅？非不誅也，勢未能也。」

○武夷胡氏傳：「自外至者爲歸，是嘗出奔矣，何以不書？莊公薨，子般弑，慶父主兵，勢傾公室，季子力不能討，避難而出奔，恥也。魯國方危，内賊未討。國人思得季子以安社稷，而公爲落姑之盟，以請于齊，則是賢也。春秋欲没其恥，故不書『奔』；欲旌其賢，故特稱『季子』，聖人之情見矣。隱惡而揚善，舜也；樂道人之善，惡稱人之惡，孔子也。爲尊者諱，爲親者諱，爲賢者諱，春秋也。明此可以畜納汙之德，樂與人爲善矣。」

冬，齊仲孫來。

○左氏傳：「齊仲孫湫來省難，仲孫歸，曰：『不去慶父，魯難未已。』時慶父已還魯。公曰：『若之何而去之？』對曰：『難不已，將自斃，君其待之。』公曰：『魯可取乎？』對曰：『不可。猶秉周禮。周禮，所以本也。臣聞之：「國將亡，本必先顛，而後枝葉從之。」魯不棄周禮，未可動也。君其務寧魯難而親之。親有禮，因重固，能重固，則當就成之。間攜貳，覆昏亂，霸王之器也。』」

○劉氏傳：「仲孫者何？齊大夫也。此無事，其曰來何？齊侯使之也。齊侯使之，則何以不言使？譏。何譏爾？莊公死，子般弒，閔公幼，慶父、夫人亂乎內，魯國之不絶若綫。設以齊正魯，猶反手也。桓公使仲孫來省難，仲孫反，曰：『不去慶父，魯難未止。』桓公曰：『去之奈何？』對曰：『難不已，將自斃。君姑待之。』桓公知魯之可憂，而不知使仲孫之非也。誠苟憂之，何問焉？仲孫知魯之可親，而不知存慶父之非也。誠苟親之，何待焉？交譏之。」意林曰：「桓公不務脩霸主之義，討有罪，扶微國，而更使智計之士覘虚實，令慶父極惡，魯君再弒，此由桓公、仲孫謀不臧之蔽也。故奪其君臣之常辭，以見君使臣不以禮，臣事君不以忠，聖人之法之所禁也。故田恒弒其君，孔子沐浴而朝，告於哀公，請討之。夫事君之義，捨孔子無可爲者矣。豈嘗沮其君，以齊人尚强，待其自斃哉？」○胡氏通旨曰：「不稱『齊侯使仲孫』，而書曰『來』，譏之也。問：魯可取者，齊侯之心；俟其自斃者，仲孫之策，故兩譏之。以其猶曰『務寧魯難而親之』，是以書字。春秋筆法有輕重，若又不書字，則當時假有勸齊侯因魯亂而取其國者，則無以貶矣。」

二年，春，王正月，齊人遷陽。

○杜氏注：「陽，國名，蓋齊人逼遷之。」

○陸氏纂例：「啖子曰：『移其國於國中，而爲附庸也。』」

○吕氏曰：「聖人春秋，功過不相掩。齊人於陽，强以兵力劫遷之，罪之甚也。」

夏，五月，乙酉，吉禘于莊公。

○左氏傳：「吉禘于莊公，速也。」

○公羊傳：「其言吉何？言吉者，未可以吉也。曷爲未可以吉？未三年也。三年矣，曷爲謂之未三年？三年之喪，實以二十五月。時莊公薨，至是適二十二月。○何氏曰：「士虞記曰：『期而小祥，又期而大祥，中月而禫。是月也，吉祭。』是月者，二十七月也。傳言二十五月者，不數禫。其言于莊公何？未可以稱宮廟也。曷爲未可以稱宮廟？在二〔二〕年之中矣。」趙氏曰：「必若不合於宮廟行事而今行之，則當明書以示譏，不應隱避也。自緣不配文王，故斥言莊公以明之耳。」

○趙氏曰：「禮，不王不禘。禮篇大傳及喪服小記並云爾。魯曷爲爲之？周公故也。周之王也，文王興之，王業大興。武王成之，周公、康治之，是以魯得郊焉，所以崇周公也。曰：崇之宜乎？非宜也。國之所以樹者，法制也。法制者，所以限尊卑。諸侯而行天子之禮，非周公之意也。其用乎莊，又僭也。成王令魯得用禘禮，已爲僭矣。本止施於周公之廟，今又僭於莊公之廟行之，非禮之甚。用其豐備之禮，而不能配文王也。不稱宮，不及于祖也。若言吉禘于莊宮，即似于莊廟，祭及文王。今既不爾，故指言莊公以明之。凡祭而非者稱祭，祭而失禮，則書祭名。以本下者稱事。祭非失禮爲下事張本者，則不書祭名，『大事于太廟』、『躋僖公』之類是也。辨禘義曰：『禮，不王不禘。王者禘其祖之所自出，以其祖配之。』喪服小記曰：『王者禘其祖之所自出。』正與大傳同，則諸侯不得行禘禮明矣。是以祭法云：『有虞氏禘黃帝，舜祖顓頊。顓頊出於黃帝，則所謂禘其祖之所自出也。夏后氏亦禘黃帝。義同舜也。商人禘嚳。商祖契出自嚳。周人亦禘嚳。』義與商同。禘者，帝王立始祖之廟，猶未盡其追遠尊先之義，故又推尋始祖所出之帝，而追祀之。此祭不兼群廟之主，爲其疎遠，不敢褻狎故也。鄭玄注祭法云：『禘，謂配祭昊天上帝於圓丘也。』蓋見祭法所說，文

〔二〕二，公羊傳作「三」。

在郊上，謂爲郊之最大者，故爲此説耳。祭法所論禘、郊、祖、宗者，謂六廟之外，永世不絶者有四種爾。非關配祭也，禘之所及最遠，故先言之爾。又云：『祖之所自出，謂感生帝靈威仰也。』此何妖妄之甚！此文出自讖緯，始於漢哀、平間僞書也，故桓譚、賈逵、蔡邕、王肅之徒疾之如讎，而鄭玄通之於五經，其爲誣蠹甚矣。或問曰：然則春秋書魯之禘何也？荅曰：成王追寵周公故也。故祭統云：『成王追念周公，賜之重祭，郊、社、禘、嘗，是其義也。』郊，禘，天子之禮。社與嘗，諸侯所自有。撰禮者見春秋書嘗、社，以爲郊、禘同，遂妄言耳。魯之用禘，蓋於周公廟，而上及文王。文王即周公之所出也，故此祭唯得於周公之廟爲之。閔公時，遂僭於莊公廟行之。以其不追配，故直言莊公，而不言莊宮，明用其禮物爾，不追配文王也。問者曰：左傳云『烝、嘗、禘于廟』，何也？荅曰：此爲見春秋經前後祭祀唯有此三種，以爲祭名盡於此。但據經文，不識經意，所以云爾。又見經中『禘于莊公』，以爲諸廟合行之，故妄云禘于武公、僖公、襄宮，皆妄引禘文而説祭爾。問者曰：若禘非時祭之名，則禮記諸篇所説，其故何也？曰：禮記諸篇，或孔門之後末流弟子所撰，或是漢初諸儒私撰之。見春秋『禘于莊公』，遂以爲時祭之名。若非末流弟子及漢初儒者始著，不應差互如此也。見春秋唯兩書禘，一春一夏。閔二年五月，吉禘于莊公，今之三月；僖八年七月，禘于太廟，今之五月也。或謂之春祭，或謂之夏祭，各自著書，不相符會，理可見也。且春秋宣八年公羊云：『大事，袷也。毁廟之主，皆陳于太祖。陳者，明素皆藏於太祖廟，今但出而陳之也。未毁廟之主皆升，合食于太祖。』升者，明自本廟者來升也。禮記曾子問篇云：『袷祭于太廟，祝迎四廟之主。』明毀廟之主素在太廟，故不迎也。又云：『非祫祭，則七廟、五廟無虛主。』義與公羊同。並無説禘爲殷祭處，則禘不爲殷祭明矣。殷，重大之義也。問者曰：若禘非三年喪畢之殷祭，則晉人云『以寡君之未禘祀』何也？答曰：此左氏之妄也。左氏見經文云『吉禘于莊公』，以爲喪畢當禘，而不知此本魯禮也，不合施於他國。故左氏亦自云『魯有禘樂，賓祭用之』，即明諸國無禘，了可知矣。是左氏自相違背，亦可見矣。或曰：禘非殷祭，則論語云『禘自既灌而往者，吾不欲觀之矣』，何也？答曰：此夫子爲大夫時，當禘祭而往助祭，歎其失禮，故云爾也。初，酌酒灌地，以降神之時，其禮易行。既灌之後，至於饋薦，則事繁而生懈慢，故夫子退而嫌之。或人因而問其故，夫子不欲指斥君之惡，便云不知也。言其禮難知也，若能知者，則於天下大事，莫不皆知，可如掌中之物。言如此者，是禘禮至難知，故隱其前言，非斥之意耳。注家不達其意，遂妄云既灌之後，列尊卑，序昭穆，爲躋僖公，故惡之。且祫祭之時，固當先陳設座位，位定之後，乃灌以降神。郊特牲云：『既裸，然後迎牲』，明牲至即殺之以獻，何得先裸然後設位乎？問者曰：王制所云『礿則不禘，禘則不嘗，嘗則不烝，烝則不礿』，信如鄭説乎？答曰：撰此篇者，亦緣見春秋中唯有禘、烝、嘗三祭，謂魯唯行此三祭，遂云爾。若信如鄭注，諸侯每歲皆朝，即遠國來往，須歷數時，何獨廢一時而已？又須往來，常在道路，如何守國理民乎？問者曰：明堂位云：『季夏六月，以禘禮祀周公于太廟』，又云：『夏礿，秋嘗，冬烝』，此即以禘爲大祭，而時祭闕一時，義甚著明也。答曰：禮篇之中，庸淺鄙妄，此篇爲甚。故云：『四代之官，魯兼而用之』。又云：『君臣未嘗相弒也』。禮樂刑法，未嘗變也，其鄙若此，何足徵乎？鄭玄不能尋本討原，但隨文求義，解此禘禮，輒有四種：其注祭法及小記，則云『禘是祭天』；注毛詩頌，則云『禘是宗廟之祭，小於祫』；注郊特牲，則云『禘當爲礿』；注祭統、王制，則云『禘是夏、殷之時祭名』，殊可怪也。」

○劉氏意林曰：「説者以禘爲諸侯之禮也，何謬與！不王不禘，禘之爲王禮明矣。王者禘其祖之所自出，以其祖配之。虞之所自出，黄帝也，而祖顓頊；夏之所自出，黄帝也，而祖則禹；商之所自出，嚳也，而祖契；周之所自出，嚳也，而祖文王。今魯既用天子禮樂，而祖周公，故其禘也則主文王矣。禘者，帝也。帝者，天子之號也。諸侯不得祖天子，故禘不及諸侯也。天子禘，諸侯祫，大夫享，庶人薦，此上下之殺也。言禘、郊者，先禘後郊，此以祖考之遠近爲次。禘之先郊，猶祖之先宗也，非以禘祭天而郊享帝也。孔子曰：『魯之郊、禘非禮。』言魯之郊、禘，則先郊而後禘。此魯之郊主后稷而禘主文王，驗也。左氏曰：『魯有禘樂，賓祭用之。』禘非諸侯之禮，又明矣。」

秋，八月，辛丑，公薨。

○左氏傳：「初，公傅奪卜齮田，杜云：「齮，魯大夫。」秋，八月，辛丑，共仲使卜齮賊公于武闈。」

○公羊傳：「公薨何以不地？隱之也。何隱爾？弒也。孰弒之？慶父也。」

○武夷胡氏傳：「慶父使卜齮賊公，魯史舊文必實書。其曰『公薨』，不地者，仲尼親筆也。觀於删詩，在諸國，則變風皆取；在魯，則獨編史克之頌。或問：『吾黨有直躬者，其父攘羊，而子證之。』則曰：『吾黨之直者異於是。父爲子隱，子爲父隱，直在其中矣。』後世緣此制，爲五服相容隱之條，以綴骨肉之恩。春秋有諱義，蓋如此。禮記稱魯之君臣未嘗相弑者，蓋習於經文，而不知聖人書『薨』不地之旨，故云爾。然則諱而不言弑也，何以傳信於將來？曰：書薨，以示臣子之情；不地，以存見弑之實。何爲無以傳信也？凡君終，必書其所，獨至於見弑則没而無所，其情厚矣，其事益白矣。非聖人能修之乎！後世記言之士，欲諱國惡，則必失其實，直書無隱，又非臣子所施之於君父也，而春秋之法不傳矣。」劉氏權衡：「杜氏曰：『實弑，書「薨」，又不地者，皆史策諱之。』然則杜意以謂史當諱國惡矣。諸公稱薨者，皆時史之文，仲尼因之，非也。古者史不諱國惡，惡有不記者，其罪死，以直爲職者也。女史典彤管之法，記宫史之事，事有不記者，其罪亦死，明史之任一也。董狐書『趙盾弑君』以示於朝，仲尼以爲良史，以其書法不隱。若史本當諱國惡者，董狐不應明趙盾之罪以示朝衆也。董狐書趙盾之罪以示朝衆，而仲尼謂之良史，是史不諱國惡也。崔杼弑其君，太史書之以示於朝，崔子殺之，其弟又書，書而死者三人，然後舍之。若史本當諱國惡者，齊太史爲繆妄輕死，干禮之人也，崔杼殺之是矣。然爲左氏者，皆以齊太史非謬妄輕死、干禮之人，守職之士也，是史不當諱國惡也。見稱於聖賢，以不諱國惡爲是，知魯之史亦不諱國惡也。魯之史不諱國惡，則所諱由仲尼新意，非史策之舊也。齊、晉皆大國，其史官皆良士，見稱也。甯殖將死，謂其子曰：『吾得罪於君，名藏在諸侯之策，曰：「孫林父、甯殖出其君。」』夫甯殖所謂諸侯之策，則諸侯之史也。諸侯則齊、魯是矣，史則春秋是矣。今驗春秋，實不言『孫、甯出君』，而云『衛侯出奔』者，仲尼改之也，復可謂史策諱之乎？然則魯史實書『公弒』，仲尼改云『薨』，魯史實書『孫、甯出君』，而仲尼改云『衛侯出奔』矣。魯史一官之守，而春秋天下之法，聖人之志，此其所以不同也。」

○劉氏傳曰：「何以不書葬？賊未討也。賊未討而葬，慢也。非臣子之事也。」權衡：「所謂君弒而賊不討不書葬者，言此其葬時而賊未討，則不書葬也。既葬而後乃討賊，賊雖已討，葬猶不追書也，此閔公是已；討賊雖遲，而葬在討賊之後，則葬得書，陳靈公是也。」

九月，夫人姜氏孫于邾。

○左氏傳：「閔公，哀姜之娣叔姜之子也，故齊人立之。共仲通於哀姜，哀姜欲立之。閔公之死也，哀姜與知之，故孫于邾。」

○穀梁傳：「孫之爲言，猶孫也，諱奔也。」

○武夷胡氏傳：「夫人稱『孫』，與聞乎故也。不去姓氏，降文姜也。莊公忘親釋怨，無志於復讎，春秋深加貶絶。一書，再書，又再書，屢書而不諱者，以謂三綱人道所由立也。忘父子之恩，絶君臣之義，國人習而不察，將以是爲常事，則亦不知有君之尊、有父之親矣。莊公行之而不疑，大臣順之而不諫，百姓安之而無忿嫉之心也，則人欲必肆，天理必滅。故叔牙之弒械成于前，慶父之無君繼動於後，圉人犖、卜齮之刃交發于黨氏、武闈之間，哀姜以國君母與聞乎故而不忌也。當是時，魯君再弒，幾至亡國，其應不亦憯乎！春秋以復讎爲重，而書法如此，所謂治之於未亂，保之於未危，不可不察也。」

公子慶父出奔莒。

○左氏傳：「共仲奔莒，成季以僖公入，立之。以賂求共仲於莒，莒人歸之。及密，使公子魚請。不許，哭而往。共仲曰：『奚斯之聲也。』乃縊。成季之將生也，桓公使卜楚丘之父卜之。曰：『男也。其名曰友，在公之右；在右，言用事。間乎兩社，爲公室輔。季氏亡，則魯不昌。』及生，有文在其手曰『友』，遂以命之。成風聞季氏之繇，乃事之，而屬僖公焉，成風，莊公妾，僖公母。故成季立之。」

○武夷胡氏傳：「慶父出奔，譏失賊也。閔公立而季子歸，何以見弒？慶父主兵日久，其權未可遽奪也；季子執政日淺，其謀未得盡行也。設以聖人處之，期月而已可矣，季子賢人而當此，能必克乎？及閔公再弒，慶父罪惡貫盈，而疾之者愈衆；季子忠誠顯著，而附之者益多。外固强齊之援，内協國人之情，正邪消長之勢判矣。然後夫人不敢安其位，慶父必不得肆其姦，此明爲國者，不知圖難於其易，爲大於其細，雖有智者，亦不能善其後矣。世儒或言：『用魯之衆，因齊之力，以戮慶父，其勢甚易，而季子不能，故書夫人孫邾、慶父奔莒，所以深惡其緩不討賊』，則非也。以絳侯勃之果，陳平之無誤，將相交歡，而内有朱虛，外連齊、楚，以制諸吕庸人，宜易於反手。然太尉已入北軍，士皆左袒，猶恐不勝，未敢誦言誅之也，况於慶父巨姦，七百里之侯國，革車千乘，而三十年執其兵柄，其植根深矣，其耳目廣矣，其用物弘矣，而以爲戮之其勢甚易，此未察乎難易遲速之幾者也。經書莊公忘親，無復讎之志，使百官則而象之，亦不知有君父也，而又使慶父主兵，失馭臣之道，是以至此極，故書孫邾、奔莒，爲後世永鑒也。」

冬，齊高子來盟。

○公羊傳：「高子者何？齊大夫也。何以不名？喜之也。何喜爾？正我也。其正我柰何？莊公死，子般弑，閔公弑，比三君死，曠年無君，設以齊取魯，曾不興師徒，以言而已矣。桓公使高子將南陽之甲，立僖公而城魯，或曰自鹿門至于爭門者是也，或曰自爭門至于吏門者是也。魯人至今以爲美談，曰：猶望高子也。」

○程氏傳：「高子來省難，然後盟，未前定也。稱高子，善其能恤魯。」

○常山劉氏曰：「不稱使者，齊侯使來視魯，而未定盟，高子至，而後結盟。」劉氏曰：「不稱使，權在高子也。」○陸氏微旨曰：「不言『齊侯使高子』，高子奉使，合宜受命不受詞也。」○武夷胡氏傳：「齊侯之命高子，必曰：『魯可取，則兼其國以廣地；魯可存，則平其亂以善鄰。』非有安危繼絶，一定不可易之計也。高子至，則平魯難、定僖公，魯人賴焉，以爲美談，久而不絶。聖人美其明人臣之義，得奉使之宜，故不稱使，特稱高子，以著其善。」

十有二月，狄入衛。

○左氏傳：「狄伐衛。衛懿公好鶴，鶴有乘軒者。軒，大夫車。將戰，國人受甲者皆曰：『使鶴！鶴實有禄位，余焉能戰？』元和郡國志云：「滑州長垣縣有鶴城，衛懿公養鶴處。」及狄人戰于熒澤，衛師敗績。遂滅衛。此熒澤當在河北。君死國散曰滅。初，惠公之即位也，少。齊人使昭伯烝於宣姜，不可，强之。生齊子、戴公、文公、宋桓夫人、許穆夫人。文公爲衛之多患也，先適齊。及敗，宋桓公逆諸河，宵濟。衛之遺民男女七百有三十人，益之以共、滕之民爲五千人。立戴公以盧于漕，（共、滕，衛別邑。盧，舍也。漕，衛別邑。戴公名申，立其年卒，而立文公。）齊侯使公子無虧帥車三百乘，甲士三千人，以戍曹。」

○武夷胡氏傳曰：「衛，康叔之後，蓋北州大國，狄何以能入乎？臣昔嘗謂河南劉奕曰：『史氏記煩而志寡，如班固書載諸王淫亂等事，削之可也。』奕曰：『必若此言，仲尼删詩，如牆有茨、鶉之奔奔、桑中諸篇，何以録於國風而不削乎？』臣不能荅。後以問延平楊時，時曰：『此載衛爲狄所滅之因也，故在定之方中之前。』因以是説攷於歷代，凡淫亂者，未有不至於殺身敗家而亡其國者也，然後知古詩垂戒之大。而近世有獻議之臣，乞於經筵，不以國風進讀者，殊失聖經之旨矣。」

鄭棄其師。

○詩序曰：「清人，刺文公也。高克好利而不顧其君，文公惡而欲遠之，不能。使高克將兵禦狄于竟，陳其師旅，翱翔河上。久而不召，衆散而歸，高克奔陳。公子素惡高克進之不以禮，文公退之不以道，危國亡師之本，故作是詩也。」（常山劉氏曰：「觀此詩序，則鄭棄其師，灼然著矣。」）

○微旨：「淳聞於師曰：『夫人臣之義，可得竭節而進，否則奉身而退。高克進退違義，見惡於君，罪亦大矣。不書其奔，其意何也？曰：高克見惡於君，其罪易知也。鄭伯惡其卿，而不能退之以禮，兼棄其師，失人君之道矣。故聖人異其文而深譏焉。』」

○胡氏傳：「或曰：高克進不以禮，曷不書其出奔，以貶克，爲人臣之戒？而獨咎鄭伯，何也？曰：人君擅一國之名寵，生殺予奪，惟我所制爾。使克不臣之罪已著，按而誅之，可也；情狀未明，黜而遠之，可也；愛惜其才，以禮馭之，可也。烏有假以兵權，委諸竟上，坐視其失伍離散，而莫之恤乎？然則棄師者鄭伯，乃以國稱，何也？二三執政，股肱心膂，休戚之所同也。不能進謀於君，協志同力，黜逐小人，而國事至此，是謂『危而不持，顛而不扶，則將焉用彼相矣。』晉出帝時，景延廣專權，諸蕃擅命，及桑維翰爲相，出延廣於外，一制書所敕者，十有五鎮，無敢不從者。以五季之末，維翰能之，而鄭國二三執政，畏一高克，不能退之以道，何政之爲？書曰『鄭棄其師』，君臣同責也。」

春秋卷第七

春秋卷第八

僖公

○名申，莊公妾成風之子，閔公庶兄。謚法：「小心畏忌曰僖。」

元年，春，王正月。

○胡氏傳：「不書即位，内無所承，上不禀命也。閔公薨，夫人孫于邾，慶父出奔莒，公於是焉以成風所屬，而季子立之，内無所承也。嗣子定位於初喪，而魯使不告于周，明年即位改元，而周使亦不至于魯，又明年喪服已畢，而不見於京師，上不請命也。承國於先君者，父子之倫；請命于天王者，君臣之義。今僖公内無所承，上不請命，不書『即位』，正王法也。是故有四海而即天王之位者，受之於天者也；有一國而即諸侯之位者，受之於王者也。受之於天者，必奉若天道，而後能保天下；受之於王者，必謹守王度，而後能保其國。」

公羊傳：「繼弑君，不言即位。此非子也，其稱子何？臣子一也。」

齊師、宋師、曹師次于聶北，救邢。

○公羊傳：「救不言次，此其言次何？不及事也。」

○啖氏傳：「凡救，當奔命而往救。次，失救道也。」

○伊川程氏傳：「齊未嘗興大衆，此稱師，責其衆可救而徒次以爲聲援，致邢之不保其國也。」杜氏曰：「次于聶北者，按兵觀釁，以待事也。」

○胡氏傳：「春秋大義，伐而書次，其次爲善，遂伐楚次于陘，美之也；救而書次，其次爲貶，救邢次于聶北，譏之也。聖人之情見矣。故救患分災，於禮爲急；而好攻戰、樂殺人者，於罪爲大。」

○杜氏注：「聶北，邢地。」

夏，六月，邢遷于夷儀。公羊作「陳儀」。

○左氏傳：「諸侯救邢。邢人潰，出奔師。師遂逐狄人，具邢器用而遷之，師無私焉。」皆撰具而還之，無所私取。

○閔二年傳曰：「邢遷如歸。」見齊侯委任得人，用兵嚴整。

○公羊傳：「遷者何？其意也。其意自欲遷。時邢創畏狄，故遷。遷之者何？非其意也。」若宋人遷宿，非宿意。

○杜氏注：「夷儀，邢地。」

齊師、宋師、曹師城邢。

○左氏傳：「邢遷于夷儀。諸侯城之，救患也。凡侯伯，救患、分災、討罪，禮也。」侯伯，州長也。

○胡氏傳：「書『邢遷于夷儀』，見齊師次止，緩不及事也。然邢以自遷爲文，而再書『齊師、宋師、曹師城邢』者，美桓公志義，卒有救患之功也。不以王命興師，亦聖人之所與乎？中國衰微，夷狄猾夏，天子不能正，至於遷徙奔亡，諸侯有能救而存之，則救而存之可也。以王命興師者正，能救而與之者權。」穀梁傳：「是向之師也，使之如改事然，美齊侯之功也。」○公羊傳：「上無天子，下無方伯，天下諸侯有相滅亡者，力能救之，則救之可也。」

秋，七月，戊辰，夫人姜氏薨于夷。齊人以歸。

○左氏傳：「哀姜孫于邾。齊人取而殺之于夷，以其尸歸，僖公請而葬之。」

○蘇氏曰：「夫人薨不地，在外則地。不言殺，諱之也。」

楚人伐鄭。

○左氏傳：「楚人伐鄭，鄭即齊故也。」

○杜氏注：「荆始改號曰楚。」

○常山劉氏曰：「楚稱『人』，寢彊也。」

○蘇氏曰：「荆自此改號曰楚，交通中國，春秋始以『人』書之，然猶君臣同詞。凡書其君臣者，皆特書也。」泰山孫氏曰：「荆敗蔡師于莘，始見于經；莊十四年入蔡，稱荆；二十三年來聘，始進稱人；二十八年伐鄭，稱荆，反狄之。今曰『楚人伐鄭』者，以其兵衆地大，漸通諸夏，復其舊封，比之小國也。故自此十數年，用兵侵伐，皆稱人焉。」。常山劉氏曰：「楚自此侵彊矣，故稱人。然終齊桓之世，只稱人而不得與中國之會盟者，爲齊桓能制其彊也。至十七年齊桓卒，楚於是乎始横。十九年，則已盟于齊矣，書曰：『冬，會陳人、蔡人、楚人、鄭人，盟于齊。』二十有一年，春，『宋人、齊人、楚人盟于鹿上。』用此見中國衰微，夷狄方張耳。至是秋之會，則書曰：『宋公、楚子、陳侯、蔡侯、鄭伯、許男、曹伯會于盂，執宋公以伐宋。』楚於是大張，列位于陳、蔡之上，而書爵矣。」

○胡氏曰：「莊十年敗蔡師，虜獻舞，固已彊矣，然獨舉其號者，始見於經，則本其僭竊之號，正其夷狄之名，著王法也。二十三年來聘，嘉其慕義，乃以人書。二十八年伐鄭，惡其猾夏，復以號舉。至是又伐鄭也，亦書人者，豈許其伐國而人之乎？會中華，執盟主，朝諸侯，長齊、晉，其所由來者漸矣。」

八月，公會齊侯、宋公、鄭伯、曹伯、邾人于檉。公羊作「朾」。

○左氏傳：「盟于犖，謀救鄭也。」注：「檉，亦作犖。」

○杜氏注：「檉，宋地。陳國陳縣西北有檉城。」

九月，公敗邾師于偃。公羊作「纓」。

○左氏傳：「虛丘之戍將歸者也。」服虔注：「魯有亂，邾使兵伐虛丘。魯、邾無怨，因其將歸，要而敗之。」

○胡氏傳：「檉之會，謀救鄭，而公與邾人咸與焉，則是志同而謀協也。今既會邾人于檉，又敗邾師于偃，於此見公無攘夷狄、安中國之誠矣。凡此類，皆直書而義自見也。詐戰曰敗，敗之者爲主。」

○杜氏注：「偃，邾地。」

冬，十月，壬午，公子友帥師敗莒師于酈，公羊作「犂」，穀梁作「麗」。獲莒挐。

○左氏傳：「莒人來求賂，求還慶父之賂。公子友敗諸酈，獲莒子之弟挐。公賜季友汶陽之田及費。」汶陽田，汶水北地。汶水出泰山萊蕪縣，入濟。

○杜氏注：「酈，魯地。」

○公羊傳：「公子慶父弒閔公，走而之莒，莒人逐之，將由乎齊，齊人不納，卻反舍于汶水之上，使公子奚斯入請。季子曰：『公子不可以入，入則殺矣。』奚斯不忍反命于慶父，自南涘，北面而哭。慶父聞之，曰：『此奚斯之聲也。諾已。』曰：『吾不得入矣。』於是抗輈經而死。莒人聞之，曰：『吾已得子之賊矣。』以求賂乎魯，魯人不與，爲是興師而伐魯。」

○胡氏傳：「罪在莒，而以季子主此戰，不能喻以詞命，使知不縮而卻去。又用詐謀擒其主將，此彊國之事，非王者之師。故以友爲主，而書敗、獲，責之備也。」

十有二月，丁巳，夫人氏之喪至自齊。

○穀梁傳：「其不言姜，以其殺二子，貶之也。」

○劉氏傳：「夫人何以不稱姜氏？貶。曷爲貶？夫人與於亂，弒二君，死不以其正，不可以入宗廟。然則曷爲不於死焉貶？夫人姜氏薨于夷，齊人以歸，則上之行乎下也，義已矣。僖公請而葬之，則是干命也，君子以爲非義，是以貶乎其以喪至也。」意林曰：「哀姜與於亂，幾亡國。齊桓討而誅之，是也。此君之所以行乎臣，伯者之所以行乎諸侯之義。且哀姜安可以復配宗廟，復臨群臣哉？魯以臣子不得討，而齊以伯主得舉法，故臣子可緣伯主之討以尊宗廟，伯主亦可緣天子之法以絶魯私請。今齊以公義誅之，而魯以私意請之，是魯之不忍也。而不可通於春秋，故去『姜氏』以見焉，異乎文姜。文姜弒夫，雖臣子得絶之矣；哀姜殺子，終不可以子故讎母，唯伯主得行焉。」

二年，春，王正月，城楚丘。

○左氏傳：「諸侯城楚丘而封衛焉。」國滅君死，故傳言「封」。○閔二年傳曰：「齊桓公封衛于楚丘。衛國忘亡。衛文公大布之衣，大帛之冠，務材訓農，通商惠工，敬教勸學，授方任能。先〔一〕年，革車三十乘；季年，乃三百乘。」

○穀梁傳：「楚丘者何？衛邑也。國而曰城，此邑也。其曰『城』，何也？封衛也。則其不言城衛，何也？衛未遷也。其不言衛之遷焉，何也？不與齊侯專封也。其言城之者，專辭也。故非天子，不得專封諸侯。」

○胡氏傳：「楚丘，衛邑，桓公帥諸侯城之而封衛也。不書桓公，不與諸侯專封也。木瓜美公，而夫子録之，意豈異乎？不與專封，正王法也。木瓜有取焉，善衛人之情也。曷爲善之？報者天下之利，以德報德，則民有所勸矣。城楚丘略而不書，城邢辭繁而不殺，何也？按周制，凡封國，大宗伯儐，司几筵設黼扆，内史作册命。是天子大權，非諸侯所得擅而行之也。衛人渡河，野處漕邑，其國嘗滅而不存矣。城楚丘，是擅天子之大權而封國也。邢遷于夷儀，經以自遷爲文，則其遷出於己意，其國未嘗滅也。諸侯城邢，是『同惡相恤，以從簡書』，故辭繁而不殺，美救患也。桓公封衛而衛國忘亡，其有功於中華甚大，爲利於衛人甚博，宜有美辭，發揚其事。今乃微之若此者，正其義不謀其利，明其道不計其功，略小惠，存大節，春秋之法也。」海陵胡氏曰：

〔一〕先，左傳作「元」。

「齊命魯同往城之，然以魯自城爲文，而不言齊城之者，蓋孔子略之也。」○劉氏意林曰：「不言齊者，以公之封衛，德莫大焉。雖衛人亦自以爲：公之於我，德莫大焉。春秋書之，曾無異於常諸侯耳。彼衛已滅矣，無王命而擅封之，是擅王命也。擅王命，諸侯之大罪也。故以小惠評之，則桓公爲有德；以大法論之，則諸侯無專封。孟子曰：『五霸者，三王之罪人。』此之謂也。」陸氏微旨：「淳聞於師曰：『楚丘，衛邑，魯城之，非正也。曷爲無譏焉？曰：王政不行，夷狄交至，齊桓爲伯主，存亡繼絶，魯從其令，亦所以自安也。故通其變，以示不失正也。不書齊命，爲桓諱也。不繫於衛，示無譏也。若言『城衛楚丘』，則彼我俱非也。』」

夏，五月，辛巳，葬我小君哀姜。

○公羊傳：「哀姜者何？莊公之夫人也。」

虞師、晉師滅下陽。公、穀「下」作「夏」。

○左氏傳：「晉荀息請以垂棘之璧與屈産之乘，假道於虞，以伐虢。公曰：『是吾寶也。』對曰：『若得道於虞，猶外府也。』公曰：『宫之奇存焉。』對曰：『宫之奇之爲人也，懦而不能强諫。且少長於君，君暱之。雖諫，將不聽。』乃使荀息假道於虞，虞公許之，且請先伐虢。宫之奇諫，不聽，遂起師。夏，晉里克、荀息帥師會虞師，伐虢，滅下陽。」穀梁傳：「公曰：『此晉國之寶也，如受吾幣而不借吾道，則如之何？』荀息曰：『彼不借吾道，必不敢受吾幣。如受吾幣而借吾道，則是我取之中府而置之外府，取之中廄而置之外廄也。』公曰：『宫之奇存焉，必不使受之。』對曰：『宫之奇，達心而懦。達心則其言略，懦則不能强諫。且夫玩好在耳目之前，而患在一國之後。此中智以上，乃能慮之，臣料虞君中智以下也。』遂借道以伐虢。」

○穀梁傳：「虞其先晉，何也？爲主乎滅夏陽也。」

○公羊傳：「虞公受賂，假滅國者道，以取亡焉。」胡氏曰：「以璧馬假道，則晉人造意，以虞首惡，何也？貪得重賂，遂其彊暴，滅兄弟之國，以及其社稷，所以爲首乎！春秋，聖人律令也，觀此義，可以見法矣。唐高宗賜其臣長孫無忌金寶繒錦，欲以立武昭儀，雖無忌終不順旨，君子猶譏其没於利而不反君賜也。矧受他人之賂，遂其强暴者乎？」○陸氏微旨曰：「晉侯貪而忘親，滅人之國，其罪易知。虞公貪人之賂，遂其彊暴，自取滅亡。其惡至矣，故首之。」

○穀梁傳：「非國而曰滅，重夏陽也。夏陽者，虞、虢之塞邑也。其地險要，故二國以爲塞邑。滅夏陽而虞、虢舉矣。」胡氏曰：「下陽之於虞、虢，猶秦有潼關、蜀有劒嶺，皆國之門户也。潼、劒不守，則秦、蜀破；下陽既舉，則虞、虢亡矣。」○襄陵許氏曰：「書『鄭伯突入于櫟』，不書『入鄭』；書『虞師、晉師滅下陽』，不書『滅虢』，觀物有要矣。」

○杜氏曰：「下陽，在河東大陽縣。」

秋，九月，齊侯、宋公、江人、黄人盟于貫。公羊作「貫澤」。

○杜氏注：「江國在汝南安陽縣。黄，嬴姓國，今弋陽縣。」

○左氏傳：「盟于貫，服江、黄也。」江、黄，楚與國也，始來服齊。

○胡氏傳：「荆楚，天下莫强焉，江、黄者，其東方之與國也。二國來定盟，則楚人失其右臂矣。樂毅破齊，先結韓、趙，孔明伐魏，申好江東，雖武王牧野之師，亦誓友邦，遠及庸、蜀、彭、濮八國之人，共爲掎角之勢。桓公此盟，其服荆楚之慮周矣，其攘夷狄，免民於左衽之義著矣。」

冬，十月，不雨。

○穀梁傳：「不雨者，勤雨也。」言「不雨」者，是欲得雨之心勤也，明君之恤民。

楚人侵鄭。

○左氏傳：「楚人伐鄭。鬬章囚鄭聃伯。」

三年，春，王正月，不雨。夏，四月，不雨。

○穀梁傳：「不雨者，勤雨也。一時言不雨者，閔雨也。經一時，輒言不雨，憂民之至。閔，憂也。閔雨者，有志乎民者也。」胡氏曰：「每時而一書，閔雨也。歷時而總書，不憂雨也。按詩稱僖公『儉以足用，寬以愛民，務農重穀』，則誠賢君也。其有志乎民審矣。故冬不雨而書，夏不雨而書，以著其勤也。文公以練祭則緩於作主，以宗廟則大室屋壞，以賦政則四不視朔，以邦交則三不會盟，其無志乎民亦審矣。故自十有二月不雨至於秋七月而書，自正月不雨至於秋七月而書，以著其慢也。」

徐人取舒。

○杜氏注：「徐國在下邳僮縣東南。舒國，今廬江舒縣。」正義曰：「諸侯相滅亡者，多是土地相接，思啓封疆。今據杜注，下邳、廬江相去甚遠，而越竟滅國，傳注不可考，不知所以也。」

○高郵孫氏曰：「舒，國也，徐人取之而不言滅者，舒之宗祧復存，未嘗見滅也。舒者，附庸之國，服屬於楚。徐人自楚取之，使之屬徐也。」

○趙氏曰：「凡得國而不書滅者，不絶其祀也。」襄陵許氏曰：「魯頌僖公曰：『荆、舒是懲。』則舒蓋荆與國，是以徐人取之。蓋倚齊、魯，故易如此。」

六月，雨。

○穀梁傳：「雨云者，喜雨也。喜雨者，有志乎民者也。」

○胡氏傳：「閔雨，與民同其憂，喜雨，與民同其樂，此君國子民之道也。觀此義，則知春秋有懼天災、恤民隱之意。遇天災而不懼，視民隱而不恤，自樂其樂，而不與民同也，國之亡無日矣。」

秋，齊侯、宋公、江人、黄人會于陽穀。

○左氏傳：「會于陽穀，謀伐楚也。」

○穀梁傳：「陽穀之會，桓公端委搢笏而朝諸侯，諸侯皆諭乎桓公之志。」

○杜氏注：「陽穀，齊地，在東平須昌縣北。」

○胡氏傳：「兵有聚而爲正，亦有分而爲奇。諸侯之師同次于陘，所謂聚而爲正也；江人、黄人各守其地，所謂分而爲奇也。次陘，大衆厚集其陣，聲罪致討，以震中國之威；江人、黄人各守其境，按兵不動，以爲八國之援，此克敵制勝之謀也。退于召陵，執陳轅〔二〕濤塗，然後及江人、黄人伐陳，則知侵蔡、次陘而二國不會，

〔二〕春秋胡氏傳無「陳轅」。

自爲掎角之勢明矣。春秋書之，善是謀也。」

冬，公子友如齊，涖盟。涖，公、穀並作「莅」。

○左氏傳：「齊侯爲陽穀之會，來尋盟。冬，公子友如齊涖盟。」公時不會陽穀，故來尋盟。魯遣上卿受之。

○公羊傳：「莅盟者何？往盟乎彼也。」

○穀梁傳：「前定也。」任氏曰：「有夙戒焉，往莅之而已。」

○襄陵許氏曰：「公蓋有故，不會陽穀，是以季友如齊涖盟，用見桓之寬政優簡於諸侯，而僖之誠德亦既信矣。」

楚人伐鄭。

○左氏傳：「楚人伐鄭。鄭伯欲成，孔叔不可，曰：『齊方勤我，棄德不祥。』」

四年，春，王正月，公會齊侯、宋公、陳侯、衛侯、鄭伯、許男、曹伯侵蔡。蔡潰。遂伐楚，次于陘。

○杜氏注：「陘，楚地，潁川召陵縣南有陘亭。」

○左氏傳：「齊侯以諸侯之師侵蔡。前年傳：「齊侯與蔡姬乘舟于囿，蕩公。公懼，變色；禁之，不可。公怒，歸之，未之絕也。蔡人嫁之。」蔡潰，遂伐楚。楚子使與師言曰：『君處北海，寡人處南海，唯是風馬牛不相及也，不虞君之涉吾地也何故？』管仲對曰：『昔召康公命我太公，曰：「五侯九伯，女實征之，以夾輔周室！」賜我先君履，東至于海，西至于河，南至于穆陵，北至于無棣。穆陵、無棣，皆齊竟。履，所踐履之界。齊桓又因以自言其盛。爾貢包茅不入，王祭不共，無以縮酒，寡人是徵。昭王南征而不復，寡人是問。』對曰：『貢之不入，寡君之罪也，敢不供給！昭王之不復，君其問諸水濱？』師遂進，次于陘。」楚不服罪，故進兵。○孔融曰：「齊桓次楚，唯責包茅，賈誼所謂投鼠忌器也。」○胡氏通旨曰：「唯弑逆事，則可先發而後聞。故管仲引昭王不復之事以責楚。」

○穀梁傳：「潰之爲言上下不相得也。左氏曰：「民逃其上曰潰。」○余氏曰：「潰如水之潰然，衆散之義也。」侵蔡而蔡潰，以桓公爲知所侵也。」余氏曰：「蔡，楚之與國也。必先侵蔡者，伐其援，一也；震其威聲，二也；潰而兵强，三也。然後遂以伐楚，其得用兵之法矣。」

○孫氏曰：「桓之病楚也久矣，故元年會于檉，二年盟于貫，三年會于陽穀，以謀之。是時楚方彊盛，勢陵中國，不可易也。蔡，楚與國，故先侵蔡。俟其兵震威行，然後大舉。蔡既潰，遂進師至于敵境。」

○劉氏傳：「此伐楚也，曷爲次于陘？止師以脩文告之命。古者，邦内甸服，邦外侯服，侯衛賓服，夷蠻要服，戎狄荒服。甸服者祭，侯服者祀，賓服者享，要服者貢，荒服者王。日祭，月祀，時享，歲貢，終王。不祭則脩意，不祀則脩言，不享則脩文，不貢則脩名，不王則脩德。序成而有不至則脩刑。故刑不祭，伐不祀，征不享，讓不貢，告不王。伐國者，蓋賓之也，非殘之也。次于陘，義矣。」杜氏注：「楚彊，齊欲綏之以德，故不速進，而次陘。」○蘇氏曰：「次于陘以待之，既而楚屈完來求盟，因而許之，雖有諸侯之衆而不用，蓋伯者之師，求以服人而已，非若後世，必以戰勝爲功也。」

○常山劉氏曰：「孟子曰：『春秋無義戰，彼善於此，則有之矣。』若齊桓伐楚，不由王命，非所謂爲天吏以伐之者也。然楚蠻夷之國，彊暴僭逆，憑陵中夏。公能奮中國之威，一舉服之，而天下不胥爲左衽者，乃其力也。故書曰：『侵蔡，蔡潰。遂伐楚，次于陘。』於春秋之世，可謂善矣。」

○胡氏傳：「潛師掠境曰侵，侵蔡者，奇也；聲罪致討曰伐，伐楚者，正也。遂者，繼事之辭，而有專意。楚雖暴横，憑陵上國，齊不請命，擅合諸侯，豈所謂爲天吏以伐之乎？春秋以義正名，而樂與人爲善。以義正名，則君臣之分嚴矣。書『遂伐楚』，譏其專也。樂與人爲善，苟志於善，斯善之矣。書『次于陘』，『楚屈完來盟于師，盟于召陵』，序其績也。」

夏，許男新臣卒。

○陸氏辨疑曰：「許國與楚近。蓋許男遇疾而歸，卒於國，故不言卒于師耳。若實卒于師而不言師，則在師遇疾，而歸國乃卒，即如何爲文乎？」劉氏權衡曰：「召陵地屬潁川，潁川，今許昌郡也。許昌，許國矣。明許男有疾，歸其國而卒，故不得書卒于師也。」

○劉氏傳：「古者，君即位而爲椑，歲一漆之，出彊必載椑。卒于師曰師，卒于會曰會，正也。許男新臣卒，非正也。」

○意林曰：「春秋褒不失實，貶不違理。新臣之爲人君，不知命者也。人之患莫大於不知命，不知命則必畏死，畏死則必貪生，貪生則必亂於禮矣，而後有容身苟免之耻，而後有淫祀非望之惑。」

楚屈完來盟于師，盟于召陵。

○左氏傳：「楚子使屈完如師。師退，次于召陵。完請盟故。齊侯陳諸侯之師，與屈完乘而觀之，齊侯曰：『豈不穀是爲？先君之好是繼。與不穀同好如何？』對曰：『君惠徼福於敝邑之社稷，辱收寡君，寡君之願也。』齊侯曰：『以此衆戰，誰能禦之？以此攻城，何城不克？』對曰：『君若以德綏諸侯，誰敢不服？君若以力，楚國方城以爲城，漢水以爲池，雖衆，無所用之。』屈完及諸侯盟。」杜氏曰：「屈完，楚大夫也。楚子遣完如師以觀齊。屈完觀齊之盛，因而求盟，故不稱使，以『屈完來盟』爲文。齊退舍以禮楚，故盟召陵。」

○穀梁傳：「楚無大夫，其曰屈完何也？以其來會，成之爲大夫也。劉氏傳：「楚之大夫，未有以名聞者也。其曰屈完何？進之也。曷爲進之？服罪也。」○陸淳曰：「楚，蠻夷之强國也，未嘗與中國爲會。屈完佐楚子，而能從善服義，得爲臣之道，故聖人特書族以褒之。」何以不稱使？權在屈完也。」陸氏曰：「楚子意，令其可盟則盟，事在屈完。」○微旨曰：「不曰『楚子使之』者，明其能受命、不受辭，得奉使之宜也。」

○常山劉氏曰：「書曰『楚屈完來盟于師，盟于召陵』，彼自服而來求盟于我也。如成二年袁婁之盟，則異於是。齊雖彊大，數侵諸國，而未若荆楚之暴諸侯，爲復私怨，而無桓公之義。齊侯使國佐如師，非服而來也，畏晉之彊而賂晉也。晉受賂而與之盟，我及彼也，故不曰『來盟』，而曰『秋，七月，齊侯使國佐如師。己酉，及國佐盟于袁婁。』春秋於王道，信輕重之權衡、曲直之繩墨也。」

○公羊傳：「其言『盟于師』、『盟于召陵』何？喜服楚也。何言乎喜服楚？楚有王者則後服，無王者則先叛。夷狄也，而亟病中國。南夷與北夷交，中國不絕若綫。桓公救中國而攘夷狄，卒帖荆。」穀梁曰：「于召陵，得志乎桓公也。得志者，不得志也，以桓公得志僅矣。」

○胡氏傳：「來盟于師，嘉服義也。盟于召陵，序威績也。劉氏傳：「來盟于師，則其曰『盟于召陵』何？來盟于師，屈完之志也；盟于召陵，桓公之事也。還師召陵，以成屈完。」桓公帥九國之師侵蔡而蔡潰，伐楚而楚人震恐，兵力彊矣。責包茅之不貢則諾，問昭王之不復則辭，徼以同好則承以寡君之願，語其戰勝攻克則對以用力之難。然而公返師召陵以禮楚使，卒與之盟而不遂也。於此見齊師雖彊，公能以律用之而不暴，楚人已服，公能以禮下之而不驕，庶幾乎王者之事矣。故春秋之盟，於斯爲盛，而揚子稱之曰『齊桓之時緼，而春秋美召陵』是也。」劉氏意林曰：「桓公之威，可謂盛矣。責楚之包茅則諾，問昭王之不復則辭，然而不以己力之有餘而加人。此雖益贊禹，班師之義何異？凡人之情，彊則暴，服則懾。今齊彊而不暴，楚服而不懾，俱捐其私，以義理相勝，而無喜怒愛惡之遷，則王事純矣。故不多齊之有功，而多楚之服罪，不貴楚之能不拒敵，而貴齊之能不遂也。」○襄陵許氏曰：「楚之未服，則侵蔡，次陘以威之；其既服也，則退師召陵以禮焉。若得『或躍在淵』之象者。此楚之所以畏而慕之，久而不能忘也。」

齊人執陳袁濤塗。袁，左氏作「轅」。

○公羊傳：「濤塗之罪何？辟軍之道也。其辟軍之道柰何？濤塗言於桓公曰：『君既服南夷矣，何不還師濱海而東，服東夷且歸？』桓公曰：『諾。』於是還師濱海而東，大陷於沛澤之中。顧而執濤塗。左氏所載濤塗謂申侯之言大略雖同，然左氏謂齊桓用申侯之説，則已經陳、鄭而歸矣。諸侯之師既經陳而歸，則何必魯與江、黄伐陳，諸大夫復伐陳乎？當從公羊傳。執者曷爲或稱侯、或稱人？稱侯而執者，伯討也；稱人而執者，非伯討也。此執有罪，何以不得爲伯討？古者周公東征而西國怨，西征而東國怨。公假塗于陳，而伐楚，則陳人不欲其反由己者，師不正故也。不脩其師而執濤塗，古人之討，則不然也。」

秋，及江人、黄人伐陳。

○穀梁傳：「不言其人及之者何？内師也。」之也〔一〕。

○左氏傳：「伐陳，討不忠也。」

○程氏傳：「齊命也。」

八月，公至自伐楚。

○穀梁傳：「有二事偶，則以後事致。後事小，則以先事致。其以伐楚致，大伐楚也。」會爲大事，伐爲小事。今齊桓伐楚而後盟召陵，公當致會而致伐者，楚彊莫能伐，故以伐楚爲大事。

○孫氏曰：「出踰二時。」

葬許穆公。

〔一〕底本「之」「也」前皆有闕字。

冬，十有二月，公孫兹帥師會齊人、宋人、衛人、鄭人、許人、曹人侵陳。兹，公羊作「慈」，後同。

○左氏傳：「叔孫戴伯帥師會諸侯之師侵陳。陳成，歸轅濤塗。」

○胡氏傳：「揚子法言：『或問：「爲政有幾？」曰：「思斁。昔者周公，征于東方，四國是王，其思矣夫；齊桓公欲徑陳，陳不果納，執轅濤塗，其斁矣夫。」』桓公識明而量淺，管仲器不足而才有餘，方楚未帖，而齊以爲憂也。致勤於鄭，振中夏之威；會于陽穀，惇遠國之信；按兵于陘，修文告之辭；退舍召陵，結會盟之禮，何其念之深，禮之謹也！存此心以進善，則桓公有王德，而管氏爲王佐矣。惜乎！楚方受盟，志已驕溢，陳大夫一謀不協，其身見執，其國見伐見侵，而怒猶未怠也，桓德於是乎衰矣。愛人不親反其仁，治人不治反其智，禮人不答反其敬。行有不得者，皆反求諸己，其身正而天下歸之。曾可厚以責人，不自反乎？原其失，在於量淺而器不宏也。魏武纔得荆州，而張松見忽，唐莊宗自矜取汴，而高氏不朝，成湯勝夏，撫有萬方，乃曰：『兹朕未知獲戾于上下，慄慄危懼，若將隕于深淵。其爾萬方有罪，在予一人，予一人有罪，無以爾萬方。』人之度量相越，豈不遠哉？春秋稱人以執，罪齊侯也。稱『侵陳』者，深責之也。故孟子曰：『仲尼之徒無道桓、文之事者，管仲、曾西之所不爲也，而子爲我願之乎。』」

○蘇氏曰：「伐陳、侵陳，皆討濤塗之不忠也。前曰伐，當其罪也。後曰侵，已甚也。」

五年，春，晉侯殺其世子申生。

○左氏傳：「初，晉獻公娶于賈，無子。烝於齊姜，武公妾。生秦穆夫人及大子申生。又娶二女於戎。大戎姬生重耳，小戎姬生夷吾。晉伐驪戎。驪戎男女以驪姬。驪戎在京兆新豐縣。君爵男，姓姬氏也。歸，生奚齊。其娣生卓子。驪姬嬖，欲立其子，賂外嬖梁五與東關嬖五，使言於公曰：『曲沃，君之宗也。蒲與二屈，君之疆也。不可以無主。宗邑無主，則民不威；疆埸無主，則啟戎心。』晉侯説之，使大子居曲沃，重耳居蒲，夷吾居屈。群公子皆鄙，唯二姬之子在絳。閔之元年，公將上軍，使申生將下軍，以滅耿、霍、魏。還，爲大子城曲沃。士蔿曰：『大子不得立矣。分之都城，而位以卿，先爲之極，又焉得立？不如逃之，無使罪至。爲吴大伯，不亦可乎？猶有令名，與其及也。且諺曰：「心苟無瑕，何恤乎無家！」天若祚大子，其無晉乎！』及僖之四年，將立奚齊，既與中大夫成謀，外傳曰：「驪姬將殺申生，而難中大夫里克，謂優施曰：『吾來里克，一日而已。子爲我具特羊之饗，吾以從之飲酒。』驪姬許諾，使優施飲里克酒。優施起舞，且歌曰：『暇豫之吾吾，不如烏烏。人皆集于苑，己獨集于枯。』里克笑曰：『何謂苑？何謂枯？』對曰：『其母爲夫人，其子爲君，苑也。其母既死，其子又有謗，枯也。枯且有傷。』優施出，里克辟奠，不餐而寢。夜半，使召優施曰：『曩而言戲乎？將有所聞乎？』曰：『然。君既許夫人立奚齊矣。』里克曰：『秉君以殺太子，吾不忍。通復故交，吾不敢。中立其免乎？』優施曰：『免。』旦而里克見丕鄭，曰：『難將作矣！優施告我君許立奚齊矣！』丕鄭曰：『子謂何？』曰：『吾對以中立。』丕鄭曰：『惜也！不如曰不信以疏之，亦固大子以攜之，多爲之故，以變其志，志少疏，乃可閒也。今曰中立，固其謀也。』里克曰：『往言不可及矣，且人中心唯無忌，何可敗也！』稱疾不朝，三旬，難乃成。」此所謂與中大夫成謀也。姬謂大子曰：『君夢齊姜，必速祭之！』大子祭于曲沃，歸胙于公。公田，姬寘諸宮六日，公至，毒而獻之。公祭之地，地墳；與犬，犬斃；與小臣，小臣亦斃，姬泣曰：『賊由大子。』大子奔新城。曲沃。公殺其傅杜原款。或謂大子：『子辭，君必辨焉。』以六日之狀理也。大子曰：『君非姬氏，居不安，食不飽。我辭，姬必有罪。君老矣，吾又不樂。』曰：『子其行乎？』大子曰：『君實不察其罪，被此名也，以出，人誰納我？』十二月，戊申，縊于新城。」陸氏微旨曰：「申生進不能自明，退不能違難，雖有愛父之心，而乃陷之於不義，俾讒人得志，國以亂離。古人云：『小仁，大仁之賊也。』其斯之謂與！」

○公羊傳：「曷爲直稱晉侯以殺？殺世子、母弟直稱君者，甚之也。」孫氏曰：「世子，世君位者也。稱君以殺世子，甚之也。」

○胡氏傳：「春秋，端本清源之書也。内寵並后，嬖子配嫡，亂之本也。驪姬寵，奚齊、卓子嬖，亂本成矣。尸此者其誰乎？獻公欲紊妃妾之名，亂嫡庶之位，縱人欲、滅天理，以敗其國家，故申生雖有罪，而目晉侯斥殺，專罪獻公也。」

杞伯姬來朝其子。

○杜氏注：「伯姬來寧，寧成風也。朝其子者，時子年在十歲左右。」

○穀梁傳：「諸侯相見曰朝，伯姬爲志乎朝其子，則是杞伯失夫之道矣。諸侯相見曰朝，以待人父之道待人子，非正也。故曰『杞伯姬來朝其子』，參譏也。」

夏，公孫兹如牟。

○左氏傳：「公孫兹如牟娶焉。」

公及齊侯、宋公、陳侯、衛侯、鄭伯、許男、曹伯會王世子于首止。公、穀並作「首戴」。

○左氏傳：「會于首止，會王大子鄭，謀寧周也。」惠王以惠后故，將廢大子鄭而立王子帶，故齊桓公帥諸侯會大子，以定其位。

○公羊傳：「曷爲殊會王世子？世子貴也。世子，猶世世子也。」何氏曰：「言當世父位，儲君副主，不可列於諸侯，故殊之也。」

○程氏傳：「世子，王之貳，不可與諸侯列。世子出，諸侯會之，故其辭異。」胡氏傳：「以王世子而下會諸侯則陵，以諸侯而上與世子會則抗。春秋抑强臣、扶弱主，撥亂世而反之正，特書『及』〔一〕以會者，若曰：王世子在是，諸侯咸往會焉，示不可得而抗也。後世論其班位，有次于三公宰臣之下，亦有序乎其上者，則將奚正？自天王而言，則欲屈遠其子，使次乎其下，示謙德也；自臣下而言，欲尊敬王世子，則序乎其上，正分義也。天尊地卑而其分定，典叙禮秩而其義明，使群臣得申其敬，則貴有常尊，上下辨矣。經書宰周公衹與王人同序於諸侯之上，而不得與殊會同書，此聖人尊君抑臣之旨也，而班位定矣。」

○杜氏注：「首止，衛地，陳留襄邑縣東南有首鄉。」

秋，八月，諸侯盟于首止。

〔一〕及，底本作「反」，據春秋胡氏傳改。

○公羊傳：「諸侯何以不序？一事而再見者，前目而後凡也。」

○穀梁傳：「無中事而復舉諸侯，何也？尊王世子，而不敢與盟也。尊則其不敢與盟，何也？盟者，不相信也，故謹信也，不敢以所不信而加之尊者。桓，諸侯也，不能朝天子，是不臣也；王世子，子也，塊然受諸侯之尊己，而立乎其位，是不子也。桓不臣，王世子不子，則其所善焉何也？是則變之正也。雖非禮之正，而合當時之宜。天子微，諸侯不享覲，桓控大國、扶小國，統諸侯不能以朝天子，亦不敢致天王。尊王世子于首戴，乃所以尊天王之命也。世子含王命會齊桓，亦所以尊天王之命也。世子受之可乎？是亦變之之正也。天子微，諸侯不享覲，世子受諸侯之尊己，而天王尊矣。世子受之，可也。」

○劉氏傳：「此一地也，曷爲再言首止？善是盟也。曷爲善之？王將以愛易世子，桓公爲是率諸侯會而盟之，王室以安。則是正乎？不正。不正則其善之何也？王將以愛易世子，諸侯莫知。以爭則不可，以諫則不得。桓公控大國、扶小國，會世子于首止，以尊天王爲之也。然而諸侯以睦，天王以尊，後嗣以定，父子、君臣之道皆得焉。」胡氏傳：「會盟同地，再言首止者，書之重，辭之複，其中必有大美惡焉。首止之盟，美之大者也。故夫子稱之曰：『管仲相桓公，一匡天下，民到于今受其賜。微管仲，吾其被髮左衽矣！』中國之爲中國，以有父子君臣之大倫也，一失則爲夷狄矣。」

鄭伯逃歸不盟。

○左氏傳：「王使周公召鄭伯，曰：『吾撫女以從楚，輔之以晉，可以少安。』王恨齊桓定大子之位，故誘鄭伯，使叛齊也。晉、楚不服於齊，故以鎮安鄭。鄭伯喜於王命，而懼其不朝於齊也，故逃歸不盟。孔叔止之，曰：『國君不可以輕，輕則失親，失親，患必至。病而乞盟，所喪多矣。』弗聽，逃其師而歸。」

○常山劉氏曰：「桓公會世子，而盟諸侯于首止。在春秋之盟，斯爲善矣。故諸侯之所同志，而鄭伯獨内棄中夏、外交夷狄，逃歸不盟。故六年啓諸侯之伐，致新城之圍；七年有甯母之會，不敢與盟，而使世子聽命焉；八年，王人、齊侯等盟于洮，而鄭伯乞盟也。噫！以諸侯之尊，始於逃歸，而終於乞盟，甚乎！鄭伯之罪也！趙子曰：『凡言逃者，皆謂義當留而竊去也。』故穀梁云：『逃義曰逃，君臣同辭。』逃者，匹夫之事。」

○胡氏傳：「或曰：首止之會，非王志也。鄭伯喜於王命而畏齊，故逃歸不盟，然則何罪乎？曰：春秋道名分，尊天王，而以大義爲主。夫義者，權名分之中，當其可之謂也。諸侯會王世子，雖衰世之事，而春秋予之者，是亦變之中也，天下之大倫有常有變，舜之於父子，湯之於君臣，周公之於兄弟，皆處其變者也。賢者守其常，聖人盡其變，會首止，逃鄭伯，處父子君臣之變而不失其中也。噫！此春秋之所以爲春秋，而非聖人莫能修之者矣。」

楚人滅弦，弦子奔黄。

○杜氏注：「弦國，在弋陽軑縣東南。」

○左氏傳：「楚鬭穀於菟滅弦。弦子奔黄。於是江、黄、道、柏方睦於齊，皆弦姻也。弦子恃之而不事楚，又不設備，故亡。」

○泰山孫氏曰：「此言楚人滅弦者，蓋惡桓公不能救也，故弦子不名。十年狄滅温，十二年楚人滅黄，同此。」

○常山劉氏曰：「凡諸侯爲人滅其國，或見伐而出，於己非其罪，則於國未宜絶。于其奔也，則皆不名。彼其義未虧，固可直於天子而求復也，焉可遂絶之哉？莊十年，齊滅譚，譚子奔莒；僖五年，楚滅弦，弦子奔黄；十年，狄滅温，温子奔衛。不言出者，國滅無出也；國未滅者書出，二十八年衛侯奔楚是也。若昭三十年，吴滅徐，徐子章禹奔楚。名者，彼已服於吴，而後奔，無興復之志故也。桓十五年，鄭伯突出奔蔡；昭二十三年，莒子庚輿來奔，皆奪正而立者也。桓十六年，衛侯朔出奔齊，以王命絶之也。襄十四年，衛侯衎出奔齊；昭三年，北燕伯欵出奔齊；二十一年，蔡侯朱出奔楚，皆不能嗣守先業，上下乖離，國人不君，自取播越，其位已絶，故即名之。若哀公十年，邾子益來奔，按此年〔二〕公伐邾，八月己酉入邾，以邾子益來，八月〔三〕歸邾子益于邾，至是復來奔，其爲可絶明矣。」

九月，戊申，朔，日有食之。

冬，晉人執虞公。

○陸氏纂例曰：「天子三公，故不書名。」

○孫氏曰：「稱人以執，惡晉侯也。」

〔二〕 當在哀公七年。

〔三〕 當在哀公八年夏。

○左氏傳：「晉侯復假道於虞以伐虢。宮之奇諫曰：『虢，虞之表也；虢亡，虞必從之。晉不可啓，寇不可翫。一之謂甚，其可再乎？諺所謂「輔車相依，唇亡齒寒」者，其虞、虢之謂也。』弗聽，許晉使。八月，甲午，晉侯圍上陽。上陽，虢都，在弘農陝縣東南。冬，十二月，丙子朔，滅虢。虢公醜奔京師。師還，館于虞，遂襲虞，滅之，執虞公。」

○程氏傳：「書執不書滅，自取也。」

○公羊傳：「虞已滅矣，其言執之何？不與滅也。曷爲不與滅？滅者，亡國之善辭也。滅者，上下之同力者也。」

○劉氏傳：「此滅也，何以不言滅？地之緼於晉久矣，非一日之積也；此入而執也，何以不言以歸？地之緼於晉久矣，國非其國也，自滅夏陽始焉。」意林曰：「春秋之記事，原始見終。不失其實者也。故虞之滅，自下陽始。下陽滅，則虞亡矣。宮之奇、舟之僑之徒皆知之，獨其君不知，故春秋因大見其釁於滅下陽，而深没其迹於執虞公，使天下之爲人君者從而省之，可以戒於此矣。故曰：『家有既亡，國有既滅，由別之不別也。』可不大哀乎！人君莫不好存而惡亡，莫能固亡而保存，何也？嗜欲之習近而憂患之來遠也。」

○胡氏傳：「其曰『晉人執之』者，猶衆執獨夫爾。貴爲天子，富有四海，而身爲獨夫，商紂是也；貴爲諸侯，富有一國，而身爲獨夫，虞公是也。書『滅下陽』於始，而記『執虞公』於後，可以見棄義趨利、瀆貨無厭之能亡國敗家，審矣。」

六年，春，王正月。

夏，公會齊侯、宋公、陳侯、衛侯、曹伯伐鄭，圍新城。

○左氏傳：「諸侯伐鄭，以其逃首止之盟也。」

○穀梁傳：「伐國不言圍邑，此其言圍邑，何也？病鄭也。著鄭伯之罪也。」師氏曰：「伐而又言圍，以見鄭伯之不即服罪。聖人不没而詳之，所以甚其惡也。」

○襄陵許氏曰：「圍而不舉，則亦服之而已，有遺力者矣。」

○杜氏注：「新城，鄭新密，今熒陽密縣。」

秋，楚人圍許。諸侯遂救許。

○左氏傳：「楚子圍許以救鄭。諸侯救許，乃還。」

○穀梁傳：「善救許也。」

○胡氏傳：「楚人攻許，即解新城之圍，移師救許，是得討罪、分災、救急之義也，故特書曰『楚人圍許。諸侯遂救許』。凡書『救』者，未有不善之也。其曰『遂救許』，善之尤者也。」

冬，公至自伐鄭。

○穀梁傳：「其不以救許致，何也？大伐鄭也。」

○胡氏傳：「善之則何以致？久也。」孫氏曰：「出踰三時。」

七年，春，齊人伐鄭。

○胡氏傳：「將卑師少稱人，聲罪致討曰伐。鄭伯背華即夷，南與楚合而未離也，故桓復治之。」

夏，小邾子來朝。公羊作「小邾婁子」，後並同。

○杜氏注：「郳犂來始得王命而來朝也。邾之别封，故曰小邾。」

○高郵孫氏曰：「霸者之興，而附庸小國類多稱爵。春秋因而書之，見以當時之爵或升或降，惟霸主者所欲爲耳。」

鄭殺其大夫申侯。

○左氏傳：「齊人伐鄭。孔叔言於鄭伯曰：『諺有之曰：「心則不競，何憚於病？」既不能彊，又不能弱，所以斃也。國危矣，請下齊以救國。』夏，鄭殺申侯以説于齊。初，申侯，申出也，有寵於楚文王。文王將死，與之璧，使行，曰：『女專利不厭，後之人將求多於女。』既葬，出奔鄭。」

○胡氏傳：「稱國以殺者，罪累上也。鄭伯不知自反，内忌聽讒，而擅殺其大夫，信失刑矣。如申侯者，其見殺何也？專利而不厭，則足以殺其身而已矣。」劉氏意林曰：「春秋君臣皆譏，以謂鄭伯内忌而殺申侯；申侯雖不當誅，亦有以取之。」○致堂胡氏曰：「春秋之諸侯專殺大夫，固曰有罪；而大夫見殺，鮮不有以致之，故聖人交貶焉。」

秋，七月，公會齊侯、宋公、陳世子款、鄭世子華，盟于甯母。穀梁作「寧母」。

○左氏傳：「盟于甯母，謀鄭故也。管仲言於齊侯曰：『臣聞之：「招攜以禮，懷遠以德。」德、禮不易，無人不懷。』齊侯修禮於諸侯，諸侯官受方物。鄭伯使太子華聽命於會，言於齊侯，曰：『洩氏、孔氏、子人氏三族，實違君命。君若去之以爲成，我以鄭爲內臣，君亦無所不利焉。』齊侯將許之。管仲曰：『君以禮與信屬諸侯，而以姦終之，無乃不可乎！』齊侯辭焉。子華由是得罪於鄭。冬，鄭伯使請盟于齊。」

○杜氏注：「高平方與縣東有泥母亭，音如甯。」孫氏曰：「甯母，魯地也。」

曹伯班卒。班，公羊作「般」。

公子友如齊。

○杜氏注：「罷盟而聘，謝不敏也。」

冬，葬曹昭公。

春秋卷第八

春秋卷第九

僖公

八年，春，王正月，公會王人、齊侯、宋公、衛侯、許男、曹伯、陳世子款，盟于洮。

○公羊傳：「王人者何？微者也。曷爲序乎諸侯之上？先王命也。」胡氏傳：「王人，下士也。內臣之微者，莫微於下士，外臣之貴者，莫貴於方伯、公、侯。今以下士之微，序乎方伯、公、侯之上，外輕內重，不亦偏乎？春秋之法，內臣以私事出朝者直書曰『來』，以私好出聘者不稱其使，以私情出訃者止録其名，不以其貴故尊之也；以王命行者，雖下士之微，序乎方伯、公、侯之上，不以其賤故輕之也。然則班列之高下，不在乎內外，特係乎王命爾，聖人之情見矣。」

○穀梁傳：「兵車之會也。」

○纂例：「啖子曰：『王人與盟，非禮也。』」

○杜氏注：「洮，曹地。」

鄭伯乞盟。

○左氏傳：「鄭伯乞盟，請服也。」孔氏疏云：「鄭伯使子華聽命，心猶未服。齊桓拒子華之請，今始服從。桓公以其新服，尚未與之會，故不得序，而乞盟。彼既請服，義無不受。當是既盟之後，别與之盟也。」

○胡氏傳：「乞者，卑讓自屈之辭，欲與是盟，而未知其得與否也。始而逃歸，今則乞盟，於以見舉動人君之大節，不可不謹也。」

夏，狄伐晉。

○襄陵許氏曰：「晉恃彊大且遠，不與齊合，是以狄得侮之與。故當齊桓之隆，同盟者安，介立者殆矣。」

秋，七月，禘于大廟，用致夫人。

○胡氏傳：「按禮『大禘，升歌清廟，下而管象，朱干玉戚以舞大武，八佾以舞大夏，此天子之禮樂也。踐其位，則行其禮、奏其樂，故雝禘太祖，周頌也，而其詩曰：『相維辟公，天子穆穆。』周公人臣，不踐其位，魯侯國而用天子之禮，亂名犯分莫大乎此，故夫子志之，曰：『郊社之禮，所以事上帝也；宗廟之禮，所以祀乎其先也。』魯侯國而以王禮祀大廟，是誣僞不誠而非所以祀乎其先也，故夫子傷之，曰：『禘自既灌而往者，吾不欲觀之矣。』夫灌以降神，乃祭之始，而已不欲觀，是自始至終皆非禮矣。」

○陸氏纂例：「此譏禘，又譏致也。」

○穀梁傳：「用者，不宜用者也；致者，不宜致者也。言夫人必以其氏姓，言夫人而不以氏姓，非夫人也。立妾之辭也，劉向曰：「夫人成風也，致之於大廟，立以爲夫人。」非正也。」夫人者，正嫡之稱謂，非崇妾之嘉號。以妾體君，則上下無别，欲尊其母，實卑其父。故曰非正也。

○孫氏曰：「夫人成風不言『風氏』者，成風，僖公妾母，嫁非廟見，不得與祭。僖公既君，欲尊其母，故因此秋禘，用夫人之禮，致于大廟，使之與祭也。妾母稱夫人，僭之大者，故不言『風氏』以貶之。按『文姜孫于齊』貶去『姜氏』，此不言『風氏』，其貶可知也。」

○劉氏意林曰：「春秋雖亂世，未有妾母稱夫人者也，自成風始矣。此禮之所由失，教之所由廢，上下之所由亂，嫡庶之所由爭，其惡乃至乎無父無君。何以言之耶？己之母，父之妾也。今背死而使之妃，此所謂知母而不知父，故曰無父；凡立小君、嫡子，天子命之者也，今以其私親而建之，非有天子之命也，故曰無君。無父無君者，王法之所禁也，而天子不能正，是王無天也。故召伯來會葬、榮叔來含，皆以王之無天爲譏也。」

○胡氏傳：「初，成風聞季友之繇，遂事之而屬僖公焉，故季友立之，公賜季友汶陽之田及費，又生而命之氏，俾世其卿，而私門强矣。於成風，則舉大事於始祖之廟，立以爲夫人，而嫡妾亂矣。以私勞寵其臣而卑公室，以私恩崇其母而輕宗廟，皆越禮之罪也。」

冬，十有二月，丁未，天王崩。

○何氏曰：「惠王也。」

○師氏曰：「不書葬，魯不會葬故也。」

九年，春，王三月，丁丑，宋公御説卒。公、穀「御」作「禦」。

○左氏傳：「春，宋桓公卒。」

夏，公會宰周公、齊侯、宋子、衛侯、鄭伯、許男、曹伯于葵丘。

○左氏傳：「會于葵丘，尋盟且修好也。王使宰孔賜齊侯胙。」

○杜氏注：「葵丘，宋地。周公，宰孔也。宰，官；周，采地。天子三公不字〔一〕。陳留外黃縣有葵丘。」

○公羊傳：「宰周公者何？天子之爲政者也。」穀梁傳：「天子之宰，通于四海。」○范氏曰：「宰，天官冢宰，兼爲三公者。」○胡氏曰：「古者三公無其人，則以六卿之有道者上兼師保之任，冢宰或闕，亦以三公下行端揆之職。禹自司空進宅百揆，又曰『作朕股肱耳目』，是以宰臣上兼師保之任也；周公爲師，又曰『位冢宰正百工』，是以三公行端揆之職也。所以然者，三公與王坐而論道，固難其人而冢宰揆百官、均四海，亦不易處也。」

○程氏傳：「天子之宰與世子禮異。」胡氏曰：「夫以冢宰兼三公，其職任重矣，而不殊會之，何也？人臣則有進退之節，出入均勞之義，非王世子貴有常尊之可比矣。」

○穀梁傳：「宋其稱『子』何也？未葬之辭也。禮，柩在堂上，孤無外事。今背殯而出會，以宋子爲無哀矣。」劉氏傳：「君薨，百官總己以聽冢宰三年，正也。不能三年者，其以凶禮行則稱子，其以嘉禮行則稱爵。以嘉禮行者非也，以凶禮行者亦非也。君子不奪人之親，人亦不可奪親也。」○微旨：「趙氏曰：『在喪而出，或稱子，或稱爵，志惡之深淺也。』」

〔一〕底本脱「不字」二字，據左傳杜預注補。

秋，七月，乙酉，伯姬卒。

○穀梁曰：「内女也。」

○公羊傳：「未適人，何以卒？許嫁矣。婦人許嫁，字而笄之，死則以成人之喪治之。」不以殤禮降也。

九月，戊辰，諸侯盟于葵丘。

○孟子曰：「五霸，桓公爲盛。葵丘之會，諸侯束牲載書而不歃血。穀梁曰：「葵丘之會，陳牲而不殺，讀書加于牲上，壹明天子之禁。」初命曰：『誅不孝，無易樹子，無以妾爲妻。』再命曰：『尊賢育才，以彰有德。』三命曰：『敬老慈幼，無忘賓旅。』四命曰：『士無世官，官事無攝，取士必得，無專殺大夫。』五命曰：『無曲防，無遏糴，無有封而不告。』曰：『凡我同盟之人，既盟之後，言歸于好。』」

○左氏傳：「秋，齊侯盟諸侯于葵丘。宰孔先歸，遇晉侯曰：『可無會也。齊侯不務德而勤遠略。故北伐山戎，南伐楚，西爲此會也。東略之不知，西則否矣。其在亂乎！君務靖亂，無勤於行！』晉侯乃還。」

○程氏傳：「諸侯盟，見宰不預。」陸氏微旨曰：「淳聞於師曰：『盟稱「諸侯」者，前目而後凡之義，且明周公之不與盟禮也。天子無疑諸侯之理。』」

○劉氏傳：「此一地也，曷爲再言葵丘？善是盟也。曷爲善之？桓公之五命以是爲盡禁矣，諸侯咸諭乎桓之志，蓋束牲載書而不歃血也。」胡氏曰：「觀孟子初命之辭，則知桓公翼戴襄王之實信矣。」○公羊曰：「貫澤之會，桓公有憂中國之心，不召而至者，江人、黄人也。葵丘之會，桓公震而矜之，叛者九國。」

甲戌，晉侯佹諸卒。冬，晉里克殺其君之子奚齊。甲戌，左氏、穀梁作「甲子」。佹，公、穀作「詭」。殺，公羊作「弑」。

○左氏傳：「九月，晉獻公卒。里克、丕鄭欲納文公，故以三公子之徒作亂。初，獻公使荀息傅奚齊。公疾，召之，曰：『以是藐諸孤，辱在大夫，其若之何？』稽首而對，曰：『臣竭其股肱之力，加之以忠貞。其濟，君之靈也；不濟，則以死繼之。』冬，十月，里克殺奚齊于次，書曰『殺其君之子』，未葬也。荀息將死之，人曰：『不如立卓子而輔之。』荀息立公子卓，以葬。」

○穀梁傳：「『其君之子』云者，國人不子也。國人不子何也？不正其殺申生而立之也。」孫氏曰：「奚齊，未踰年之君也。其言『里克殺其君之子奚齊』者，奚齊庶孽，其母嬖獻公，殺世子申生以立之，春秋不與，故曰『晉里克殺其君之子奚齊』，以惡之也。」○胡氏傳：「人君者擅一國之名寵，爲其所子，則子矣，國人何爲不子也？民至愚而神，是非好惡，靡不明且公也。其所子而弗子者，莫能使人弗之子也；非所子而子之者，莫能使人之亦子也。周幽王嘗黜大子宜臼，子伯服矣，而犬戎殺其身；晉獻公亦殺世子申生，立奚齊矣，而大臣殺其子。詩不云乎：『天生烝民，有物有則。民之秉彝，好是懿德。』此言天理根於人心，雖以私欲滅之，而有不可滅也。春秋書此，以明獻公之罪，抑人欲之私，示天理之公，爲後世戒，其義大矣。以此防民，猶有欲易大子而立趙王如意，致夫人爲人彘者。」○謝氏曰：「晉獻公以嬖寵殺申生、立奚齊，國人皆不欲立，故里克殺之。里克固有罪矣，稱『君之子』，又以罪獻公之惑於嬖。孔子曰：『唯女子與小人爲難養也，近之則不孫，遠之則怨。』若內惑女子，外昵小人，天下紀綱安得而不壞哉？」

十年，春，王正月，公如齊。

○孫氏曰：「公始朝齊也。不至者，朝桓安之，與他國異也。十五年如齊同此。」趙氏曰：「凡内朝聘，稱『如』，以異外周之制。朝聘也有數，今春秋畢書之，見如京師之簡也。所以傷王室之微，著諸侯之不臣也。」

狄滅温。温子奔衛。

○左氏傳：「狄滅温，蘇子無信也。蘇子叛王即狄，又不能於狄。狄人伐之，王不救，故滅。」

○杜氏注：「蓋中國之狄，滅而居其地。」

○余氏曰：「八年，狄伐晉；今又滅温，桓不能救也。故温子出奔不名，以國小力弱，不克有支，故恕之而辠齊侯。」

晉里克殺其君卓及其大夫荀息。卓，公羊作「卓子」。

○左氏傳：「十一月，里克殺公子卓于朝。權衡曰：「去年十一月，里克殺卓子，此亦據夏正十一月，即周正月矣。采獲兩書誤其前後耳。杜氏云『從赴』，非也。」荀息死之。君子曰：『詩所謂「白圭之玷，尚可磨也；斯言之玷，不可爲也。」』荀息有焉。」

○胡氏傳：「國人不君奚齊、卓而曰『里克弑其君卓』何也？是里克君之也。克者，世子申生之傅也。驪姬將殺世子，而難里克，優施飲之酒，而告之以其故。里克聽其謀，乃欲以中立自免，稱疾不朝，居三旬而難作，是謂持禄容身，速獻公殺適立庶之禍者。故成其君臣之名，以正其弑逆之罪。克雖欲辭而不受，其可得乎？使克明於大臣之義，據經庭諍以動其君，執節不貳，固大子以攜其黨，多爲之故，以變其志。其濟，國之福也；

其不濟，而死於其職，亦無歉矣。人臣所明者義，於功不貴幸而成；所立者節，於死不貴幸而免。克欲以中立祈免，自謂智矣，而終亦不能免。等死耳，不死於世子而死於弑君，其亦不知命之蔽哉！語曰：『不知命，無以爲君子。』爲人臣而不知春秋之義者，必陷簒弑之罪，克之謂矣。」劉氏意林曰：「里克能不聽優施之謀，甯喜能不從孫林父之辭，陳乞能不隨景公之惑，則晉無殺世子之禍，衛無逐君之惡，齊無嬖孽之變矣。患皆在媮合苟容，逢君之惡，故春秋成其君臣之名，正其簒弑之罪也。所謂不知其義，彼之空言不敢辭矣。不然，卓與剽、荼豈有宜爲君之義哉？陳平之王呂氏，誅少帝也似此，皆不明於大臣之分者也。」

○公羊傳：「及者何？累也。弑君多矣，舍此無累者乎？曰：有。孔父、仇牧皆累也。舍孔父、仇牧，無累者乎？曰：有。有則此何以書？賢也。何賢乎荀息？荀息可謂不食言矣。其不食言柰何？奚齊、卓子者，驪姬之子也，荀息傅焉。驪姬，國色也。獻公愛之甚，欲立其子，於是殺世子申生。申生者，里克傅之。獻公病將死，謂荀息曰：『士何如，則可謂之信矣？』荀息對曰：『使死者反生，生者不愧乎其言，則可謂信矣。』獻公死，奚齊立。里克謂荀息曰：『君殺正而立不正，廢長而立幼，如之何？願與子慮之。』荀息曰：『君嘗訊臣矣，臣對曰：「使死者反生，生者不愧乎其言，則可謂信矣。」』里克知其不可與謀，退弑奚齊，荀息立卓子。里克弑卓子，荀息死之。荀息可謂不食言矣。」胡氏傳：「荀息者，奚齊、卓子之傅也，君弑而死於難。書『及』，所以著其節，書『大夫』，不失其官也。或曰：息既從君於昏，不食其言，庸足取乎？世衰道微，人愛其情，私相疑貳，以成傾危之俗，至於刑牲歃血，要質鬼神，猶不能固其約也。孰有可以托六尺之孤，寄百里之命，臨死節而不可奪如息者哉！自古皆有死，民無信不立。故聖人以信易食，而君子以信易生。息不食言，其可少乎！」○劉氏傳：「荀息之智則未也。託六尺之孤，寄百里之命，臨大節而不可奪，荀息之義則盡矣！」

夏，齊侯、許男伐北戎。

○杜氏注：「北戎，山戎。」

晉殺其大夫里克。

○左氏傳：「齊侯以諸侯之師伐晉，及高梁而還，討晉亂也。晉郤芮使夷吾重賂秦以求入，曰：『人實有國，我何愛焉？入而能民，土於何有？』從之。齊隰朋帥師會秦師，納晉惠公。夏，周公忌父、王子黨會齊隰朋立晉侯。晉侯殺里克以說。自解説不簒。將殺里克，公使謂之曰：『微子，則不及此。雖然，子弑二君與一大夫，爲子君者，不亦難乎？』對曰：『不有廢也，君何以興？欲加之罪，其無辭乎？臣聞命矣。』伏劍而死。於是丕鄭聘於秦，且謝緩賂，故不及。」

○公羊傳：「里克弑二君，則曷爲不以討賊之辭言之？惠公之大夫也。」

○穀梁傳：「稱國以殺，罪累上也。里克弑二君與一大夫，其以累上之辭言之，何也？其殺之不以其罪也。其殺之不以其罪柰何？里克所爲弑者，爲重耳也。夷吾曰：『是又將殺我乎？』故殺之。不以其罪也。」吕氏曰：「里克弑君，殺之宜也。然稱國以殺，罪累上者，何也？晉惠公討不以其罪，而恐其不利於己也，故殺之爾。春秋推見至隱，於此可見。」

秋，七月。

冬，大雨雪。公羊作「雨雹」。

十有一年，春，晉殺其大夫丕鄭父。

○左氏傳：「丕鄭之如秦也，言於秦伯曰：『呂甥、郤稱、冀芮實爲不從，若重問以召之，臣出晉君，君納重耳，蔑不濟矣。』冬，秦伯使泠至報問，且召三子。郤芮曰：『幣重而言甘，誘我也。』遂殺丕鄭、祁舉及七輿大夫。」侯伯七命，副車七乘。

○穀梁傳：「稱國以殺，罪累上也。」

○蘇氏曰：「丕鄭，里克之黨也。惠公既殺里克，丕鄭言於秦伯曰：『請出晉君，而納重耳。』鄭則有罪矣。然鄭之謀，由殺里克致之也。故稱國以殺，言君亦過也。」

○胡氏傳：「其稱國者，兼罪用事大夫不能格君心之非，至於多忌濫刑，危其國也。」

夏，公及夫人姜氏會齊侯于陽穀。

○杜氏注：「婦人送迎不出門，見兄弟不踰閾。公與之俱會齊桓，皆非禮。」

秋，八月，大雩。

○穀梁雩：「雩，月正也。得雨曰雩，不得雨曰旱。」

○襄陵許氏曰：「先乎陽穀之會爲大雨雪，後乎陽穀之會爲大雩，盛陰之極，其反爲陽。僖，賢君也，不能禮佐齊桓，儆其怠忽，而更與之俱肆于寵樂，是以見戒於天如此。」

冬，楚人伐黄。

○左氏傳：「黄人不歸楚貢。恃齊故。冬，楚人伐黄。」

○胡氏傳：「滅弦、滅温，皆不書『伐』，滅黄而書『伐』者，罪桓公既與會盟，而又不能救也。被兵城守，更歷三時，告命已至，而援師不出，則失救患分災，攘夷狄、安與國之義矣。」

○襄陵許氏曰：「以公、夫人陽穀之會觀之，則齊侯霸業怠矣。是以楚人伐黄而不能救也。」

十有二年，春，王三月，庚午，日有食之。不書「朔」。

夏，楚人滅黄。

○穀梁傳：「貫之盟，管仲曰：『江、黄遠齊而近楚。楚，爲利之國也，若伐而不能救，則無以宗諸侯。』桓公不聽，遂與之盟。管仲死，楚伐江、滅黄，桓公不能救，故君子閔之也。」

○左氏傳：「黄人恃諸侯之睦于齊也，不共楚職，曰：『自郢及我九百里，焉能害我？』夏，楚滅黄。」

○胡氏傳：「滅人之國，其罪則一，而見滅之君，其例有三：以歸者，既無死難之節，又無克復之志，貪生畏死，甘受執辱，其罪爲重，許斯、頓牂之類是也；出奔者，雖不死於社稷，有興復之志焉，託于諸侯，猶得寓禮，其罪爲輕，弦子、温子之類是也；若夫國滅死於其位，是得正而斃焉者矣，於禮爲合，於時爲不幸，若江、黄二國是也。其書『滅』者，見夷狄之彊，罪諸夏之弱，責方伯連率之不修其職，使小國賢君困於彊暴，不得其所，公羊子所謂『亡國之善詞，上下之同力』者也。」

秋，七月。

冬，十有二月，丁丑，陳侯杵臼卒。公羊作「處臼」。

十有三年，春，狄侵衛。

○胡氏傳：「齊桓公爲陽穀之會，是肆爲寵樂，其行荒矣。楚人伐黄，而救兵不至，是忽于簡書，其業怠矣。然後狄人窺伺中國，今年侵衛，明年侵鄭，近在王都之側，淮夷亦來病杞而不忌也。伯益戒于舜曰：『無怠無荒，四夷來王。』此至誠無息，帝王之道，春秋之法也。齊桓、晉文若此類者，其事則直書于策，其義則遊于聖門者默識於言意之表，故曰：『仲尼之徒無道桓、文之事者。』」

○襄陵許氏曰：「桓政始衰，自楚伐黄不救，則狄有以量中國矣。」

夏，四月，葬陳宣公。

公會齊侯、宋公、陳侯、衛侯、鄭伯、許男、曹伯于鹹。

○左氏傳：「會于鹹，淮夷病杞故，且謀王室也。秋，爲戎難故，諸侯戍周。齊仲孫湫致之。」十一年傳：「揚、拒、泉、皋、伊、雒之戎，同伐京師，王子帶召之也。」又十二年傳：「王以戎難討王子帶。王子帶奔齊。」

○穀梁傳：「兵車之會也。」

○杜氏注：「鹹，衛地。東郡濮陽縣東南有鹹城。」

秋，九月，大雩。

冬，公子友如齊。

十有四年，春，諸侯城緣陵。

○左氏傳：「諸侯城緣陵，而遷杞焉。」避淮夷，遷之覩於緣陵。

○公羊傳：「曷爲不言桓公城之？不與諸侯專封也。」

○胡氏傳：「齊桓公城三國而書詞不同：城楚丘，則没諸侯而不書；城緣陵，則書諸侯而不序；城邢，則再序三國之師，何也？邢以自遷爲文，故再列三師而書『城邢』者，莫其得救患分災之義，無封國之嫌也。淮夷病杞，諸侯會于鹹，城緣陵而遷杞焉，則其事專矣，故前目後凡，直書諸侯而不序也。衛爲狄滅，東徙渡河，野處漕邑，桓公使公子無虧戍以甲士，歸其祭服乘馬，凡爲國之用，其力尤勤，其功尤大，其事尤專，而春秋責之尤重，曰：城楚丘而不書諸侯，正王法也。是故以功言之，則楚丘爲大；以義言之，則城邢爲美。春秋之法，明其道不計其功，正其義不謀其利者也。詳著城邢之師深没楚丘之迹，貴王賤霸，羞稱桓、文，以正待人之體也。明此則知曾西不爲管仲，深畏仲由之説矣。」

○杜氏注：「緣陵，杞邑。」

夏，六月，季姬及鄫子遇于防，使鄫子來朝。鄫，穀梁作「繒」，後同。

○公羊傳：「鄫子曷爲使乎季姬？內辭也，非使來朝，使來請己也。」使來請娶己以爲夫人，下書歸是也。禮，男不親求，女不親許。魯不防正其女，乃使與鄫子相遇，然後使來請己，非所以遠別。故卑鄫子使於季姬，以賤之。

○穀梁傳：「遇者，同謀也。來朝者，來請己也。朝不言使，言使非正也。以病鄫子也。」

○胡氏傳：「內女適人者，明有從，則繫諸國，若杞伯姬是也；其未適人者。欲有所別，則書其字，若子叔姬是也。季姬書字而未繫諸國，其女而非婦明矣。及者，內爲志焉爾。內女而外與諸侯遇，譏魯也。朝不言使，言使非正。鄫子國君，而季姬使之朝，病鄫也。魯秉周禮，男女之際豈其若是之甚乎？蓋魯公鍾愛其女，使自擇配，故得與鄫子遇于防，而遂以季姬歸之爾。非所以厚其別也。故稱遇、稱使，罪魯與鄫，以正男女之禮，爲後世戒也。」

○杜氏注：「鄫國，琅邪鄫縣。」今沂州承縣地。

秋，八月，辛卯，沙鹿崩。

○左氏傳：「八月，辛卯，沙鹿崩。晉卜偃曰：『期年將有大咎，幾亡國。』」

○公羊傳：「沙鹿者何？河上之邑也。其言崩何？襲邑也。襲者，黑陷入于地中。言『崩』者，以在河上也。河岸有高下，如山有地，故得言『崩』。沙鹿崩，何以書？記異也。外異不書，此何以書？爲天下記異也。」穀梁傳：「林屬於山爲鹿。沙，山名也。無崩道而崩，故志之也。其日，重其變也。」何氏注：「鹿山足也。」○杜氏注：「沙鹿，晉地，山名。平陽元城縣有沙鹿土。」

○劉氏傳：「沙鹿者何？山也。山則曷爲不曰山？有號有名。以名通者，不待號可也。然則胡爲不繫國？山不可以繫國。山曷爲不可以繫國？名山大澤不以封，諸侯守之。」

○襄陵許氏曰：「恒星不見，星隕如雨，齊桓之祥也。沙鹿崩，晉文之祥也。齊桓將興而天文隳，晉文欲作而地理決，王道之革也。」

狄侵鄭。

冬，蔡侯肸卒。

十有五年，春，王正月，公如齊。

○余氏曰：「公十年如齊，今再如之。上不朝王，而下數如疆齊。」

楚人伐徐。

○左氏傳：「徐即諸夏故也。」

三月，公會齊侯、宋公、陳侯、衛侯、鄭伯、許男、曹伯，盟于牡丘，遂次于匡。公孫敖帥師及諸侯之大夫救徐。帥，公羊作「率」，後咸同。

○左氏傳：「盟于牡丘，尋葵丘之盟，且救徐也。孟穆伯帥師及諸侯之師救徐，諸侯次于匡以待之。」

○穀梁傳：「兵車之會也。遂，繼事也；次，止也，有畏也。」

○杜氏注：「公孫敖，慶父之子。既盟，次匡，皆遣大夫將兵救徐，故不復具列國别也。匡，衛地，在陳留長垣縣西南。」

○何氏注：「言次者，刺諸侯緩於仁恩，既約救徐，而生事次止，不自往，遣大夫往，卒不能解也。大夫不序者，起會上大夫，君已目，故臣凡。内獨稱名氏，詳内，别尊卑。」

○胡氏傳：「楚都于郢，距徐亦遠，而舉兵伐徐，暴横憑陵之罪著矣。徐在山東，與齊密邇，以封境言之，不可以不速救；以刑勢言之，非有餽糧越險之難也。今書『盟于牡丘』，見諸侯救患之不協矣；書『次于匡』，見霸主號令之不嚴矣；書『大夫帥師』而諸侯不行，見桓德益衰，而禦夷狄、安中國之志怠矣。凡兵而書救，未有不善之者。救而書次，則尤罪其當速而故緩，失用師之義矣。中庸曰：『至誠無息，不息則久。』春秋謹始卒，欲有國者持不息之誠也。始勤而終怠，則不能久，而無以固其國矣。」

夏，五月，日有食之。

秋，七月，齊師、曹師伐厲。

○左氏傳：「伐厲，以救徐也。」

○杜氏注：「厲，楚與國。義陽隨縣北有厲鄉。」

八月，螽。公羊作「蝝」。

九月，公至自會。

○公羊傳：「何以致？久也。」久暴師，過三時。

季姬歸于鄫。

己卯，晦，震夷伯之廟。

○辨疑：「趙子曰：『晦者，晦朔之晦耳。據十六年，戊申，朔，隕石于宋五；成十五年，甲午，晦，晉、楚戰于鄢陵，並書晦、朔，則知古史之體應合書日，而遇晦、朔必書之，以爲歷數之證」。疏云：「杜氏以長歷推，己卯，九月三十日。」

○公羊傳：「震之者何？雷電擊夷伯之廟者也。」

○穀梁傳：「夷伯，魯大夫也。因此以見天子至于士皆有廟。天子七廟，諸侯五，大夫三，士二，故德厚者流光，德薄者流卑。是以貴始，德之本也。始封必爲祖。」

○杜氏注：「夷伯，展氏之祖父。夷，謚；伯，字。大夫既卒書字。」

○程氏遺書曰：「大抵春秋所書，皆天人響應，有致之之道。如石隕于宋而言『隕石』，如夷伯之廟震而言

『震夷伯之廟』，此天應之也。但人以淺狹之見，以爲無應，其實皆應之。然漢儒推災異，皆牽合不足信，儒者見此，因盡廢之。」

冬，宋人伐曹。

○左氏傳：「宋人伐曹，討舊怨也。」

○襄陵許氏曰：「同盟始自相攻，桓不能一矣，則何以禁夷狄之亂？霸德方衰，荒服窺伺，至是而諸侯浸以貳也。威靈之陵夷，可不儆哉！」

楚人敗徐于婁林。

○左氏傳：「徐恃救也。」又十六年夏傳：「齊伐厲，不克，救徐而還。」杜氏注：「婁林，徐地。」

○穀梁傳：「夷狄相敗，志也。」

○吕氏曰：「諸侯之救徐者，亦無能爲也。見齊桓亦無意於中國也。」

十有一月，壬戌，晉侯及秦伯戰于韓。獲晉侯。

○左氏傳：「晉侯之入也，秦穆姬屬賈君焉，且曰：『盡納群公子。』晉侯烝於賈君，又不納群公子，是以穆姬怨之。晉侯許賂中大夫，既而皆背之。賂秦伯以河外列城五，東盡虢略，南及華山，内及解梁城，既而不與。晉饑，秦輸之粟；秦饑，晉閉之糴，故秦伯伐晉。及韓，晉侯謂慶鄭曰：『寇深矣，若之何？』慶鄭曰：

『君實深之，可若何！』公曰：『不孫。』卜右，慶鄭吉。弗使。步揚御戎，家僕徒爲右。九月，晉侯逆秦師，使韓簡視師，復曰：『師少於我，鬬士倍我。』公曰：『何故？』對曰：『出因其資，入用其寵。饑食其粟，三施無報，是以來也。今又擊之，我怠秦奮，倍猶未也。』公曰：『一夫不可狃，况國乎！』遂使請戰，曰：『寡人不佞，能合其衆而不能離也。君若不還，無所逃命。』秦伯使公孫枝對曰：『君之未入，寡人懼之，入而未定列，猶吾憂也。苟列定矣，敢不承命。』韓簡退，曰：『吾幸而得囚。』壬戌，戰于韓原，晉戎馬還濘而止。公號慶鄭。慶鄭曰：『愎諫，違卜，固敗是求，又何逃焉？』秦獲晉侯以歸。乃舍諸靈臺。子桑曰：『歸之而質其大子，必得大成。』十一月，晉侯歸。」

○公羊傳：「此偏戰也，何以不言『師敗績』？君獲不言師敗績也。」

○劉氏傳：「戰而言及者，主之者也。猶曰『晉侯』，爲志乎爲戰也云爾。」

○胡氏傳：「秦伯伐晉而經不書伐，專罪晉也；書伐、書及者，兩俱有罪，而以及爲主；書獲、書歸者，兩俱有罪，而以歸爲甚。今此專罪晉侯之背施幸災，貪愛怒隣，而恕秦伯也。然則秦戰義乎？春秋無義戰，彼善於此則有之矣。其不言『師敗績』，何也？君獲不言師敗績，君重於師也；大夫戰而見獲，必書『師敗績』，師與大夫敵也。君爲重，師次之，大夫敵，春秋之法也。與孟子之言何以異？孟子爲時君牛羊用人，莫之恤也，故以民爲貴，君爲輕；春秋正名定分，爲萬世法，故以君爲重，師次之。堯以天下命舜，舜亦以天下命禹，必稱元后爲先，此經世大常，而仲尼蓋祖述之者也。惟此義不行，然後叛逆之黨，有託以爲民，輕棄君親而不顧者。」

十有六年，春，王正月，戊申，朔，隕石于宋五。是月，六鷁退飛，過宋都。隕，公羊作「霣」，後同。鷁，穀梁作「鶂」。

○公羊傳：「曷爲先言霣而後言石？霣石記聞，聞其磌然，視之則石，察之則五。曷爲先言六而後言鷁？六鷁退飛，記見也，視之則六，察之則鷁，徐而察之，則退飛。穀梁傳：「君子之於物，無所苟而已。石鷁猶且盡其辭，而況於人乎？」五石、六鷁何以書？記異也。」

○高郵孫氏曰：「書是月，所以別非戊申之日爾。不書日者，所不可知，闕之也。」

○程氏傳：「隕石于宋者，自空凝結而隕。六鷁退飛，倒逆也，必有氣驅之。」杜氏注：「鷁，水鳥。高飛遇風而退。」

○杜氏注：「宋人以爲災，告於諸侯，故書。」劉氏意林曰：「同盟有分災救患之義，故水火兵戎之爲敗則告，告則赴之，赴則弔之，此所待於外者也。奇物妖變之至，則天之所警人。君雖有堯、湯之智，反而責其躬，此無待於外者也。無待於外者，何赴告之有？」

○胡氏傳：「宋人不當告，春秋何以不削乎？聖人因災異以明天人感應之理，而著之於經，垂戒後世，如石隕于宋，書曰『隕石』，此天應之也。和氣致祥，乖氣致異，人事感於下，則天變應於上，苟知其故，恐懼修省，變可消矣。宋襄公以亡國之餘，欲圖霸業，五石隕，六鷁退飛，不自省其德也。後五年有盂之執，又明年有泓之敗，天之示人顯矣，聖人所書之義明矣，可不察哉！」

三月，壬申，公子季友卒。

〇胡氏傳：「季者，其字也；友者，其名也。大夫卒而書名，則曷爲稱字？聞諸師曰：『春秋時，魯卿有生而賜氏者，季友、仲遂是也。』生而賜氏者何？命之世爲卿也。季子忠賢，在僖公有翼戴之勤；襄仲弑逆，在宣公有援立之力。此二君者，不勝私情，欲以異賞報之也，故皆生而賜氏，俾世其官。經於其卒各以氏書者，志變法亂紀之端，貽權臣竊命之禍，其垂戒遠矣。」

〇劉氏傳：「大夫卒稱名。季者，字也。其稱『季友』何？譏世卿。世卿，非禮也。言自是世季氏也。世卿多矣，曷爲獨譏乎此？因其可譏而譏之。此其爲可譏柰何？言是乃逐昭公者也。其諸則宜於此焉正之矣。」

夏，四月，丙申，鄫季姬卒。

〇胡氏傳：「内女嫁於諸侯則尊同，尊同則記其卒，記其卒則必記其葬，然而不記者，此筆削之旨，非可以例求者也。宋共姬在家爲淑女，既嫁爲賢婦，死於義而不回，此行之超絶卓異者，既書其葬，又載其謚。僖公鍾愛季姬，使自擇配，季姬不能自克以禮，恃愛而行，雖書其卒，因奪其葬，所以謹夫婦之道、正人倫之統、明王教之始也。以此防民，猶有嫁殤立廟，舉朝素衣，親臨祖載，如魏明帝之厚其女者。」

秋，七月，甲子，公孫兹卒。

冬，十有二月，公會齊侯、宋公、陳侯、衛侯、鄭伯、許男、邢侯、曹伯于淮。

○左氏傳：「會于淮，謀鄫，且東略也。蘇氏曰：「淮夷病鄫故也。」○師氏曰：「淮夷嘗病杞，而齊侯城緣陵以復杞。今齊侯會諸侯于淮，豈非謀淮夷以杜其後來耶？左氏謂之東略，而穀梁謂之兵車之會，意皆在此。」城鄫，役人病。有夜登丘而呼曰：『齊有亂。』不果城而還。」

○穀梁傳：「兵車之會也。」

○杜氏注：「臨淮郡左右。」

十有七年，春，齊人、徐人伐英氏。

○左氏傳：「齊人爲徐伐英氏，以報婁林之役也。」英，楚與國。

夏，滅項。

○左氏傳：「師滅項。淮之會，公有諸侯之事，未歸，而取項。齊人以爲討，而止公。」

○杜氏注：「項國，汝陰項縣。」

○程氏傳：「滅人之國，罪惡大矣。在君則當諱，故魯滅國書取。滅項，君在會，季孫所爲也，故不諱。」

○胡氏傳：「事有隱諱，臣子施之於君父者也，故鄟、邿、鄫，皆言取。若夫執政之臣，擅權爲惡，而不與之諱，此春秋尊君抑臣，不爲朋黨比周之意也。」

秋，夫人姜氏會齊侯于卞。

○杜氏注：「卞，魯地。」

○左氏傳：「聲姜以公故，會齊侯于卞。」

○陸氏纂例曰：「參譏之。」杜諤評曰：「夫以夫人而會齊侯，雖曰齊之女，非正也。齊侯會之，亦不可。公又不當使往，故趙子謂『參譏之』」。

九月，公至自會。

○左氏傳：「九月，公至。書曰：『至自會。』猶有諸侯之事焉，且諱之也。」

○孫氏曰：「踰三時。」

冬，十有二月，乙亥，齊侯小白卒。

○左氏傳：「齊侯之夫人三：王姬、徐嬴、蔡姬，皆無子。齊侯好內，多內寵，內嬖如夫人者六人：長衛姬生武孟，公子無虧。少衛姬生惠公，鄭姬生孝公，惠公元、孝公昭。葛嬴生昭公，潘。密姬生懿公，商人。宋華子生公子雍。公與管仲屬孝公於宋襄公，以爲大子。雍巫有寵於衛共姬，因寺人貂以薦羞於公，雍人，名巫，即易牙也。亦有寵，公許之立武孟。管仲卒，五公子皆求立。冬，十月，乙亥，齊桓公卒。易牙入，與寺人貂因內寵以殺群吏，而立公子無虧。孝公奔宋。十二月，乙亥，赴。辛巳，夜殯。」六十七日乃殯。

十有八年，春，王正月，宋公、曹伯、衛人、邾人伐齊。公羊作「宋公會」云云。

○左氏傳：「宋襄公以諸侯伐齊。納孝公。三月，齊人殺無虧。以説宋。」

○穀梁傳：「非伐喪也。」伐喪無道，故責之。

○劉氏傳：「伐齊，以納公子昭也。伐齊以納公子昭，則何以不曰『納齊公子昭于齊』？不與納也。曷爲不與納？諸侯失國，諸侯納之，正也。有其實者居其名，無其實者不得居其名；有其名者亨其功，無其名者不得亨其功。納公子昭，非正也。」意林曰：「宋襄有憂中國之心、霸天下之意，而道不足也，故合諸侯、舉大衆，不務率義而先爲不正，以矜其力，此其所以無成功也。凡人之情，以謂仁有置、武有置，仁置德、武置服，自公孫枝而有此言，是故莫勉於爲正，而皆勉於爲不正，此乃其所以失也。秦穆、宋襄既不遂霸，而臧武仲又因以奔其身。吾以此觀之，順事恕施，王事之始也。」

夏，師救齊。

○穀梁傳：「善救齊也。」胡氏傳：「伐齊之喪，奉少奪長，其罪大，故其責詳。書『師救齊』者，善魯也。救者善，則伐者惡矣。」

五月，戊寅，宋師及齊師戰于甗，齊師敗績。

○左氏傳：「齊人將立孝公，不勝，四公子之徒遂與宋人戰。夏，五月，宋敗齊師于甗，立孝公而還。」

○泰山孫氏曰：「春秋伐者爲客，受伐者爲主。以宋主齊者，不與宋襄伐齊也。宋襄伐人之喪，擅易人之主，甚矣。」

○程氏傳：「『宋及』，曲在宋也，奉少以奪長，其罪大矣。齊師敗績書『敗』，責齊臣也。」

○胡氏傳：「或曰：齊桓公、管仲嘗屬孝公於宋襄公，以爲世子矣，則何以不可立乎？曰：不能制命，雖天王欲撫鄭伯以從楚，春秋猶以大義裁之，而不與也。桓公君臣乃欲以私愛亂長幼之節，其可哉？獨不見宣王與仲山甫爭魯侯戲、括之事，其後如之何也？春秋深罪宋公，大義明矣。」

狄救齊。

○穀梁傳：「善救齊也。」

○胡氏傳：「書『狄救齊』者，許夷狄也，許夷狄，則罪中夏矣。許之曷爲不稱人？深著中國諸侯之罪也。」

○襄陵許氏曰：「桓公攘服夷狄，雖恃兵力，亦以禮讓恩信能結其心。觀狄之救、楚之盟，有以見公之遺烈矣。」

秋，八月，丁亥，葬齊桓公。杜氏云：「八月無丁亥日。」

○杜氏注：「十一月而葬，亂故。」

○胡氏傳：「桓公九合諸侯，不以兵車，威令加乎四海，幾於改物，雖名方伯，實行天子之事。然而不能謹終如始，付託非人，柩方在殯，四鄰謀動其國家而莫之恤，至於九月而後葬，以此見功利之在人淺矣。春秋明道正義，不急近功，不規小利，於齊桓、晉文之事，有所貶而無過褒以此。」

冬，邢人、狄人伐衛。

○左氏傳：「邢人、狄人伐衛，圍菟圃。衛侯以國讓父兄子弟，乃朝衆，曰：『苟能治之，燬請從焉。』衆不可，而後師于訾婁。衛邑。狄師還。」

○穀梁傳：「狄其稱人何？伐衛，所以救齊也，功近而德遠矣。」

○高郵孫氏曰：「衛嘗見滅於狄，而齊桓封之。齊桓死未逾年，而衛人與諸侯伐之。邢人自以復存者桓公也，於是不忍齊之見伐而衛之無恩也，與狄人伐之。春秋書曰『邢人、狄人伐衛』。中國則夷狄矣，而狄則人焉。稱之曰『人』，所以見中國之亂，人理泯亡，而夷狄爲人也。」

十有九年，春，王三月，宋人執滕子嬰齊。

○左氏傳：「宋人執滕宣公。」

○胡氏傳：「執之是非，決於稱人與稱爵；而見執者，則以名與不名，知其罪之在也。」

○孫氏經社曰：「齊桓之盛獎大，王室尊强，中國置之安地，雖江、黄之遠，猶能斂衽向盟。而滕之微弱，由幽盟之後，凡三十七年，有兵車衣裳之會，而未嘗列其間。至殁之後，又不能尊事大國，以取其執，僅不亡滅。春秋以爲滕之危弱甚矣，故以名罪之。宋公藉桓公之後，非有大義來服諸侯，反肆己之彊，一會而虐二國之君，以陵轢諸夏，春秋以爲宋公之彊暴甚矣，故以人退之。夫以危弱不可以保國，非正也；强暴不可以綏衆，亦非正也。春秋不以不正治不正，此其所以人宋而名滕子也。」胡氏傳：「滕既有罪，宋何以稱人？不得爲霸討乎？執雖以罪，不歸于京師，則稱人，惡其專也。歸于京師而執非其罪，則稱人，惡其濫也。」

夏，六月，宋公、曹人、邾人盟于曹南。宋公，公羊作「宋人」。

○劉氏傳：「曹南者何？曹之南也。曹人在焉，其曰『曹南』何？君不出而大夫行，故曰『曹南』也。」

鄫子會盟于邾。己酉，邾人執鄫子用之。

○左氏傳：「宋公使邾文公用鄫子于次睢之社，欲以屬東夷。司馬子魚曰：『古者六畜不相爲用，小事不用大牲，而況敢用人乎？祭祀，以爲人也。民，神之主也。用人，其誰饗之？齊桓公存三亡國以屬諸侯，義士猶曰薄德。今一會而虐二國之君，又用諸淫昏之鬼。將以求霸，不亦難乎？』」

○公羊傳：「其言會盟何？後會也。」蘇氏曰：「鄫子不及曹南之盟，諸侯既罷，而會之於邾，故書曰『會盟于邾。』」

○蘇氏曰：「宋公使邾文公用鄫子于次睢之社，欲以屬東夷。然春秋書邾人而不及宋，何也？諸侯之尊，善惡可以專之，非人之所得使也。邾以諸侯而聽命於宋，以行不義，是以專罪邾也。若宋公之罪，則不待貶而見矣。」本杜氏說。

○高郵孫氏曰：「邾、鄫，世讎之國。宣十八年又戕鄫子于鄫。邾、鄫皆小國，其相讎之迹，不能悉見於經，惟其無道之甚者記之爾。」

秋，宋人圍曹。

○左氏傳：「宋人圍曹，討不服也。子魚言於宋公曰：『文王聞崇德亂而伐之，軍三旬而不降，退修教而復伐之，因壘而降。詩曰：「刑于寡妻，至于兄弟，以御于家邦。」今君德無乃猶有所闕，而以伐人，若之何？盍姑内省德乎？無闕而後動？』」

○胡氏傳：「盟于曹南，口血未乾，今復圍曹者，討不服也。愛人不親反其仁，治人不治反其智。襄公不能内自省德，而急於合諸侯。執嬰齊非伯討，不足以示威；盟曹南非同志，不足以示信。卒於兵敗身傷，不知反求諸己，欲速見小利之過也。漢景削七國而吴、楚叛，東都疾横議而黨錮興，唐文宗切於除姦而訓注用。故子夏爲莒父宰，問政，子曰：『無欲速，無見小利。欲速則不達，見小利則大事不成。』經書襄公不越數端，而知其操心之若此者。仲尼筆削，推見至隱，如化工賦像，并其情不得遯焉，非特畫筆之肖其形耳。故春秋者，化工也，非畫筆也。」

衛人伐邢。

○左氏傳：「衛人伐邢，以報菟圃之役。」

冬，會陳人、蔡人、楚人、鄭人盟于齊。公羊「會」上有「公」字。

○左氏傳：「陳穆公請修好於諸侯，以無忘齊桓之德。冬，盟于齊，脩桓公之好也。」

○杜氏注：「地於齊，齊亦與盟。」

○何氏注：「楚與此盟，是後遂得中國，霍之會，執宋公。」

○胡氏傳：「盟會，皆君之禮也。微者盟會，不志于春秋。凡所志者，必有君與貴大夫居其間也。然則爲此盟者，乃公與陳、蔡、楚、鄭之君或其大夫矣。曷爲内則没公，外則人諸侯與其大夫？諱是盟也。楚人之得與中國會盟，自此始也。莊公十年荆敗蔡師，始見于經。其後入蔡伐鄭，皆以號舉，夷狄之也。僖公元年改而稱楚，經亦書人，於是乎浸彊矣。然終桓公世，皆止書人，而不得與中國盟會者，以齊脩霸業，能制其彊故也。桓公既没，中國無霸，鄭伯首朝于楚，其後遂爲此盟。故春秋没公，人陳、蔡諸侯，而以鄭列其下，蓋深罪之也。又二年復盟于鹿上，至會于盂，遂執宋公以伐宋，而楚於是乎大張，列位於陳、蔡之上而書爵矣。聖人書此，豈與之乎？所以著夷狄之彊，傷中國之衰，莫能抗也。故深諱此盟，一以外夷狄，二以惡諸侯之失道，三以謹盟會之始也。」

梁亡。

○左氏傳：「梁亡，不書其主，自取之也。初，梁伯好土功，亟城而弗處，前年傳曰：「梁伯益其國而不能實也，命曰新里。秦取之。」今年春，遂城而居之。○杜氏注：「多築城邑，而無民以實之。」故爲秦所取。民罷而不堪，則曰：『某寇將至。』乃溝公宫溝塹，曰：『秦將襲我。』民懼而潰，秦遂取梁。」

○公羊傳：「此未有伐者，其言梁亡何？自亡也。其自亡柰何？魚爛而亡也。何氏注：「魚爛自内發。」○胡氏傳：「梁本侯國，魚爛而亡，何哉？易曰：『天行健，君子以自彊不息。』古者諸侯朝修其業令，晝考其國職，夕省其典刑，夜儆百工，無使慆淫，而後即安。故克勤于邦，荒度土功者，禹也；慄慄危懼，檢身若不及者，湯也；自朝至于日中昃，不遑暇食，用咸和萬民者，文王也。凡有國家者，土地雖廣，人民雖衆，兵甲雖多，城郭雖固，而不能自强於政治，則日危月削，如火銷膏，以至滅亡而莫覺也，而況好土功、輕民力、湎於酒、淫於色、心昏而出惡政者乎？其亡可立而持矣。」

○穀梁傳：「自亡也。湎於酒，淫於色，心昏耳目塞，上無正長之治，大臣背叛，民爲寇盜。梁亡，自亡也。如加力役焉，湎不足道也。如書伐而滅亡，則淫湎不足記。著其自亡，然後其惡明。梁亡，鄭棄其師，我無加損焉，正名而已矣。梁亡，出惡正也。正謂政教。鄭棄其師，惡其長也。」

○微旨：「淳聞於師曰：梁伯亟用其人，自取滅亡，其罪當矣。秦人肆其彊暴，取人之國，没而不書，其義安在？曰：乘人之危，其惡易見也；滅人之國，其罪易知也；自取滅亡，其意微矣。春秋之作，聖人所以明微也。」

春秋卷第九

春秋卷第十

僖公

二十年，春，新作南門。

○穀梁傳：「作，爲也，有加其度也。言新，有故也，非作也。南門者，法門也。」

○杜氏注：「魯城南門也，本名稷門。僖公更高大之，今猶不與諸門同，改名高門。」

○胡氏傳：「言新者，有故也。言作者，創始也。其曰『南門』者，南非一門也。庫門，天子皐門；雉門，天子應門。書『新作南門』，譏用民力於所不當爲也。魯人爲長府，閔子騫曰：『仍舊貫，如之何？何必改作？』孔子曰：『夫人不言，言必有中。』春秋凡用民力，得其時制者，猶書于策，以見勞民爲重事，而況輕用於所不當爲者乎？然僖公嘗修泮宫，復閟宫矣，奚斯董其役，史克頌其事，而經不書者，宫廟以事其祖考，學校以教國之子弟，二者爲國之先務，雖用民力，不可廢也，其垂戒之意深矣！」

夏，郜子來朝。

○杜氏注：「郜，姬姓國。」

五月，乙巳，西宮災。

○公羊傳：「西宮者何？小寢也。小寢則曷爲謂之西宮？有西宮則有東宮矣。魯子曰：『以有西宮，亦知諸侯之有三宮也。』西宮災，何以書？記災也。」

鄭人入滑。

○左氏傳：「滑人叛鄭而服於衛，夏，鄭公子士、洩堵寇帥師入滑。」

秋，齊人、狄人盟于邢。

○左氏傳：「齊、狄盟于邢，爲邢謀衛難也。於是衛方病邢。」

○穀梁傳：「邢爲主焉爾。邢小，其爲主，何也？其爲主乎救齊。」何氏注：「狄稱人者，能常與中國也。」

冬，楚人伐隨。

○左氏傳：「隨以漢東諸侯叛楚。冬，楚鬬穀於菟伐隨，取成而還。」

○襄陵許氏曰：「楚既服隨，則將爭衡於上國矣。而宋欲盟之，其能詘乎！」

二十有一年，春，狄侵衛。

○襄陵許氏曰：「中國無霸，則諸侯力攻，四夷衡決。民被其災。此書伐衛、伐邢、入滑、伐隨、侵衛，著無霸之急也。」

宋人、齊人、楚人盟于鹿上。

○左氏傳：「宋襄公欲合諸侯，臧文仲聞之，曰：『以欲從人則可，以人從欲鮮濟。』春，宋人爲鹿上之盟，以求諸侯於楚，楚人許之。公子目夷曰：『小國爭盟，禍也。宋其亡乎？幸而後敗』」。

○杜氏注：「鹿上，宋地。汝陰有原鹿縣。宋爲盟主，故在齊人上。」

夏，大旱。

○左氏傳：「大旱，公欲焚巫尪。臧文仲曰：『非旱備也！修城郭，貶食省用，務穡勸分，此其務也。巫尪何爲？天欲殺之，則如勿生，若能爲旱，焚之滋甚。』公從之。」

○公羊傳：「何以書？記災也。」

秋，宋公、楚子、陳侯、蔡侯、鄭伯、許男、曹伯會于盂。公羊作「霍」，穀梁作「雩」。執宋公以伐宋。

○左氏傳：「諸侯會宋公于盂。子魚曰：『禍其在此乎！君欲已甚，其何以堪之？』於是楚執宋公以伐宋。」

○公羊傳：「宋公與楚子期以乘車之會，公子目夷諫曰：『楚，夷國也，彊而無義，請君以兵車之會往。』宋公曰：『不可。吾與之約以乘車之會，自我爲之，自我墮之，曰不可。』終以乘車之會往。楚人果伏兵車，執宋公以伐宋。」

○微旨：「趙氏曰：『此楚執耳，其以諸侯執之之辭書何？以南面之君，兵馬非不多也，力非不足也，而聽蠻夷之君執辱盟主，故譏之。』」程氏傳：「宋率諸侯爲會，蠻夷執會主而諸侯莫違，故以同執書之。」○胡氏傳：「不言執之，分惡於諸侯也。夫以楚之强，豈能勝秦五國之衆，何弱於趙？然澠池之會，藺相如一奮其氣，威信敵國，秦雖虎狼，猶不敢動，况以五國之君而不能得志於荆楚乎？宋以乘車之會往，而楚伏兵車以執之，則宋直楚曲，其義已明。雖以匹夫自反而縮，猶不可耻，矧南面之君也哉！其不勇於義甚矣。」

○胡氏傳：「春秋爲賢者諱，宋公見執，不少隱之，何也？夫盟主者，所以合天下之諸侯，攘夷狄、尊王室者也。宋公欲繼齊桓之烈，而與楚會盟，豈攘夷狄、尊王室之義乎？故人宋公於鹿上之盟，而盂之會直書其事而不隱，以深貶之。」趙氏曰：「宋公德不足懷，慮不及遠，而求諸侯，以及於難，故罪之。」

冬，公伐邾。

○杜氏注：「爲邾滅須句故。」

楚人使宜申來獻捷。

○公羊傳：「此楚子也，其稱人何？貶。曷爲貶？爲執宋公貶。」

○穀梁傳：「捷，軍得也。其不言『宋捷』，何也？不與楚捷於宋也。」

○胡氏傳：「不曰『來獻宋捷』，爲魯諱也。諸侯從楚伐宋，而魯獨不與，故楚來獻捷以脅魯。爲魯計者，拒其使而不受可也，請於天王而討之可也。宋公先代之後，作賓王家，方修盟會，而伏兵車，執之於壇坫之上，又以軍獲遺獻諸侯，其横逆甚矣，拒其使而不受，聲其罪以致討，不患無辭。魯於是時，曾不能申大義，以攘荆楚、尊中國，故不曰『宋捷』，爲魯諱之也。」

十有二月，癸丑，公會諸侯盟于薄，釋宋公。

○左氏傳：「會于薄以釋之。子魚曰：『禍猶未也，未足以懲君。』」

○穀梁傳：「會者，外爲主焉爾。不言楚，不與楚專釋之。」

○胡氏傳：「書『盟于薄，釋宋公』者，宋方主會，而蠻夷執而伐之，以其俘獲來遺，是夷狄反爲中國主，禽獸將逼人而食之矣，此正天下之大變，春秋之所謹也。魯既不能申大義以抑彊暴，使宋公見釋出自天王與中國，而顧與歃血要言，求楚子以釋之，是操縱大權自蠻夷出，其事已傎甚矣。故書會、書盟、書釋，皆不言楚子，爲魯諱也。」

○蘇氏曰：「宋公不言歸而言釋，以爲執之、釋之皆在諸侯也。若是，而尚可以求諸侯乎？」

二十有二年，春，公伐邾，取須句。公羊作「朐」。

○左氏傳：「任、宿、須句、顓臾，風姓也，實司大皞與有濟之祀，太皞，伏羲也。四國，伏羲之後，故主其祀。任，今任城縣也。顓臾在太山南武陽縣東北。須句在東平須昌縣西北。四國封近濟，故世祀之。以服事諸夏。邾人滅須句，須句子來奔，因成風也。成風爲之言於公曰：『崇明祀，保小寡，周禮也；蠻夷猾夏，周禍也。邾雖曹姓，迫近戎狄，雜用夷禮。若封須句，是崇皞、濟而修祀，紓禍也。』春，伐邾，取須句，反其君焉。」

○胡氏傳：「審如左氏之傳，則公固得崇明祀、保小寡之禮，何以書『取』乎？不請於王命，而專爲母家報怨，謀動干戈於邦内，擅取人國而反其君，以亂易亂，非所以爲禮也，與收奪者無以異矣。」

夏，宋公、衛侯、許男、滕子伐鄭。

○左氏傳：「鄭伯如楚。夏，宋公伐鄭。子魚曰：『所謂禍在此矣。』」

○泰山孫氏曰：「鄭即楚故也。按莊十六年荆伐鄭，二十八年荆伐鄭；僖元年楚人伐鄭，二年楚人侵鄭，三年楚人伐鄭，鄭不即楚。而此即者，齊桓既死，宋襄不能與楚伉也。」

秋，八月，丁未，及邾人戰于升陘。

○左氏傳：「邾人以須句故出師。公卑邾，不設備而禦之。臧文仲曰：『國無小，不可易也。無備，雖衆不可恃也。詩曰：「戰戰兢兢，如臨深淵，如履薄冰。」又曰：「敬之敬之，天維顯思，命不易哉！」先王之明德，猶無不難也，無不懼也，況我小國乎！君其無謂邾小，蠭蠆有毒，而況國乎？』弗聽。八月，丁未，公及邾師戰于升陘，我師敗績。邾人獲公胄，縣諸魚門。」

○杜氏注：「升陘，魯地。」

○程氏傳：「公戰也。」

○穀梁傳：「内諱敗，舉其可道者也。不言『及之』者，爲内諱也。」

○胡氏傳：「記稱『復之以矢，蓋自戰于升陘始也』。魯既敗績，邾亦幾亡，輕用師徒，害及兩國，亦異於禁暴誅亂之兵矣，故諱不言公，而書『及』，内以諱爲貶。」

冬，十有一月，己巳，朔，宋公及楚人戰于泓，宋師敗績。

○左氏傳：「楚人伐宋以救鄭。宋公將戰，大司馬固諫曰：『天之棄商久矣，君將興之，不可赦也已。』弗聽。冬，十一月，己巳，朔，宋公及楚人戰于泓。宋人既成列，楚人未既濟。司馬曰：『彼衆我寡，及其未既濟也，請擊之。』公曰：『不可。』既濟而未成列，又以告。公曰：『未可。』既陳而後擊之，宋師敗績。公傷股，門官殲焉。國人皆咎公。公曰：『君子不重傷，不禽二毛。古之爲軍也，不以阻隘也。寡人雖亡國之餘，不鼓不成列。』子魚曰：『君未知戰，勍敵之人隘而不列，天贊我也。阻而鼓之，不亦可乎？猶有懼焉。且今之勍者，皆吾敵也，雖及胡耇，獲則取之，何有於二毛？明耻教戰，求殺敵也，傷未及死，如何勿重？若愛重傷，則如勿傷；愛其二毛，則如服焉。』」

○劉氏傳：「戰而言及之者，主之者也。猶曰宋公爲志乎爲此戰也云爾。」

○穀梁傳：「責宋襄也。泓之戰，以爲復雩之耻也。雩之耻，襄公有以自取之。伐齊之喪，執滕子，圍曹，爲雩之會。不顧其力之不足，而致楚成王，成王怒而執之。故曰：『禮人不答反其敬，愛人而不親反其仁，治人不治反其知。過而不改，又之，是之謂過。』襄公之謂也。古者被甲嬰冑，非以興國也，則以征無道也，豈曰以報其耻哉？」

○胡氏傳：「泓之戰，宋襄公不阨人於險，不鼓不成列，先儒以謂『至仁大義，雖文王之戰，不能過也』，而春秋不與，何哉？物有本末，事有終始，順事恕施者，王政之本也。襄公伐齊之喪，奉少奪長，使齊人有殺無虧之惡，有敗績之傷，此晉獻公之所以亂其國者，罪一也；桓公存三亡國以屬諸侯，義士猶曰薄德，而一會虐二國之君，罪二也；曹人不服，盍姑省德無闕然後動，而興師圍之，罪三也。凡此三者，不仁非義，襄公敢行，而獨愛重傷與二毛，則亦何異盜跖之以分均出後爲仁義，仲子以避兄離母居於陵爲廉乎？夫計末遺本，飾小名妨大德者，春秋之所惡也，故辭繁不殺，而宋公書『及』，以深貶之也。」意林曰：「宋襄公不阨人於險，不鼓不成列，此天下之所謂仁義。而春秋惡之，以其好戰而不務本，飾小名而妨大德，此無異盜跖之以分均爲仁，出後爲義也。君子不然。正其義不謀其利，修其道不急其功。子夏爲莒父宰，問政於孔子。孔子曰：『無欲速，無見小利。』所謂欲速者，遺本也。所謂小利者，計末也。」○師氏曰：「宋襄非王者之德而慕王者之兵，無霸者之術而貪霸者之業。志大謀淺，妄意要功，以自取敗。觀其敗齊師、執滕子、圍曹、伐鄭，連年暴師毒民以逞其欲，其於仁義蓋亦遠矣。及戰于泓，方且以不禽二毛、不以阻隘爲辭，則區區之意不足以濟事，而適足以自敗矣。」

○師氏曰：「楚人稱人，惡夷狄也。」蘇氏曰：「宋公被執、見釋，猶列諸侯，楚以夷狄而干諸夏，故泓之戰雖曲在宋，而春秋辭無所予。」

二十有三年，春，齊侯伐宋，圍緡。穀梁作「閔」。

○左氏傳：「齊侯伐宋，圍緡，以討其不與盟于齊也。」

○公羊傳：「邑不言圍，此其言圍何？疾重故也。」

○泰山孫氏曰：「楚人敗宋于泓，齊侯視之不救，而又加之以兵，故伐、圍並書，以誅其惡。」胡氏傳：「或曰：然則桓公伐鄭，圍新城，何以不爲貶乎？鄭與楚合，憑陵中國，桓公伐之，攘夷狄也；宋與楚戰，兵敗身傷，齊侯伐之，殘中夏也。其事異矣，美惡不嫌於同辭。」

○杜氏注：「緡，宋邑。」

夏，五月，庚寅，宋公兹父卒。兹，公羊作「慈」。

○左氏傳：「宋襄公卒，傷於泓故也。」

秋，楚人伐陳。

○左氏傳：「楚成得臣帥師伐陳，討其貳於宋也。遂取焦、夷，城頓而還。」

○余氏曰：「楚連得志於宋，故又伐陳者，以其貳於宋也。」

冬，十有一月，杞子卒。

○左氏傳：「杞成公卒。書曰子，杞，夷也。」杜氏注：「杞入春秋稱侯，莊二十七年經稱伯，至此用夷禮，貶稱子。成公始行夷禮以終其身，故於其終貶之。」○胡氏傳：「春秋黜陟諸侯爵次，以見褒貶，不亂名實乎？曰：春秋固天子之事也，而尤謹於華夷之辨。中國之所以爲中國，以禮義也。一失則爲夷狄，再失則爲禽獸，人道滅矣。魯桓篡弒，滕首朝之，貶而稱子，治其黨也。夷不亂華，成公變之，貶而稱子，存諸夏也。」

二十有四年，春，王正月。

夏，狄伐鄭。

○左氏傳：「鄭之入滑也，滑人聽命。師還，又即衛。鄭公子士、洩堵俞彌帥師伐滑。王使伯服、游孫伯如鄭請滑。鄭伯怨惠王之入而不與厲公爵也，又怨襄王之與衛、滑也，故不聽王命而執二子。王怒，將以狄伐鄭。富辰諫曰：『不可。臣聞之，大上以德撫民，其次親親以相及也。昔周公弔二叔之不咸，故封建親戚，以藩屏周。管、蔡、郕、霍、魯、衛、毛、聃、郜、雍、曹、滕、畢、原、酆、郇，文之昭也。邘、晉、應、韓，武之穆也。凡、蔣、邢、茅、胙、祭，周公之胤也。召穆公思周德之不類，故糾合宗族于成周而作詩，曰：「常棣之華，鄂不韡韡，凡今之人，莫如兄弟。」其四章曰：「兄弟鬩于牆，外禦其侮。」如此，則兄弟雖有小忿，不廢懿親。今天子不忍小忿，以棄鄭親，其若之何？庸勳，親親，暱近，尊賢，德之大者也。即聾，從昧，與頑，用嚚，姦之大者也。棄德從姦，禍之大者也。鄭有平、惠之勳，又有厲、宣之親，棄嬖寵而用三良，於諸姬爲近，四德具矣。耳不聽五聲之和爲聾，目不別五色之章爲昧，心不則德義之經爲頑，口不道忠信之言爲嚚，狄皆則之，四姦具矣。周之有懿德也，猶曰「莫如兄弟」，故封建之。其懷柔天下也，猶懼有外侮。扞禦侮者莫如親親，故以親屏周。召穆公亦云。今周德既衰，於是乎又渝周、召以從諸姦，無乃不可乎？民未忘禍，王又興之，其若文、武何？』王弗聽，使頹叔、桃子出狄師。夏，狄伐鄭，取櫟。」

○襄陵許氏曰：「近世如唐、晉，資夷狄之力以定中國，皆卒爲禍。蓋不講於春秋戒周襄之所以出也。」

秋，七月。

冬，天王出居于鄭。

○左氏傳：「王德狄人，將以其女爲后。富辰諫曰：『不可，臣聞之：「報者倦矣，施者未厭。」狄固貪惏，王又啟之，女德無極，婦怨無終，狄必爲患。』王又弗聽。初，甘昭公有寵於惠后，惠后將立之，未及而卒。昭公奔齊，王復之，又通於隗氏。王替隗氏。頹叔、桃子曰：『我實使狄，狄其怨我。』遂奉大叔，以狄師攻王。王御士將禦之，王曰：『先后其謂我何？寧使諸侯圖之。』王遂出。及坎欿，國人納之。秋，頹叔、桃子奉大叔，以狄師伐周，大敗周師，獲周公忌父、原伯、毛伯、富辰。王出適鄭，處于氾。大叔以隗氏居于温。二十五年，秦伯師于河上，將納王。狐偃言於晉侯曰：『求諸侯，莫如勤王。』晉侯辭秦師而下。三月，甲辰，次于陽樊。右師圍温，左師逆王。夏，四月，丁巳，王入于王城，取大叔于温，殺之於隰城。」

○穀梁傳：「天子無出，出，失天下也。王者無外，言出，則有外之辭。居者，居其所也。雖失天下，莫敢有也。」雖實出奔，而王者無外，王之所居，則成王畿，鄭不敢有之以爲國。

○常山劉氏曰：「春秋之時，王者政令僅行於境内，才出畿内，即非王有，故曰『出』。聖人撥亂反正，則曰『普天之下，莫非王土』，故曰『居』。」陸氏纂例曰：「天子以天下爲家，故不言出。襄王獨書出者，自絶天位，始居于鄭，猶君出四海之外。然王者至尊，雖外皆曰居。諸侯奔在境内亦曰居。皆言猶居其地，但不得其所耳。」

○胡氏傳：「自周無出，特書曰『出』者，言其自取之也。夫鄭伯不王，固有罪矣，襄王不知自反，念其制命之未順也。忍小忿，暱懿親，以扞外侮，而棄德崇姦，遂出狄師，用夷制夏，如木之植，拔其本也，不亦傎乎！王者以天下爲家，京師爲室，而四方歸往，猶天之無不覆也。東周降于列國，既不能家天下矣，又毁其室而不保，則是寄生之君爾，貶而書出，以爲後戒。唐資突厥之兵以代隋，而世有戎狄之禍；晉藉契丹之力以取唐，而卒有播遷之辱。許翰以謂『不講於春秋戒襄王之所以出』，其言信矣，而華夷之辨，可不謹夫！居者，宅其所有之稱。出而曰居者，若曰『普天之下，莫非王土』，撥亂反正〔二〕，存天理之意也。」

晉侯夷吾卒。

〔二〕正，底本作「王」，據春秋胡氏傳改。

○左氏傳：「晉惠公卒。公子重耳之及於難也，奔狄，從者狐偃、趙衰、顛頡、魏武子、司空季子。處狄十二年而行。過衛，衛文公不禮焉。及齊，齊桓公妻之。及曹，曹共公聞其駢脅，欲觀其裸。浴，薄而觀之。及宋，宋襄公贈之以馬二十乘。及鄭，鄭文公亦不禮焉。及楚，楚子饗之，曰：『公子若反晉國，則何以報不穀？』對曰：『以君之靈，得反晉國，晉、楚治兵，遇於中原，其避君三舍。若不獲命，其左執鞭弭、右屬櫜鞬，以與君周旋。』乃送諸秦。二十四年，春，正月，秦伯納之，不書，不告入也。壬寅，公子入于晉師。丙午，入于曲沃。丁未，朝于武宮。戊申，使殺懷公于高梁。不書，亦不告也。」徐邈曰：「諸侯有赴告之命，所以厚交好、通憂虞，若鄰國相望而情志否滿不通，存亡禍福不以相關，則他國之史無由得書。故告命之事絶，則記註之文缺，此蓋內外相與之常也。魯政雖陵遲，而典刑猶存，史册所録不失常法，其文獻足證。故孔子因而修之，事仍本史而辭有損益，所以成詳略之例，起褒貶之意。若夫可以寄微旨而通王道者，存乎精義窮理，不在記事之多少，此蓋脩春秋之本旨也。晉自莊公以前，不書于經，又不言文公之入，誠當有不告，故不書也。」

二十有五年，春，王正月，丙午，衛侯燬滅邢。

○左氏傳：「衛人將伐邢，禮至曰：『不得其守，國不可得也。我請昆弟仕焉。』乃往，得仕。二十五年，衛人伐邢，二禮從國子巡城，掖以赴外，殺之。正月，丙午，衛侯燬滅邢。」

○穀梁傳：「燬之名何也？不正其伐本而滅同姓也。」常山劉氏曰：「春秋滅國多矣，惟衛燬滅邢而生名之者，滅同姓也。禮，諸侯不生名，失地、滅同姓名，以絶先祖之裔、蔑骨肉之恩，故生以匹夫稱之，示王法不容誅也。」

夏，四月，癸酉，衞侯燬卒。

宋蕩伯姬來逆婦。

○杜氏注：「伯姬，魯女，爲宋大夫蕩氏妻也。自爲其子來逆婦。」

○劉氏傳：「婦人不專行。姼無爲婦，逆者，宋蕩伯姬來逆婦，非禮也。然則何以書？公之自主之也。諸侯嫁子於大夫，主大夫以與之，公之自主之，非禮也。」

○意林曰：「伯姬之嫁也，固不見經。今其來也，且何爲見經？吾以此觀之，内女雖親，體不敵則不書於策。不書於策，所以尊君也。今君失其禮，以愛易典，王大夫之婚。是自卑朝廷而慢宗廟，非安上治民之節也。」

宋殺其大夫。

○泰山孫氏曰：「稱國以殺，不以其罪也。不稱名氏者，與莊公二十六年『曹殺其大夫』義同。」

秋，楚人圍陳，納頓子于頓。

○常山劉氏曰：「凡歸、入而言自某者，但挾彼國之勢，而其重在於歸、入之人。凡書『納』者，其重則專在於納之者矣。蓋王政不綱，天下大亂。國君、世子、大夫歸復廢立，不由天子之命，唯諸侯之彊有力者專之。皆非所謂『天吏』而擅命興師，概有罪焉。然罪惡淺深，則又各存乎其文矣。頓子迫于陳而出奔，故楚人圍陳以納之。」

○胡氏傳：「圍陳，納頓子也。納之者，不與納也。諸侯失國，諸侯納之，正也，何以不與乎？夫陳先代之後，不能以禮安靖鄰國，保恤寡小，中國諸侯又不能修方伯連帥之職，而使楚人納之，是夷狄仗義正諸夏也，故書『楚人圍陳，納頓子于頓。』真責中國深矣，此亦正本自治之意也。」

葬衛文公。

冬，十有二月，癸亥，公會衛子、莒慶，盟于洮。

○左氏傳：「衛人平莒于我。十二月，盟于洮，脩衛文公之好，且及莒平也。」魯、莒元年有酈之怨。

○杜氏注：「洮，魯地。」

○纂例曰：「子，在喪之稱。」

○辨疑：「趙子曰：『凡以事接於魯，雖非命卿，皆書名。』」

二十有六年，春，王正月，己未，公會莒子、衛甯速，盟于向。

○左氏傳：「公會莒兹丕公、甯莊子盟于向，尋洮之盟也。」

○杜氏注：「向，莒地。」

○師氏曰：「譏屢盟也。」

齊人侵我西鄙。公追齊師至酅，弗及。酅，公羊作「巂」。

○左氏傳：「齊師侵我西鄙，討是二盟也。」

○穀梁傳：「弗及者，弗與也。可以及而不敢及也。其侵也，曰人；其追也，曰帥。以公之弗及，大之也。弗及，内辭也。」

○杜氏注：「酅，齊地，濟北穀城縣而有地名酅下。」

○劉氏傳：「追之者何？遂之也。其言弗及何？弗及者，遷辭也，爲畏其弗敢及，若不及然。」意林曰：「所謂弗及者，非弗能及也，弗敢及也。寇至不能禦，夫又不敢，乃是舉百姓而棄之者也，豈爲民父母之道哉？於是乃使公子遂，遂乞師於楚，以自防耳。從此揆之，其持國之術，所失者多矣。」

○蘇氏曰：「侵曰人，追曰師，不可言公追齊人故也。」

夏，齊人伐我北鄙。

○左氏傳：「夏，齊孝公伐我北鄙。公使展喜犒師，使受命于展禽。齊侯未入境，展喜從之，曰：『寡君聞君親舉玉趾，將辱於敝邑，使下臣犒執事。』齊侯曰：『魯人恐乎？』對曰：『小人恐矣，君子則否。』齊侯曰：『室如懸磬，野無青草，何恃而不恐？』對曰：『恃先王之命。昔周公、大公股肱周室，夾輔成王。成王勞而賜之盟，曰：「世世子孫，無相害也！」載在盟府，大師職之。桓公是以糾合諸侯而謀其不協，彌縫其闕而匡救其災，昭舊職也。及君即位，諸侯之望曰：「其率桓之功。」我敝邑用不敢保聚，曰：「豈其嗣世九年而棄命廢職，其若先君何？君必不然。』恃此以不恐。」齊侯乃還。」

○師氏曰：「於春侵魯，而夏又伐之，尋怨勞民，以逞其志。書之曰人，以微之也。」

衛人伐齊。

○左氏傳：「衛人伐齊，洮之盟故也。」

公子遂如楚乞師。

○左氏傳：「東門襄仲、臧文仲如楚乞師。臧孫見子玉而道之伐齊、宋，以其不臣也。」言其不臣事周室，可以此罪責而伐之。

○公羊傳：「乞者何？卑辭也。曷爲以外內同若辭？重師也。曷爲重師？師出不正反，戰不正勝也。」穀梁傳：「乞，重辭也。何重焉？重人之死也，非所乞也。師出不必反，戰不必勝，故重之也。」○趙氏曰：「天子在上，而諸侯自相請師，非禮也。穀梁釋乞字之義而不言大意，故辨之。」

○泰山孫氏曰：「齊再伐我，故公子遂如楚乞師。夫國之大小，師之衆寡，皆有王制，不可乞也。書者，惡魯不能内修戎備，而外乞師于夷狄。」

○胡氏傳：「衛人報德以怨，伐齊之喪，助少陵長，又遷怒于邢而滅其國，不義甚矣。公既與其君盟于洮，又與其臣盟于向，是黨衛也，故齊人既侵其西，又伐其北。齊師固亦非義矣，而僖公不能省德自反，深思遠慮，計安社稷，乃乞楚師，與齊爲敵，是以蠻夷殘〔二〕中國也，於義可乎？其書『公子遂如楚乞師』，惡自見矣。」

秋，楚人滅夔，以夔子歸。公羊「夔」作「隗」。

○左氏傳：「夔子不祀祝融與鬻熊。楚人讓之，對曰：『我先王熊摯有疾，鬼神弗赦而自竄于夔。吾是以失楚，又何祀焉？』楚成得臣、鬬宜申帥師滅夔，以夔子歸。」

○杜氏注：「夔，楚同姓國，今建平秭歸縣。」

○胡氏傳：「春秋滅國，以其君歸，無有不名者，而夔何以獨不名？諸侯之祀，無過其祖者，而夔祖熊摯，是不得祀祝融、鬻熊也。而楚反以是滅之，非其罪矣，故特存其爵而不名也。然則楚滅同姓，何以不名？人而不名，春秋待夷狄之體也。」劉氏意林曰：「楚祖鬻熊，夔祖熊摯，諸侯之祀，不過其祖，則祝融、鬻熊是夔之不得祀者也。楚反以是滅之，春秋以非其罪也，故黜楚而伸夔。」

冬，楚人伐宋，圍緡。

○左氏傳：「宋以其善於晉侯也，滅楚即晉。冬，楚令尹子玉〔三〕、司馬子西帥師伐宋，圍緡。」

公以楚師伐齊，取穀。

〔二〕殘，底本作「錢」，據春秋胡氏傳改。
〔三〕玉，底本作「王」，據左傳改。

○左氏傳：「公以楚師伐齊，取穀。凡師能左右之曰『以』。寘桓公子雍于穀，易牙奉之，以爲魯援。楚申公叔侯戍之。」

○泰山孫氏曰：「楚，夷狄也，齊，中國也，公以夷狄伐中國，固其不可，而又取邑焉，此公之惡可知也。」

○胡氏傳：「楚强魯弱，而能用其師，進退在己，故特書曰『以』。以者，不以者也。」

公至自伐齊。

○穀梁傳：「此其致之，何也？危之也。」何氏曰：「魯内虚而外乞師，以犯强齊。會齊侯卒、晉文行霸，幸而得免，故致伐以危之。」

○胡氏傳：「夫背華即夷，取人之邑，其失正甚矣。患之起自此始，其致，危之也。」

○任氏曰：「以夷狄之師伐中國，夷狄之心，何可保耶？危公之行，所以書至也。」

二十有七年，春，杞子來朝。

○左氏傳：「杞桓公來朝，用夷禮，故曰子。公卑杞，杞不共也。」

○余氏曰：「杞子來朝，即位始〔一〕來也。書子，以夷禮來朝故也。卒也以夷禮卒之，來也以夷至之，所謂中國

〔一〕底本脱「位始」，據陳深讀春秋編所引補。

夷狄則夷狄之也。」

夏，六月，庚寅，齊侯昭卒。

○左氏傳：「齊孝公卒，有齊怨，不廢喪紀，禮也。」

秋，八月，乙未，葬齊孝公。

○杜氏注：「三月而葬，速。」

○襄陵許氏曰：「齊桓既没，諸侯思之，如周人思召伯也，而孝公不能藉之以興，觀其閒楚之勝以困宋襄，又侵伐魯僖不已，與桓公禮下宋桓、魯莊之意正相反，有以知其功謀不遠，霸業之所隳矣。」

乙巳，公子遂帥師入杞。

○左氏傳：「入杞，責禮也。」

○任氏曰：「僖公不省己之不當受朝，而乃責杞之無禮。」

冬，楚人、陳侯、蔡侯、鄭伯、許男圍宋。

○左氏傳：「楚子及諸侯圍宋，宋公孫固如晉告急。先軫曰：『報施救患，取威定霸，於是乎在矣。』狐偃曰：『楚始得曹，而新婚於衛，若伐曹、衛，楚必救之，則齊、宋免矣。』於是乎蒐于被廬，作三軍，謀元帥。趙衰曰：『郤縠可。臣亟聞其言矣，説禮、樂而敦詩、書。』乃使郤縠將中軍。」

○程氏傳：「楚稱人，貶之，爲其合諸侯以圍宋也。」

○穀梁傳：「楚人者，楚子也，其曰人何也？人楚子，所以人諸侯也。其人諸侯何也？不正其信夷狄而伐中國也。」微旨曰：「四國申夷狄之威，屈中國之義，其惡大矣。若書『楚子』，則四國之惡不著，故書曰『楚人』，則從夷狄之罪昭然可見也。」

十有二月，甲戌，公會諸侯盟于宋。

○杜氏注：「諸侯伐宋，公與楚有好，而往會之，非後期。宋方見圍，無嫌於與盟，故直以宋地。」

○胡氏傳：「春秋於宋之圍，人楚子以貶諸侯，而公會之，公之罪亦著矣。」

春秋卷第十

春秋卷第十一

僖公

二十有八年，春，晉侯侵曹。晉侯伐衛。

○左氏傳：「晉侯將伐曹，假道于衛，衛人弗許。還，自南河濟。侵曹伐衛。」

○穀梁傳：「再稱晉侯，忌也。」鄭嗣曰：「曹、衛並有怨于晉，君子不念舊惡，故再稱晉侯以刺之。」

○胡氏傳：「按左氏『初，公子重耳之出亡也，曹、衛皆不禮焉。』至是侵曹伐衛，再稱晉侯者，譏復怨也。春秋之時，用兵者非懷私復怨，則利人土地耳。詩云：『百爾君子，不知德行。不忮不求，何用不臧？』不忮則能懲忿，不求則能窒欲，然後貪憤之兵亡矣。或曰：曹、衛背華即夷，於是乎致武，奚爲不可？曰：楚人摟諸侯以圍宋，陳、蔡、鄭、許舉兵而同會，魯公與會而同盟。楚雖得曹，而新昏於衛，然其君不在會，其師不與圍，以方諸國，不猶愈乎？又況衛已請盟，而晉人弗之許也。書曰：『必有忍，乃其有濟。有容，德乃大。』文公能忍於奄楚、里鳧須矣，何獨不能忍於曹、衛乎？再稱晉侯，甚之也。」

公子買戍衛，不卒戍，刺之。

○左氏傳：「公子買戍衛，公懼於晉，殺子叢以説焉。謂楚人不卒戍也。」

○杜氏注：「公子買，魯大夫子叢也。内殺大夫皆書。刺，言用周禮三刺之法，示不枉濫也。」疏云：「周禮：『司刺掌三刺之法，以贊司寇，聽獄訟。一刺曰訊群臣，再刺曰訊群吏，三刺曰訊萬民。』鄭玄云：『刺，殺也。訊而有罪則殺之。』訊，言也，内殺大夫，皆書刺者，若云用彼三刺之法，言問及萬民，皆言合殺，乃始殺。以示不枉濫。」○胡氏傳：「稱刺者，若曰刺審其情，與衆棄之，而專殺之罪則一耳。」

○陸氏纂例曰：「内殺大夫謂之刺，避惡名也。唯有二人皆非卿，而特書明是公子也。上言晉人伐衛，下言買不卒戍，明不勝而還，非其罪也。不斥言無罪，申臣禮也。凡惡事須書者，則避辭言之，猶公、夫人奔則曰遜，殺大夫曰刺是也。」

○蘇氏曰：「刺未有書其故者。書其故，言非其實也。」○胡氏傳：「孟子曰：『無罪而殺士，則大夫可以去；無罪而戮民，則士可以徙。』今乃殺無罪之主將，以苟説於强國，於是乎不君矣，特書其故以貶之也。」

楚人救衛。

○左氏傳：「晉侯、齊侯盟于斂盂。衛侯請盟，晉人弗許。楚人救衛，不克。」

○胡氏傳：「春秋樂與人改過，衛已請盟，不當拒而絶之也。書『楚人救衛』，譏晉深矣。」

三月，丙午，晉侯入曹，執曹伯，畀宋人。

○左氏傳：「晉侯圍曹，門焉，多死，曹人尸諸城上，晉侯患之，聽輿人之謀曰：『稱舍於墓。』師遷焉，曹人兇懼，爲其所得者棺而出之。因其兇也而攻之。三月，丙午，入曹。數之，以其不用僖負羈而乘軒者三百人也，且曰：『獻狀。』令無入僖負羈之宮而免其族，報施也。魏犨、顛頡怒曰：『勞之不圖，報於何有！』爇僖負羈氏。宋人使門尹般如晉師告急。公曰：『宋人告急，舍之，則絶。告楚，不許。我欲戰矣，齊、秦未可，若之何？』先軫曰：『使宋舍我而賂齊、秦，藉之告楚。我執曹君，而分曹、衛之田以賜宋人。楚愛曹、衛，必不許也。喜賂怒頑，能無戰乎？』公説，執曹伯，分曹、衛之田以畀宋人。」

○杜氏注：「執諸侯當以歸京師，晉欲怒楚使戰，故以與宋，所謂譎而不正。」

○蘇氏曰：「晉侯以不禮故私討於曹，既執曹伯，又以與宋人，皆非義也。其稱晉侯，以伯討書之，何也？書晉侯，爲入曹也，既言晉侯入曹，不可復言晉人執曹伯，非以伯討許之也。」

○胡氏傳：「古者覿文匿武，修其訓典，序成而不至，於是乎有攻伐之兵，故孟子謂萬章曰：『子以爲有王者作，將比今之諸侯而誅之乎？其教之不改而後誅之乎？』曹伯嬴者，未狎晉政，莫知所承，晉文不修辭命，遽入其國，既執其君，又分其田，暴矣。欲致楚師與之戰，而以曹伯畀宋人，譎矣。雖一戰勝楚，遂主夏盟，舉動不中於禮亦多矣。徒亂人上下之分，無君臣之禮，其功雖高，道不足尚也。故曰：『五霸，三王之罪人也，仲尼之徒無道桓、文之事者。』」

○吕氏曰：「此一年記晉事最詳，皆聖人所致意者。觀晉文公舉動如此，其有意於爲善乎？」

夏，四月，己巳，晉侯、齊師、宋師、秦師及楚人戰于城濮，楚師敗績。

○左氏傳：「楚子入居于申，使申叔去穀，使子玉去宋，曰：『無從晉師。晉侯在外十九年矣，而果得晉國。天假之年，而除其害。天之所置，其可廢乎？軍志曰：「知難而退。」』子玉使伯棼請戰，王怒，少與之師，唯西廣、東宮與若敖之六卒實從之。子玉使宛春告於晉師曰：『請復衛侯而封曹，臣亦釋宋之圍。』子犯曰：『子玉無禮哉！君取一，臣取二，不可失矣。』先軫曰：『子與之。定人之謂禮，楚一言而定三國，我一言而亡之，我則無禮，何以戰乎？不許楚言，是棄宋也，救而棄之，謂諸侯何？楚有三施，我有三怨。怨讎已多，將何以戰？不如私許復曹、衛以攜之，執宛春以怒楚，既戰而後圖之。』公說，乃拘宛春於衛，且私許復曹、衛。曹、衛告絶於楚。子玉怒，從晉師。晉師退。軍吏曰：『以君避臣，辱也。且楚師老矣，何故退？』子犯曰：『師直爲壯，曲爲老。豈在久乎？微楚之惠不及此，退三舍避之，所以報也。背惠食言，以亢其讎，我曲楚直。其衆素飽，不可謂老。我退而楚還，我將何求？若其不還，君退臣犯，曲在彼矣。』退三舍。楚衆欲止，子玉不可。夏，四月，戊辰，晉侯、宋公、齊國歸父、崔夭、秦小子慭次于城濮。楚師背酅而舍，晉侯患之。子犯曰：『戰也。戰而捷，必得諸侯。若其不捷，表裏山河，必無害也。』晉車七百乘，韅、靷、鞅、靽。晉侯登有莘之虚以觀師，曰：『少長有禮，其可用也。』遂伐其木，以益其兵。己巳，晉師陳于莘北，胥臣以下軍之佐當陳、蔡。子玉以若敖之六卒將中軍，曰：『今日必無晉矣。』子西將左，子上將右。胥臣蒙馬以虎皮，先犯陳、蔡。陳、蔡奔，楚右師潰。狐毛設二旆而退之。欒枝使輿曳柴而僞遁，楚師馳之。原軫、郤溱以中軍公族横擊之，狐毛、狐偃以上軍夾攻子西，楚左師潰，子玉收其卒而止。晉師三日館穀，及癸酉而還。」二十七年傳曰：「晉侯始入而教其民，二年，欲用之。子犯曰：『民未知義，未安其居。』於是乎出定襄王，入務利民，民懷生矣。將用之，子犯曰：『民未知信，未宣其用。』於是乎伐原以示之信。民易資者，不求豐焉，明徵其辭。公曰：『可矣乎？』子犯曰：『民未知禮，未生其共。』於是乎大蒐，以示之禮，作執秩以正其官。民聽不惑，而後用之。出穀戍，釋宋圍，一戰而霸，文之教也。」

○意林曰：「當是之時，晉辟楚三舍，欲戰者，得臣也，而春秋書晉焉。得臣雖有必戰之意，由先軫則激之，是以書晉也。此誅必原情之義也。」

○胡氏傳：「楚稱人，貶之也。得臣雖從晉師，然初告之辭則未有必戰之意。及先軫獻謀，陰攜其黨而陽激其怒，而後得臣之意決，故楚雖請戰而書及，及在晉侯，所以誅其意也。荆楚恃强，憑陵諸夏，滅黄而霸主不能恤，敗徐于婁林而諸侯之大夫不能救，執中國之盟主而在會者不敢與之爭。今又戍穀逼齊，合兵圍宋，戰勝中國，威動天下，非有城濮之敗，則民其被髮左衽矣。宜有美辭稱揚其績，而春秋之所書如此其略，何也？仁人明其道不計其功，正其義不謀其利。文公一戰勝楚，遂主夏盟，以功利言則高矣，語道義則三王之罪人也。知此説，則曾西不爲管仲，而仲尼、孟子雖老于行而不悔，其有以夫！」

楚殺其大夫得臣。

○左氏傳：「楚子玉既敗，王使謂之曰：『大夫若入，其若申、息之老何？』子西、孫伯曰：『得臣將死，二臣止之，曰：「君其將以爲戮。」』及連穀而死。晉侯聞之而後喜可知也，曰：『莫予毒也已。蔿吕臣實爲令尹，奉己而已，不在民矣。』」

○劉氏傳：「稱國以殺大夫者，罪累上也。此殺有罪，其以累上之辭言之何？惡楚子也。何惡乎楚子？知其不可使也而不能勿使，知其不可敵也而不能勿敵，是亦棄師之道也。」胡氏曰：「不能使之勿敵，而少與之師，又以一敗殺之，是以師爲重，而棄其將以與之也。故不去其官。」

衛侯出奔楚。

○左氏傳：「衛侯欲與楚，國人不欲，故出其君以説於晉。衛侯出居于襄牛。聞楚師敗，懼，出奔楚，遂適陳，使元咺奉叔武以受盟。」

○泰山孫氏曰：「衛侯聞晉師勝，故懼而奔楚。不名者，以見晉文逼逐而去。」

○胡氏傳：「諸侯出奔，未有不名者，衛侯何以不名？著文公之罪也。衛侯失守社稷，背華即夷，於文公何罪乎？衛之禍，文公爲之也。初，齊、晉盟于斂盂，衛侯請盟，晉人不許，塞其向善之心，雖欲自新改轍，而其道無由也。高帝一封雍齒而功臣不競，世祖燒棄文書而反側悉安，使文公釋怨，許衛結盟，南向諸侯棄楚而歸晉矣。忿不思難，惟怨是圖，必使衛侯竄身無所，奔于荆蠻，歸于京師，兄弟相殘，君臣交訟，誰之咎也？夫心不外者，乃能統大衆；智不鑿者，乃能處大事。文公欲主夏盟，取威定霸，而舉動煩擾若不勝任者，惟鑿智自私，而心不廣也。春秋於衛侯失國出奔，不以其罪名之，而重文公之咎，蓋端本議刑，責備賢者之意。」

五月，癸丑，公會晉侯、齊侯、宋公、蔡侯、鄭伯、衛子、莒子盟于踐土。

○左氏傳：「甲午，至于衡雍，作王宮于踐土。襄王聞晉戰勝，自往勞之，故爲作宮。五月，丁未，獻楚俘于王，駟介百乘，徒兵千。鄭伯傅王，用平禮也。己酉，王享醴，命晉侯宥。王命尹氏及王子虎、内史叔興父策命晉侯爲侯伯，賜之大輅之服、戎輅之服，彤弓一、彤矢百，玈弓矢千，秬鬯一卣，虎賁三百人。曰：『王謂叔父：「敬服王命，以綏四國。糾逖王慝。」』晉侯三辭，從命，曰：『重耳敢再拜稽首，奉揚天子之丕顯休命。』受策以出，出入三覲。癸亥，王子虎盟諸侯于王庭，要言曰：『皆奬王室，無相害也。有渝此盟，明神殛之！俾墜其師，無克祚國，及而玄孫，無有老幼！』」

○穀梁傳：「諱會天王也。」

○杜氏注：「踐土，鄭地。衛侯出奔，其弟叔武攝位受盟，從未成君之禮，故稱子，而序鄭伯之下。」

○高郵孫氏曰：「齊桓之興，始致世子。晉文之霸，遂召天王。」

○胡氏傳：「踐土之會，天王下勞晉侯，削而不書，何也？周室東遷，所存者號與祭耳，其實不及一小國之諸侯。晉文之爵雖曰侯伯，而號令天下，幾於改物，實行天子之事。此春秋之名實也。與其名存實亡，猶愈於名實俱亡，是故天王下勞晉侯于踐土則削而不書，去其實以全名，所謂君道也、父道也。晉侯以臣召君，則書『天王狩于河陽』，正其名以統實，所謂臣道也，子道也，而天下之大倫尚存而不滅矣。衛侯奔楚不書名者，未絶其位也。叔武受盟而稱子者，立以爲君也。此見聖人深罪晉文報怨行私、專權自恣、廢置諸侯之意。」

陳侯如會。

○杜氏注：「陳本與楚，楚敗，懼而屬晉，來不及盟，故曰如會。」

○穀梁傳：「如會，外乎會也，施會受命也。」

○襄陵許氏曰：「鄫子會盟，後會也。陳侯如會，後盟也。宋襄使邾用鄫子，而晉文受陳侯，霸圖宏矣。」

公朝于王所。

○公羊傳：「曷爲不言公如京師？天子在是也。天子在是，則曷爲不言天子在是？不與致天子也。」

○穀梁傳：「朝不言所。言所者，非其所也。」

○劉氏意林曰：「踐土之會，天子自往也。自往，雖微而猶可言。河陽之會，臣召君也。以臣召君，不可以訓，故書狩焉。」

○胡氏傳：「朝不言所。言所，非其所也。朝于廟，禮也；于外，非禮也。有虞氏五載一巡狩，群后四朝。周制，十有二年，王乃時巡，諸侯各朝于方嶽，亦何必于京師、于廟，然後爲禮乎？古者，天子巡狩于四方有常時，諸侯朝于方嶽有常所。其宮室道途可以預修，故民不勞；其供給調度可以預備，故國不費。今天王下勞晉侯，公朝于王所，則非其時與地矣。自秦而後，巡狩無度，至有長吏以倉卒不辦被誅，民庶以煩勞不給生怨，蓋春秋之義不行故也。然則天子在是，可以不朝乎？天子在是而諸侯就朝，禮之變也。春秋不以諸侯就朝爲非，而以王所非其所爲貶，正其本之意也。」

六月，衛侯鄭自楚復歸于衛。衛元咺出奔晉。

○左氏傳：「或訴元咺於衛侯曰：『立叔武矣。』其子角從公，公使殺之。咺不廢命，奉夷叔以入守。六月，晉人復衛侯。以叔武受盟于踐土，故聽衛侯歸。甯武子與衛人盟于宛濮，曰：『天禍衛國，君臣不協，以及此憂也。今天誘其衷，使皆降心以相從也。不有居者，誰守社稷？不有行者，誰扞牧圉？不協之故，用昭乞盟于爾大神，以誘天衷。自今日以往，既盟之後，行者無保其力，居者無懼其罪。有渝此盟，以相及也。明神先君，是糾是殛。』國人聞此盟也，而後不貳。傳言叔武之賢，甯俞之忠，衛侯所以書『復歸』。衛侯先期入，不信叔武。甯子先，長牂守門以爲使也，與之乘而入。長牂，衛大夫。甯子患公之欲速，故先入，欲安喻國人。公子歂犬、華仲前驅。衛侯遂驅，奄甯子未備。二子，衛大夫。叔武將沐，聞君至，喜，捉髮走出，前驅射而殺之。公知其無罪也，枕之股而哭之。歂犬走出，公使殺之。元咺出奔晉。」公羊傳：「文公逐衛侯，而立叔武。叔武辭立，而他人立，則恐衛侯之不得反也，故於是已立，然後爲踐土之會，治反衛侯。衛侯得反，曰：『叔武篡我。』元咺爭之曰：『叔武無罪。』終殺叔武，元咺走而出。」

○劉氏傳：「衛侯鄭何以名？貶。曷爲貶？殺叔武也。衛侯曷爲殺叔武？叔武治反衛侯，衛侯驅而入，射叔武而殺之。其言歸何？易也。其易柰何？叔武在内也。」

陳侯款卒。

秋，杞伯姬來。

○襄陵許氏曰：「志入杞之怨釋也。歸寧，常事，不書者也。中國有霸，則諸侯弛兵而室家緩帶，於是族姻之恩始録，而鄰國之好交修，以是爲晉侯之澤也，故書。伯姬，莊公女也，莊公夫人以二十四年入，而伯姬二十五年歸杞，知伯姬非哀姜出。今其來也，蓋寧成風也。」

公子遂如齊。

○襄陵許氏曰：「志伐齊之仇解也。齊自孝公之立，與魯好絶，比相侵伐。昭公元年，復與公同踐土之盟，故公遣大夫聘之，修舊好焉，禮也。」

冬，公會晉侯、齊侯、宋公、蔡侯、鄭伯、陳子、莒子、邾子、秦人于温。穀梁無齊侯。

○左氏傳：「會于温，討不服也。」討衛、許。

○穀梁傳：「諱會天王也。」

○杜氏注：「陳共公稱子，先君未葬。宋襄公稱子，自在本班；陳共公稱子，降在鄭下；陳懷公稱子，而在鄭上，蓋主會所次也。」

天王狩于河陽。壬申，公朝于王所。

○左氏傳：「是會也，晉侯召王，以諸侯見，且使王狩。晉侯大合諸侯，而欲尊事天子以爲名義。自嫌强大，不敢朝周。喻王出狩，因得盡群臣之禮，皆譎而不正之事。仲尼曰：『以臣召君，不可以訓。』故書曰：『天王狩于河陽。』胡氏曰：

「以尊周而全晉也。」言非其地也。壬申，公朝于王所。」

○公羊傳：「不與再致天子也。」

○穀梁傳：「全天王之行也，爲若將守而遇諸侯之朝也，爲天王諱也。水北爲陽，山南爲陽。温，河陽也。」

○杜氏注：「今河内有河陽縣。壬申，十月十日，有日而無月，史闕文。」

○啖氏微旨曰：「時天子微弱，諸侯驕惰於臣禮。若令朝于京師，多有不從。又晉已强大，率諸侯而入王城，亦有自嫌之意，故請王至温〔二〕而行朝禮，若天子因狩而諸侯得覲。然以常禮言之，晉侯召君，名義之罪人也，其可以爲訓乎？若原其自嫌之心，嘉其尊王之意，則請王之狩，忠亦至焉。故夫子特書〔三〕『天王狩于河陽』，所謂春秋之作，原情爲制、以誠變禮者也。」

晉人執衛侯，歸之于京師。

○左氏傳：「衛侯與元咺訟，甯武子爲輔，鍼莊子爲坐，士榮爲大士。衛侯不勝。殺士榮，刖鍼莊子，謂甯俞忠而免之。執衛侯，歸之于京師，寘諸深室。甯子職納橐饘焉。甯俞以君在，因親以衣食爲己職。橐，衣之囊；饘，糜也。言其忠至，所慮者深。」

〔二〕温，底本闕，據陸淳春秋集傳微旨所引補。

〔三〕書，底本闕，據陸淳春秋集傳微旨所引補。

○公羊傳：「衛侯之罪何？殺叔武也。此晉侯也，其稱人何？貶。曷爲貶？衛之禍，文公爲之也。文公爲之柰何？文公逐衛侯，而立叔武，使人兄弟相疑，放乎殺母弟者，文公爲之也。」

○劉氏傳：「曷爲或言『歸于』，或言『歸之于』？歸于者，正也；歸之于者，不正也。此其爲不正柰何？文公使元咺與衛侯訟。文公右元咺，刖鍼莊子，殺士榮，然後執衛侯，歸之于京師。文公之聽也已頗。古者，君臣無獄，諸侯不專殺。」程氏曰：「凡言歸者，易詞。歸之者，强歸之詞也。」

○襄陵許氏曰：「司馬法邦國賊殺其親則正之。衛侯殺叔武，則執有罪也，何爲不得爲霸討？天子在是，而擅執諸侯，軏矣。是以推而遠之也。」

衛元咺自晉復歸于衛。

○左氏傳：「元咺歸于衛，立公子瑕。」

○穀梁傳：「自晉，晉有奉焉爾。」

○劉氏傳：「其言復歸何？大夫無復。復者，位已絶也。已絶復，惡也。其歸何？易也。其易柰何？以文公爲之主也。」

諸侯遂圍許。

○左氏傳：「丁丑，諸侯圍許。」

○杜氏注：「會溫諸侯也。許比再會不至，故因會共伐之。」

○胡氏傳：「諸侯再會，天子再至，皆朝于王所，而許獨不會，以其不臣也，故諸侯圍許。按古者巡守，諸侯各朝于方嶽。今法天子行幸，三百里内亦皆問起居，許距河陽、踐土近矣，而可以不會乎？其稱遂，繼事之辭也。」

○襄陵許氏曰：「許能從齊而不得從晉，何也？按齊桓自北杏之會，十有七年而後鄭人侵許，服之，又九年而後從於伐楚，蓋使失其所係如此之難也。宋襄之興，紹桓遺緒。逮晉文時，則許既離中國，而合於楚矣。國人一服楚之威令，是以難變也。」

曹伯襄復歸于曹，遂會諸侯圍許。

○左氏傳：「晉侯有疾，曹伯之豎侯獳貨筮史，使曰：『以曹爲解。齊桓公爲會而封異姓，今君爲會而滅同姓。曹叔振鐸，文之昭也。先君唐叔，武之穆也。且合諸侯而滅兄弟，非禮也。與衛偕命，而不與偕復，非信也。同罪異罰，非刑也。』公說，復曹伯，遂會諸侯圍許。」

○劉氏傳：「曹伯襄何以名？貶。曷爲貶？其歸之道，非所以歸也。」意林曰：「衛侯以殺叔武名，曹伯以賂得國名，其惡不同，其貶一也。此正性命之理也。」

○胡氏傳：「夫以賂得國，而春秋名之，比於失地、滅同姓之罪，以此知聖人嚴於義利之别，以正性命之理。其説行而天下定矣，豈曰小補之哉！」

○呂氏曰：「晉侯執曹伯畀宋人，既赦之使歸，則遂會諸侯圍許。晉文之於諸侯，殆以奴役之也。曹伯不能感激自奮，以求合於義，而遂委靡不振以死，亦君子所鄙也。」

二十有九年，春，介葛盧來。

○左氏傳：「介葛盧來朝，舍于昌衍之上。公在會，饋之芻米，禮也。」疏云：「芻米，以周禮掌客及聘禮準之，則此當饋之饔餼五牢，禾三十車，米二十車，薪六十車。」

○杜氏注：「介，東夷之國也，在城陽黔陬縣。葛盧，介君名。」

○公羊傳：「介葛盧者何？夷狄之君也。何以不言朝？不能乎朝也。」

公至自圍許。

○余氏傳：「圍許踰年而還。」

夏，六月，會王人、晉人、宋人、齊人、陳人、蔡人、秦人，盟于翟泉。公羊、穀梁作「公會」。翟，公羊作「狄」。

○左氏傳：「公會王子虎、晉狐偃、宋公孫固、齊國歸父、陳轅濤塗、秦小子慭，盟于翟泉，尋踐土之盟，且謀伐鄭也。卿不書，罪之也。」晉侯始霸，翼戴天子，諸侯輯睦，王室無虞。而王子虎下盟列國，以瀆大典，諸侯大夫上敵王人、公侯，虧禮傷教，故貶諸大夫，諱公與盟。」

○杜氏注：「翟泉，今洛陽城内大倉西南池水也。」

○程氏傳：「晉連年會盟，皆在王畿之側，而此盟復迫王城，又與王人盟，强迫甚矣。故諱公，諸侯貶稱人，惡之大也。」

○劉氏傳：「皆諸侯之大夫，非微者也，其稱人何？翟泉在王城之内，諸侯之大夫入天子之境，雖貴曰士，陪臣也。而盟于天子之側自此始，是以貶也。其餘從同同。」胡氏曰：「翟泉近在洛陽王城之内，而王子虎於此下與列國盟，是謂上替，諸侯大夫於此上盟王子虎，是謂下陵。而無君之心著矣。」

○胡氏傳：「貶稱人，而王子亦與焉，正其本也。」

秋，大雨雹。

○左氏傳：「大雨雹，爲災也。」

○胡氏傳：「正蒙曰：『凡陰氣凝聚，陽在内者不得出，則奮擊而爲雷霆，陽在外者不得入，則周旋不舍而爲風。和而散，則爲霜雪雨露，不和而散，則爲戾氣曀霾。陰常散緩，受交於陽，則風雨調，寒暑正。』雹，戾氣也，陰脅陽，臣侵君之象。當時，僖公即位日久，季氏世卿，公子遂專權，政在大夫，萌於此矣。」

冬，介葛盧來。

○左氏傳：「以未見公，故復來朝。禮之，加燕好。」

三十年，春，王正月。

夏。狄侵齊。

○左氏傳：「晉人侵鄭，以觀其可攻與否。狄間晉之有鄭虞也。夏，狄侵齊。」

○胡氏傳：「詩不云乎：『戎狄是膺，荆舒是懲。』四夷交侵，所當攘却。晉文若移圍鄭之師以伐之，則方伯連率之職修矣。上書『狄侵齊』，下書『圍鄭』，此直書其事而義自見者也。」

秋，衛殺其大夫元咺及公子瑕。

○左氏傳：「晉侯使醫衍酖衛侯。甯俞貨醫，使薄其酖，不死。公爲之請，納玉於王與晉侯，皆十瑴。王許之。秋，乃釋衛侯。衛侯使賂周歂、冶廑，曰：『苟能納我，吾使爾爲卿。』周、冶殺元咺及子適、子儀。」

○穀梁傳：「稱國以殺，罪累上也。以是爲訟君也。衛侯雖不德，臣無訟君之道。元咺之罪，亦已重矣。然君子之道，譬之于射，失諸正鵠，反求諸身。衛侯不思改訟之愆，躬自厚之義，過而不改，而又怨忌，上下皆失，故曰罪累上。衛侯在外，其以累上之辭言之，何也？待其殺而後入也。」胡氏傳：「凡稱國以殺者，大臣專殺之也。衛侯在外，待其殺而後入，是志乎殺元咺者。兵莫憯於志，鏌鎁爲下。衛侯未入，稱國以殺，此春秋誅意之効也。然則大臣何與焉？從君於惡而不能正，故并罪之也。」

○胡氏傳：「公子瑕未聞有罪，而殺之，何也？元咺立以爲君，故衛侯忌而殺之也。然不與衛剽同者，是瑕能拒咺，辭其位而不立也；不與陳佗同者，是瑕能守節，不爲國人之所惡也。故經以『公子』冠瑕，而稱『及』，見瑕無罪，事起元咺。以咺之故，延及於瑕，而衛侯忌克專殺濫刑之惡著矣。」

○高郵孫氏曰：「公子瑕嘗立爲君矣，於是殺之，猶曰『公子』者，瑕見立於元咺耳，非受命於天王、傳國於先君者也。不曰『其君』，非君也。元咺及之者，言瑕之見殺，由於元咺立之。元咺存，則公子瑕存，元咺死，則公子瑕死。咺立之爲君，咺見殺，則公子瑕死也。」

衛侯鄭歸于衛。

○胡氏傳：「衛侯出奔于楚則不名，見執于晉則不名，今既歸國，復有其土地矣，何以反名之乎？不名者，責晉文公之以小怨妨大德；名之者，罪衛侯鄭之以忮害戕本枝。古者天下爲公，選賢與能，不以爲異，況於戚屬，豈有疑閒猜忌之心哉？末世隆怨薄恩，趨利棄義，有國家者恐公族之軋己，至於網羅誅殺，無以芘其本根，而社稷傾覆，如六朝者衆矣。衛侯始歸而殺叔武，再歸而及公子瑕，是葛藟之不若，而春秋之所惡也。故再書其名，爲後世戒。」然衛侯初歸則稱「復」，再歸何以不稱「復」乎？春秋立法甚嚴，而待人以恕。鄭之初歸，雖殺叔武，既名之矣，猶意其或出於誤而能革也，是以稱復。及其再歸，又殺元咺與公子瑕，則是終以爭國爲心，長惡不悛，無自艾之意矣，是以不稱復。其曰歸于衛者，易辭也。諸侯嗣，故稱復者繼之也，不稱復者絶之也，而國非其國矣。

晉人、秦人圍鄭。

○左氏傳：「晉侯、秦伯圍鄭，以其無禮於晉，且貳於楚也。孫氏曰：「翟泉之盟，鄭不至故。」晉軍函陵，秦軍氾南。佚之狐言於鄭伯曰：『國危矣，若使燭之武見秦君，師必退。』公從之。夜，縋而出，見秦伯，曰：『秦、晉圍鄭，鄭既知亡矣。若亡鄭而有益於君，敢以煩執事。越國以鄙遠，君知其難也，焉用亡鄭以陪鄰？鄰之厚，君之薄也。若舍鄭以爲東道主，行李之往來，共其乏困，君亦無所害。』秦伯説，與鄭人盟，使杞子、逢孫、揚孫戍之，乃還。子犯請擊之。公曰：『微夫人力不及此。』亦去之。」

○王氏集傳箋義曰：「晉侯爲盟主，用兵以報私怨；秦伯踰晉越周，千里而助人圍鄭，皆勞民危國之道也。故皆稱人，以示貶。」

介人侵蕭。

冬，天王使宰周公來聘。

○左氏傳：「王使周公閲來聘。」

○杜氏注：「周公，天子三公兼冢宰。」

○高郵孫氏曰：「禮雖有天子聘諸侯之義，然義不當使三公。書曰『宰周公來聘』，用見周道之衰，而諸侯彊盛也。」

公子遂如京師，遂如晉。

○左氏傳：「東門襄仲將聘于周，遂初聘于晉。」

○胡氏傳：「大夫出疆，有以二事出者，有以一事出而專繼事者，其書皆曰『遂』。公子遂如周及晉者，所謂以二事出者也。冢宰上公，其職任至重，而來聘于魯，天王之禮意莫厚焉。魯侯既不朝京師，而使公子遂往，又以二事出，夷周室於列國，此大不恭之罪，不待貶絶而罪惡見者也。」

三十有一年，春，取濟西田。

○公羊傳：「惡乎取之？取之曹也。此未有言伐曹者，則其言取之曹何？晉伯執曹伯，班其所侵地于諸侯也。」

○高郵孫氏曰：「此蓋晉侯執曹伯而反諸侯之侵地。魯濟西之田嘗見侵，入于曹，魯於是而取之。」

○常山劉氏曰：「趙子曰：『凡力得之曰取，不當取也，惡其專奪。雖復取本邑，亦無異辭。其有本是己邑及我之附庸，以彼所奪之後取得，當異其文。謂其不能申明直辭，請于王而正疆理，但專自以兵甲爭奪，不得正道，故悉同辭言之。按此年取濟西田，成二年取汶陽田，先本魯地而皆書『取』。若此義，據經爲合。蓋春秋之義，以治易亂，而不以亂易亂，所正者本而已。凡取人之有，其惡易見，而取己之舊不以其道者，其罪難知。聖人所書，亦正名曰取，所以顯微也。」

公子遂如晉。

○左氏傳：「拜曹田也。」

夏，四月，四卜郊，不從，乃免牲。

○明堂位曰：「成王以周公有大勳勞於天下，命魯公世世祀周公以天子之禮樂。魯君孟春乘大輅，載弧韣旂十有二旒，日月之章，祀帝于郊，配以后稷。」

○杜氏注：「諸侯不得郊天，魯以周公故，得用天子禮樂，故郊爲常祀。龜曰卜。不從，不吉也。卜郊不吉，故免牲。」胡氏傳：「古者大事決於卜，故洪範稽疑獨以龜爲主。卜而不從，則不郊矣，故免牲。」

○公羊傳：「曷爲或言三卜，或言四卜？三卜，禮也；四卜，非禮也。三卜何以禮？四卜何以非禮？求吉之道三。三卜，吉凶必有相奇者，可以決疑，故求告必三卜。禘嘗不卜，郊何以卜？卜郊，非禮也。禮，天子不卜郊。卜郊何以非禮？魯郊，非禮也。以魯郊非禮，故卜爾。成王命魯使郊，非正故，三卜，吉則用之，謂之郊者，天人相交際之意也。不言郊天，不敢斥尊。魯郊何以非禮？天子祭天，諸侯祭土。天子有方望之事，方望，謂郊時所望祭四方羣神、日月星辰、風伯雨師、五岳四瀆及餘山川。何氏云：「凡三十六所。」無所不通。盡八極之內，無所不至。諸侯山川有不在其封內者，則不祭也。故魯郊非禮也。曷爲或言免牲？或言免牛？免牲，禮也。魯卜郊不吉，免之。明本爲天，不敢留天牲。免牛，非禮也。免牛何以非禮？傷者曰牛。」養牲不謹敬，有災傷，天不饗用，不得復爲天牲，不當復見免，但當自省責。

○穀梁傳：「免牲者，爲之緇衣纁裳，有司玄端奉送，至于南郊。免牛亦然。」

○左氏傳：「四卜〔一〕郊，不從，乃免牲，非禮也。禮不卜常祀，必其時。而卜其牲日。卜牲與日，知吉凶。牛卜日曰

〔一〕卜，底本作「下」，據左傳改。

牲。得吉日，則牛改名牲。牲成而卜郊，上怠慢也。」怠於古典，瀆慢龜策。

○纂例：「啖子曰：『凡祭，常事，多不書。失禮及非常乃書。天子以冬至祭上帝，又以夏之孟春祈穀上帝，故謂之郊。魯以周公之故，特得祈穀于上帝，亦謂之郊。皆用辛日，故以十二月卜三郊上辛；不吉，則卜中辛；又不吉，則卜下辛。所謂吉事先近日也。』凡養牲，必養二牲，一以祀上帝，一以祀后稷。帝牛有變，則改卜稷牛以代之，而稷則以凡牛可也。禮曰：『帝牛必在滌三月，稷牛唯具。』」

○劉氏傳：「郊用正月上辛，則曷爲卜我以十二月下辛？卜正月上辛，如不吉，則以正月下辛；卜二月上辛，如不吉，則又以二月下辛；卜三月上辛，如不吉，則不郊。夏后氏以建寅爲正，商人以建丑爲正，周人以建子爲正。王者必以其正月郊。王者必以其正月郊，則曷爲或言免牲，或不言免牲？免牲，禮也；不免牲，非禮也。免牲何以禮？不免牲何以非禮？郊者，歲事也。六月上甲始庀牲，十月上甲始繫牲，帝牲必在滌三月，如不從，則免矣。曷爲或言牲，或言牛？中禮曰牲，不中禮曰牛。何以則中禮？何以則不中禮？夏后氏玄牲，商人白牲，周人騂牡。天地之牛角繭栗，宗廟之牛角握，賓客之牛角尺。」

○胡氏傳：「揚子曰：『天子之制諸侯，庸節。節莫差於僭，僭莫重於祭，祭莫重於地，地莫重於天。』諸侯而祀天，其僭極矣。聖人於春秋，欲削而不存，則無以志其失，爲後世戒；悉書之，則歲事之常，有不勝書者。是故因禮之變而書于策，或以卜，或以時，或以望，或以牲，或以牛，於變之中又有變焉者，悉書其事，而謂言偃曰：『魯之郊禘，非禮也。周公其衰矣。杞之郊，禹也；宋之郊，契也，是天子之事守也。』言杞、宋，夏、商之後，受命于周，作賓王家，統承先王，而脩其禮物，其得行郊祀而配其祖，非列國諸侯之比也。是故『天子祭天地，諸侯祭社稷，祝嘏莫敢易其常古』，易則亂名犯分，人道之大經拂矣。故曰：『明乎郊社之禮，禘嘗之義，治國其如指諸掌乎！』夫庶人之不得祭五祀，大夫之不得祭社稷，諸侯之不得祭天地，非欲固爲等衰，蓋不易之理也。知其理之不可易，則安於分守，無欲僭之心矣，爲天下國家乎何有？」

猶三望。

○左氏傳：「猶三望，亦非禮也。望，郊之細也。不郊，亦無望可也。」魯廢郊天，而修其小祀，故曰猶。猶者，可以已之辭。

○公羊傳：「三望者何？望祭也。然則曷祭？祭泰山、河、海。曷爲祭泰山、河、海？山川有能潤百里者，天子秩而祭之。此皆助天宣氣布功，故祭天及之。秩者，隨其大小尊卑高下所宜。禮，祭天牲角繭栗，社稷宗廟角握，六宗五岳，四瀆角尺，其餘山川視卿大夫。天燎地瘞，日月星辰布，山縣水沈，風磔雨升。燎者，取俎上七體，與其珪寶，在辨中，置柴上燒之。」觸石而出，膚寸而合，側手爲膚，按指爲寸，其觸石理而出，無有膚寸不合。不崇朝而徧雨乎天下者，唯泰山爾。河、海潤于千里。亦能通氣致雨，澤潤及于千里。郊望非一，獨祭其大者三，魯郊非禮故也。猶者何？通可以已也。何以書？譏不郊而望祭也。」尊者不食而卑者食。書者，惡失禮也。

○杜氏注：「三望，分野之星。國中山川，皆因郊祀望而祭之。」疏曰：「楚語云：『天子徧祀群神品物，諸侯、二王，後祀天地、三辰及其土地之山川。』注國語者皆云：諸侯、二王，後祀天地、三辰，日月星也。非二王後祀其分野星辰山川也。魯於十二次降婁，魯地在分野之星，其祭奎婁之神也。三望，公羊以爲泰山、河、海，鄭玄以爲非其地則不祭，魯竟不及河。三望，謂淮、海、岱也。禹貢徐州魯地。」

○劉氏傳：「三望者何？望，祭也。然則曷祭？祭星辰、山川。曷爲祭星辰、山川？星辰，所瞻仰也；山川，民所取財用也。猶三望何以書？譏不郊而望祭也。」意林曰：「謂『猶者，可以已之辭』，何其不知春秋也？春秋貴正貴備，安有廢大存小而又教之曰『可以已』哉？是猶逐其父而養其母者，而謂之曰『可并逐母』也，亦誨之孝而已矣。王介甫曰：『春秋内魯，諱其惡而褒其善，此内辭也。曰不郊矣，幸其猶三望也；不告朔矣，幸其猶朝于廟也。然則春秋之義非致其至者也，愈乎已則可矣。』是猶紾其兄之臂者而曰『我且徐之，以全吾愛』云耳，則可乎？亦誨之悌而已矣。故以猶爲可以已者，逐父而養其母之説也；以猶爲愈乎已者，紾兄而徐之之説也。君子不然。彼不郊而三望，自以爲猶愈乎已，故譏之。彼不告朔而朝廟，自以謂猶愈乎已，故非之。君子之道，致其至者也。當其必爲，不曰『可以已』，亦不曰『愈乎已』。」

秋，七月。

冬，杞伯姬來求婦。

○穀梁傳：「婦人既嫁，不踰境。杞伯姬來求婦，非正也。」吕氏曰：「以求婦而來父母之國，非禮也，故書。春秋之書，凡以使人克己復禮，而反人道之正云耳。毫釐不合於禮，則於心術之微，必有不自得者。唯能自克以義，以求合於禮，則心實纂盛，千萬人吾往矣，其終必可以至於聖人也。此春秋所由作也。」

○胡氏傳：「蕩伯姬來逆婦而書者，以公自爲之主，失其班列書也。杞伯姬敵矣，其來求婦，曷爲亦書？見婦人之不可預國事。王后之詔命不施於天下，夫人之教令不施於境中。婚姻，大事也，杞獨無君乎？而夫人主之也。故特書于策，以爲婦人亂政之戒。母爲子求婦，猶曰不可，况於他乎？此義行，無呂、武之禍矣。」中論曰：「易稱『乾道成男，坤道成女。』」運而不停者，乾也，是故男子有四方之志，取其動也；靜而不動者，坤也，是故女正位乎內，不與閫外之事。閫外之事且猶不與，况出境乎？由是言之，伯姬之求婦，可謂正乎？應靜而動，反常也，婦之反常，則亦何所不至矣？」

狄圍衛。十有二月，衛遷于帝丘。

○杜氏注：「帝丘，今東郡濮陽縣。故帝顓頊之虚，故曰帝丘。」

○胡氏傳：「帝丘，衛地也。狄嘗迫逐黎侯，黎侯寓於衛，衛不能修方伯連師之職。戎嘗伐凡伯于楚丘，而衛不能救王臣之患。其後遂爲狄人所滅，東徙渡河。齊桓攘戎狄而封之，而衛國忘亡。今又爲狄所圍，其遷于帝丘，避狄難也。而中國衰微，夷狄彊盛，衛侯不能彊於政治，晉文無卻四夷、安諸夏之功，莫不見矣。」

三十有二年，春，王正月。

夏，四月，己丑，鄭伯捷卒。捷，公羊作「接」。

○杜氏注：「文公也。」

衛人侵狄。秋，衛人及狄盟。

○左氏傳：「狄有亂。衛人侵狄，狄請平焉。秋，衛人及狄盟。」

○杜氏注：「不地者，就狄廬帳盟。」

○胡氏傳：「再書衛人而稱『及』者，所以罪衛也。盟者，中國諸侯之禮，衰世之事，已非春秋之所貴，況與戎狄豺狼，即其廬帳，刑牲歃血以要之哉？」

冬，十有二月，己卯，晉侯重耳卒。

○左氏傳：「晉文公卒。」

三十有三年，春，王二月，秦人入滑。

○左氏傳：「三十二年，杞子自鄭使告于秦，杞子，三十年秦伯圍鄭，使戍鄭者。曰：『鄭人使我掌其北門之管，若潛師而來，國可得也。』穆公訪諸蹇叔，蹇叔曰：『勞師以襲遠，非所聞也。師勞力竭，遠主備之，無乃不可乎！師知所爲，鄭必知之。勤而無所，必有悖心。且行千里，其誰不知？』公辭焉。召孟明、西乞、白乙，使出師於東門之外。蹇叔哭之，曰：『孟子，吾見師之出，而不見其入也！』公使謂之曰：『爾何知？中壽，爾墓之木拱矣！』三十三年，春，秦師過周北門。及滑，鄭商人弦高將市於周，遇之。以乘韋先，牛十二，犒師，曰：『寡君〔一〕聞吾子將步師出於敝邑，敢犒從者。不腆敝邑，爲從者之淹，居則具一日之積，行則備一夕之衛。』且使遽告于鄭。鄭穆公使視客館，則束載、厲兵、秣馬矣。使皇武子辭焉。杞子奔齊，逢孫、揚孫奔

〔一〕君，底本作「人」，據左傳改。

宋。孟明曰：『鄭有備矣，不可冀也。攻之不克，圍之不繼，吾其還也。』滅滑而還。」

○杜氏注：「滅而書入，不能有其地。」

齊侯使國歸父來聘。

○左氏傳：「齊國莊子來聘，自郊勞至于贈賄，禮成而加之以敏。臧文仲言於公曰：『國子爲政，齊猶有禮，君其朝焉。』」

夏，四月，辛巳，晉人及姜戎敗秦于殽。左氏、穀梁有「師」字。

○左氏傳：「原軫曰：『秦違蹇叔，以貪勤民，天奉我也。必伐秦師。』欒枝曰：『未報秦施而伐其師，其爲死君乎？』先軫曰：『一日縱敵，數世之患也。』遂發命，遽興姜戎。子墨衰絰，晉文公未葬，故襄公稱子。以凶服從戎，故墨之。梁弘御戎，萊駒爲右。夏，四月，敗秦師于殽，獲百里孟明視、西乞術、白乙丙以歸。文嬴請三帥，公許之。先軫怒，公使陽處父追之，及諸河，則在舟中矣。釋左驂，以公命贈孟明。孟明稽首曰：『君之惠，不以纍臣釁鼓，使歸就戮于秦。寡君之以爲戮，死且不朽。若從君惠而免之，三年將拜君賜。』秦伯素服郊次，鄉師而哭，曰：『孤違蹇叔，以辱二三子，孤之罪也。不替孟明，孤之過也。大夫何罪？且吾不以一眚掩大德。』」

○公羊傳：「其謂之秦何？夷狄之也。曷爲夷狄之？秦伯將襲鄭，百里子與蹇叔子諫，秦伯怒曰：『若爾之年者，宰上之木拱矣。』師出，晉人與姜戎要諸殽而擊之，匹馬隻輪無反者。其言『及姜戎』何？姜戎微也。其稱人，亦微者也。何言乎姜戎之微？先軫也。或曰襄公親之。襄公親之，則其稱人何？貶。曷爲貶？君在乎殯而用師也。」

○穀梁傳：「晉人者，晉子也。其曰人何也？微之也。何爲微之？不正其釋殯而主乎戰也。」

○程氏傳：「晉不稱君，居喪未葬，不可從戎也。忘親背惠，其惡甚矣。秦爲無道，越晉踰周以襲人，衆所共憤，故稱『晉人』。其稱姜戎亦然。」今按：晉人似當作「秦」字。

○胡氏傳：「按書序：『秦穆公伐鄭，晉襄公帥師敗諸殽。』而經書『晉人敗秦于殽』，是皆仲尼親筆，何以異乎？書序專取穆公悔過自誓之言，止於勸善，其辭恕。春秋備書晉、秦無道用兵之失，兼於懲惡，其法嚴。此所以異也。晉襄親將，絀不稱君者，俯逼葬期，忘親背惠，墨縗絰而即戎，其惡甚矣。視秦猶狄，其罪云何？客人之館而謀其主，因人之信己而逞其詐，利人之危而襲其國，越人之境而不哀其喪，叛盟失信，以貪勤民而棄其師，狄道也。夫杞子、先軫之謀，偷見一時之利，徼倖其成，自以爲功者也。二君皆過聽焉，而貪其利。是使爲人臣者懷利以事其君，爲人子者懷利以事其父。懷利以相與，利之所在則從之矣，何有於君父？故一失則夷狄，再失則禽獸，而大倫滅矣。春秋人晉子而狄秦，所以立人道，存天理也。」劉氏傳：「秦之所以爲狄，與人之臣而謀其君，利人之喪而襲其國，弱人之孤而死其親，背大臣而與小臣圖事，貪得地而棄其師者也。」○今按：程氏、劉氏、胡氏皆從公羊作「秦」。

癸巳，葬晉文公。

○左氏傳：「晉子墨衰絰，敗秦師于殽，遂墨以葬文公。晉於是始墨。」

狄侵齊。

○左氏傳：「狄侵齊，因晉喪也。」

公伐邾，取訾婁。公羊作「取叢」，穀梁「婁」作「樓」。秋，公子遂帥師伐邾。

○左氏傳：「公伐邾，取訾婁，以報升陘之役。在二十二年。邾人不設備。秋，襄仲復伐邾。」

○杜氏注：「魯亦因晉喪以陵小國。」

晉人敗狄于箕。

○左氏傳：「狄伐晉，及箕。八月，戊子，晉侯敗狄于箕。郤缺獲白狄子。」

○襄陵許氏曰：「自三十年狄始侵齊，晉未暇討。自是中國歲有狄患。至敗於此，而後懲艾，不復犯略。是故戎狄之亂，不能震疊以威武，則未易以德懷也。」

○杜氏注：「大原陽邑縣南有箕城。」

冬，十月，公如齊。

○左氏傳：「公如齊，朝，且弔有狄〔一〕師也。」
十有二月，公至自齊。
乙巳，公薨于小寢。杜氏以乙巳日在十一月。
○左氏傳：「薨于小寢，即安也。」
○胡氏傳：「周制：王宫六寢，路寢一，小寢五。君日出而眡朝，退適路寢聽政，使人眡大夫退，然後適小寢釋服。是路寢，治事之所也。而小寢，燕息之地也。公羊以西宫爲小寢，魯子以諸侯有三宫，則列國之制蓋降於王，其以路寢爲正則一爾。君薨不於路寢，則非正矣。曾子曰：『吾得正而斃，又何求哉？』古人貴於得正乃如此，凡此直書而義自見矣。」
○襄陵許氏曰：「君子自治，常使心熟於仁，而體安於禮，則正勝。於死生之際，終不可亂矣。曾子易簀是也。」
隕霜，不殺草，李、梅實。隕，公羊作「賈」。
○公羊傳：「何以書？記異也。何異爾？不時也。」
○杜氏注：「書失時也。周十一月，今九月，霜當微而重，重而不能殺草，所以爲災。」

〔一〕狄，底本作「秋」，據左傳改。

○襄陵許氏曰：「僖公寬仁過厚，其失也豫，而文公以暗弱繼之，其咎遂著。三桓之盛，自僖公始，卒以專魯。」

晉人、陳人、鄭人伐許。

○左氏傳：「晉、陳、鄭伐許，討其貳於楚也。」

春秋卷第十一

春秋卷第十二

文公

○名興，僖公子，母聲姜。謚法：「慈惠愛民曰文，忠信接禮曰文。」

元年，春，王正月，公即位。

○穀梁傳：「繼正即位，正也。」

二月，癸亥，日有食之。公羊有「朔」字。

天王使叔服來會葬。

○左氏傳：「王使内史叔服來會葬。」

○公羊傳：「其言來會葬何？會葬，禮也。」

○胡氏傳：「凡崩、薨、卒、葬，人道終始之變也，不以得禮爲常事而不書。其或失禮而害王法之甚者，聖人則有削而不存以示義者矣。」

夏，四月，丁巳，葬我君僖公。

○余氏曰：「五月而葬。内葬雖得禮，亦書，明臣子之義。」

天王使毛伯來錫公命。

○左氏傳：「王使毛伯衛來錫公命。」

○穀梁傳：「禮有受命，無來錫命，錫命，非正也。」

○劉氏傳：「錫命者何？命爲諸侯也。諸侯在喪稱子。踰年即位，喪畢以士服見於王，王乃於廟命之。喪未畢而命之，非禮也。既畢喪而不受命於天子，亦非禮也。」胡氏傳：「諸侯終喪入見，則有錫；歲時來朝，則有錫；能敵王所愾，則有錫。黻冕圭璧，因其終喪入見而錫之者也，禮所謂『喪畢以士服見天子，已見，賜之黻冕圭璧然後歸』是已。車馬衮黼，因其歲時來朝而錫之者也，詩所謂『君子來朝，何錫予之？路車乘馬，玄衮及黼』是已。彤弓旅矢，因其敵愾獻功而錫之者也，詩所謂『彤弓弨兮，受言藏之。我有嘉賓，中心貺之』是已。今文公繼世，喪制未畢，初非繼朝而獻功也，遣使錫命，是輕恩而瀆典也，安得不啓諸侯驕僭之心乎？故穀梁子以謂：『來錫命，非正也。』」

晉侯伐衛。

○左氏傳：「晉文公之季年，諸侯朝晉。衛成公不朝，使孔達侵鄭，伐綿、訾及匡。晉襄公既祥，告于諸侯而伐衛。及南陽，先且居曰：『效尤，禍也。請君朝王，臣從師。』晉侯朝王于温，先且居、胥臣伐衛。五月，辛酉，朔，晉師圍戚。六月，戊戌，取之。」

叔孫得臣如京師。

○杜氏注：「得臣，叔牙之孫。」

○左氏傳：「叔孫得臣如周拜。」

○高郵孫氏曰：「天王賜命魯公，而魯公使得臣拜之，非禮之甚者。文公即位未嘗如周，而天子錫命。公受命矣，又不自朝，而使得臣往，其不臣可知矣。」

衛人伐晉。

○左氏傳：「衛人告于陳，陳共公曰：『更伐之，我辭之。』衛孔達帥師伐晉。」

孔達不共盟主，稱兵報復，故人之。

秋，公孫敖會晉侯于戚。

○左氏傳：「晉侯疆戚田，故公孫敖會之。」

○杜氏注：「戚，衛邑，在頓丘衛縣西。」

冬，十月，丁未，楚世子商臣弑其君頵。公、穀作「髡」。

○何氏注：「不言其父，言其君者，君之於世子，有父之親，有君之尊，故兩見之。又責臣子當討賊也。」

○左氏傳：「初，楚子將以商臣爲太子，訪諸令尹子上。子上曰：『君之齒未也，而又多愛，黜乃亂也。楚國之舉，常在少者。且是人也，蠭目而豺聲，忍人也，不可立也。』弗聽。既又欲立王子職而黜太子商臣。商臣聞之而未察，告其師潘崇，曰：『若之何而察之？』潘崇曰：『享江芈而勿敬也。』從之。江芈怒曰：『呼，役夫！宜君王之欲殺女而立職也。』告潘崇曰：『信矣。』潘崇曰：『能事諸乎？』曰：『不能。』『能行乎？』曰：『不能。』『能行大事乎？』曰：『能。』冬，十月，以宮甲圍成王。宮甲，大子東宮甲卒。王請食熊蹯而死，弗聽。丁未，王縊。」

○胡氏傳：「世子而至於弒逆，此天理大變，人情所深駭者。春秋詳書其事，欲後世觀此而察所由，示懲戒也。唐世子弘受春秋左氏至此，廢書歎曰：『經籍，聖人垂訓，何書此邪！』郭瑜對曰：『春秋義存褒貶，以善惡爲勸戒，故商臣千載而惡名不滅。』弘曰：『非惟口不可道，故亦耳不可聞，願受他書。』瑜請讀禮，世子從之。嗚呼！聖人大訓不明於後世，皆腐儒學經，不知其義者之罪尔！夫亂臣賊子，雖陷穽在前，斧鉞在後而不避，顧謂身後惡名，足以格其邪志而懲於爲惡，豈不謬哉！持此曉人，可謂茅塞其心意矣，若語之曰：爲人君父而不通於春秋之義者，必蒙首惡之名；爲人臣子而不通春秋之義者，必陷篡弒誅死之罪。聖人書此者，使天下後世察於人倫，知所以爲君臣父子之道，而免於首惡之名、誅死之罪也。則世子弘而聞此，必將愯然畏懼，知春秋之不可不學矣。學於春秋，必明臣子之義，不至於奏請佛旨而見酖矣。傳者，按也；經者，斷也。考於傳之所載，可以見其所由致之漸，豈隱乎？嫡妾必正，而楚頵多愛；立子必長，而楚國之舉常在少者；養世子不可不慎也，而以潘崇爲之師；侍鐥問安，世子職也，而多置宮甲，降而不憾，憾而能眕者鮮矣。乃欲黜兄而立其弟，謀及婦人，宜其死也。而使江芉知其情，是以不仁處其身，而以不孝處其子也，其及宜矣！楚頵僭王，憑陵中國，戰勝諸侯，毒被天下，然昧於君臣父子之道，禍發蕭牆而不之覺也。不善之積，豈可揜哉？君不君，則臣不臣；父不父，則子不子。春秋書『世子弑君』，推本其所由，而著其首惡，爲萬世之大戒也。」

公孫敖如齊。

○左氏傳：「穆伯如齊，始聘焉。」

二年，春，王二月，甲子，晉侯及秦師戰于彭衙，秦師敗績。

○左氏傳：「殽之役，晉人既歸秦帥，秦大夫及左右皆言於秦伯曰：『是敗也，孟明之罪也，必殺之。』秦伯曰：『是孤之罪也。』復使爲政。春，秦孟明視帥師伐晉，以報殽之役。晉侯禦之。先且居將中軍，王官無地御戎，狐鞫居爲右。甲子，及秦師戰于彭衙，秦師敗績。晉人謂秦『拜賜』之師。秦伯猶用孟明。孟明增修國政，重施於民。趙成子言於諸大夫曰：『秦師又至，將必避之。懼而增德，不可當也。』」

○程氏傳：「越國襲人，秦之罪也。忘親背惠，晉之惡也。秦經人之國以襲遠，雖憤，無以爲辭矣，故其來不稱伐。晉不諭秦而與戰，故書『晉及』。忿以取敗，故書『敗績』。」

○胡氏傳：「夫敵加於己，不得已而應者謂之應兵；爭恨小故，不忍憤怒者謂之憤兵。孟明伐晉，報殽之役，此所謂憤兵。疑罪之在秦也，而以晉侯爲主，何哉？曰：敵加於己，而己有罪焉，引咎責躬，服其罪則可矣；己則無罪，而不義見加，諭之以詞命，猶不得免焉，亦告於天子方伯可也。若遽興師而與戰，是謂以桀攻桀，何愈乎？故以晉侯爲主者，處己息爭之道，寡怨之方，王者之事也。」

丁丑，作僖公主。

○公羊傳：「作僖公主者何？爲僖公作主也。主者曷用？虞主用桑，禮，平明而葬，日中而反虞。練主用栗。期年練祭也，埋虞主於兩階之間，易用栗。用栗者，藏主也。作僖公主何以書？譏。何譏爾？不時也。」

○穀梁傳：「主喪主於虞，吉主於練，作僖公主，譏其後也。僖公薨至此已十五月。作主壞廟，有時日於練焉。壞廟，壞廟之道，易檐可也，改塗可也。」禮，親過高祖，則毀其廟，以次而遷，將納新神，故示有所加。

○任氏曰：「主所以象神也。孝子之心以親，既葬而不得復見也，於是作主以象神。故古者既葬作主於墓，不終日而虞祭，不忍一日忘其親也。僖公薨葬踰年，而今乃爲主，忘其君親矣。」胡氏傳：「十五月然後作主，慢而不敬甚矣。夫慢而不敬，積惡之源也。以爲無傷而弗去，至於惡積而不可揜，此春秋所以謹之也。」

三月，乙巳，及晉處父盟。

○左氏傳：「晉人以公不朝來討。公如晉。夏，四月，己巳，晉人使陽處父盟公以耻之。書曰『及晉處父盟』，以厭之也。適晉不書，諱之也。」

○穀梁傳：「不言公，處父伉也，爲公諱也。」

○襄陵許氏曰：「春秋之義，抑高舉下。處父云者，君臣詞也，以抑晉也。」

○杜氏注：「處父爲晉正卿，不能以禮匡君，而親與公盟，故貶其族。不地者，盟晉都。」

○胡氏傳：「諱不書公者，抑大夫之抗，不使與公爲敵，正君臣之分也。適晉不書，反國不致，爲公諱耻，存臣子之禮也。凡此類，筆削魯史之舊文衆矣。」

夏，六月，公孫敖會宋公、陳侯、鄭伯、晉士穀，盟于垂隴。隴，公、穀作「斂」。

○左氏傳：「公未至。穆伯會諸侯及晉司空士穀，盟于垂隴，晉討衛故也。陳侯爲衛請成于晉，殺〔一〕孔達以說。」

○杜氏注：「垂隴，鄭地。滎陽縣東有隴城。」

○襄陵許氏曰：「元年衛人伐晉，至是諸侯會盟，而明年衛人會晉伐沈，則知衛成於垂隴之會矣。晉襄方患秦、楚遵養中國，罪苟有可委，斯受之可也。」

自十有二月不雨，至于秋七月。

○杜氏注：「周七月，今五月。不雨，足爲災。不書旱，五穀猶有收。」

○穀梁傳：「歷時而言不雨，文不憂雨也。不憂雨者，無志乎民者也。」僖公憂民，歷一時輒書不雨。文公不勤雨，故歷

〔一〕殺，左傳作「執」。

四時乃書，以見其無恤民之心。胡氏傳：「書『不雨至秋七月』，而不曰『至秋七月不雨』者，蓋後言不雨，則是冀雨之詞，非文公之意也。夫書『不雨至秋七月』而止，即八月嘗雨矣。然而不書八月雨者，見文公之無意於雨，不以民事繫憂樂也。通旨曰：「書自正月不雨至于秋七月，七月者，猶言有雨亦可，無雨亦可。」其怠於政事可知，而魯衰自此始矣。」

○八月，丁卯，大事于大廟，躋僖公。

○公羊傳：「大事者何？大祫也。大祫者何？合祭也。其合祭柰何？毀廟之主，陳于大祖，未毀廟之主，皆升合食于大祖。五年而再殷祭。」穀梁傳：「大事者何？大是事也。著祫嘗。」○劉氏傳：「祫則曷爲謂之大事？諸侯之大事也。庶人薦而不享，大夫享而不祫，諸侯祫而不禘。」又意林曰：「時祭稱有事，祫祭稱大事，大事之外無加者矣。以是推之，魯之郊禘非禮也。大夫有善於其君，則于祫及其高祖。諸侯有善於天子，則禘其祖之所自出。皆周之未造也，非大平制名器正上下之分也。」

○杜氏曰：「時未當吉祭，而於大廟行之，於閔二年譏已明，此主爲逆祀書也。」又曰：「僖公，閔公庶兄，繼閔而立，廟坐宜次閔下，今升在閔上。」

○公羊傳：「躋者何？升也。何言乎升僖公？譏。何譏爾？逆祀也。其逆祀奈何？先禰而後祖也。」劉氏曰：「此非祖禰也，其謂之祖禰何？臣子一例也。」

○左氏傳：「於是夏父弗忌爲宗伯，尊僖公，且明見曰：『吾見新鬼大，故鬼小。先大後小，順也。躋聖賢，明也。明順，禮也。』君子以爲失禮，禮無不順。祀，國之大事也，而逆之，可謂禮乎？子雖齊聖，不先父食，久矣。故禹不先鯀，湯不先契，文、武不先不窋。宋祖帝乙，鄭祖厲王，猶上祖也。」穀梁傳：「先親而後祖也，逆祀也。逆祀，則是無昭穆也。無昭穆，則是無祖也。無祖，則是無天也。君子不以親親害尊尊，春秋之義也。」○胡氏傳：「夫有天下者事七世，諸侯五世。說禮者曰：『世指父子，非兄弟也。』然三傳同以閔公爲祖，而臣子一例，故是以僖公父視閔公爲禮。而父死子繼，兄終弟及，其名號雖不同，其爲世則一矣。」

○任氏曰：「父子者，一家之私愛也；世統者，天下之大義也。僖公雖閔公之兄，然繼閔之統，則昭穆之序，嚴不可亂。以一家之私愛而汩天下之大義，文公於是不智矣。」

冬，晉人、宋人、陳人、鄭人伐秦。

○左氏傳：「晉先且居、宋公子成、陳轅選、鄭公子歸生伐秦，取汪及彭衙而還，以報彭衙之役。」

○程氏曰：「秦以憤取敗，晉可以已矣，而復伐秦，報復無已，殘民結怨，故貶稱人。」

公子遂如齊納幣。

○公羊傳：「納幣不書，此何以書？譏喪娶也。娶在三年之外，則何譏乎喪娶？三年之內不圖昏。吉禘于莊公，譏。然則曷爲不於祭焉譏？三年之恩疾矣，非虛加之也，以人心爲皆有之。以人心爲皆有之，則曷爲猶於娶焉譏？娶者，大吉也，非常吉也。其爲吉者，主乎己，以爲有人心者，宜於此焉變矣。」董氏繁露曰：「喪之法，不過三年，三年之喪，二十五月。今文公四十一月乃娶，何以謂之喪娶？曰：春秋之論，莫重乎志。今納之月在喪分，故謂之喪娶也。且文公以秋祫祭，以冬納幣，皆失於大旱，春秋不譏其前，顧譏其後，以三年之喪，肌膚之情也。乃在思念娶事，是春秋之所疾也。緣此以論禮，禮所重者在志，志敬而節具，則君子與之知禮，志和而音雅，則君子與之知樂，志哀而居約，則君子與之居喪。故曰：非虛加之，重志之謂也。志爲質，物爲文。」

三年，春，王正月，叔孫得臣會晉人、宋人、陳人、衛人、鄭人伐沈。沈潰。

○左氏傳：「莊叔會諸侯之師伐沈，以其服於楚也。沈潰。凡民逃其上曰潰，在上曰逃。」

○杜氏注：「沈，國名，汝南平與縣北有沈亭。」

○常山劉氏曰：「昔滕文公問孟子曰：『齊人將築薛，吾甚恐，如之何則可？』孟子曰：『是謀非吾所能及也。無已，則有一焉：鑿斯池也，築斯城也，與民守之，效死而民弗去，是則可爲也。』由此觀之，則諸侯守邦，豈可致民之潰哉？一被侵伐而民散，君之不能其可知矣。蔡潰、沈潰、莒潰之類是也。」

○胡氏傳：「五國皆稱人，將非命卿也。沈在汝南，未嘗與中國會盟，而南服於楚。師入其境而人民逃散，雖非義舉，比於報復私怨之兵則有間矣。」

夏，五月，王子虎卒。

○左氏傳：「夏，四月，乙亥，王叔文公卒，來赴，弔如同盟。」王子虎與僖同盟于翟泉。

○胡氏傳：「王子虎不書爵，譏之也。天子內臣無外交。以同盟而致恩禮焉，是以私情害公義矣。」

秦人伐晉。

○左氏傳：「秦人伐晉，濟河焚舟，取王官及郊。晉人不出。遂自茅津濟，封殽尸而還。」

○胡氏傳：「其稱人，何也？聖人作易，以『懲忿窒欲』爲損卦之象，其辭曰『德之修也』。春秋諸侯之知德者鮮矣。穆公初聽杞子之請，其名爲貪兵，是欲而不能窒也。及敗於殽，作秦誓，庶幾能改，將窒其欲也。復起彭衙之師，以報殽、函之役，其名爲憤兵，是忿而不能懲也。今又濟河取郊，人之稱斯師也，何義哉？晉人畏秦而不出，穆公遑忿而後悔，自是見伐而不報，始能踐自誓之言矣。是故於此貶而稱人，備責之也。」

秋，楚人圍江。

○左氏傳：「楚人圍江，晉先僕伐楚以救江。」

雨螽于宋。

○陸氏纂例曰：「自空而下，下又多有，似雨也。」

○公羊傳：「記異也。」

冬，公如晉。十有二月，己巳，公及晉侯盟。

○左氏傳：「晉人懼其無禮於公也。請改盟。改二年處父盟。公如晉，及晉侯盟。」

○陸氏纂例曰：「在晉都盟，故不言地。」

○蘇氏曰：「晉懼其無禮，故請改盟。雖親盟於其國，猶可書也。」

晉陽處父帥師伐楚以救江。公、穀無「以」字。

○左氏傳：「晉以江故告于周。王叔桓公、晉陽處父伐楚以救江，桓公，周卿士。不書，不親伐。門于方城，遇息公子朱而還。」子朱，楚大夫伐江之帥也。聞晉師起而江兵解，故亦還。

○公羊傳：「此伐楚也，其言救江何？爲諼也。其爲諼柰何？伐楚爲救江也。」

○胡氏傳：「以者，不以者也。救江善矣，其書以何？楚嘗伐鄭矣，齊桓遠結江、黄，合九國之師於召陵，然後伐鄭之謀罷；又嘗圍宋矣，晉文公許復曹、衛，會四國於城濮，然後圍宋之役解。今江國小而弱，非能與宋、鄭比，楚人圍之，必不待徹四境屯戍守禦之衆與宿衛盡行也。當是時，楚有覆載不容之罪。晉宜大合諸侯，聲罪致討，庶幾楚震恐而江圍可解矣。計不出此，乃獨遣一軍遠攻彊國，豈能濟乎？故書『以』，言救江雖善，而所以救之者非其道矣。」

四年，春，公至自晉。

○吕氏曰：「自是公朝强國皆致者，事近得詳，事遠不得詳也。」

夏，逆婦姜于齊。

○程氏傳：「納幣在喪中，與喪昏同也。稱婦姜，已成婦也。不稱夫人，不可爲小君、奉宗廟也。不書逆者，雖卿亦失其職矣。」

○劉氏傳：「何以不言『姜氏』？貶。喪娶者公也，曷爲貶夫人？夫人與有貶也。婦人在家制於父，既嫁制於夫，婦人不專行。其曰與有貶何？父母與有罪也。」

○胡氏傳：「逆皆稱女，以未成婦，而女者在父母家所稱也。往逆而稱婦，入國不書至，何哉？此春秋誅意之效也。禫制未終而思娶事，是不志哀而居約矣。方逆也，而已爲成婦；未至也，而如在國中，原其意而誅之也。文公不知敬其伉儷，違禮而行，使國亂子弑。齊人不能鑒微知著，冒禮而往，使其女不允於魯，皆失於不正其始之過也。夫婦之際，人倫之首禮，不可不謹也！故交譏之，以爲後鑒。」

狄侵齊。

○許氏曰：「狄自箕之敗，至是始復侵齊，間晉有秦、楚之難也。」

秋，楚人滅江。

晉侯伐秦。

○左氏傳：「晉侯伐秦，圍邧、新城，以報王官之役。」

○程氏曰：「秦逞忿以伐晉，晉畏而避之。其見報，乃常情也。秦至此能悔過矣，故不復報晉，聖人取其能遷善也。」

○胡氏傳：「晉三敗秦師，而穆公報之則貶稱人。秦雖取王官及郊，未至如晉之甚也。襄公又報之，亦過矣。而得稱爵，何也？聖人以常情待晉襄，以王事責秦穆。穆公初敗于殽，悔過自誓，增修德政，宜若過而知悔。

悔而能改，又有濟河之役，則非誓言之意，所以備責之也。若襄公則忘親背惠，大破秦師，敗狄伐許，怒魯侯之不朝也，而以無禮施之，是專尚威力，莫知省德而後動也。今又報秦，不足責矣。然晉襄伐秦而秦穆至是不復報，善可知矣。不譏晉侯，所以深善秦穆。春秋大改過，嘉釋怨，王者之事。此秦誓之書所以列於百篇之末也。」

衛侯使甯俞來聘。

○左氏傳：「甯武子來聘。」

冬，十有一月，壬寅，夫人風氏薨。

○杜氏注：「僖公庶母也。」

○陸氏纂例曰：「自成風之後，妾母皆僭用夫人禮。故亦書薨，著其非禮。」

○胡氏傳：「風氏，莊公之妾也，而稱夫人，自是嫡妾亂矣。語曰：『邦君之妻，邦人稱之曰「君夫人」，稱諸異邦曰：「寡小君」。』蓋敵體之稱也。若夫妾媵，則非敵矣，其生亦以夫人之名號稱之，其没亦以夫人之禮卒葬之，非所以正其分也。以妾媵爲夫人，徒欲尊寵其所愛，而不虞卑其身；以妾母爲夫人，徒欲崇貴其所生，而不虞賤其父。卑其身則失位，賤其父則無本。越禮至是，不亦悖乎？夫禮，庶子爲君，爲其母無服，不敢貳尊者也。春秋於成風記其卒葬，各以其實書，不爲異辭，謹禮之所由變也。」

五年，春，王正月，王使榮叔歸含且賵。

〇杜氏注：「珠玉曰含。含，口實。車馬曰賵。」

〇胡氏通旨曰：「言來歸者，彼自來也；言歸不言來者，請而得之也。」

〇程氏傳：「天子成妾母爲夫人，亂倫之甚，失天理矣。不稱天，義已明；稱叔，存禮也。」劉氏意林曰：「不知者乃以謂天子賵人之妾，小過耳，而譏之深，求車、殺母弟，大惡也，而譏之略。是不知春秋正人倫之意也。父子也，夫婦也，君臣也，治之三綱也，道莫先焉。桓以臣弑君而王命之，成風以妾僭嫡而王成之，於三綱廢矣，是去人之所以爲人也。王之無天，不亦明乎！」

三月，辛亥，葬我小君成風。

〇陸氏纂例曰：「自文公葬成風之後，乃有二夫人祔廟，非禮也。」蘇氏曰：「仲子雖聘，而非惠公之嫡也，故特爲之宫而不祔，蓋禮之正也。自成風以來，妾母皆葬，蓋祔也。魯禮之變，自此始。」

王使召伯來會葬。召，穀梁作「毛」。

〇程氏傳：「天子以妾母同嫡，亂天理也，故不稱天。聖人於此，尤謹其戒。」胡氏曰：「王臣下聘桓公，冢宰書名示貶，而大夫再聘則無譏焉，或以爲從同同也，或以謂同則書重也。成風薨，王使榮叔歸含且賵，既不稱天矣。及使召伯來會葬，又與貶，何也？歸含且賵，施於妾母已稠疊矣，又使卿來會葬，恩數有加焉，是將祔之於廟也，而致禮於成風盡矣。聘一也，含賵而又葬，則其事益隆，亂人倫、廢王法甚矣。再不稱天者，聖人於此尤謹其戒，而不敢略也。」〇許氏曰：「喪服傳曰：『庶子爲父後者爲其母何以緦也？與尊者爲一體，不敢私其親也。』服問曰：『君母非夫人也，則群臣無服，惟近臣及僕、驂乘。從服，唯君所服也。』此禮之正也。」

夏，公孫敖如晉。

秦人入鄀。

○左氏傳：「初，鄀叛楚即秦，又貳於楚。夏，秦人入鄀。」

秋，楚人滅六。

○杜氏注：「六，今廬江六縣。」

○左氏傳：「六人叛楚即東夷。秋，楚成大心、仲歸帥師滅六。冬，楚公子燮滅蓼。臧文仲聞六與蓼滅，曰：『臯陶庭堅不祀，忽諸，德之不建，民之無援，哀哉！』」

○師氏曰：「秦、楚皆夷狄也，秦入鄀，楚滅蓼，著夷狄之盛彊也。」

冬，十月，甲申，許男業卒。

六年，春，葬許僖公。

夏，季孫行父如陳。

○左氏傳：「臧文仲以陳、衛之睦也，欲求好於陳。夏，季文子聘于陳。」

秋，季孫行父如晉。

○左氏傳：「季文子將聘於晉，使求遭喪之禮以行。聞晉侯有疾故。其人曰：『將焉用之？』文子曰：『備豫不虞，古之善教也。求而無之，實難。過求何害？』」

八月，乙亥，晉侯驩卒。驩，公羊作「讙」。

○左氏傳：「晉襄公卒。靈公少，晉人以難故，欲立長君。趙孟曰：『立公子雍。好善而長，先君愛之，且近於秦，秦，舊好也。』乃使先蔑如秦，逆公子雍。」

冬，十月，公子遂如晉，葬晉襄公。

○杜氏注：「卿共葬事，文襄之制。」

晉殺其大夫陽處父。晉狐射姑出奔狄。射，穀梁作「夜」。

○左氏傳：「六年，春，晉蒐于夷，舍二軍。使狐射姑將中軍，趙盾佐之。陽處父至自温，改蒐于董，易中軍。陽子，成季之屬也，故黨於趙氏，且謂趙盾能，曰：『使能，國之利也。』是以上之。宣子於是乎始爲國政。賈季怨陽子之易其班也，而知其無援於晉也。九月，賈季使續鞫居殺陽處父。十一月，丙寅，晉殺續簡伯。賈季奔狄。」

○穀梁傳：「稱國以殺，罪累上也。襄公已葬，其以累上之辭言之，何也？君漏言也。上泄則下闇，下闇則上聾，且闇且聾，無以相通。夜姑殺者也，夜姑之殺柰何？曰：晉將與狄戰，使狐夜姑爲將軍，趙盾佐之。陽處父曰：『不可。古者君之使臣也，使仁者佐賢者，不使賢者佐仁者。今趙盾賢，夜姑仁，其不可乎？』襄公曰：『諾。』謂夜姑曰：『吾使盾佐女，今女佐盾矣。』夜姑曰：『諾。』襄公死，處父主竟上之事，夜姑使人殺之，君漏言也。」胡氏曰：「易曰：『不出户庭，無咎。』何謂也？子曰：『亂之所生也。則言語以爲階。君不密則失臣，臣不密則失身，幾事不密則害成。是以君子慎密而不出也。』凡書殺者，在上則稱君，在下則稱氏，在衆則稱人，在微者則稱盜，君與臣同殺則稱國。今殺處父者，夜姑耳。君獨以漏言故，亦與殺焉，所以爲後世人君之戒。」

○劉氏傳：「然則處父之罪奈何？處父之爲人臣也，華而不實，好剛而犯上，興事以自爲名，足以殺其身而已矣。」

閏月，不告月，猶朝于廟。

○陸氏纂例：「趙子曰：天子常以今年冬頒明年正朔於諸侯。諸侯受之，每月奉月朔甲子以告于廟，所謂禀正朔也。故曰：王正月，言王之所以頒也，因以特牲薦，謂之告月，亦曰告朔。文公以閏非正，不行告朔之禮，而以其朔日但身至廟拜謁而已，故曰『猶朝于廟』。」

○左氏傳：「閏月不告朔，非禮也。閏以正時，時以作事，事以厚生，生民之道於是乎在矣。不告閏朔，棄時政也，何以爲民？」

○劉氏傳：「閏不告月，非正也。朝廟爲告月也，不告月而朝廟，亦非正也。」

七年，春，公伐邾。三月，甲戌，取須句。句，公羊作「朐」。

○杜氏注：「須句，魯之封内屬國也。僖公反其君之後，邾復滅之。」

○左氏傳：「公伐邾，間晉難也。三月，甲戌，取須句，寘文公子焉。」邾文公之子也。

遂城郚。

○杜氏注：「郚，魯邑。卞縣南有郚城。城郚，備邾也。」

夏，四月，宋公王臣卒。宋人殺其大夫。王，穀梁作「壬」。

○左氏傳：「宋成公卒。於是公子成爲右師，公孫友爲左師，樂豫爲司馬，鱗矔爲司徒，公子蕩爲司城，華御事爲司寇。昭公將去群公子，樂豫曰：『不可。公族，公室之枝葉也。若去之，則本根無所庇廕矣。葛藟猶能庇其本根，故君子以爲比，况國君乎？此諺所謂「庇焉而縱尋斧焉」者也。必不可！君其圖之，親之以德，皆股肱也，誰敢攜貳？若之何去之？』不聽。穆、襄之族帥國人以攻公，殺公孫固、公孫鄭于宫。六卿和公室，樂豫舍司馬以讓公子卬。昭公即位而葬。」

○劉氏傳：「其稱人以殺何？衆殺之者也。昭公欲去群公子，而反爲穆、襄之族所攻，殺公孫固、公孫鄭于宫，蓋僅然後勝爾。」

○胡氏傳：「書『宋人』者，國亂無政，非君命而衆人擅殺之也。大夫不名，義繫於殺大夫，而其名不足紀也。」

戊子，晉人及秦人戰于令狐。晉先蔑奔秦。公羊「先蔑」下有「以師」字，其説無據，今從二傳。蔑，公羊作

「昧」。

○左氏傳：「秦康公送公子雍于晉，曰：『文公之入也無衛，故有呂、郤之難。』乃多與之徒衛。穆嬴日抱大子以啼于朝，曰：『先君何罪？其嗣亦何罪？舍適嗣不立，而外求君，將安寘此？』宣子與諸大夫皆患穆嬴，且畏偪，乃背先蔑而立靈公，以禦秦師。及堇陰，宣子曰：『我若受秦，秦則賓也；不受，寇也。既不受矣，而復緩師，秦將生心。先人有奪人之心，軍之善謀也；逐寇如追逃，軍之善政也。』訓卒利兵，秣馬蓐食，潛師夜起。戊子，敗秦師于令狐，至于刳首。己丑，先蔑奔秦。」

○劉氏傳：「此晉趙盾之師也，其稱人何？不與大夫專廢置君也。」

○程氏傳：「晉始逆立公子雍，既而悔之，故秦興兵以納之。晉不謝秦，秦納不正，皆罪也，故稱人。晉懼秦之不肯已而擊之，故書『晉及』。」胡氏曰：「治亂存亡，係國君之廢立，事莫重於此矣，而可以有誤乎？奕者舉棊不定，不勝其偶，況置君而可以不定乎？故河曲之戰，其貶有如此者，使後世臣子謹於廢立之際，不可忽也。」

○公羊傳：「此偏戰也，何以不言師敗績？敵也。」常山劉氏曰：「戰必有勝敗，故諸侯之戰必書人，其敗曰某師敗績，唯此秦敗不書者，晉欲甚故也。」

○穀梁傳：「不言出，在外也。」泰山孫氏曰：「不言出，明自軍中而去也。」

狄侵我西鄙。

○左氏傳：「狄侵我西鄙，公使告于晉。趙宣子使因賈季問酆舒，且讓之。」

○許氏曰：「狄懲箕之敗，間一侵齊而未敢肆。至是始復侵宋、侵衛、侵齊。晉襄既没，莫之忌矣。」

秋，八月，公會諸侯、晉大夫盟于扈。

○左氏傳：「齊侯、宋公、衛侯、陳侯、鄭伯、許男、曹伯會晉趙盾，盟于扈，晉侯立故也。公後至，故不書所會。凡會諸侯，不書所會，後也。」

○杜氏注：「扈，鄭地。熒陽卷縣西北有扈亭。」程氏傳：「文公怠政，事多廢弛，既約晉盟而復後至，故書往會而隱其不及，不序諸侯以見其不在。故明年公子遂再往與晉盟也。」

○胡氏傳：「諸侯不序，見公之不及於會也。文公怠惰，不能自强於政治，魯自是日益衰矣。」

○高郵孫氏曰：「春秋書及某大夫盟者，唯二例耳，莊九年公及齊大夫盟于蔇，及此年晉大夫是也。春秋之法，内臣而盟我公皆書名，以見其罪。不幸其國無君，若無知之亂，則齊之大夫得免焉。大夫而盟諸侯，亦書名，以見其罪。不幸君薨，嗣子少，若靈公之在抱，則晉大夫得免焉。舍是二者，未有不得罪於春秋者矣。」

冬，徐伐莒。公孫敖如莒涖盟。

○左氏傳：「徐伐莒。莒人來請盟。穆伯如莒涖盟。」

○穀梁傳：「莅，位也。其曰位何也？前定也。」

八年，春，王正月。

夏，四月。

秋，八月，戊申，天王崩。

○左氏傳：「襄王崩。」

冬，十月，壬午，公子遂會晉趙盾，盟于衡雍。

○左氏傳：「晉人以扈之盟來討。襄仲會晉趙孟，盟于衡雍，報扈之盟也。」

○范氏注：「衡雍，鄭地。」

○任氏曰：「二國之用事者會盟，政在大夫矣。」

乙酉，公子遂會雒戎，盟于暴。雒戎，公羊作「伊雒戎」。

○左氏傳：「遂會伊雒之戎。」

○許氏曰：「戎醜在雒，亂華甚矣。稱公子遂，兩之也。兩之也者，内諸夏而外夷狄也。春秋所謹如此。而晉、唐得戎，與之雜處。晉既大亂不救，唐亦幾危方悔。此爲國謀者不學春秋之過也。」胡氏傳：「春秋記約而志詳，其書『公子遂盟趙盾』及『雒戎』，再稱『公子』，各曰其會，正其名與地以深別之者，示中國、夷狄終不可雜也。自東漢以來，乃有與雜處而不辨，許翰以爲『謀國者不知學春秋之過』，信矣哉！」

公孫敖如京師，不至而復。丙戌，奔莒。

○左氏傳：「七年，穆伯娶于莒，曰戴己，生文伯；其娣聲己，生惠叔。戴己卒，又聘于莒。莒人以聲己辭，則爲襄仲聘焉。穆伯，公孫敖也。文伯，其子穀也。惠叔，難也。襄仲，敖從父昆弟。穆伯之如莒涖盟也，且爲仲逆。及鄢陵，登城見之，美，自爲娶之。仲請攻之，公將許之。叔仲惠伯諫曰：『臣聞兵作於内爲亂，於外爲寇。寇猶及人，亂自及也。今臣作亂，而君不禁，以啟寇讎，其若之何？』公止之，惠伯成之。使仲舍之，公孫敖反之，復爲兄弟如初。冬，穆伯如周弔喪，不至，以幣奔莒，從己氏焉。」

○陸氏纂例曰：「還者，事畢，若師還之類是也，善辭也。復者，未畢，若公孫敖、仲遂皆事未畢而復也，貶辭也。」

○泰山孫氏曰：「公孫敖如京師弔喪也，不至而復，中道而反也。丙戌，奔莒。文公不能誅，敖得以自恣也。案公子遂如齊，至黄乃復者，以疾而還也。以疾而還，義猶不可，况敖如京師弔喪，中道而反乎？此敖之罪，固不容誅矣。而又使之自恣，得以奔莒，此文公之惡，亦可見矣。不言所至者，舉京師爲重也。」謝氏曰：「孟子曰：『君仁莫不仁，君義莫不義，君正莫不正。』文公不能奔天子之喪，而使其卿行，已不恭矣，其臣安得而恭哉？此公孫敖所以中道而反也。」○胡氏傳：「敖之奔莒，從己氏也。男女，人之大欲存焉，寡欲者養心之要，欲而不行，可以爲難矣。然欲生於色而縱於淫，色出於性，目之所視，有同美焉，不可掩也。淫出於氣，不持其志，則放僻趨蹶，無不爲矣。敖如京師，其書『不至而復』者，言敖無入使于周之意，惟己氏之欲從也。夫以志徇氣，肆行淫欲，而不爲之帥，至於棄其家國，出奔而不顧，此天下之大戒也。春秋謹書其事，於敖何誅？將使後人爲鑒，修窒慾之方也。」

春秋此書，記通喪之禮至是大壞也。魯文公無哀戚之心，而所遣大夫復淫亂回邪，尊君之心無有，而淫放之慾必行。所以見魯君之不敬，而遣使之不得人，君臣之綱至此盡廢。胡氏之說，蓋昔聞之於上蔡謝氏者，其言切於學者之修身，而非大義之所繫矣。

螽。

宋人殺其大夫司馬。宋司城來奔。

○左氏傳：「宋襄夫人，襄王之姊也，昭公不禮焉。昭公適祖母。夫人因戴氏之族，以殺襄公之孫孔叔、公孫鍾離及大司馬公子卬，皆昭公之黨也。司馬握節以死，故書以官。司城蕩意諸來奔，效節於府人而出。公以其官逆之，皆復之，亦書以官，皆貴之也。」

○陸氏纂例：「啖子云：『守節以死，特書官以美之。』又曰：『內外大夫奔，卿則君之股肱也，治亂所寄，故重之。凡奔皆惡也，有非惡者，則異其文，宋司城是也。」

○吕氏曰：「守節以死者，死其官也。稱官以奔者，得其職也。劉原父以爲稱官皆不能其官，非也。如不能其官，則何稱其官之有？然而不名者，其人他無可稱，獨能死其官、得其職爲可録爾。故舉其官，不繫其人也。」

九年，春，毛伯來求金。

○公羊傳：「毛伯者何？天子之大夫也。何以不稱使？當喪未君也。踰年矣，何以謂之未君？即位矣，而未稱王也。何以知其即位？以諸侯之踰年即位，亦知天子之踰年即位也。以天子三年然後稱王，亦知諸侯於其封内三年稱子也。踰年稱公矣，則曷爲於其封内三年稱子？緣臣民之心，不可一日無君；緣孝子之心，則三年不忍當也。毛伯來求金何以書？譏。何譏爾？王者無求。求金非禮也。」劉氏傳：「此非王命，則曷爲謂之王者無求？古者君殁，百官總己以聽冢宰三年，固王者之道也。」

○胡氏傳：「不稱使，當喪未君，百官總己以聽於冢宰之時也。夫百官總己以聽，則是冢宰獨專國政，託於王命以號令天下，夫豈不可而不稱使？春秋之旨微矣，非特謹天下之通喪，所以示後世大臣，當國秉政，不可擅權之法戒也。跋扈之臣，假仗主威，脅制中外，几有所行，動以詔書從事，蓋未有以春秋此義折之耳。」

觀魯文弔喪之使，披倡至此，天王之爲政者不知行法，又來求金，春秋特書，以爲毛伯之私行，嚴矣。

夫人姜氏如齊。

○杜氏注：「歸寧。」

二月，叔孫得臣如京師。辛丑，葬襄王。

○左氏傳：「莊叔如周，葬襄王。」

○陸氏纂例：「七月而葬。」

晉人殺其大夫先都。

○左氏傳：「夷之蒐，晉侯將登箕鄭父、先都，而使士縠、梁益耳將中軍。先克曰：『狐、趙之勳，不可廢也。』從之。先克奪蒯得田于堇陰，故箕鄭父、先都、士縠、梁益耳、蒯得作亂。正月，己酉，使賊殺先克。乙丑，晉人殺先都、梁益耳。」

三月，夫人姜氏至自齊。

○杜氏注：「告于廟。」

○劉氏傳：「夫人曷爲或致或不致？或可以致，或不可以致。曷爲或可以致，或不可以致？出入不以禮，則不可以致；出入以禮，則可以致。此其爲有禮柰何？父母在而歸寧也。孔氏正義曰：「夫人歸寧書至，唯有此年。餘不書者，或禮儀不備，或淫縱不告廟。」

○胡氏傳：「致，非特以告廟書也。夫人初歸，豈其不告？爲文公越禮，故削而不書，以示誅意之法矣。今此書至，又以見小君之重也。夫承祭祀以爲宗廟主，一國之母儀而可以搖動乎？出姜至是蓋不安於魯，故至而特書，以示防微杜漸之意，其爲世慮深矣。」

晉人殺其大夫士縠及箕鄭父。

○左氏傳：「三月，甲戌，晉人殺箕鄭父、士縠、蒯得。」

○常山劉氏曰：「殺二大夫以上不言及，其事同，殺之之志均故也，若晉之二趙、三郤，蔡之二公孫是也。書曰殺其大夫某及某者，以某之故而延及于某也，若元咺信不臣矣。而公子瑕不見其辜，衛侯遷怒而并殺之，故書曰「及」，以志專殺之中又有輕重者也。士縠及箕鄭父倣此。」

○胡氏傳：「殺先都、士縠，國也，其稱人以殺者，國亂無政，衆人擅殺之稱也。何以知其非討賊之詞？書「殺其大夫」則知之矣。三大夫皆强家也，求專晉不得，挾私怨以作亂，而使賊殺其中軍佐，則固有罪矣。曷爲不去其官？當是時晉靈公初立，主幼不君，政在趙盾，而中軍佐者，盾之黨也。若獄有所歸，則此三人者，獨無可議從末減乎？而皆殺之，是大夫專生殺而政不自人主出也，故不稱國討，不去其官。而箕鄭父書「及」，示後世司賞罰者必本忠恕，無有偏黨之意，其義精矣。」

楚人伐鄭。

○左氏傳：「范山言於楚子曰：『晉君少，不在諸侯，北方可圖也。』楚子師于狼淵以伐鄭，囚公子堅、公子龐及樂耳。鄭及楚平。」

○孫氏曰：「楚復强也。楚自城濮之敗，不敢加兵于鄭。今伐鄭者，晉文既死，中國不振故也。」

公子遂會晉人、宋人、衛人、許人救鄭。

○左氏傳：「公子遂會晉趙盾、宋華耦、衛孔達、許大夫救鄭，不及楚師。卿不書，緩也，以懲不恪。」

○胡氏傳：「書救而稱人，以罪趙盾之不能折衝消患，爲夷狄之所窺也。」

夏，狄侵齊。

秋，八月，曹伯襄卒。

九月，癸酉，地震。

○公羊傳：「地震者何？動地也。何以書？記異也。」

冬，楚子使椒來聘。椒，穀梁作「荻」。

○左氏傳：「楚子越椒來聘。」

○公羊傳：「椒者何？楚大夫也。楚無大夫，此何以書？始有大夫也。始有大夫，則何以不氏？許夷狄者不一而足也。」

○劉氏傳：「聘，常事也，其曰椒何？楚進也。楚進久矣，曷爲始乎此？自是與中國通也。與中國通者何？自是以中國之禮爲之者也。」意林曰：「前此者，楚不與中國通，其交於中國也，名號僭而無法，故比之夷狄，得見於春秋者，皆必有非常之事焉。今使椒來聘，其號詞順，其禮節中，然後始均之中國矣，故一諸侯也。能自藩飾以禮樂者，則謂之中國，不能自藩飾以禮樂，上慢下暴，則謂之夷狄。不在遠近，而在賢不肖。苟賢矣，雖居四海，謂之中國可也；苟不肖矣，雖處河、洛，謂之夷狄可也。楚成以力爲强，執宋襄公，戰勝天下，威脅諸侯，雖書春秋而不得以爵通。今使椒來聘，常事耳，自卑貶其名，修下人之義，而反得編於諸侯，君臣俱榮。以此見德爲貴，力爲下矣。」

○胡氏傳：「楚僭稱王，春秋之始特以號舉，夷狄之也，中間來聘，改而書人，漸進之矣。至是其君書爵，其臣書名而稱使，遂與諸侯比者，是以中國之禮待之也。所謂『謹華夷之辨，内諸夏而外四夷』，義安在乎？

曰：吴、楚，聖賢之後，見周之弱，王靈不及，僭擬名號，此以夏而變於夷者也。聖人重絶之。夫春秋立法謹嚴，而宅心忠恕。嚴於立法，故僭號稱王，則深加貶黜，比之夷狄，以正君臣之義。恕以宅心，故内雖不使與中國同，外亦不使與夷狄等，思善悔過，嚮慕中國，則進之而不拒。此慎用刑、重絶人之意也。噫！春秋之所以爲春秋，非聖人莫能修之者乎！」

秦人來歸僖公、成風之禭。

○公羊傳：「其言『僖公、成風』何？兼之。兼之非禮也。曷爲不言『及成風』？成風尊也。」

○杜氏注：「秦慕諸夏，欲通於魯。因有翟泉之盟，故追禭僖公，并及成風。」

葬曹共公。

春秋卷第十二

春秋卷第十三

文公

十年，春，王三月，辛卯，臧孫辰卒。

夏，秦伐晉。

○左氏傳：「晉人伐秦，取少梁。夏，秦伯伐晉，取北徵。」

○趙子曰：「戎狄舉號，賤之也；諸侯稱國，狄之也。」

○程氏傳：「晉舍嫡嗣而外求君，罪也；既而悔之，正也。秦不顧義理之是非，惟以報復爲事，夷狄之道也，故夷之。」穆公悔過見於誓言，康公不紹孫謀，復事戰爭，故反其夷。

楚殺其大夫宜申。

○左氏傳：「子西爲工尹，與子家謀弑穆王。穆王聞之。五月，殺鬭宜申及仲歸。」

○胡氏傳：「宜申謀弑穆王而誅，則是討弑君之賊也，曷爲稱國以殺，又書其官，而不曰『楚人殺宜申』乎？

曰：「穆王者，即楚世子商臣也。春秋之義微矣。」

自正月不雨，至于秋七月。

○穀梁傳：「歷時而言不雨，文不閔雨也。不閔雨者，無志乎民也。」

及蘇子盟于女栗。

○左氏傳：「頃王立故也。」杜氏注：「頃王新立，與魯盟，親諸侯也。」

○陸氏纂例曰：「公及之也，不書公，諱獨與天子大夫盟也。」呂氏曰：「天子内臣無外交，與之盟，非也。」

冬，狄侵宋。

楚子、蔡侯次于厥貉。厥，公羊作「屈」。

○左氏傳：「陳侯、鄭伯會楚子于息。冬，遂及蔡侯次于厥貉，將以伐宋。宋華御事曰：『楚欲弱我也。先爲之弱乎！何必使誘我？我實不能，民何罪？』乃逆楚子，勞且聽命。遂道以田孟諸。命夙駕載燧，宋公違命，申無畏抶其僕以徇。」

○高郵孫氏曰：「厥貉之次，遂稱楚子，而明年伐麇又以爵書，蓋自是與中國等。夷狄益强，而中國之衰益甚矣。」

○胡氏傳：「楚滅江、六，平陳與鄭，於是爲伐宋之舉，次于厥貉。凡伐而次者，其次爲善；次而伐者，其次爲貶。齊師次陘，修文告以威敵，善之也，故上書『伐楚』，以著其美；楚次厥貉，藏禍心以憑夏，貶之也，故下書『伐麇』，以著其罪。當是時，陳、鄭、宋皆從楚矣，獨書『蔡侯』何哉？鄭失三大夫，侯救而不及，陳獲公子茷而懼，宋方有狄難，蓋有不得已者，非其所欲也。蔡無四境之虞，則是得已不已，志在從夷狄矣，故削三國書『蔡侯』，見其棄諸夏之惡也。」

十有一年，春，楚子伐麇。麇，公羊作「圈」。

○左氏傳：「厥貉之會，麇子逃歸。春，楚子伐麇，成大心敗麇師于防渚。潘崇復伐麇，至于錫穴。」

○許氏曰：「楚侵伐書爵始此，中國日瞀矣。」

夏，叔彭生會晉郤缺于承匡。

○左氏傳：「叔仲惠伯會晉郤缺于承匡，謀諸侯之從於楚者。」九年，陳、鄭及楚平。十年，宋聽楚命。

○杜氏注：「承匡，宋地。在陳留襄邑縣西。彭生，叔牙之孫。」

秋，曹伯來朝。

○左氏傳：「曹文公來朝，即位而來見也。」前年即位。

公子遂如宋。

○左氏傳：「襄仲聘于宋，且言司城蕩意諸而復之，因賀楚師之不害也。」

狄侵齊。

冬，十月，甲午，叔孫得臣敗狄于鹹。

○左氏傳：「鄋瞞侵齊，杜氏注：「鄋瞞，狄國名，防風之後，漆姓。」遂伐我。公卜使叔孫得臣追之，吉。侯叔夏御莊叔，緜房甥爲右，富父終生駟乘。冬十月，甲午，敗狄于鹹，獲長狄僑如。富父終生舂其喉，以戈殺之。」

○杜氏注：「鹹，魯地。」

十有二年，春，王正月，郕伯來奔。郕，公羊作「盛」。

○左氏傳：「郕大子朱儒自安於夫鍾，國人弗徇。春，郕伯卒，郕人立君。大子以夫鍾、郕邽來奔。」

○常山劉氏曰：「大子位當世立，國人弗立而來奔，聖人即書其爵，以其當立爲君也。郕人豈可絶之哉！春秋大居正，王道若此，豈有亂乎！」

○泰山孫氏曰：「諸侯播越失地皆名，此不名者，非自失國也。按莊八年師及齊師圍郕，郕降于齊師，自是入爲齊附庸。此郕伯來奔，爲齊所逼爾，故不名。」

杞伯來朝。

二月，庚子，子叔姬卒。

○陸氏纂例曰：「時君之女，故曰『子』，以別非先君之女也。」

夏，楚人圍巢。

○杜氏注：「巢，吴、楚之間小國。廬江六縣有居巢城。」

○左氏傳：「群舒叛楚。群舒，偃姓，舒庸、舒鳩之屬。今廬江南有舒城。舒城西南有龍舒。夏，令尹成嘉執舒子平及宗子，遂圍巢。」平，舒君名。宗巢，群舒之屬。

秋，滕子來朝。

○左氏傳：「滕昭公來朝，亦始朝公也。」

秦伯使術來聘。術，公羊作「遂」。

○左氏傳：「秦伯使術來聘，且言將伐晉。」

冬，十有二月，戊午，晉人、秦人戰于河曲。

○左氏傳：「秦爲令狐之役故，冬，秦伯伐晉，晉人禦之。臾駢曰：『秦不能久，請深壘固軍以待之。』從之。秦人欲戰，秦伯謂士會曰：『若何而戰？』對曰：『趙氏新出其屬曰臾駢，必實爲此謀，將以老我師也。趙有側室曰穿，晉君之壻也，有寵而弱，不在軍事，好勇而狂，且惡臾駢之佐上軍也。若使輕者肆焉，其可。』十二月，戊午，秦軍掩晉上軍，趙穿追之，不及。反，怒曰：『裹糧坐甲，固敵是求，敵至不擊，將何俟焉？』軍吏曰：『將有待也。』穿曰：『我不知謀，將獨出。』乃以其屬出。宣子曰：『秦獲穿也，獲一卿矣。秦以勝歸，我何以報？』乃皆出戰，交綏。秦行人夜戒晉師曰：『兩君之士，皆未憖也，明日請相見也。』臾駢曰：『使者目動而言肆，懼我也，將遁矣。薄諸河，必敗之。』胥甲、趙穿當軍門呼曰：『死傷未收而棄之，不惠也；不待期而薄人於險，無勇也。』乃止。秦師夜遁。復侵晉，入瑕。」

○杜氏注：「河曲，在河東蒲坂縣南。」

○陸氏纂例曰：「戰不書及，交爲主也。」

○程氏傳：「凡戰，皆以主人及客。秦曲，故不言晉及。」

○穀梁傳：「不言及，秦、晉之戰已亟，故略之也。」

○胡氏傳：「秦伯、晉趙盾，其稱人何？秦納不正，遂非積忿，晉不謝秦，潛師禦之，是以暴兵連禍，至此極也。凡戰，皆以主人及客，其不書『晉及』，何也？前年秦師來伐晉，不言戰者，晉已服矣，故狄秦而免晉。今又爲此役，則秦曲甚矣，故不以晉爲主。惟動大衆從秦師，不奉詞令以止之也，故貶而稱人，此輕重之權衡也。」

○公羊傳：「何以不言師敗績？敵也。」

季孫行父帥師城諸及鄆。鄆，公羊作「運」。

○穀梁傳：「稱『帥師』，言有難也。」

○杜氏注：「鄆，莒、魯所爭者。城南姑幕縣南有貟亭，即鄆也。」

十有三年，春，王正月。

夏，五月，壬午，陳侯朔卒。

成公也。不書葬，魯不會。

邾子蘧篨卒。穀梁作「籧篨」。

○左氏傳：「邾文公卜遷于繹。史曰：『利於民而不利於君。』邾子曰：『苟利於民，孤之利也。天生民而樹之君，以利之也。民既利矣，孤必與焉。』左右曰：『命可長也，君何不爲？』邾子曰：『命在養民。死之短長，時也。民既利矣，遷也，吉莫如之！』五月，邾文公卒。君子曰：『知命。』」

自正月不雨，至于秋七月。

大室屋壞。大，公羊作「世」。

○左氏傳：「大室之屋壞。書，不共也。」商慢宗廟，使至傾頹，故書以見不恭。

○公羊傳：「世室者何？魯公之廟也。魯公，伯禽。周公稱大廟，魯公稱世室，群公稱宮。此魯公之廟也，曷爲謂之世室？世室猶世世室也，世世不毁也。周公何以稱大廟于魯？封魯公以爲周公也。周公拜乎前，魯公拜乎後。曰：生以養周公，死以爲周公主。魯祭周公，何以爲牲？周公用白牡，魯公用騂犅，群公不毛。魯祭周公，何以爲盛？周公盛，魯公燾，群公廩。世室屋壞，何以書？譏。何譏爾？久不修也。」

○穀梁傳：「禮，宗廟之事，君親割牲，夫人親舂，敬之至也。爲社稷宗廟主，而先君之廟壞，極稱之，志不敬也。」呂氏曰：「君子之於宗廟，有斯須不敢忘者，非以崇孝而厚遠也，孝子之於親，心固如是也。推是心以爲政，雖不中，不遠矣。魯之爲國，至使大室之屋壞，其能有以及物乎？」

○胡氏傳：「何以知其久不修乎？自正月至七月不雨，則無壞道也。不雨凡七月，而先君之廟壞，不恭甚矣。此皆志文公怠慢，不謹事宗廟，以致魯國衰削之由，垂戒切矣。」通旨曰：「旱甚矣，宜不興土木之工矣。而書『大室屋壞』者，見宗廟之不可不修也。徐時動問，旱乾水溢，切工作，自宜報罷。自正月不雨至七月，猶言『大室屋壞』，如何？答曰：居處猶欲完葺，况宗廟乎？此又與莊三十一年築臺于郎、築臺于薛、築臺于秦，冬不雨，三十八年築郿不同。大室既壞，必須便脩，而春秋不書，意可知矣。」

冬，公如晉。衛侯會公于沓。公羊「會」下無「公」字。

○高郵孫氏曰：「沓之會，公已去魯而未至于晉也。」

狄侵衛。

十有二月，己丑，公及晉侯盟。

公還自晉。鄭伯會公于棐。公還，公、穀無「公」字；棐，公羊作「斐」。

○左氏傳：「冬，公如晉，朝，且尋盟。衛侯會公于沓，請平于晉。公還，鄭伯會公于棐，亦請平于晉。公皆成之。」

○公羊傳：「還者何？善辭也。何善爾？往黨，衛侯會公于沓，至得與晉侯盟；反黨，鄭伯會公于斐，故善之也。」黨所。

○杜氏注：「棐，鄭地。」

十有四年，春，王正月，公至自晉。

邾人伐我南鄙，叔彭生帥師伐邾。

○左氏傳：「邾文公之卒也，公使弔焉。不敬。邾人來討，伐我南鄙，故惠伯伐邾。」

○余氏曰：「居喪而伐人，與夫伐人之喪，其罪一也。」

夏，五月，乙亥，齊侯潘卒。

○左氏傳：「子叔姬妃齊昭公，生舍。叔姬無寵，舍無威。公子商人驟施於國，而多聚士，盡其家，貸於公有司以繼之。夏，五月，昭公卒，舍即位。」

六月，公會宋公、陳侯、衛侯、鄭伯、許男、曹伯、晉趙盾，癸酉，同盟于新城。

○左氏傳：「同盟于新城，從於楚者服，且謀邾也。」從楚者，陳、鄭、宋。謀邾，晉欲納捷菑。

○杜氏注：「新城，宋地。在梁國穀熟縣西。」

○陸氏纂例曰：「他時但就諸侯行盟禮，故云『某日會某侯，盟于某』，此即行會禮，又別日行盟禮，故書日，以謹之。」程氏傳：「始會，議合而後盟也。」

○胡氏傳：「同外楚也。其曰同者，志諸侯同欲，非强之也。而宋公、陳侯、鄭伯在焉，則知楚次厥貉，三國雖從，誠有弗獲已者，削而不書，蓋恕之也。蔡不與盟，果有背華即夷之實矣。夷考晉、楚行事，未有以大相遠也，而春秋與奪如此者，荆楚僭王，若與同好陵蔑中國，是將代宗周爲共主，君臣之義滅矣，可不謹乎！」

秋，七月，有星孛入于北斗。

○公羊傳：「孛者何？彗星也。其言『入于北斗』何？北斗有中也。何以書？記異也。」中者，魁中。

○穀梁傳：「孛之爲言，猶茀也。其曰『入于北斗』，斗有環城也。」

○左氏傳：「有星孛入于北斗，周内史叔服曰：『不出七年，宋、齊、晉之君，皆將死亂。』」漢書五行志云：「劉歆以爲，斗，天之三辰，綱紀之星也。宋、齊、晉，天子之方伯，中國綱紀。彗，所以除舊布新。斗七星，故曰不出七年。至十六年，宋人弑昭公；十八年，齊人弑懿公；宣公二年，晉趙穿弑靈公。」○胡氏傳：「此三君，皆違道失德而死于亂。符叔服之言，天之示人顯矣，史之有占亦明矣。」

公至自會。

晉人納捷菑于邾，弗克納。捷，公羊作「接」。

○左氏傳：「邾文公元妃齊姜，生定公；二妃晉姬，生捷菑。文公卒，邾人立定公，捷菑奔晉。七月，晉趙盾以諸侯之師八百乘，納捷菑于邾。邾人辭曰：『齊出貜且長。』宣子曰：『辭順而弗從，不祥。』乃還。」

○穀梁傳：「是郤克也，其曰人何也？微之也。何爲微之也？長轂五百乘，緜地千里，過宋、鄭、滕、薛，敻入千里之國，欲變人之主，至城下然後知，何知之晚也！弗克納，未伐而曰弗克，何也？弗克其義也。捷菑，晉出也；貜且，齊出也。貜且正也，捷菑不正也。」劉氏意林曰：「郤缺聞過而改，見義而徙，奚爲不免於貶？曰：春秋之所謂賢者，非賢於人之謂也，必致於仁聖之域，然後止矣。今郤缺之事，不恥過作非，以堯、舜之法論之，僅得免怙終之刑耳，何足以言賢？夫賢者之事其君，言必謀於義，動必順於道，不逆寡，不雄成，是以無過舉。奚有用賤陵貴，用少陵長，傷財害民，以力爲之者哉？」

○陸氏纂例曰：「自以爲君而來爭國者，則不論命與不命，皆但名而已，不言公子、公孫，言非復人臣也，所謂當國者也。齊小白、陽生，邾捷菑，莒去疾所以不氏也。」

○趙子曰：「弗克納，言失之於初，而得之於末也，愈乎遂也。」陸淳曰：「淳聞之師曰：據三傳之説，晉帥皆有名氏，書曰『人』何也？廢置諸侯，王者之事，人臣專之，罪莫大焉。夫子善其聞義能徙，故爲之諱也。凡事不合常理而小可嘉者，皆以諱爲善。」

○胡氏傳：「盾以義之不克，引師而去之，故君子善之，而書曰『弗克納』也。在易同人之九四曰：『乘其墉，弗克攻，吉。』象曰：『乘其墉，義弗克也。其吉，則困而反則也。』其趙盾之謂矣。聖人以改過爲大，過而不改，將文過以遂非，則有怙終之刑；過而能悔，不貳過以遠罪，則有遷善之美。其曰『弗克納』，見私欲不行，可以爲難矣。然則何以稱人？爲之諱也。内以諱爲貶，外以諱爲善。」

九月，甲申，公孫敖卒于齊。

○左氏傳：「穆伯之從己氏也，魯人立文伯。穆伯生二子於莒，而求復。文伯以爲請。襄仲使無朝，聽命，復而不出，三年而盡室以復適莒。文伯疾，而請曰：『穀之子弱，請立難也。』許之。文伯卒，立惠叔。穆伯請重賂以求復，惠叔以爲請，許之。將來，九月，卒于齊。告喪，請葬，弗許。」

○穀梁傳：「奔大夫不言卒，而言卒何也？爲受其喪，不可不卒也。其地於外也。」

○劉氏傳：「大夫出奔，曷爲或卒或不卒？或可以卒，或不可以卒。曷爲或可以卒，或不可以卒？大夫去其宗廟，爵禄猶列於朝，出入猶詔於國，兄弟宗族猶存，是大夫而已矣，卒之可也。爵禄無列於朝，出入無詔於國，兄弟宗族無存，是非大夫而已矣，卒之不可也。」意林曰：「敖之不循法度，自絶于魯，而猶卒之。春秋不以爲非，以謂君臣之間厚莫重焉。故君誠有禮於其臣，則臣可以死，可以亡。君誠有恩於其臣，則臣雖死雖亡而不怨。若是，而國家之禍亂遠矣。」

齊公子商人弑其君舍。

○左氏傳：「秋，七月，乙卯夜，齊商人弑舍而讓元。元曰：『爾來之久矣。我能事爾，爾不可以多蓄憾，將免我乎？爾爲之。』齊人定懿公，使來告難，故書以九月。」

○穀梁傳：「舍未踰年，其曰君何也？成舍之爲君，所以重商人之殺也。」

○陸氏微旨：「淳聞之師曰：『春秋之作，本懲姦惡也。若未踰年之君被弑而不曰君，則逆亂之臣皆以未踰年而肆其凶惡也，故原其情以立此義。晉奚齊本不正，又里克不代其位，故異於此。』」

○高郵孫氏曰：「人子之心，則未踰年而稱子，國人弑君，則未踰年而稱君。此春秋所以辨君臣之分，而防簒弑之禍也。」

宋子哀來奔。

○左氏傳：「宋高哀爲蕭封人，以爲卿。不義宋公而出，遂來奔。書曰：『宋子哀來奔。』貴之也。」

○陸氏微旨曰：「時奔者皆以有罪，而子哀獨以宋公不義，不貪其禄而去之，出奔之美者，春秋之所未有，故書字以褒，貴之也。」

○胡氏傳：「易曰：『君子見幾而作，不俟終日。幾者動之微，吉之先見者也。』宋子哀有焉。昔微子去紂，列於三仁之首，子哀不立於危亂之邦，而春秋書字，謂能貴愛其身以存道也。若偷生辟禍而去國出奔，亦何取之有？」劉氏意林曰：「君子貴見微者，大臣之操也。孔子曰：『所謂大臣者，以道事君，不可則止。』」

冬，單伯如齊。

○泰山孫氏曰：「單伯，魯大夫。至此猶見者，蓋其子孫世爾。」

齊人執單伯。齊人執子叔姬。

○公羊傳：「執者曷爲或稱行人，或不稱行人？稱行人以執者，以其事執也；不稱行人者，以己執也。」劉氏傳：「何以不稱行人？或曰：不稱行人者，非其所爲使也。或曰：附庸之君也，生不名，死不卒，故執亦不稱行人者也。」

〇胡氏傳：「齊君舍，魯之甥也。商人弑舍，固忌魯矣。魯使單伯如齊，齊人意欲辱魯，故執單伯并子叔姬，而誣之以罪。不稱行人，公羊所謂『以己執之』者也。」

〇劉氏傳：「子叔姬者何？齊君舍之母也。齊君舍之母，則齊人曷爲執之？商人弑其君而暴其母，單伯如齊，請以歸，曰：『殺其子，焉用其母？』商人怒，爲是而執之。」

〇常山劉氏曰：「商人殺君之惡已顯，而執叔姬之事，聖人不獨罪商人也。齊人不討賊，俱面事之，又致執其君母，齊之人均有罪焉。故曰：『齊人執子叔姬。』」

〇胡氏傳：「商人驟施於國，是誘齊國之人，而濟其惡也。齊人懷商人之私意，忘君父之大倫，弑其君而不能討，執其母而莫之救，則是舉國之人皆有不赦之罪。假有人焉，正色而立於朝，誰敢致難於其君與執其母，而不之顧乎？故聖人書曰『齊人執子叔姬』，所以窮逆賊之黨與而治之也。其討罪之旨嚴矣，故曰：春秋成而亂臣賊子懼。」

十有五年，春，季孫行父如晉。

〇左氏傳：「季文子如晉，爲單伯與子叔姬故也。」

〇許氏曰：「使魯能修其政刑，則齊亂可以義討。今反遇辱，而因晉以請，爲齊弱焉。傳曰：『國家閒暇，及是時明其政刑，雖大國必畏之矣。』前此魯亦暇矣，而怠豫僭差，政刑不勑，卒困於齊。豈非自取侮哉！」

三月，宋司馬華孫來盟。

○左氏傳：「宋華耦來盟，其官皆從之。公與之宴，辭曰：『君之先臣督，得罪於宋殤公，名在諸侯之策。臣承其祀，其敢辱君？請承命於亞旅。』」

○穀梁傳：「司馬，官也。」

○陸氏纂例曰：「趙子曰：『來盟，彼欲之也。』啖子曰：『凡外臣來，不言君使者，皆有義。』」

○高郵孫氏曰：「華孫其君闇亂，國事廢弛，而賢臣外奔。懼鄰國之諸侯因其間隙而侵伐之，於是來盟，以紓其國之難。春秋大夫之見於經者多矣，其以官舉者惟三人焉，又皆在宋昭公之時也。豈非禍亂之世，則節義之士有以顯名於後歟。」

○吕氏曰：「不言使，自請之也。稱『司馬』，能其官也。」

夏，曹伯來朝。

齊人歸公孫敖之喪。

○左氏傳：「齊人或爲孟氏謀曰：『魯，爾親也，飾棺寘諸堂阜，魯必取之。』從之。卞人以告。惠叔猶毁以爲請，立於朝以待命。許之，取而殯之。齊人送之。書曰：『齊人歸公孫敖之喪。』爲孟氏，且國故也。」

○劉氏傳：「何以書？譏。何譏爾？以大夫卒之，而不以大夫終之，非魯也；制人之君臣，使上不行乎下，非齊也。」

○許氏曰：「以敖之醜奔，而録卒，録其喪歸。春秋爲之屢見於經者，以文伯、惠叔之哀誠無已也。易曰：『有子，考無咎。』書曰：『爾尚蓋前人之愆，惟忠惟孝。』故聖人以敖著教焉。」

六月辛丑朔，日有食之，鼓，用牲于社。

○左氏傳：「非禮也。日有食之，天子不舉，伐鼓于社，諸侯用幣于社，伐鼓于朝，以昭事神、訓民、事君，示有等威，古之道也。」

單伯至自齊。

○穀梁傳：「大夫執則致，致則名。此其不名，何也？天子之命大夫也。」

○胡氏傳：「單伯，天子之命大夫，故逆王姬、會伐宋、使于齊，皆書其字。致而不名，與意如、舍異者，無所書而不尊王命，謹臣禮也。」

晉郤缺帥師伐蔡。戊申，入蔡。

○左氏傳：「新城之盟，蔡人不與。晉郤缺以上軍、下軍伐蔡，曰：『君弱，不可以怠。』戊申，入蔡，以城下之盟而還。」

○許氏曰：「言伐、言入，甚之。」

秋，齊人侵我西鄙。

季孫行父如晉。

〇左氏傳：「齊人侵我西鄙，故季文子告于晉。」

冬，十有一月，諸侯盟于扈。

〇左氏傳：「晉侯、宋公、衛侯、蔡侯、陳侯、鄭伯、許男、曹伯盟于扈，尋新城之盟，且謀伐齊也。齊人賂晉侯，故不克而還。於是有齊難，是以公不會。書曰：『諸侯盟于扈。』無能爲故也。」

〇劉氏傳：「諸侯何以不序？不足序也。其不足序何也？欲治齊，而後不能也。欲治齊而後不能，孰惡？惡晉也。惡晉則其言諸侯何？晉固爲諸侯長矣，亦諸侯之罪也。陳恒弑其君，孔子沐浴而朝，告於哀公曰：『陳恒弑其君，請討之。』公曰：『告夫三子者。』孔子曰：『以吾從大夫之後，不敢不告也。公曰：「告夫三子」者』之三子告，不可。孔子曰：『以吾從大夫之後，不敢不告也。』」

〇胡氏傳：「八國之君何以不序？略之也。春秋之於夷狄，君臣同詞而不分爵號，説者以爲略之也。八國曷爲略之，等於夷狄乎？齊人弑君，不能致討，受賂而退，奚以賢於狄矣，不曰『晉人會諸侯盟于扈』，而曰『諸侯盟于扈』者，分惡於諸侯也。」

十有二月，齊人來歸子叔姬。

〇劉氏意林曰：『出夫人者，未嘗不使大夫將命也。彼其曰『郯伯姬來歸』，此其曰『齊人來歸子叔姬』，何哉？曰：春秋正名，别賢不肖，使勿相亂者也。義屈則屈，義直則直。郯伯姬以罪出，雖父母於其子，而不敢以私愛害公義，辭不教而已矣。子叔姬以禍亂逐，非得罪於先君者也。魯雖受之，其義固可以自直，故謂之『齊人來歸子叔姬』，明罪之在也。』

〇泰山孫氏曰：「商人既弑其子，又絶其母。」

〇胡氏傳：「春秋深罪齊人以商人爲君而不知其惡，故其執、其歸，與弑其君商人皆稱齊人，深責之也。」

齊侯侵我西鄙，遂伐曹，入其郛。

〇杜氏注：「郛，郭也。」

〇左氏傳：「齊侯侵我西鄙，謂諸侯不能也。遂伐曹，入其郛，討其來朝也。」

〇許氏曰：「魯盡禮於晉而見侵莫恤，曹修禮於魯而被伐莫救，此仁義之所以日壞而兵革之所以方興。夫豈特齊懿之暴戾無道，皆晉靈、趙盾之責也。」

十有六年，春，季孫行父會齊侯于陽穀，齊侯弗及盟。

〇左氏傳：「春，及齊平。公有疾，使季文子會齊侯于陽穀，請盟。齊侯不肯，曰：『請俟君閒。』」

〇劉氏傳：「其言『弗及盟』何？弗者，遷詞也，非弗及盟也，弗肯與盟也，齊侯曷爲弗肯及季孫行父盟？

季孫行父會齊侯于陽穀，其義固弗可與盟也。大國之卿可以會小國之君，不可以會次國之君，此弗肯也。其謂之弗及何？所恥也。爲賤而弗肯及，使若弗及然。」

夫國之興衰也有徵：强明而不息者，興之兆也；昏惰而不事事者，衰之符也。文公即位之元年，以會伯主爲憚，而付之公孫敖，以取晉怒，魯之不得志於晉者數年。今齊之亂，公能脩明政刑，告天子、方伯以討其罪，則雖大國必畏之矣。既不能，然反使商人得以强大，而威我親戚，命使執辱於齊。不惟邊鄙被患，而與國與受其禍。此有志者困心衡慮而圖之之時也，而文公方且宴安於其國，復使其臣犯分求盟，以平累年之隙，抑何不思之甚哉！

夏，五月，公四不視朔。

○杜氏注：「諸侯每月必告朔聽政，因朝於廟。今公以疾闕，不得視二月至五月朔也。」

○公羊傳：「曷爲四不視朔？公有疾也。何言乎公有疾不視朔？自是公無疾，不視朔也。有疾無惡，不當書。又不言有疾，欲以起公自是無疾不視朔也。然則曷爲不言公無疾不視朔？有疾，猶可言也，無疾，不可言也。」胡氏曰：「公羊之說見聖人所書之意。若後復視朔者，必於此書公有疾，與昭公如晉之比矣。」

○穀梁傳：「天子班朔于諸侯，諸侯受于禰廟，禮也。公四不視朔，公不臣也，以公爲厭政甚矣。」胡氏曰：「又公厭政備見於經，閏不告，朔不視，無雨不閔，會同不與，廟壞不修，作主不時，事神治民之怠也，則其心放而不知求久矣。」

六月，戊辰，公子遂及齊侯盟于郪丘。公羊作「犀丘」，穀梁作「師丘」。

○左氏傳：「公使襄仲納賂于齊侯，故盟于郪丘。」

○師氏曰：「納賂於齊而求盟，其弱可知也。而齊侯受賂以與遂盟，則嚮之弗及季孫者，亦豈以禮而卻之哉！」

秋，八月，辛未，夫人姜氏薨。

○左氏傳：「聲姜薨。」

○杜氏注：「僖公夫人，文公母也。」

毀泉臺。

○左氏傳：「有蛇自泉宮出，入于國，如先君之數。伯禽至僖公十七君。秋，聲姜薨，毀泉臺。」

○劉氏傳：「何以書？譏毀也。曷爲譏毀？有蛇自泉宮出，入于國，既而夫人薨。魯人以爲祥，非明民之道也。」

○公羊傳：「先祖爲之，己毀之，不如勿居而已矣。」

楚人、秦人、巴人滅庸。

○左氏傳：「楚大饑，戎伐其西南，至于阜山，師于大林。戎，山夷。又伐其東南，至于陽丘，以侵訾枝。庸人帥群蠻以叛楚。麇人帥百濮聚于選，將伐楚。庸，今上庸縣，屬楚之小國。百濮，夷也。於是申、息之北門不啟，備中國。楚人謀徙於阪高。蔿賈曰：『我能往，寇亦能往。不如伐庸。夫麇與百濮，謂我饑不能師，故伐我也。若我出師，必懼而歸。百濮離居，將各走其邑，何暇謀人？』乃出師。旬有五日，百濮乃罷。濮夷無屯聚，見難則散歸。自盧以往，振廩同食。往，往伐庸也。振，發也。同食，上下無異饌。次于句筮。楚西界。使盧戢棃侵庸，及庸方城。上庸縣東有方城亭。庸人逐之，囚子揚窻。三宿而逸。曰：『庸師衆，群蠻聚焉，不如復大師，且起王卒，合而後進。』師叔曰：『不可。姑又與之，遇以驕之。彼驕我怒，而後可克，先君蚡冒所以服陘隰也。』又與之遇，七遇皆北，唯裨、鯈、魚人實逐之。裨、鯈、魚，庸三邑。魚，魚復縣，今巴東永安縣。輕楚，故但使三邑人逐之。庸人曰：『楚不足與戰矣。』遂不設備。楚子乘馹，會師于臨品。分爲二隊，子越自石溪，子貝自仞，以伐庸。秦人、巴人從楚師。群蠻從楚子盟，遂滅庸。」

○胡氏曰：「庸人幸楚之弱，帥群蠻以叛之，此取滅之道也。楚人謀徙，而蔿賈請伐庸，亦見其謀國之善矣。故列書三國而楚不稱師，減楚之罪詞也。」

冬，十有一月，宋人弒其君杵臼。杵，公羊作「處」。

○左氏傳：「宋公子鮑禮於國人，宋饑，竭其粟而貸之。無日不數於六卿之門，國之材人，無不事也，親自桓以下，無不恤也。宋襄夫人助之施。昭公無道，國人奉公子鮑以因夫人。冬，十一月，甲寅，宋昭公將田孟諸。未至，夫人王姬使帥甸攻而殺之。帥甸，郊甸之師。司城蕩意諸死之。」

○胡氏傳：「此襄夫人使甸人殺之也，而書宋人者，昭公無道，國人之所欲殺也。君無道而弒之，可乎？諸侯弒其大夫，雖當其罪，若不歸諸司寇，猶有專殺之嫌，以爲不臣，況於北面歸戴奉之以爲君也，故曰：『人臣無將，將而必誅。』昭公無道，聖人以弑君之罪歸宋人者，以明君臣之義也。然則有土之君可以肆於民上而無誅乎？諸侯無道，天子方伯在焉，臣子國人其何居？死於其職，而明於去就從違之義，斯可矣。蕩意諸亦死職，春秋削之，不得班於孔父、仇牧、荀息，何也？三子閑其君而見殺，春秋之所取也。意諸知國人將弑其君而不能止，知昭公將見殺而不能正，坐待其及而死之，所謂『匹夫匹婦自經於溝瀆而莫之知也，』奚得與死其職者比乎？聖人所以獨取高哀之去，而書字以褒之也。」

十有七年，春，晉人、衛人、陳人、鄭人伐宋。

○左氏傳：「晉荀林父、衛孔達、陳公孫寧、鄭石楚伐宋，討曰：『何故弑君？』猶立文公而還。卿不書，失其所也。」

○程氏傳：「行天討而成其亂，失天職也，故不卿之。」

○杜氏注：「自閔、僖以下，終於春秋，陳侯常在衛侯上，今大夫會在衛下，傳不言陳公孫寧後至，則寧位非上卿故也。」

夏，四月，癸亥，葬我小君聲姜。聲，公羊作「聖」。

○孫氏曰：「聲，謚也。九月而葬。」

○左氏傳：「葬聲姜，有齊難，是以緩。」

齊侯伐我西鄙。杜氏注：「西當爲北，蓋經誤。」六月，癸未，公及齊侯盟于穀。

○左氏傳：「齊侯伐我北鄙，襄仲請盟。六月，盟于穀。」晉不能救魯，故請服。

諸侯會于扈。

○左氏傳：「晉侯蒐于黄父，遂合諸侯于扈，平宋也。公不與會，齊難故也。書曰諸侯，無功也。」

○劉氏傳：「諸侯何以不序？不足序也。其不足序柰何？欲治宋，而後不能也。」

秋，公至自穀。

冬，公子遂如齊。

○左氏傳：「襄仲如齊，拜穀之盟。」

十有八年，春，王二月，丁丑，公薨于臺下。

○穀梁傳：「臺下，非正也。」高郵孫氏曰：「薨非路寢，皆不正也。其曰臺下，蓋又甚焉。」

秦伯罃卒。

○孫氏曰：「秦康公也。」

夏，五月，戊戌，齊人弒其君商人。

○左氏傳：「齊懿公之爲公子也，與邴歜之父爭田，弗勝。及即位，乃掘而刖之，而使歜僕。納閻職之妻，而使職驂乘。夏，五月，公遊于申池。二人弑懿公，納諸竹中。歸，舍爵而行。」

○何氏注：「商人弑君賊，書弑者，齊人已君事之，殺之宜坐弑君。」

○胡氏傳：「邴歜、閻職，實弑懿公，然則於法宜書曰『盜』，而特變其詞以爲『齊人』，何也？亂臣賊子之動於惡，必有利其所爲而與之者。人人不利其所爲而莫之與，則孤危獨立，無以濟其惡，篡弑之謀熄矣。惟利其所爲而與之者衆，是以能濟其惡，天下胥爲禽獸而莫之遏。公子商人驟施於國，以財誘齊國之人。齊人貪一時之私施，不顧君臣之大倫，弑其國君，則覥面以爲之臣。執其君母，則拱手以聽。故於懿公見殺特不書盜，反以弑君之罪歸諸齊人，以誅亂賊之黨，弭篡弑之漸，所謂拔本塞源、懲禍亂之所由也。故曰：春秋成而亂臣賊子懼。」

六月，癸酉，葬我君文公。

秋，公子遂、叔孫得臣如齊。

○左氏傳：「六月，葬文公。秋，襄仲、莊叔如齊。惠公立故，且拜葬也。文公二妃，敬嬴生宣公。敬嬴嬖，而私事襄仲。襄仲欲立之，叔仲不可。仲見于齊侯而請之。齊侯新立，而欲親魯，許之。」

○穀梁傳：「使舉上客而不舉介，不正其同倫而相介，故列數之也。」胡氏曰：「上書大夫並使，下書『子卒』、『夫人姜氏歸于齊』，則見禍亂邪謀發於奉使之日，而公子遂弑立其君之罪著矣。」

冬，十月，子卒。

○公羊傳：「子卒者孰謂？謂子赤也。」

○左氏傳：「冬，十月，仲殺惡及視而立宣公。書曰『子卒』，諱之也。仲以君命召惠伯，其宰公冉務人止之，曰：『入必死。』叔仲曰：『死君命，可也。』公冉務人曰：『若君命可死，非君命何聽？』弗聽，乃入，殺而埋之馬矢之中。」

○陸氏曰：「啖子曰：『凡未踰年君卒，皆書曰卒，言嗣先君未成君也，故不書崩、薨，而書曰卒。先君未葬則名之，既葬則不名。外諸侯未踰年而卒則不書，異於内也。』」

○趙氏曰：「不書地，弑也。子野非被弑而亦不書地，闕文也。」

○胡氏傳：「諸侯在喪稱子，繼世不忍當也。既葬不名，終人子之事也。踰年稱君，緣臣民之心也。」

不書日，闕文也。

夫人姜氏歸于齊。

○左氏傳：「夫人姜氏歸于齊，大歸也。將行，哭而過市，曰：『天乎！仲爲不道，殺適立庶。』市人皆哭。魯人謂之哀姜。」

○胡氏傳：「書『夫人』，則知其正，書『姜氏』，則見其非絶於先君；書『歸于齊』，則知其無罪，異於孫邾者。而魯國臣子殺嫡立庶，敬嬴、宣公不能事主、存適母，其罪並見矣。」

季孫行父如齊。

〇襄陵許氏曰：「文子之行，告宣公立也。齊與季孫之罪皆可見矣。」

莒弑其君庶其。

〇陸氏曰：「稱國以弑，自大臣也。」呂氏曰：「其責在大臣，其君則亦惡，加夫一國之内也。」

〇左氏傳：「莒紀公生太子僕，又生季佗，愛季佗而黜僕，且多行無禮於國。僕因國人以弑紀公，以其寶玉來奔，季文子使司寇出諸竟。」

春秋集傳卷第十三

春秋卷第十四

宣公

〇名倭，或作「接」，文公妾敬嬴之子。諡法：「善問周達曰宣。」

元年，春，王。

〇高郵孫氏曰：「宣公弑子赤而立，其罪同於桓公，春秋書王，不罪天王之不討者，非赦之也。天下無王，自平王而下也。至於桓公，王道之不行未久也。聖人於十八年之間書王有四，終始反覆，欲見其討，而竟不能。於是而不書王，以爲法於萬世。至宣公，則王道之不行百餘年矣，亂臣賊子接迹以起，而王者竟不誅之。非天下之無王，何至是也！唯其無王，是以書王耳。春秋於桓、宣之惡，非偏有輕重，以桓公之時王道猶有可望，而宣公之時竟無王也。王猶可望，則可以待王之誅；後竟無王，於是書王以討之也。」

正月，公即位。

〇胡氏傳：「宣公爲弑君者所立，受之而不討，是亦聞乎弑也，故如其意而書即位，以著其自立之罪，而不嫌於同詞。美，一也，有小大則褒詞異；惡，一也，有小大則貶詞異；一美一惡，無嫌於同。」

公子遂如齊逆女。

○杜氏註：「不譏喪娶者，不待貶責而惡明也。」

○胡氏傳：「魯秉周禮，喪未期年，遣卿逆女，何亟乎？大子赤，齊出也。仲遂殺之及其母弟，而立宣公，懼於見討，故結昏于齊爲自安計，越典禮以逆之，如此其亟而不顧者，必敬嬴、仲遂請齊立接之始謀也。」

三月，遂以夫人婦姜至自齊。

○公羊傳：「遂何以不稱公子？一事而再見者，卒名也。夫人何以不稱姜氏？貶。曷爲貶？譏喪娶也。喪娶者公也，則曷爲貶夫人？夫人與公一體也。其稱婦何？有姑之詞也。」

○劉氏傳：「曷爲貶夫人？夫人與有貶也。婦人在家制於父，既嫁制於夫，婦人不專行。其曰與有貶何？父母與有罪也。」胡氏傳：「有不待貶絶而罪惡見者，不貶絶以見惡；夫人與有貶焉，則待貶而後見，故不稱氏。夫人其如何？知惡無禮如野有死麕，能以禮自防如草蟲，愆期有待如歸妹之九四，則可以免矣。」

○胡氏傳：「凡稱婦者，其詞雖同，立義則異。『逆婦姜于齊』，病文公也；『以婦姜至自齊』，責敬嬴也。私事襄仲，以其子屬之，殺世適兄弟，出主君夫人，援成風故事，即以子貴爲國君母。斬焉在衰絰之中，請昏納婦，而其罪隱而未見也。故因夫人至，特稱婦姜以顯之。此乃春秋推見至隱，著妾母當國用事，爲後世鑒者也。概指爲有姑之詞而不察其旨，則精義隱矣。」

夏，季孫行父如齊。

○左氏傳：「季文子如齊，納賂以請會。」呂氏曰：「君母不正，孽子篡立，而國之大臣恃大國以免，施施肆肆，無所忌憚。行父，名大夫也，而猶若是，先王之澤盡矣。」○胡氏曰：「諸侯立卿爲公室輔，猶屋之有楹也。而謀國如此，亦不待貶絶而惡自見者也。」

晉放其大夫胥甲父于衛。

○左氏傳：「晉人討不用命者，放胥甲父于衛。胥甲，晉下軍佐，胥臣之子，文公十二年與趙穿渥軍謀。」

○常山劉氏曰：「諸侯專放大夫，於義可乎？唯罪輕于專殺耳。」

○公羊傳：「放之者何？猶曰無去是云爾。」

○蘇氏曰：「胥甲、趙穿當軍門呼，其罪一也。放胥甲而捨趙穿，穿，盾之族子也，故稱國以放，言政之不一也。」

公會齊侯于平州。

○左氏傳：「會于平州，以定公位。」

○杜氏注：「平州，齊地，在泰山牟縣西。」

○胡氏傳：「宣公篡位，踰年舉國臣子既從之矣，若之何位猶未定而有待於平州之會也？春秋以來，弑君篡國者已列於諸侯之會，則不復致討，故曹人以此請負芻于晉。夫篡弑之賊，毀滅天理，無所容於天地之間，身無存没，時無古今，其罪不得赦也。以列於會而不復討，是率中國爲夷狄，棄人類爲禽獸，此仲尼所爲懼，春秋所以作也。然欲定其位者魯宣公，宜稱『及齊』，而曰『會』者，所以絶齊侯也。凡討亂臣賊子，必深絶其黨，而後爲惡者孤矣。」

公子遂如齊。

○左氏傳：「東門襄仲如齊拜成。」謝得會也。

○胡氏傳：「宣公簒立，仲遂主謀，爲首惡。初請于齊，遂爲上客，而並書介使者，罪叔孫得臣不能爲有無，亦從之也。大夫有以死爭者矣，然則削而不書者，以叔仲惠伯死非君命，失其所也。遂及行父則一再見于經矣，如齊拜成，雖削之可也。又再書于策者，於以著其終始成就弑立之謀也。」

六月，齊人取濟西田。

○左氏傳：「齊人取濟西田，爲立公故，以賂齊也。」

○程氏傳：「宣公以不義得國，賂齊以求助，齊受之以助不義，故書取。不能保其土地，故不云我。非彼彊取，故不諱。不能有而失者，皆諱。」

○胡氏傳：「魯人致賂以免討，而書齊人取田者，所以著齊罪也。夫齊，魯鄰國，盟主之餘業也。簒弑，人道所不容，而貨賂公行，利其爲惡而助之，中國胥爲夷狄，人類滅爲禽獸矣。其禍自不知以義爲利，而以利之可以爲利而爲之也。孟氏爲梁極言利國者必至於簒奪而後厭食，其得經書取田之遺意也歟。」襄陵許氏曰：「桓公既弑，以許田賂鄭；宣公既弑，以濟西賂齊。夫負不義於天下，則所藉以行者惟利而已。凡非利不取者，則亦何義之云擇？至於弑父與君，將無不合也。是以桓、宣之計若出一軌，春秋志之，以見世平則正，與法皆勝，世變則亂，與賂俱行，自然之符，可不戒諸！」

秋，邾子來朝。

○胡氏通旨曰：「宣公弑立，邾子來朝而無貶文者，既於朝桓貶矣。」公羊曰：『其餘從同同。』」

楚子、鄭人侵陳，遂侵宋。晉趙盾帥師救陳。

○左氏傳：「宋人之弑昭公也，晉荀林父以諸侯之師伐宋。宋及晉平。宋文公受盟于晉。又會諸侯于扈，將爲魯討齊，皆取賂而還。鄭穆公曰：『晉不足與也。』遂受盟于楚。陳共公之卒，楚人不禮焉。陳靈公受盟于晉。秋，楚子侵陳，遂侵宋。晉趙盾帥師救陳、宋。」

○胡氏傳：「楚書爵而鄭稱人者，貶之也。鄭伯本以宋人弑君，晉不能討，受賂而還，以此罪晉爲不足與也。今乃附楚以亟病中國，何義乎？書『侵陳遂侵宋』者，以見濳師掠境，自爲侵暴，非能聲宋罪而討之也。既正此師爲不義，然後中國之師可舉矣。晉能救陳，故特褒而書『救』。然傳稱師救陳、宋，而經不書宋，此非闕文，乃聖人削之也。前方以不能討宋，上卿貶而書人，諸侯會而不序，今若書救，則典刑紊矣。」

宋公、陳侯、衛侯、曹伯會晉師于棐林，伐鄭。棐，公羊作「斐」。

○左氏傳：「會于棐林，以伐鄭也。楚蔿賈救鄭，遇于北林，囚晉解揚。晉人乃還。」

○杜氏注：「棐林，鄭地。」

○胡氏傳：「列數諸侯而會晉趙盾者，春秋立法，君爲重，而大夫與師其體敵，列諸侯於帥師之下，而又書大夫之名氏，則臣疑於君，而不可訓。其曰：『會晉師』，此乃謹禮於微之意也。」

○穀梁傳：「于棐林地，而後伐鄭，疑詞也。此其地何？則著其美也。」

冬，晉趙穿帥師侵崇。崇，公羊作「柳」。

○左氏傳：「晉欲求成於秦。趙穿曰：『我侵崇。秦急崇，必救之。吾以求成焉。』趙穿侵崇，秦弗與成。」

○杜氏釋例崇地闕。

○胡氏傳：「崇在西土，秦所與也。晉欲求成于秦，不以大義動之，而伐其與國，則爲諼已甚，而傳謂『設此謀者，趙穿也』，意者穿已有逆謀，託於伐國以用其衆乎？不然，何謀之迂？而當國者亦不裁正而從之也。穿之名姓自登史策，弑君于桃園，而上卿以志同受惡，其端又見於此，書侵，以見所以求成者，非其道矣。」

晉人、宋人伐鄭。

○左氏傳：「晉人伐鄭，以報北林之役，於是晉侯侈，趙宣子爲政，驟諫而不入，故不競於楚。」

○胡氏傳：「宋人弑君，而晉與之合兵伐鄭，是謂以燕伐燕，庸愈乎！其書晉人、宋人，非將卑師少，蓋貶而人之也。以貶書『伐』者，若曰聲罪致討而已有瑕，則何以伐人矣？」

二年，春，王二月，壬子，宋華元帥師及鄭公子歸生帥師，戰于大棘。宋師敗績，獲宋華元。

○左氏傳：「公子歸生受命于楚，伐宋，宋華元、樂呂御之。戰于大棘，宋師敗績，囚華元。宋人以兵車百乘、文馬百駟贖華元于鄭。半入，華元逃歸。」

○劉氏傳：「戰而言及者，主之者也，猶曰宋華元爲志乎此戰也云爾。」

○杜氏注：「大棘，在陳留襄邑縣南。」

○胡氏傳：「兩軍接刃，主將見獲，其負明矣。又書『師敗績』，此明大夫雖貴，與師等也。故將尊師少，稱將不稱師；師衆將卑，稱師不稱將。將尊師衆並書于策者，示人君不可輕役大衆，又重將帥之選，其義深矣。或曰：元帥三軍之司命，而輕重若是班乎？自行師而言，則以元帥爲司命，自有國而言，則以得衆爲邦本。鄭使高克將兵，禦敵于竟，欲遠克也，而不恤其師，楚以六卒實從得臣，恐喪師也，而不恤其將。故經以棄師罪鄭，以殺其大夫責楚。明此義，然後知王者之道、輕重之權衡矣。」

秦師伐晉。

○左氏傳：「秦師伐晉，以報崇也，遂圍焦。晉趙盾救焦。」

○胡氏傳：「晉用大師于崇，乃趙穿私意而無名也，故書侵；秦人爲是興師而報晉，則問其無名之罪也，故書伐。世豈有欲求成於强國，而侵其所與，可以得成者乎？宣子當國，其智豈懵於此哉？其從之也，而穿與盾之情見矣。春秋書事，筆削因革，必有以也。一侵一伐，而不書『圍焦』，所以誅晉卿上侵之意，其所由來者漸矣。」

夏，晉人、宋人、衛人、陳人侵鄭。

○左氏傳：「晉趙盾遂自陰地及諸侯之師侵鄭，以報大棘之役。楚鬬椒救鄭，曰：『能欲諸侯而惡其難乎！』遂次于鄭，以待晉師。盾曰：『彼宗競于楚，殆將斃矣。』姑益其疾。乃去之。」

○胡氏傳：「初，歸生受命于楚，伐宋，經不書伐，而以宋華元主大棘之戰者，蓋楚人有詞于宋矣。師之老壯在曲直，晉主夏盟，盾既當國，合諸侯之師，何異于楚？何避乎鬬椒？然力非不足而去之者，以理曲也，故卿不氏而稱人師，書侵而不言伐。易於訟卦之象曰：『君子以作事謀始。』始而不謀，將至於興師動衆，有不能定者矣。晉惟取賂，釋宋而不能討遂，至於以中國之大，不能服鄭，不競於楚，可不謹乎！春秋行事，必正其本，爲末流之若此也，其垂戒明矣。」

秋，九月，乙丑，晉趙盾弒其君夷皋。公羊作「獆」。

○左氏傳：「晉靈公不君，厚斂以彫牆，從臺上彈人，而觀其避丸也。宰夫胹熊蹯不熟，殺之。趙宣子驟諫。公患之，使鉏麑賊之。晨往，寢門闢矣，盛服將朝，尚早，坐而假寐。麑退，歎而言曰：『不忘恭敬，民之主也。賊民之主，不忠。棄君之命，不信。有一於此，不如死也。』觸槐而死。秋，九月，晉侯飲趙盾酒。伏甲，將攻之。其右提彌明知之，遂扶以下，鬬且出，提彌明死之。乙丑，趙穿攻靈公於桃園。宣子未出山而復。大史書之曰：『趙盾弑其君。』以示於朝。宣子曰：『不然。』對曰：『子爲正卿，亡不越竟，反不討賊，非子而誰？』○穀梁傳：「史狐曰：『子爲正卿，入諫不聽，出亡不遠。君弑反不討賊，則志同，志同則書重，非子而誰？』」宣子使趙穿逆公子黑臀于周而立之。」辨疑曰：「董狐云『亡不越竟』，言行未遠而君被弑。反又不討賊，狀涉同謀耳。非謂越竟即無罪也。」

○胡氏傳：「趙穿手弑其君，董狐歸獄於盾，曰：『子爲正卿，亡不越竟，反不討賊。』以是書斷，而盾也受其惡而不敢辭。仲尼因其法而不之革，其義云何？曰：正卿，當國任事之臣也。國事莫酷於君見弑，不於其身而誰責乎？亡而越竟，是去國而不還也，然後君臣之義絶。反而討賊，謂復讎而不釋也，然後臣子之事終。不然，是盾僞出而實聞乎故也。假令不與聞者而縱賊不討，是有今將之心，而意欲穿之成乎弑矣。惡莫慘乎意，今以此罪盾，乃閑臣子之邪心，而謹其漸也。盾雖欲辭而不受，可乎？以高貴鄉公之事觀焉，抽戈者成濟，倡謀者賈充，而當國者司馬昭也。爲天吏者，將原司馬昭之心而誅之乎？亦將致辟成濟而足也。故陳泰曰：『惟斬賈充，可以少謝天下耳。』昭問其次，意在濟也。泰欲進此，直指昭也。然則趙穿弑君，而盾爲首惡，春秋之大義明矣。微夫子書此，垂法後世，亂臣賊子皆以詭計獲免，而至愚無知，如史大、鄧扈樂之徒，皆蒙歸獄而受戮焉。君臣父子不相夷，以至於禽獸也幾希，故曰：春秋成而亂臣賊子懼。」石氏曰：「春秋以趙盾首惡，而三傳皆以趙穿爲弑君，此近儒所以信經而不信傳也。夫春秋誅意不誅事，弑君者雖穿，而其意則盾也。何則出亡則必越竟，聞難則必討賊？今盾之亡也，以諫不聽而去，其至竟也，聞弑君而入，又知穿之弑也，而釋其罪，使之逆公子于周，豈非盾之意歟？春秋原情定罪，無毫釐之差，趙穿弑君，盾不與聞而加之大惡，聖人之法不如是之私也。以此坊民，後世之臣猶有身弑其君而歸罪於其下，以逃天下之謗如司馬昭之誅成濟、朱全忠之殺蔣玄暉者。」

○高郵孫氏曰：「趙盾之爲大夫於晉，其執政之久且專如此。靈公無道而欲殺盾者數矣。族人弑君而盾反不討，又與之並立于朝。然則弑君者誰歟？曰：盾也。若盾者，蓋陰殺其君而陽逃其迹，實行其謀而穿受其名也。春秋弑君多矣，不必其身弑之。他人弑之而己受其福者，孔子皆以弑賊書之。弑隱公者，翬也，而桓公被弑君之罪；弑子赤者，遂也，而宣公受弑君之名。必待其親弑然後罪之，則亂臣賊子得以計免，而庸愚無知之人常當其實矣。」

冬，十月，乙亥，天王崩。

○范氏曰：「匡王也，在位六年。」

三年，春，王正月，郊牛之口傷，改卜牛。牛死，乃不郊，猶三望。

○左氏傳：「不郊而望，皆非禮也。望，郊之屬也。不郊，亦無望可也。」

○公羊傳：「曷爲不復卜？養牲養二帝牛一，稷牛一。卜。帝牲不吉，則扳稷牲而卜之。帝牲在于滌三月。滌，宮名，養帝牲三牢之處。於稷者，惟具是視。視體無災而已。郊則曷爲必祭稷？王者必以其祖配。王者則曷爲必以其祖配？自內出者，無匹不行。自外至者，無主不止。」

○胡氏傳：「乃不郊者，爲牛之口傷，改卜牛，而牛又死也，不然，郊矣。禮『爲天王服斬衰』，周人告喪于魯，史策已書而未葬也。祀帝于郊，夫豈其時？而或謂不以王事廢天事，禮乎？春秋以來，喪紀寖廢，有不奔王喪而遠適他國，有不脩弔禮而自相聘問，固將以是爲可舉而不廢也。卒至漢文以日易月，後世不能復，其所由來者漸矣。春秋備書，其義自見。」

葬匡王。

○胡氏傳：「四月而葬，王室不君，其禮略也。微者往會，魯侯不臣，其情慢也。」

楚子伐陸渾之戎。陸，公羊作「賁」。公、穀無「之」字。

○左氏傳：「楚子伐陸渾之戎，遂至于洛，觀兵于周疆。定王使王孫滿勞楚子。楚子問鼎之小大、輕重焉。對曰：『在德不在鼎。昔夏之方有德也，遠方圖物，貢金九牧，鑄鼎象物，百物而爲之備，使民知神、姦。故民入川澤、山林，不逢不若。螭魅罔兩，莫能逢之，用能協于上下，以承天休。桀有昏德，鼎遷于商。商紂暴虐，鼎遷于周。德之休明，雖小，重也。其姦回昏亂，雖大，輕也。天祚明德，有所厎止。成王定鼎于郟鄏，卜世三十，卜年七百，天所命也。周德雖衰，天命未改。鼎之輕重，未可問也。』」

○胡氏傳：「戎狄相攻不志，此其志何也？陸渾在王都之側，楚子伐之，又觀兵周疆，而問鼎。故特書于策，以謹猾夏之階也。」

夏，楚人侵鄭。

○左氏傳：「春，晉侯伐鄭，及延。鄭及晉平，士會入盟。夏，楚人侵鄭，鄭即晉故也。」

○胡氏傳：「晉侯伐鄭，鄭及晉平。而經不書者，仲尼削之也。鄭本以晉靈不君，取賂釋賊爲不足與，似也，而往從楚，非矣。今晉成初立，背僭竊而歸諸夏，則是反之正也。春秋大改過，許遷善，書『楚人侵鄭』者，與鄭伯之能返正也，故獨書楚人侵掠諸夏之罪爾。鄭既見侵於楚，則及晉平可知矣。」

秋，赤狄侵齊。

○襄陵許氏曰：「楚侵其南，狄侵其北，中國大過『棟橈』之時也。」

宋師圍曹。

○左氏傳：「宋文公即位三年，殺母弟須及昭公子，武氏之謀也。使戴、桓之族攻武氏於司馬子伯之館，盡逐武、穆之族以曹師伐宋。秋，宋師圍曹，報武氏之亂也。」

○胡氏傳：「二族以曹師伐宋，然不書于經者，二族以見逐而舉兵，非討罪也。及宋師圍曹，報武氏之亂，而經書之者，端本清源之意也。武、穆二族與曹之師，奚爲至於宋哉？不能反躬自治，恃衆强以報之，兵革何時而息也？故書法如此。」

冬，十月，丙戌，鄭伯蘭卒。葬鄭穆公。

四年，春，王正月，公及齊侯平莒及郯，莒人不肯。公伐莒，取向。

○左氏傳：「非禮也，平國以禮不以亂。伐而不治，亂也。以亂平亂，何治之有？無治，何以行禮？」

○劉氏傳：「何言乎『莒人不肯，公伐莒，取向』？譏。何譏爾？平莒及郯，義也。莒人不肯，吾有不義焉。伐莒，强也，取向，利也。非君子之道也。君子之道猶射，射者正己而後發，發而不中，不怨勝己者，反求諸己而已矣。」意林曰：「孔子稱片言可以折獄者，其由也與！夫兩怨相仇，能辨其曲直，使人信之者，惟己有道也，此仲由所以稱政事矣。小邾射以邑歸魯，魯使大夫盟之，辭曰：使子路約我，無所用盟。於是謂子路，子路不可。子路可謂能以言信人者矣。推子路之心，居郯、莒之間，安有不聽者哉？」○胡氏傳：「心不偏黨之謂平，以此心平物者物必順，以此心平怨者怨必釋，惟小人不能宅心之若是也。雖以勢力强之，而有不獲成者矣。夫以齊、魯大國平郯、莒小邦，宜其降心聽命，不待文告之及也。然而莒人不肯，則以宣公心有所私係，失平怨之本耳，故書『及』、書『取』，以正其罪。及，所欲也。平者，成也。取者，盜也。不肯者，心弗允從，莫能强之者也。以利心圖成，雖强大不能行之於弱小。春秋書此，戒後世不知治其本者，故行有不得者，反求諸己斯可矣。」

○高郵孫氏曰：「春秋之義，不以有功沒其過，不以不正治人之邪。楚人殺陳夏徵舒則爲義，入陳則無道矣。平莒及郯，則近正；伐莒取向，則有罪矣。」

秦伯稻卒。

○共公也。

夏，六月，乙酉，鄭公子歸生弑其君夷。

○左氏傳：「楚人獻黿於鄭靈公。公子宋與子家將見。宋，字子公。歸生，字子家。子公之食指動，以示子家，曰：

『它日我如此，必嘗異味。』及入，宰夫將解黿，相視而笑。公問之，子家以告。及食大夫黿，召子公而弗與也。子公怒，染指於鼎，嘗之而出。公怒，欲殺子公。子公與子家謀先。子家曰：『畜老，猶憚殺之，而況君乎？』反譖子家。子家懼而從之。夏，弑靈公。」

○常山劉氏曰：「公子宋首謀，歸生從之。歸生爲國正卿，歸生不可，則夷不得弑，故歸生宜爲首惡也。」○胡氏傳：「夫亂臣賊子，欲動於惡而不從者，未有能全其身而不死也。歸生特畏死而從公子宋，書爲首惡，不亦過乎？曰：歸生與宋並爲大夫，乃貴戚之卿，同執國政，又嘗統大師與宋人戰，獲其元帥，得兵權矣。聞宋逆謀，登時而覺，先事誅之，猶反手耳。夫據殺生之柄，仗大義以制人，使人聽己，猶犬羊之伏於虎也，何畏於人，懼其見殺而從之也哉？計不出此，顧以畜老憚殺比方君父，歸生之心悖矣。故春秋捨公子宋而以弑君之罪罪之，爲後世鑒。若司馬亮、沈慶之等，苟知此義，則能討罪人，不至失身爲賊所制矣。」

○陸氏微旨曰：「子公，殺君之賊也，其惡易知矣。子家縱其爲逆，罪莫大焉。書之以爲首惡，所以教天下之爲人臣者也。春秋之作，聖人本以明微，蓋謂此也。」

赤狄侵齊。

秋，公如齊。公至自齊。

○胡氏傳：「君行告至，常事不書。宣公比年如齊而皆致者，危之也。夫以篡弑謀於齊而取國，以土地賂齊而請會，以卑屈事齊而求安，上不知有天王，下不知有方伯，惟利交是奉，而可保乎？高固之事亦殆矣。故比年如齊而皆致，以戒後世之欲利有攸往者，惟義之與比爲可安耳。」

冬，楚子伐鄭。

○左氏傳：「楚子伐鄭，鄭未服也。」

○石氏曰：「鄭去楚即晉，自三年之夏至十年之冬，楚凡五伐鄭。至辰陵之盟，既從楚，又徼事于晉，故十二年復致楚圍。此晉不務德，以力爭諸侯，又不能攘夷狄以存中國之致也。然楚兵伐鄭，二稱人，四稱子。稱子者四，非與之也，悼其强而已；稱人者二，非加貶也，誅其甚而已。悼其强，以表中國之微；誅其甚，以惡夷狄之横。爵之、人之，其意一也。」

五年，春，公如齊。

○左氏傳：「公如齊。高固使齊侯止公，請叔姬焉。」留公强成昏。

夏，公至自齊。

○左氏傳：「公至自齊，書，過也。」公既見止，連昏於鄰國之臣，厭尊毀列，累其先君，而於廟行飲至之禮，故書以示過。

秋，九月，齊高固來逆子叔姬。左氏作「叔姬」，無「子」字，據「高固及子叔姬來，」當從公、穀，有「子」字在『叔姬』上。

○左氏傳：「齊高固來逆女，自爲也，故書曰逆叔姬，卿自逆也。」

○穀梁傳：「諸侯之嫁子於大夫，主大夫以與之。來者，接內也。」

○胡氏傳：「書『夏，公至自齊』、『秋，齊高固來逆子叔姬』，罪宣公也。其曰來者，以公自爲之主。稱子者，别於先公之女也。諸侯嫁女於大夫，主大夫以與之者，爲體敵也，而公自爲之主，厭尊毁列，卑朝廷、慢宗廟矣。夫以鄭國褊小，楚公子圍之貴驕强大，來娶于鄭，子産辭而郤之，使館于外。而宣公以國君逼於高固，請昏其女，强委禽焉，而不能止，惟不知以禮爲守身之幹，是以得此辱也。春秋詳書，爲後世鑒，欲人之必謹於禮以定其位也。」

叔孫得臣卒。

不書日，史闕文也。

冬，齊高固及子叔姬來。

○左氏傳：「冬，來，反馬也。」

○胡氏傳：「禮，嫁女留其送馬，不敢自安，及廟見成婦，遣使反馬。則高固親來，非禮也。又禮，女子有行，遠父母者，歲一歸寧。今見逆踰時，未易歲也，而叔姬亟來，亦非禮也，故書『及』、書『來』，以著齊罪也。大夫適他國，必有君命與公事，否則禮法之所禁，而可犯乎？惠公許其臣越禮恣行而莫遏，高固委其君越禮恣行而不忌，則人慾已肆矣。凡昏姻常事不書，而書此者，則以爲非常，爲後戒也。」公羊傳：「何言乎高固之來？言叔姬之來，而不言乎高固之來，則不可。子公羊子曰：『其諸爲其双双而俱至者與。』注云：『言其双行匹至，有似禽獸。』」

楚人伐鄭。

〇左氏傳：「楚子伐鄭，陳及楚平。晉荀林父帥師救鄭，伐陳。」

六年，春，晉趙盾、衛孫免侵陳。

〇左氏傳：「晉、衛侵陳，陳即楚故也。」

〇胡氏傳：「按傳稱『陳及楚平』、『荀林父伐陳』，而經皆不書者，以下書晉、衛加兵于陳，即陳及楚平可知矣，以趙盾、孫免書侵，即林父無辭可稱亦可知矣。愛人不親反其仁，治人不治反其智。晉嘗命上將帥師救陳，又再與之連兵伐鄭，今而即楚，無乃於己有闕，盍亦自反可也。不内省德，遽以兵加之，則非義矣。故林父不書伐，而盾、免書侵，以正晉人所以主盟者非其道也。」

夏，四月。

秋，八月，螽。

〇胡氏傳：「傳謂『螽爲穀災，虐取於民之効也。』先是公伐莒取向，後再如齊伐萊，軍旅數起，賦歛既繁，戾氣應之矣。夫善惡之感萌於心，而災祥之應見於事。宣公不知舍惡遷善，以補前行之愆，而用兵不息，災異數見，年穀不豐，國用空乏，卒至於改助法而税民，蓋自此始矣。經於螽、螟一物之變，必書于策，以示後世天人感應之理不可誣，當謹其所感也。」

冬，十月。

七年，春，衛侯使孫良夫來盟。

○左氏傳：「衛孫桓子來盟，始通，且謀會晉也。」

○穀梁傳：「來盟者，前定也。」

○胡氏傳：「來盟爲前定者，嘗有約言矣。未足効信而釋疑，又相與歃血固結之耳。是衛欲爲晉致魯，而魯專事齊，初未與晉通也，必有疑焉，而衛侯任其無咎，故遣良夫來爲此盟，至公會晉，卒以見辱。盟非春秋之所貴，義自見矣。」

夏，公會齊侯伐萊。秋，公至自伐萊。大旱。

○胡氏傳：「及者内爲志，會者外爲主。平莒及郯，公所欲也，故書及，繼以取向，即所欲可知矣；伐萊，齊志也，故書會，繼以伐致，即師行之危亦可知矣。公與齊侯俱不務德，合黨連兵，恃强凌弱，是以爲此舉也。軍旅之後，必有凶年，言民以征役怨咨之氣，感動天變，而旱乾作矣。其以『大旱』書者，或不雩，或雖雩而不雨也。不雩則無恤民憂國之心，雩而不雨，則格天之精意闕矣。」

冬，公會晉侯、宋公、衛侯、鄭伯、曹伯于黑壤。

○左氏傳：「盟于黑壤。王叔桓公臨之，以謀不睦。鄭及晉平，公子宋之謀也，故相鄭伯以會。晉侯之立也，公不朝焉，又不使大夫聘，晉人止公于會。盟于黄父，即黑壤也，公不與盟。以賂免。故黑壤之盟不書，諱之也。」慢盟主以取執止之辱，故諱之也。

○胡氏傳：「會而不得見，不以不得見爲諱，盟而不與盟，不以不與盟爲諱。則曲不在公，而主會盟者之罪爾。與於會不與於盟，而公有歉焉，非主會盟者之過也，則書會不書盟，若黑壤是也。公不事盟主，而比歲朝齊，是其行有不慊於心，而非晉人之咎矣。凡不直者，臣爲君隱，子爲父隱，於以廣臣子愛敬之心。故觀其有所諱，而不直之在己者，亦可知矣。」

八年，春，公至自會。

夏，六月，公子遂如齊，至黄乃復。

○公羊傳：「其言至黄乃復何？有疾也。何言乎有疾乃復？譏。何譏耳？大夫以君命出，聞喪徐行而不反。」聞疾者，聞父母之喪。徐行者，不忍疾行。又爲君當使人追代之。以喪喻疾者，喪尚不當反，况於疾乎！

○劉氏傳：「大夫以君命出，未致使而死，以尸將事。」

辛巳，有事于大廟。仲遂卒于垂。

○胡氏傳：「有事，言時祭也。」

○劉氏傳：「大夫稱名。仲者，字也。其曰仲遂何？譏世卿。世卿非禮也，言自是世仲氏也。」胡氏傳：「此公子遂也，曷爲書字？生而賜氏，俾世其官也。曷爲書卒？以事之變卒之也。古者，諸侯立家，大夫卒而賜氏。其後，尊禮權臣，寵遇貴戚，而不由其道，於是乎有生而賜氏，其在魯則季友、仲遂是也。仲遂殺惡及視，援立宣公，而公深德之，故越禮賜氏，俾世大夫以答之也。經於其卒書族，以志變法，爲後世戒。」

壬午，猶繹，萬入，去籥。

○左氏傳：「有事于大廟，襄仲卒而繹，非禮也。」

○公羊傳：「繹者何？祭之明日也。萬者何？干舞也。籥者何？籥舞也。東萊呂氏曰：「萬舞，二舞之總名也；籥舞者，文舞之別名也；干舞者，武舞之別名也；文舞，又謂之羽舞，以萬舞爲干舞，公羊釋經之誤也。春秋書『萬入，去籥』，言文武二舞俱入，以仲遂之喪，於二舞之中去其有聲者，故去籥焉。文舞舞羽吹籥故也，公羊乃以萬舞爲武舞，與籥舞對言之，失經意矣。若萬舞止爲武舞，則簡兮與商頌何爲獨言萬舞而不及文舞邪？左氏載考仲子之宮，將萬焉，婦人之廟亦不應獨用武舞也。然則萬舞爲二舞之總名明矣。」其言萬入去籥何？去其有聲者，廢其無聲者，存其心焉耳。廢，置也，置者，不去也。存其心焉耳者何？知其不可而爲之也。猶者何？通可以已也。」明其心，存於樂，知其不可，故去其有聲者而爲之。

○胡氏傳：「萬，舞也，以其無聲也，故入而遂用；籥，管也，以其有聲也，故去而不作。是謂故知不可，存其邪心而不能格也。禮，大夫卒，當祭則不告，終事而聞則不繹。不告者，盡肅敬之誠於宗廟；不繹者，全始終之恩於臣子。今仲遂，國卿也，卒而猶繹，則失寵遇大臣之禮矣。春秋雖隆君抑臣，而體貌有加焉，是故廉陛益尊而臣節厲。後世法家，專欲隆君而不得其道，至於以犬馬國人相視，大倫滅矣。」

戊子，夫人嬴氏薨。嬴，公、穀作「熊」。

○杜氏注：「宣公母也。」

○胡氏傳：「敬嬴，文公妾也，何以稱夫人？自成風聞成季之繇，事友而屬其子，及僖公得國，立爲夫人，於是乎嫡妾亂矣。春秋於風氏，始卒凡四貶之，禘于大廟，去其姓氏，秦人歸禭，不稱夫人，榮叔含賵，召伯會葬，王不稱天是也。敬嬴以嬖妾私事襄仲而屬宣公，不待致于大廟，援例以立，則從同同而無貶矣。其意若曰：以義起禮後爲可繼，苟出於私情而非義，後雖欲正，可若何？」

晉師、白狄伐秦。

○左氏傳：「白狄及晉平。夏，會晉伐秦。」

楚人滅舒蓼。穀梁作「鄝」。

○左氏傳：「楚爲衆舒叛，故伐舒蓼。滅之。楚子疆之。及滑、汭，盟吳、越而還。」杜氏注：「吳國，今吳郡。越國，今會稽山陰縣。傳言楚强，吳、越服從。」

○胡氏傳：「按詩稱『戎狄是膺，荆舒是懲。』在周公，所懲者其自相攻滅，中國何與焉？然春秋書而不削者，是時楚人疆舒蓼，及滑、汭，盟吳、越，勢益强大，將爲中國憂，而民有被髮左衽之患矣。經斯世者當以爲懼，有攘却之謀而不可忽，則聖人之意也。」

秋，七月，甲子，日有食之，既。

○杜氏注：「月三十日食。」漢五行志董仲舒、劉向以爲先是楚商臣弒父而立，至于莊王遂强。諸夏大國，唯有齊、晉新有簒弒之禍，内皆未安，故楚遂乘弱横行，八年之間，六侵伐、一滅國，伐陸渾戎，觀兵周室，後又入鄭，鄭伯肉袒謝命，敗晉于邲，流血色水，圍宋九月，析骸而炊之。

冬，十月，己丑，葬我小君敬嬴。雨，不克葬。庚寅，日中而克葬。敬嬴，公、穀作「頃熊」。

○杜氏注：「敬，謚；嬴，姓也。」

○穀梁傳：「葬既有日，不爲雨止，禮也。雨不克葬，喪不以制也。」胡氏曰：「夫喪事即遠，有進無退，浴于中霤，飯于牖下，小斂于户内，大斂于阼階，殯于客位，遷于廟，祖于庭，堋于墓，以弔賓則其退有節，以虞事則其祭有時。不爲雨止，禮也。雨不克葬，喪不以制也。或曰：卜葬先遠日，所以避不懷也，諸侯相朝與旅見天子，入門而雨沾服，失容則廢。矧送終大事，人情所不忍遽者，反可冒雨不待成禮而葬乎！潦車載蓑笠，士喪禮也。有國家者乃不能爲雨備，何也？且公庭之於墓次，其禮意固不同矣。不得不可以爲悦，無財不可以爲悦。得之爲有財，而不能爲備，是儉其親也，不亦薄乎？故喪事以制，春秋之旨也。」

○胡氏傳：「敬嬴以其子宣公屬諸襄仲，殺大子及其母弟，雖假手于仲，實敬嬴之謀也。經書『子赤卒』、『夫人姜氏歸于齊』，其文無貶，而讀者有傷切之意焉，則以秉彝之不可滅也。傳謂『哭而過市，市人皆哭』，敬嬴拂天理逆人心之狀慘矣。其於終事，雨不克葬，著咎證焉，而謂無天道乎？此皆直書，以見人心與天理之不可誣者也。」

城平陽。

○杜氏註：「今泰山有平陽縣。」

○襄陵許氏曰：「國有大喪，始葬而又動衆城邑，非特不愛民力，以公爲忘親愛矣，不時孰甚焉！」

楚師伐陳。

○左氏傳：「陳及晉平。楚師伐陳，取平而還。」

春秋卷第十四

春秋卷第十五

宣公

九年，春，王正月，公如齊。公至自齊。

○泰山孫氏曰：「公有母喪，而遠朝强齊，公之無哀也甚矣。」

夏，仲孫蔑如京師。

○左氏傳：「王使來徵聘。夏，孟獻子聘于周。王以爲有禮，厚賄之。」

○胡氏傳：「以淺言之，比事屬詞，春秋教也。當歲首月，公朝于齊，夏，使大夫聘于京師，此皆比事可考，不待貶絶而惡自見者也。宣公享國九年，於周纔一往聘，其在齊則又再朝矣，經於如齊，每行必致，深罪之也。下逮戰國，周衰甚矣，齊桓王往朝于周，而天下皆賢之，況春秋時乎？而宣公不能也，故聘覲之禮廢，則君臣之位失，諸侯之行惡，而倍畔侵陵之敗起矣。此經書君如齊、臣如周之意，而特書『王正月』以表之也。」

齊侯伐萊。

○襄陵許氏曰：「赤狄比侵齊，不敢報。萊不伐齊，而齊亟伐之。畏衆强而陵小弱，此可以觀惠公矣。」

秋，取根牟。

○杜氏注：「根牟，東夷國也，琅邪陽都縣東有牟鄉。」劉氏曰：「根牟，附庸之國。」○寰宇記：「今爲密州安丘縣之城治。」

八月，滕子卒。

○左氏傳：「滕昭公卒。」

九月，晉侯、宋公、衛侯、鄭伯、曹伯會于扈。晉荀林父帥師伐陳。

○左氏傳：「會于扈，討不睦也。謀齊、陳。陳侯不會。前年與楚成故。晉荀林父以諸侯之師伐陳。晉侯卒于扈，乃還。」

辛酉，晉侯黑臀卒于扈。

○杜氏注：「卒於竟外，故書地。」

○陸氏纂例：「國君不卒於其國，例書地。扈，鄭地。」

冬，十月，癸酉，衛侯鄭卒。

○胡氏傳：「晉成公何以不葬？魯不會也。衛成公何以不葬？亦魯不會也。衛成事晉甚謹，而魯宣公獨深向齊，衛欲爲晉致魯於黑壤，而特使孫良夫來盟以定之。及魯會于黑壤，而晉人止公，賂然後免，是以扈之會皆前日諸侯，而魯獨不往。二國繼以喪赴，亦皆不會，此所謂『無其事而闕其文』者也。故書卒，而以私怨廢禮忘親之罪見矣。」

宋人圍滕。

○左氏傳：「因其喪也。」

○胡氏傳：「圍國非將卑師少所能辦也，必動大衆而使大夫爲主帥明矣。然而稱人，是貶之也。滕既小國，又方有喪，所宜矜哀弔恤之不暇，而用兵以圍之，比事以觀，知見貶之罪在不仁矣。」

楚子伐鄭。晉郤缺帥師救鄭。

○左氏傳：「楚子爲厲之役故，伐鄭。六年，楚伐鄭，取成於厲。既成，鄭伯逃歸。見十一年。晉郤缺救鄭。鄭伯敗楚師于柳棼。國人皆喜，唯子良憂，曰：『是國之災也，吾死無日矣。』」

○胡氏傳：「楚加鄭數矣，或稱人，或稱爵，何也？鄭自晉成初立，舍楚而從中國，正也，楚人爲是興師而加鄭，不義矣。故宣三年書侵，罪之也。次年鄭歸生弒其君，諸侯未有聲罪致討者，而楚師至焉，故特書爵，與之也。然興師動衆，賊則不討，惟服鄭之爲事，則非義舉矣。故又次年，傳稱『楚子伐鄭』，而經書人，再貶之也。至是稱爵，豈與之乎？下書『晉郤缺帥師救鄭』，則知非與之也。蓋見其陵暴中華，親以重兵臨鄭耳。

由此觀春秋書法，皆欲治亂賊之黨，謹華夷之辨，以一字爲褒貶，深切著明矣。」

陳殺其大夫泄冶。「泄」字從公、穀。

○左氏傳：「陳靈公與孔寧、儀行父通於夏姬，皆衷其衵服，以戲于朝。泄冶諫曰：『公卿宣淫，民無效焉，且聞不令。君其納之。』公曰：『吾能改矣。』公告二子，二子請殺之。公弗禁，遂殺泄冶。」

○襄陵許氏曰：「書殺泄冶，張陳亡之本也。」

○胡氏傳：「稱國以殺者，君與用事大臣同殺之也。泄冶大夫，不失其官守而殺之者，有專輒之罪矣。泄冶無罪，而稱名，冶以諫殺身者也。殺諫臣者，必有弒君亡國之禍，故書其名，爲徵舒弒君、楚子滅陳之端，以垂後戒，此所謂義繫於名而書名者也。比干諫而死，子曰：『商有三仁。』泄冶諫死，何獨無褒詞？人之死生語默，當其可而止爾。泄冶之盡言無隱，不愧乎史魚之直矣，方諸比干自靖自獻于先王，則未可同日而語也。冶雖効忠，其猶在宋子哀、魯叔肸之後乎！」

十年，春，公如齊。公至自齊。齊人歸我濟西田。

○左氏傳：「公如齊。齊侯以我服故，歸濟西之田。」

○程氏傳：「魯修好，故歸魯田。田，魯有地，齊非義取之，故云『歸我』，不足爲善也。」

夏，四月，丙辰，日有食之。○己巳，齊侯元卒。

齊崔氏出奔衛。

○左氏傳：「齊惠公卒。崔杼有寵於惠公，高、國惡其偪也，公卒而逐之，奔衛。」

○穀梁傳：「氏者，舉族而出之之辭也。」

○襄陵許氏曰：「崔杼出而能反，反而能弑者，以其宗族之强。經以氏舉於此，辨之早也。」

公如齊。五月，公至自齊。

○左氏傳：「公如齊，奔喪。」

○蘇氏曰：「如齊奔喪，非禮也。」

○胡氏傳：「春如齊朝，夏復奔其喪，若是雖不致可也，而皆致者，甚之也。天王之喪不奔，而汲汲於奔齊喪。天王之葬使微者會，而公孫歸父會齊侯之葬，其不顧君臣上下尊卑之等，所謂肆人欲、滅天理而無忌憚者也。詞繁而不殺，聖人之情見矣。」

癸巳，陳夏徵舒弑其君平國。

○左氏傳：「陳靈公與孔寧、儀行父飲酒于夏氏。公謂行父曰：『徵舒似女。』對曰：『亦似君。』徵舒病之。公出，自其廄射而殺之。二子奔楚。」

○胡氏傳：「禍莫大於拒諫而殺直臣，忠莫顯於身見殺而其言驗。泄冶所爲，不憚斧鑕，盡言於其君者，正爲靈公君臣通於夏徵舒之家，恐其及禍，不忍坐觀，故昧死言之。靈公不能納，又從而殺之。此萬世之大戒也。書泄冶見殺於前，而著夏徵舒弒君於後，以見泄冶忠言之驗，靈公見弒之由，使有國者必以遠色脩身，包容狂直，開納諫諍爲心也。」

○石氏曰：「君雖不君，臣不可以不臣。此所以陳靈雖無道，而從大夫弒君之詞以書之。」

六月，宋師伐滕。

○左氏傳：「滕人恃晉而不事宋。六月，宋師伐滕。」

○胡氏傳：「前圍滕稱人，刺伐喪也。此伐滕稱師，譏用衆也。鄰有弒逆，宋不能聲罪致討，乃用大師以伐所當恤之小邦，且滕不事己，無乃己德有闕，而滕何尤焉？故特稱師以著其罪，而汲汲於誅亂臣賊子之意見矣。」

公孫歸父如齊。葬齊惠公。

○胡氏傳：「宣公深德齊侯之能定其位，而又以濟西田歸之，故生則傾身以事之，而不辭於屈辱；没則親往奔喪，而使貴卿會其葬。亦不顧天王之禮，闕然莫之供也。比事考詞，義自見矣。」

晉人、宋人、衛人、曹人伐鄭。

○左氏傳：「鄭及楚平。諸侯之師伐鄭，取成而還。」

考左氏傳，則三師皆非微者，而春秋人之，何也？曰：陳夏氏之亂，赴告踰月矣，陳與鄭隣，鄭雖背晉，豈若夏氏之當討乎？得諸侯有道，大義著明，斯服其心矣。陳恒弑其君，孔子請討，魯非伯主，齊非魯之與國也。君臣，三綱之大者，弑逆之事，人得致討，况霸主專征，而以宗諸侯、攘夷狄爲己任乎？當是時，霸主之師不興則已，興師討罪，不于陳而于鄭，非所謂不能三年之喪而緦小功之察也哉！晉主諸侯十年以來，叛服二三，紛紛不定，非諸侯之罪也。齊弑其君，晉不治而失魯；宋弑其君，晉受賂而失鄭；今陳又告亂矣，聲罪而致伐，捨大而責小，卒使楚人奉詞以合諸侯于辰陵，轘徵舒于栗門。踰年圍鄭，荀林父救之，大敗于邲。圍宋九月，晉不敢救。舉中國之事擅於楚者十有餘年，皆此役失幾會之所致也。春秋人三國於伐鄭，所以謹事幾、明大義，著晉人失伯之由、中國不振之始，立法垂教，宏且遠矣。可不察哉！

秋，天王使王季子來聘。

○公羊傳：「王季子者何？王之母弟也。」

○左氏傳：「劉康公來報聘。」即王季子也，其後食邑於劉。

○胡氏傳：「王有時聘以結諸侯之好，禮也。宣公享國至是十年，不朝于周而比年朝齊，不奔周喪而奔齊侯之喪，不遣貴卿會匡王葬而使歸父會齊侯之葬，縱未舉法，勿聘焉猶可也。而使王季子來，王靈益不振矣。自是王聘，春秋亦不書矣。」襄陵許氏曰：「自是王靈益亡，王聘益輕，春秋不復録矣。」

公孫歸父帥師伐邾，取繹。公羊作「蘱」。

○杜氏注：「繹，邾邑，魯國鄒縣北有繹山。」

大水。

季孫行父如齊。冬，公孫歸父如齊。

○左氏傳：「季文子初聘于齊。冬，子家如齊，伐邾故也。」

○胡氏傳：「齊侯嗣立，宣公親往奔其父喪，又使貴卿會葬矣，若待踰年然後修聘，未晚也。而季孫亟行，歸父繼往，則以宣公君臣不知爲國以禮，而以妄悦之可以免討也。歸父貪於取繹，畏齊而往，蓋理曲則氣必餒矣，能無畏乎？春秋備書而不削，以著其罪，爲後世鑒也。」

齊侯使國佐來聘。

○左氏傳：「國武子來報聘。」

饑。

楚子伐鄭。

○左氏傳：「楚子伐鄭。晉士會救鄭，逐楚師于潁北。諸侯之師戍鄭。」

○胡氏傳：「經有詞同而意異者，比事以觀，斯得矣。九年，楚子伐鄭稱爵者，貶詞。若曰國君自將，恃强壓弱，憑陵諸夏之稱也。知然者，以下書『晉郤缺帥師救鄭』，則貶楚可知矣。此年楚子伐鄭稱爵者，直詞也，若曰以實屬詞，書其重者，而意不以楚爲罪也。知然者，以傳稱『晉救鄭，逐楚』，而經削之，則責晉可知矣。此類兼以傳爲按者也。」

十有一年，春，王正月。

夏，楚子、陳侯、鄭伯盟于辰陵。穀梁作『夷陵』。

○杜氏注：「辰陵，陳地，潁川長平縣東南有辰亭。」

○左氏傳：「春，楚子伐鄭，及櫟。子良曰：『晉、楚不務德而兵爭，與其來者可也。晉、楚無信，我焉得有信？』乃從楚。夏，楚盟于辰陵，陳、鄭服也。」

○胡氏傳：「晉、楚爭此二國，久矣。今陳、鄭背晉從楚，盟于辰陵，而春秋書之無貶詞者，經之大法在誅亂臣賊子，有亂臣則無君，有賊子則無父，無君無父，即中國變爲夷狄，人類殄爲禽獸，雖得天下，不能一朝居也。今魯與齊方用兵伐莒，晉與狄方會于欑函，而不謀少西氏之逆也，而楚人能謀之，所謂『禮失而求之野』，『夷狄之有君，不如諸夏之亡也』。辰陵之盟，所以得書於經而詞無貶乎！聖人討賊之意，可謂深切著明矣。」

公孫歸父會齊人伐莒。

○襄陵許氏曰：「辰陵之盟，此中國所宜震也。而齊、魯方窮兵于小國，何震之有？」

秋，晉侯會狄于欑函。

○穀梁傳：「不言及，外狄也。」

○杜氏注：「欑函，狄地。」

○左氏傳：「晉郤成子求成于衆狄。衆狄疾赤狄之役，遂服于晉。秋，會于欑函，衆狄服也。」

○胡氏傳：「春秋正法，不與夷狄會同，分類也。書『會戎』、『會吴』、『會狄』，皆外詞也。内中國，故詳；外夷狄，故略。今中國有亂，天王不能討，則方伯四鄰之責也，而齊會魯伐莒、晉求成于狄，不亦傎乎！此直書而義自見者也。」○襄陵許氏曰：「諸侯大國恃齊與晉，而伐莒會狄，莫有憂中國之心，而使楚人爲伯者之事，此反道也。」

冬，十月，楚人殺陳夏徵舒。丁亥，楚子入陳，納公孫寧、儀行父于陳。寧，公羊作「甯」。

○左氏傳：「楚子爲陳亂故，伐陳。謂陳人『無動！將討於少西氏。』遂入陳，殺夏徵舒，轘諸栗門。因縣陳。陳侯在晉。申叔時使於齊，反，復命而退。王使讓之，曰：『夏徵舒爲不道，弑其君，寡人以諸侯討而戮之，諸侯、縣公皆慶寡人，女獨不慶寡人，何故？』對曰：『夏徵舒弑其君，其罪大矣；討而戮之，君之義也。抑人有言曰：「牽牛以蹊人之田，而奪之牛。」牽牛以蹊者，信有罪矣，而奪之牛，罰已重矣。諸侯之從也，曰討有罪也。今縣陳，貪其富也。以討召諸侯，而以貪歸之，無乃不可乎？』王曰：『善哉！』乃復封陳。鄉取一人焉以歸，謂之夏州。」裴駰曰：「車胤撰桓温集云：『夏口城上數里有州，名夏州。』」

○程氏傳：「人，衆詞。大惡，衆所欲誅也。」

○陸氏微旨：「楚子之討，正也，故書曰人，許其行義也。」

〇泰山孫氏曰：「與楚討者，傷中國無人，喪亂陵遲之甚也。」胡氏曰：「稱『楚人殺陳夏徵舒』，諸夏之罪自見矣。」

〇程氏傳：「誅其罪，義也。取其國，惡也。入者，不受而强之也。」

〇穀梁傳：「納者，内弗受也。輔人之不能民而討，猶可。入人之國，制人之上下，使不得其君臣之道，不可。」

〇陸氏微旨：「入人之國，又納淫亂之臣，邪也，故明書其爵，以示非正。春秋之義，彰善癉惡，纖介無遺，指事原情，瑕瑜不掩，斯之謂也。」

〇吕氏曰：「稱『楚人殺陳夏徵舒』，誅賊之詞，且衆所同欲也，故曰『楚人』，入陳非衆志也，楚子之罪也，故曰『楚子』。」

〇泰山孫氏曰：「上言殺陳夏徵舒，下言楚子入陳，納公孫寧、儀行父于陳，惡楚子行義不終也。」

〇胡氏傳：「按左氏『入陳，殺夏徵舒』，而經先書殺、後書入者，與楚子之討賊，故先之也。討其賊爲義，取其國爲貪，舜、跖之相去遠矣，其分乃在於善與利耳。楚莊以義討賊，勇於爲善，舜之徒也；以貪取國，急於爲利，跖之徒矣。爲善爲惡，特在一念須臾之間，而書法如此，故春秋傳心之要典，不可不察也。或曰：聖人大改過，楚雖縣陳，能聽申叔時之説，而復封之，可謂能改過矣。猶書『入陳』以貶之，何也？曰：楚莊意在滅陳，雖復封之，然鄉取一人焉以歸，謂之夏州。而又納其亂臣，使不得其君臣之道。存亡興滅，其若是乎？公孫寧、儀行父者，從君於昏，宣淫於朝，誅殺諫臣，使其君見弑，蓋致亂之臣也。肆諸市朝，與衆同棄，然後快於人心。今乃詭詞奔楚，託於討賊復讎以自脱其罪，而楚莊亦不能察其反覆，又使陳人用之，猶人有飲毒而死者，幸而復生，又强以毒飲之，可乎？故聖人外此二人於陳而特書曰納。納者，不受而强納之也。爲楚莊者宜柰何？瀦徵舒之宫，封泄治之墓，尸孔寧、儀行父于朝，謀於陳衆，定其君而去，其庶幾乎！」程氏傳：「致亂之臣，國所不容也，故書納。」

十有二年，春，葬陳靈公。

○公羊傳：「討此賊者，非臣子也，何以書葬？君子辭也。楚已討之矣，臣子雖欲討之，而無所討也。」胡氏傳：「天下之惡一也。本國臣子不能討，而上有天王，下有方伯，又其次有四鄰，有同盟，有方域之諸侯，有四夷之君長，與凡民皆得而討之，所以明大倫、存天理也。徵舒雖楚討之，陳之臣子亦可以釋怨矣，故得書葬。」

楚子圍鄭。

○左氏傳：「楚子圍鄭，三月克之，入自皇門，至于逵路。鄭伯肉袒牽羊以逆。王曰：『其君能下人，必能信用其民矣。庸可幾乎！』退三十里，而許之平。潘尫入盟，子良出質。」

○胡氏傳：「按公羊例，戰不言伐，圍不言戰，滅不言入，書其重者。楚子縣陳，蓋滅之矣，而經止書入。其於鄭也，入自皇門，至于逵路，蓋即其國都矣，而經止書圍。曷爲悉從輕典，不書其憑陵中夏之罪乎？弒君之賊，諸夏不能討，而夷狄能討之。春秋取大節、略小過，雖如楚子憑陵上國，猶從末減，於以見誅亂臣賊子、正大倫之重也。」

夏，六月，乙卯，晉荀林父帥師及楚子戰于邲。晉師敗績。

○杜氏注：「邲，鄭地。」

○左氏傳：「晉師救鄭。荀林父將中軍，先縠佐之。士會將上軍，郤克佐之。趙朔將下軍，欒書佐之。及河，聞鄭既及楚平，桓子欲還，曰：『無及於鄭而勦民，焉用之？楚歸而動，不後。』隨武子士會。曰：『善。會聞用師，觀釁而動。德、刑、政、事、典、禮不易，不可敵也，不爲是征。楚君討鄭，怒其貳而哀其卑，叛而伐之，服而舍之，德、刑成矣。伐叛，刑也；柔服，德也。二者立矣。昔歲入陳，今兹入鄭，民不罷勞，君無怨讟，政有經矣。荆尸而舉，商、農、工、賈不敗其業，而卒乘輯睦，荆，楚也。尸，陳也。楚武王始更爲此陳法，遂以爲名。事不奸矣。蔿敖爲宰，擇楚國之令典，軍行，右轅，左追蓐，在車之右者挾轅爲戰備，在車之左者追求草蓐。前茅慮無，茅，明也。如今軍行前有斥候蹹伏，皆持以絳及白爲幡。見騎賊舉絳幡，步賊舉白幡，備慮有無也。或曰時楚以茅爲旌識。中權後勁。中軍制謀，後以精兵爲殿。百官象物而動，軍政不戒而備，能用典矣。其君之舉也，内姓選於親，外姓選於舊。舉不失德，賞不失勞，老有加惠，旅有施舍，君子小人，物有服章。尊卑别也。貴有常尊，賤有等威，禮不逆矣。德立、刑行、政成、事時、典從、禮順，若之何敵之？見可而進，知難而退，軍之善政也。』彘子先縠。曰：『不可。晉所以霸，師武、臣力也。今失諸侯，不可謂力。有敵而不從，不可謂武。由我失霸，不如死。』以中軍佐濟。韓獻子韓厥。謂桓子曰：『彘子以偏師陷，子罪大矣。子爲元帥，師不用命，誰之罪也？失屬亡師，爲罪已重，不如進也。事之不捷，惡有所分。與其專罪，六人同之，不猶愈乎？』師遂濟。楚子北師次于郔。鄭地。將飲馬於河而歸。聞晉師既濟，王欲還，嬖人伍參言於王曰：『晉之從政者新，未能行令。其佐先縠剛愎不仁，未肯用命。其三帥者，專行不獲，聽而無上，衆誰適從？此行也，晉師必敗。且君而逃臣，若社稷何？』王病之，次于管以待之。晉師在敖、鄗之間。鄭皇戌使如晉師，曰：『鄭之從楚，社稷之故也，未有貳心。楚師驟勝而驕，其師老矣，而不設備。子擊之，鄭師爲承，楚師必敗。』彘子曰：『敗楚服鄭，於此在矣，必許之。』欒武子欒書。曰：『楚自克庸以來，文十六年。其君無日不討國人而訓之于生民之不易、禍至之無日、戒懼之不可以怠；在軍無日不討軍實而申儆之于勝之不可保、紂之百克而卒無後，訓之以若敖、蚡冒篳路藍縷，以啓山林。箴之曰：「民生在勤，勤則不匱。」不可謂驕。先大夫子犯有言曰：「師直爲壯，曲爲老。」我則不德，而徼怨于楚，我曲楚直，不可謂老。其君之戎分爲二廣，廣有一卒，卒偏之兩。十五乘爲一廣。司馬法：百人爲卒，二十五人爲兩。車十五乘爲大偏。今廣十五乘，亦用舊偏法，復以二十五人爲承副。右廣初駕，數及日中，左則受之，以至于昏。内官序當其夜以備不虞。不可謂無備。子良，鄭之良也；師叔，楚之崇也。師叔入盟，子良在楚，鄭、楚親矣。來勸我戰，我克則來，不克遂往，以我卜也！鄭不可從。』楚少宰如晉師，曰：『此行也，將鄭是訓定，豈敢求罪於晉？二三子毋淹久！』隨季對曰：『昔平王命我先君文侯曰：「與鄭夾輔周室，毋廢王命！」今鄭不率，寡君使群臣問諸鄭，豈敢辱候人？』彘子以爲諂，使趙括從而更之，曰：『寡君使群臣遷大國之迹於鄭，曰：「無避敵！」群臣無所逃命。』楚子又使求成于晉，晉人許之，盟有日矣。楚許伯御樂伯，以致晉師。挑戰，又示不欲和，以疑晉之群帥。晉魏錡求公族，未得，而怒，欲敗晉師。請致師，弗許。請使，許之。遂往，請戰而還。趙旃求卿未得，請挑戰，弗許。請召盟，許之。與魏錡偕命而往。郤獻子曰：『二憾往矣，弗備，必敗。』彘子曰：『鄭人勸戰，弗敢從也；楚人求成，弗能好也。師無成命，多備何爲？』士季曰：『備之善。若二子怒楚，楚人乘我，喪師無日矣。』彘子不可。士季使鞏朔、韓穿帥七覆於敖前，趙旃夜至於楚軍，席於軍門之外，使其徒入之。乙卯，王乘左廣以逐趙旃。晉人懼二子之怒楚師也，使軘車逆之。潘黨望其塵，使騁而告曰：『晉師至矣！』楚人亦懼王之入晉軍也，遂出陳。孫叔曰：『進之！寧我薄人，無人薄我。』遂疾進師，車馳卒奔，乘晉軍。桓子不知所爲，鼓於軍中曰：『先濟者有賞！』中軍、下軍爭舟，舟中之指可掬也。及昏，楚師軍于邲，晉之餘師不能軍，宵濟，亦終夜有聲。丙辰，楚重至于邲，重，輜重也。遂次于衡雍。祀于河，作先君宮，告成事而還。秋，晉師歸，桓子請死，晉侯欲許之。士貞子諫，晉侯使復其位。」公羊傳：「莊王伐鄭，勝乎皇門，放乎逵路。鄭伯肉袒，左執茅旌，右執鸞刀，以逆莊王，曰：『寡人無良邊垂之臣，以干天禍，是以君王沛然，辱到敝邑。君如矜此喪人，錫之不毛之地，使帥一二耋老而綏焉，請唯君王之命。』莊王曰：『君之不令臣交易爲言，是以使寡人得見君之玉面，而微至于此。』莊王親自手旌，左右撝軍，退舍七里。將軍子重諫曰：『南郢之與鄭，相去數千里，諸大夫死者數人，廝役扈養死者數百人。今君勝鄭而不有，無乃失臣民之力乎？』莊王曰：『古者杅不穿，皮不蠹，則不出於四方。是以君子篤於禮而薄於利，要其人而不要其土。告從，不赦，不祥。吾以不詳道民，災及吾身，何日之有？』既則晉師之救鄭者至，曰：『請戰。』莊王許諾。將軍子重諫曰：『晉，大國也，王師淹病矣，君請勿許也。』莊王曰：『弱者吾威之，强者吾避之，是以使寡人無以立乎天下。』令之還師而逆晉寇。莊王鼓之，晉師大敗。晉衆之走者，舟中之指可掬矣。王曰：『嘻！吾兩君不相好，百姓何罪？』令之還師，而佚晉寇。」

○劉氏傳：「戰而言及之者，主之者也。猶曰荀林父爲志乎此戰也云爾。」

○胡氏傳：「按左氏『晉師救鄭』，經既不以救書矣，又不言楚、晉戰于邲，而使晉主之，何也？陳人弑君，晉不能討而楚能討之，楚人圍鄭，亦既退師與鄭平矣，而又與之戰，則非觀釁之師也。所以釋楚不貶，而使晉主之乎！按邲之役，六卿並在，不欲勤民者，三帥也，違命濟師者，先縠也，而獨罪林父，何哉？尊無二上，定于一也。古者仗鉞臨戎，專制閫外，雖君命有所不受，況其屬乎？欒書救鄭，軍帥之欲戰者八人，武子遂還，衆不敢過。偪陽之舉，匄、偃二將皆請班師，荀罃一怒，遂下偪陽。林父既知無及於鄭矣，諸帥又皆信然其策，先縠若獨以中軍佐濟者，下令三軍，無得妄動，按軍法而行辟，夫豈不可？既不能令，乃畏失屬亡師之罪，而從韓獻子分惡之言，知難而冒進，是棄師也，於誰責乎？故敗績之罪，特以林父主之，春秋責帥之意也。」

秋，七月。

冬，十有二月，戊寅，楚子滅蕭。

○左氏傳：「楚子伐蕭，宋華椒以蔡人救蕭。蕭人囚熊相宜僚及公子丙。王曰：『勿殺，吾退。』蕭人殺之。王怒，遂圍蕭。申公巫臣曰：『師人多寒。』王巡三軍，拊而勉之，三軍之士皆如挾纊。遂傅於蕭。還無社與司馬卯言，號申叔展。叔展曰：『有麥麴乎？』曰：『無。』『有山鞠窮乎？』曰：『無。』『河魚腹疾奈何？』曰：『目於眢井而拯之。』『若爲茅絰，哭井則已。』明日，蕭潰。」

○杜氏注：「蕭，宋附庸國。」

○胡氏傳：「假於討賊而滅陳，春秋以討賊之義重也，未滅而書入，惡其貳已而入鄭，春秋以退師之情恕也，未滅而書圍，與人爲善之德宏矣。至是肆其强暴，滅無罪之國，其志已盈，雖欲赦之，不可得也，故傳稱『蕭潰』，經以滅書，斷其罪也。建萬國、親諸侯者，先王之政；興滅國、繼絶世者，春秋之法。今乃滅人社稷而絶其嗣，亦不仁甚矣。蕭既滅亡，必無赴者，何以得書于魯史？蓋楚莊入陳、鄭，敗晉師，不知以禮制心，至於驕溢克伐怨欲，皆得行焉。矜其威力以恐中國，遂以滅蕭赴於諸侯也。孟子定其功罪，以五伯爲三王之罪人。春秋，史外傳心之要典，推此類求之，斯得矣。」

晉人、宋人、衛人、曹人同盟于清丘。

○杜氏注：「清丘，在濮陽縣東南，衛地。」

○左氏傳：「晉原縠、宋華椒、衛孔達、曹人同盟于清丘，曰：『恤病討貳。』於是卿不書，不實其言也。」

○胡氏傳：「書同盟，志同欲也。程氏傳：「晉爲楚敗，諸侯懼而同盟。」。楚既入陳圍鄭，大敗晉師，伐蕭滅之，憑陵中國甚矣，爲諸侯計者，宜信任仁賢，脩明政事，自强於爲善，則可以保其國耳。曾不是謀，而刑牲歃血，要質鬼神，斬以禦楚，謀之不臧，孰大於是？故國卿貶而稱人，譏失職也。若夫清丘載書，恤病討貳，口血未乾，敗其盟好，則所謂不待貶而惡見矣。原縠違命喪師，乃晉國罪人，而主茲盟約，所信任者皆可知矣。」

宋師伐陳，衛人救陳。

○左氏傳：「宋爲盟故，伐陳。衛人救之。孔達曰：『先君有約言焉。若大國討，我則死之。』陳共公與衛成公有舊好，故孔達欲背盟救陳，以死謝晉。」

○胡氏傳：「陳有弑君之亂，宋不能討而楚能討之，雖曰縣陳，尋復封之，其德於楚而不貳，未足責也。宋不能內自省德，遽以大衆伐之，非義舉矣。衛人救陳，背盟失信，而以救書者，見陳未有罪而受宋師，爲可恤也。且謀國失圖，妄興師旅，以怒强楚，自此始矣。其以救書，意在責宋也。若衛叛盟，則不待貶絶而自見。」

十有三年，春，齊師伐莒。公羊作「衛」。

○左氏傳：「齊師伐莒，莒恃晉而不事齊故也。」

夏，楚子伐宋。

○左氏傳：「楚子伐宋，以其救蕭也。」

秋，螽。

冬，晉殺其大夫先縠。

○左氏傳：「赤狄伐晉。及清，先縠召之也。冬，晉人討邲之敗，與清之師，歸罪於先縠而殺之，盡滅其族。」

○胡氏傳：「此殺有罪，曷爲稱國以殺，而不去其官？兵者，安危之所係，有國之大事也。將非其人則敗；雖得其人，使親信間之則敗；以剛愎不仁者參焉，而莫肯用命則敗。凡三敗者，君之過也。今林父新將中軍，乃以先縠佐之，使敵國謀臣知其從政者新，未能行令，誰之過與？故稱國以殺，不去其官，罪累上也。」

十有四年，春，衛殺其大夫孔達。

○左氏傳：「清丘之盟，晉以衛之救陳也討焉。使人不去，曰：『罪無所歸，將加而師。』孔達曰：『苟利社稷，請以我説，我則爲政，而亢大國之討。將以誰任？我則死之。』春，孔達縊而死。衛人以説于晉而免。」

○蘇氏曰：「孔達則有罪矣，而衛人用其言以干盟主，故稱國以殺，罪累上也。」

夏，五月，壬申，曹伯壽卒。

晉侯伐鄭。

○左氏傳：「晉侯伐鄭，爲郔故也。告於諸侯，蒐焉而還。中行桓子之謀也。曰：『示之以整，使謀而來。』鄭人懼，使子張代子良于楚。」

秋，九月，楚子圍宋。

○左氏傳：「楚子使申舟聘于齊，曰：『無假道于宋。』亦使公子馮聘于晉，不假道于鄭。申舟以孟諸之役惡宋，曰：『鄭昭宋聾，晉使不害，我則必死。』王曰：『殺汝，我伐之。』見犀而行。孟諸之役見文十年。犀，申舟之子。以子見王，示必死也。及宋，宋人止之。華元曰：『過我而不假道，鄙我也。鄙我，亡也。殺其使者，必伐我。伐我，亦亡也。亡一也。』乃殺之。楚子聞之，投袂而起，屨及於窒皇，劍及於寢門之外，車及於蒲胥之市。秋，九月，楚子圍宋。」

○胡氏傳：「經於宋伐陳特書『救陳』，以著宋罪，明見伐之由也。國必自伐，然後人伐之。凡事其作始也簡，其將畢也必巨。易於訟卦曰：『君子以作事謀始。』始而不謀，必至於訟，訟而不竟，必至於師，若宋是矣。」

葬曹文公。

冬，公孫歸父會齊侯于穀。

○胡氏傳：「夫禮，別嫌明微，制治于未亂，自天子出者也。列國之君，自相會聚，是禮自諸侯出矣。以國君而降班以會外臣，以外臣而出位以抗諸侯，是禮自大夫出矣。君若贅旒，陪臣執命，豈一朝一夕之故哉？故易於坤之初六曰：『馴致其道，至堅冰也。』易言其理，春秋見諸行事，若合符節，可謂深切著明矣。」石氏曰：「文公以來，大夫始專盟會，至此以爲常矣。」○王氏曰：「遂以不正而立宣公，公以不正而任其子歸父。此年會齊侯，明年會楚子，見公與之深也。諸侯失政，自宣公始，大夫專政，自歸父始。聖人詳書，以疾之。」

十有五年，春，公孫歸父會楚子于宋。

○左氏傳：「孟獻子言於公曰：『臣聞小國之免於大國也，聘而獻物，於是有庭實旅百；朝而獻功，於是有容貌采章。嘉淑而有加貨，謀其不免也。誅而賑賄，則無及也。今楚在宋，君其圖之。』春，公孫歸父會楚子于宋。宋人使樂嬰齊告急于晉，晉侯欲救之。伯宗曰：『不可！古人有言曰：「雖鞭之長，不及馬腹。」天方授楚，未可與爭。雖晉之强，能違天乎？』乃止。」

○胡氏傳：「楚子不假道于宋，以起釁端而圍之，陵蔑中華甚矣。諸侯縱不能畏簡書、攘夷狄，存先代之後，嚴兵固圉以爲聲援，猶可也。乃以周公之裔，千乘之國，謀其不免，至於薦賄，不亦鄙乎！若此類，春秋不徒書也。比事以觀，則知中國、夷狄盛衰之由，春秋經世之略矣。」

夏，五月，宋人及楚人平。

○左氏傳：「夏，五月，楚師將去宋。申犀稽首於王之馬前，曰：『毋畏知死，而不敢廢王命，王棄言焉。』王不能答。申叔時僕，曰：『築室反耕者，宋必聽命。』從之。宋人懼，使華元夜入楚師，登子反之牀，起之，曰：『寡君使元以病告，曰：「敝邑易子而食，析骸以爨。雖然，城下之盟，有以國斃，不能從也。去我三十里，唯命是聽。」』子反懼，與之盟，而告王。退三十里，宋及楚平，華元爲質。盟曰：『我無爾詐，爾無我虞。』」

○公羊傳：「此皆大夫也，其稱人何？貶。曷爲貶？平者在下也。」

○胡氏傳：「禮，臣不專大名。今二卿自以情實相告語，取必於上，以成平國之功，而其君不與知焉，非人臣之義也。世衰道微，暴行交作，君有聽於臣，父有聽於子，夫有聽於婦，中國有聽於夷狄，仲尼所爲懼，春秋所以作也。子反在君之側，無奏報之難，幾會之失，奚急於平而專之若是哉？故平以解紛，雖其所欲，而平者在下，則大倫紊矣。聖人明其道不計其功，故褒貶如此。」

六月，癸卯，晉師滅赤狄潞氏，以潞子嬰兒歸。

○杜氏注：「潞，赤狄之别種。氏，國，故稱氏。子，爵也。」

○左氏傳：「潞子嬰兒之夫人，晉景公之姊也。酆舒爲政而殺之，又傷潞子之目。六月，癸卯，晉荀林父敗赤狄于曲梁。辛亥，滅潞。」

○胡氏傳：「其稱日，謹之也。上卿爲主將，略而稱師者，著其暴也，潞嬰兒不死社稷，比於中國而書爵者，免嬰兒之責詞也。攘夷狄之法，近在門庭，以爲寇災，則不可縱而莫禦。故徐戎並興，伯禽征之；玁狁侵鎬，宣王北伐。然皆攘却斥逐，使之懲艾潛遁而止，亦不極其兵力，殄滅之無遺育也。今赤狄未嘗侵掠晉境，徒以酆舒爲政而殺晉侯之姊，又傷其君之臣。則酆舒者，罪之在也。爲晉計者，執酆舒，轘諸市，立黎侯，定潞子，改紀其政而返，則諸狄服，疆域安矣。今乃利狄之土，肆疆暴以滅之，以其君歸，何不仁之甚哉！春秋所以責晉而略狄也。」

秦人伐晉。

王札子殺召伯、毛伯。

○左氏傳：「王孫蘇與召氏、毛氏爭政。使王子捷殺召戴公及毛伯衛，王子捷即王札子。卒立召襄。」襄，戴公之子。

○穀梁傳：「王札子者，當上之辭也。殺召伯、毛伯，不言『其』，何也？解經不言『殺其大夫』。兩下相殺也。兩下相殺，不志乎春秋。此其志，何也？矯王命以殺之，非忿怒相殺也。故曰以王命殺也。以王命殺，謂言王札子殺召伯、毛伯，是知以王命而殺之。以王命殺，則何志焉？爲天下主者，天也；繼天者，君也；君之所存者，命也。爲人臣而侵其君之命而用之，是不臣也。爲人君而失其命，是不君也。君不君，臣不臣，此天下所以傾也。」襄陵許氏曰：「拓跋魏世，高歡覩張彝之奕而生亂心。梁世梁武在位，王侯專殺，政法不施，遂以亂亡。無惑乎周之無以令天下也。」

秋，螽。

○胡氏傳：「人事感於此，則物變應於彼。宣公爲國，虛内以事外，去實而務華，煩於朝會聘問賂遺之末，而不知務其本者也，故戾氣應之。六年螽，七年旱，十年大水，十有三年又螽，十有五年復螽。府庫匱，倉廩竭，調度不給，而言利尅民之事起矣。」襄陵許氏曰：「税畝之法，蓋貪虐之習而後能至也。覩乎灾異，則見政事，觀乎政事，以知灾異。是謂『念用庶證』。」

仲孫蔑會齊高固于〔二〕無婁。公羊作「牟婁」。

○杜氏注：「無婁，杞邑。」

〔二〕底本脱「于」字，據春秋經補。

○胡氏傳：「禮之始失也，諸侯非王事而自會也，無以正之，禮不自天子出矣。然後諸侯與大夫會，又無以正之，然後大夫與大夫會，禮亦不自諸侯出矣。田氏簒齊，六卿分晉，三家專魯，理固然也。不辨於早，後雖欲正之，其將能乎！」

初稅畝。

○左氏傳：「初稅畝，非禮也。穀出不過藉，以豐財也。」杜氏注：「公田之法，什取其一。今又獲其餘畝，復什取其一。故哀公曰：『二，吾猶不足。』遂以爲常，故曰初。」

○公羊傳：「初者何？始也。稅畝者何？履畝而稅也。初稅畝，何以書？譏。何譏爾？譏始履畝而稅也。何譏乎始履畝而稅？古者什一而藉。古者曷爲什一而藉？什一者，天下之中正也。多乎什一，大桀小桀；寡乎什一，大貉小貉。什一者，天下之中正也。什一行而頌聲作矣。」頌聲者，太平歌頌之聲，春秋經傳數萬，指意無窮，相須而舉，相待而成，至此獨言頌聲作者，民以食爲本也。夫飢寒並至，雖堯、舜躬之，不能使野無寇盜；貧窮兼併，雖皋陶制法，不能使强不陵弱，是故聖人制井田之法，而十分之。一夫一婦受田百畝，以養父母妻子，公田十畝，借其力而耕之，即所謂什一而藉也。廬舍二畝半，凡爲田一頃十二畝半，八家而九頃，共爲一井，故曰井田。

○穀梁傳：「古者什一，藉而不稅。初稅畝，非正也。古者三百步爲里，名曰井田。井田者，九百畝，公田居一。私田稼不善則非吏；非，責也。吏，田畯也。言吏急民使不得營私田。公田稼不善，則非民。初稅畝，以公之與民爲已悉矣。古者公田爲居，八家共居，家各二畝半。井竈葱韭盡取焉。」

○趙子曰：「賦税者，國之所以治亂也。民，國之本也，取之盡，則流亡，國必危矣。故春秋謹之。」

冬，蝝生。

○杜氏注：「蝝，螽子。」

○高郵孫氏曰：「春秋之秋，夏時之夏；春秋之冬，夏時之秋。螽爲災於夏而蝝生於秋，一歲而再爲災，故謹志之耳。」

○胡氏傳：「秋螽未息，冬又生子，災重及民也。而詳志之如此者，急民事，謹天災，仁人之心，王者之務也。遇天災而不懼，忽民事而不修，而又爲繁政重賦以感之，國之危無日矣。」

饑。

○胡氏傳：「春秋饑歲多矣，書于經者三，宣公獨有二，何也？古者三年耕，餘一年之蓄，九年耕，餘三年之食，雖有凶旱，民無菜色。是歲雖螽、蝝而遽至於饑者，宣公爲國，務華去實，虚内事外，煩於供給而不務本，府庫竭，倉廩匱。水旱螽蝝，天降饑饉，亦無以振業貧乏矣。經所以獨兩書饑，以示後世爲國之不可不務本也。」

十有六年，春，王正月，晉人滅赤狄甲氏及留吁。

○左氏傳：「晉士會帥師滅赤狄甲氏及留吁、鐸辰。鐸辰不書，留吁之屬。三月，獻狄俘。獻于王也。晉侯請于王。

戊申，以黻冕命士會將中軍，且爲大傅。」

○杜氏注：「甲氏、留吁，赤狄別種。晉既滅潞氏，今又并其餘黨。」

○胡氏傳：「上將主兵，其稱人，貶詞也。春秋於夷狄攘斥之，不使亂中夏則止矣。必欲盡滅之無遺種，豈仁人之心、王者之事乎？士會所以貶而稱人也。」

夏，成周宣榭火。榭，公羊作「謝」，火，公、穀作「災」。

○左氏傳：「成周宣榭火，人火之也。凡火，人火曰火，天火曰災。」

○公羊傳：「宣謝者何？宣宮之謝也。」

○杜氏注：「成周，洛陽。宣榭，講武屋。爾雅曰『無室曰榭』，謂屋歇前。」

○胡氏傳：「按呂大臨考古圖『有邠敦者，稱王格于宣榭，呼内史策命邠』，是知宣榭者，宣王之廟也。古者爵有德，禄有功，必於大廟，示不敢專也。榭者，射堂之制，其堂無室，以便射事，故凡無室者皆謂之榭。宣王之廟謂之榭者，其廟制如榭也。」通旨曰：「李巡云：但有大殿，無室，名榭。」

○劉氏傳：「宣宮久矣，猶存乎？古者，天子祖有功，宗有德，雖百世存可也。宣王之時，周亡而復存，禮廢而復興。」

○胡氏傳：「貴戚擅殺大臣而天子不討，王室不復能中興矣，人火之，天所以見戒乎！」

秋，郯伯姬來歸。

○左氏傳：「出也。」

○胡氏傳：「内女出，書之策者，男女居室，人之大倫也。婚姻之禮廢，則夫婦之道苦，淫僻之罪多矣。故易序咸、恒爲下經首，而又卦歸妹、漸以盡其義；詩首關雎，而録氓、中谷有蓷諸詩，以記其變；春秋内女出、夫人歸，凡男女之際，詳書于策，所以使有國者謹於齊家之道，正人倫之本也。」

冬，大有年。

○穀梁傳：「五穀大熟爲大有年。」

○高郵孫氏曰：「有者，不宜有者也。宣公弑君而立，即位十六年之久，而晏然無討之者，又大有年，聖人傷之，特書曰『大有年』。有者，不宜有也。」

○程氏、胡氏傳見桓三年。

十有七年，春，王正月，庚子，許男錫我卒。

丁未，蔡侯申卒。

夏，葬許昭公。

葬蔡文公。

六月，癸卯，日有食之。

己未，公會晉侯、衛侯、曹伯、邾子同盟于斷道。

○杜氏注：「斷道，晉地。」

○穀梁傳：「同外楚也。」

○左氏傳：「晉侯使郤克徵會于齊。齊頃公帷婦人，使觀之。郤子登，婦人笑于房。郤克跛故。獻子怒，出而誓曰：『所不此報，無能涉河！』郤子至，請伐齊，晉侯弗許。請以其私屬，又弗許。齊侯使高固、晏弱、蔡朝、南郭偃會。及斂盂，高固逃歸。夏，會于斷道，討貳也。盟于卷楚，辭齊人。卷楚即斷道。晉人執晏弱于野王，執蔡朝于原，執南郭偃于溫。晉師還。范武子將老，召文子曰：『燮乎！吾聞之，喜怒以類者鮮，易者實多。君子之喜怒，以已亂也。弗已者，必益之。郤子其或者欲已亂於齊乎？不然，余懼其益之也。子將老，使郤子逞其志，庶有豸乎！』豸，解也。乃請老。郤獻子爲政。」

○程氏傳：「諸國同心欲伐齊，故書同盟。」

○胡氏傳：「書同盟，志同欲也。大國率之，小國畏威而從命，非同欲也。小國訴之，大國勉彊而應焉，非同欲也。若斷道之盟，諸侯同心謀欲伐齊，釋其忿怒，非有不得已而要之也。或以爲『會同，天子之事。築宮爲壇，設方明如方嶽之盟，故書同』，疑其說之誤矣。」

秋，公至自會。

冬，十有一月，壬午，公弟叔肸卒。

○穀梁傳：「其曰『公弟叔肸』，賢之也。其賢之何也？宣弒而非之也。非之，則胡爲不去也？曰：兄弟也，何去而之？與之財，則曰我足矣。織屨而食，終身不食宣公之食。君子以是爲通恩也，以取貴乎春秋。泰曰〔二〕：宣公弒逆，故其祿不可受。兄弟無絶道，故雖非而不去，論情可以明親親，言義足以厲不軌。書曰公弟，不亦宜乎？

○泰山孫氏曰：「不曰公子、公孫，而曰『公弟叔肸』者，見肸無祿而卒也。凡稱公子、公孫，皆大夫也。肸，文公子，宣公母弟。宣公弒立，肸惡之，終身不食其祿，非大夫也，故曰公弟。」○胡氏傳「稱弟，得弟道也。稱字，賢也。春秋之所貴，故曰公弟，而稱字以表之。公子爲正大夫而書卒，貴也；不爲大夫而特書卒，賢也。」

十有八年，春，晉侯、衛世子臧伐齊。

○左氏傳：「晉侯、衛太子臧伐齊，至于陽穀。齊侯會晉侯，盟于繒。以公子彊爲質於晉，晉師還。蔡朝、南郭偃逃歸。」

○胡氏傳：「保國以禮爲本者也。齊頃公不謹於禮，自己致寇，所謂『國必自伐而後人伐之矣。』大夫執國命，取必於其君，以行其克伐怨欲之私，故『師于陽穀』、『大戰于鞌』，逞其志而後止。春秋詳書于策，見伐與伐

〔二〕「泰」前闕一字。

者之罪皆可以鑒矣。」

公伐杞。

夏，四月。

秋，七月，邾人戕鄫子于鄫。

○左氏傳：「凡自虐其君曰弒，自外曰戕。」

○范氏注：「于繒，惡臣子不能距難。」

○胡氏傳：「夷貉無城郭宮室，百官有司，單車使者直造其廬帳，虜其酋長，則有之矣。中國則有重門擊柝，廉陛等威，侍衛守禦之嚴，奚至於坐使其君爲邾人殘賊而莫之禦乎？邾人蓋嘗執鄫子用之，則不共戴天之世讎也，既不能復，又使邾人得造其國都而戕殺其君。曰『于鄫』者，所以深責鄫之臣子至此極也。」

甲戌，楚子旅卒。旅，穀梁作「呂」。

○公羊傳：「何以不書葬？吳、楚之君不書葬，辟其號也。」吳、楚僭號稱王。

○胡氏傳：「楚稱王，降而稱子，是仲尼筆之也。其不書葬，恐民之惑而辟其號，是仲尼削之也。若楚若徐若吳，皆自王降而稱子，若滕自侯降而稱子，四夷雖大，皆曰子。其降而稱子者，狄之也。或謂『春秋不擅進退諸侯，亂名實』，則非矣。述天理、正人倫，此名實所由定也，何名爲亂哉？」

公孫歸父如晉。

○左氏傳：「公孫歸父以襄仲之立公也，有寵，欲去三桓，以張公室。與公謀而聘於晉，欲以晉人去之。」

○胡氏傳：「宣公因齊得國，故刻意事之，雖易世未怠。及頃公怒晉上卿，而郤克當國，決意伐之，晉方彊盛，齊少懦矣，於是背齊而事晉。其於邦交，以利爲嚮背，無忠信誠慤之心者也。且是行也，欲以晉人去三桓，以張公室。夫輕於背與國，易於謀大家，而不知其本，未有能成而無悔也。然則公室不可張乎？務引其君以當道，正心以正朝廷，禮樂刑政自己出也，其庶幾乎！必欲倚外援以去之，是去疥瘍而得腹心之疾也，庸愈乎！」

冬，十月，壬戌，公薨于路寢。歸父還自晉，至笙。遂奔齊。笙，公、穀並作「檉」。

○左氏傳：「公薨。季文子言於朝曰：『使我殺適立庶，以失大援者，仲也夫。』臧宣叔怒曰：『當其時不能治也，後之人何罪？子欲去之，許請去之。』遂逐東門氏。子家還，及笙，壇帷，復命於介。既復命，袒、括髮，即位哭，三踊而出。遂奔齊。書曰：『歸父還自晉。』善之也。」

○公羊傳：「歸父使于晉，還自晉，至檉，聞君薨家遣，墠帷，哭君成踊，反命乎介，自是走之齊。」杜氏曰：「大夫還，不書，春秋之常也。今書歸父還奔，善其能以禮退。笙，魯竟外，故不言出。」

○胡氏傳：「子曰：『三年無改於父之道，可謂孝矣。』孟莊子之孝，以其不改父之臣與父之政也。」夫仁人孝子，於其父之臣，非有大不可赦，如晉悼公於夷羊五之屬，必存始終進退之禮而不遽也。歸父以君命出使，未返而君薨，在聘禮有『執圭復命于殯』之文，『升自西階，子臣皆哭』，情亦戚矣。今宣公猶未殯，而東門氏逐，忍乎哉！書曰『歸父還自晉』者，已畢事之詞也。『至笙，遂奔齊』者，罪成公君臣死君而忘父，亟逐之也。穀梁子曰：『捐擯而奔其父之使者，是亦奔父也。』得經意矣。歸父君薨家遣，方寸宜亦亂，而造次顛沛，不失禮也。詞繁而不殺，歸父之善自著。比事以觀，則見當國者有無君之心，此春秋所以作，不可不察也。」

春秋卷第十五

春秋卷第十六

成公

○名黑肱，宣公夫人穆姜之子。謚法：「安民立政曰成。」

元年，春，王正月，公即位。

二月辛酉，葬我君宣公。

無冰。

○泰山孫氏曰：「周之二月，夏之十二月，無冰，冬温也。」

○胡氏傳：「寒極而無冰者，常燠也。洪範曰：『豫，常燠若。此政事舒緩，紀綱縱弛之象。』成公幼弱，政在三家，公室不張，其象已見，故當固陰沍寒，而常燠應之。古者，日在北陸而藏冰，獻羔而啓。朝之禄位，賓食喪祭，冰皆與焉。今既寒而燠，遂廢凌人之職矣。然策書所載，皆經邦大訓。人有微而不登其姓名，事有小而不記其本末，至於雨雹冰雪，則必書而不削者，天人一理也，萬物一氣也，觀於陰陽寒暑之變，以察其消息，此制治于未亂，謹於微之意也。每謹於微，而後王事備矣。」

三月，作丘甲。

○左氏傳：「爲齊難故，作丘甲。」

○胡氏傳：「作丘甲，益兵也。古者九夫爲井，四井爲邑，四邑爲丘，四丘爲甸，甸地方八里，旁加一里爲成，所取於民，出長轂一乘，此司馬法一成之賦也。爲齊難作丘甲，益兵備敵，重困農民，非爲國之道，其曰作者，不宜作也。」唐太宗問李靖：「楚廣與周制何如？」靖曰：「周制一乘，步卒七十二人，甲士三人，以二十五人爲一甲，凡三甲，共七十五人。」然則一丘所出十有八人，積四丘而具一乘耳。今作丘甲者，即丘出一甲，是一甸之中，共百人爲兵矣，則未知其所作者，三甸而增一乘乎？每乘而增一甲乎？魯至昭公時，嘗蒐于紅，革車千乘，則計甸而增乘，未可知也；楚人廣法，一乘至用百五十人，則魯每乘而增一甲，亦未可知也。賦雖不同，其實皆爲益兵，其數皆增三之一耳。」

○劉氏意林：「魯不務廣德而務廣力，不務益義而務益兵。以王者之制論之，則作丘甲之罪大矣。王者之制，諸侯不得擅税賦其民。税爲足食也，賦爲足兵也，足食足兵，民信之矣。然而不得擅者，先王之税既足以食矣，先王之賦既足以用矣。今不循先王而以意爲准，必亂之道也。是以聖人禁之。」呂氏曰：「哀公問於有若曰：『年飢，用不足，如之何？』有若對曰：『盍徹乎？』曰：『二吾猶不足，如之何其徹也？』曰：『百姓足，君孰與不足？百姓不足，君孰與足？君子爲政，民力屈，財用竭，則亦反其本而已矣。』宣公初税畝，成公作丘甲，當是時，事君者皆不知反本爲務，而以取救目前爲急。下至戰國皆用之，而以反本之説爲迂闊不切之論。如世之治病者，不務實其本，而唯病之攻，病雖暫已而元氣脱矣。戰國以後，并吞戰爭日不暇給，則一切重斂苛賦之法並用，而其國家亦從而亡，此療病而不先實其元氣之罪也。故有若之對哀公，乃世之急務，而初稅畝、作丘甲，聖人之所甚戒也。」

夏，臧孫許及晉侯盟于赤棘。

○杜氏注：「赤棘，晉地。」

○左氏傳：「聞齊將出楚師，夏，盟于赤棘。」

○胡氏傳：「初，宣公謀以晉人去三桓，歸父爲是見逐而奔齊矣。今季孫當國，恨齊人之立宣公、納歸父，又懼晉侯之或見討也，故往結此盟。其稱『及』，魯所欲也。盟非春秋所貴，而惡屢盟者，不惟長亂，亦國用民力所難給也。成公即位之初，方經大故，未有施舍、已責、逮鰥寡、捄乏困之事也。爲齊難故作丘甲矣，聞將出楚師，又遠與晉尋盟，豈固本保邦之道乎？書『及晉侯盟于赤棘』，非特備齊懼晉，蓋三桓懷忿懟君父之心，將有事於齊，而汲汲欲之者，罪可見矣。」

秋，王師敗績于茅戎。公、穀作「貿戎」。

○左氏傳：「春，晉侯平戎于王，單襄公如晉拜成。劉康公徼戎，將遂伐之。叔服曰：『背盟而欺大國，此必敗。背盟不祥，欺大國不義，神人弗助，將何以勝？』遂伐茅戎。三月，癸未，敗績于徐吾氏。秋，王人來告敗。」

○公羊傳：「曷爲不言貿戎敗之？王者無敵，莫敢當也。」

○劉氏傳：「茅戎者何？戎之别也。此敗績也，何以不言戰？王者無敵，天下莫敢當也。莫敢當，則其言敗績何？天下之勢大矣，非有能敗王之師者也，王自敗也。」

○常山劉氏曰：「王者不能以義征四夷，廼徼戎以致敗，豈不曰自取之乎？聖人立法以垂後世，示之以意而已。一書『王師敗績于茅戎』，而尊王之義與王自取敗之道，咸得而見矣。」

○程氏傳見桓五年。

○胡氏傳：「桓王伐鄭，兵敗身傷，而經不書敗，存君臣之義，立天下之防也。劉康公徼戎伐之，敗績於徐吾氏，而經不書戰，辨華夷之分、立中國之防也。是皆聖人筆削，非魯史之舊文也。然筆於經者，雖以尊君父、外戎狄爲義，而君父所以尊，戎狄所以服，則有道矣。桓王不以討賊興師而急於伐鄭，康公不以惇信持國而輕於徼戎，是失其所以君天下、禦四夷之道也。」

冬，十月。

二年，春，齊侯伐我北鄙。

○左氏傳：「齊侯伐我北鄙，圍龍。頃公之嬖人盧蒲就魁門焉。龍人囚之。齊侯曰：『勿殺。吾與爾盟，無入而封。』弗聽，殺而膊諸城上。齊侯親鼓，士陵城，三日取龍。遂南侵，及巢丘。」

夏，四月，丙戌，衛孫良夫帥師及齊師戰于新築，衛師敗績。

○杜氏注：「新築，衛地。」

○左氏傳：「衛侯使孫良夫、石稷、甯相、向禽將侵齊，與齊師遇。石子欲還，孫子曰：『不可！以師伐人，遇其師而還，將謂君何？若知不能，則如無出。今既遇矣，不如戰也。』夏，戰于新築。石成子曰：『師敗矣。子不少須，衆懼盡。子喪師徒，何以復命？』又曰：『子，國卿也。隕子，辱矣。子以衆退，我此乃止。』且告車來甚衆。齊師乃止。」

○劉氏傳：「戰而言及之者，主之者也，猶曰衛良夫爲志乎此戰也云爾。」胡氏傳：「齊雖侵虐，而以衛主之者，惡衛之數稱兵，責良夫之不還也。」

六月，癸酉，季孫行父、臧孫許、叔孫僑如、公孫嬰齊帥師會晉郤克、衛孫良夫、曹公子首，及齊侯戰于鞌，齊師敗績。首，公羊、穀梁作「手」。

○左氏傳：「孫桓子還自新築，不入，遂如晉乞師。臧宣叔亦如晉乞師。皆主郤獻子。宣十七年，郤克怒齊人笑己，故魯、衛因之。晉侯許之七百乘。郤子曰：『此城濮之賦也。有先君之明與先大夫之肅，故捷。克於先大夫，無能爲役。請八百乘。』許之。郤克將中軍，士燮佐上軍，欒書將下軍，韓厥爲司馬，以救魯、衛。臧宣叔逆晉師，且道之。季文子帥師會之。師從齊師于莘。六月，壬申，至于靡笄之下。齊侯使請戰，曰：『子以君師，辱於敝邑，不腆敝賦，詰朝請見。』對曰：『晉與魯、衛，兄弟也，來告曰：「大國朝夕釋憾於敝邑之地。」寡君不忍，使群臣請於大國，無令輿師淹于君地。能進不能退，君無所辱命。』齊侯曰：『大夫之許，寡人之願也；

若其不許，亦將見也。』齊高固入晉師，桀石以投人，禽之而乘其車，繫桑本焉，以徇齊壘，曰：『欲勇者賈余餘勇。』癸酉，師陳于鞌。邴夏御齊侯，逢丑父爲右。晉解張御郤克，鄭丘緩爲右。齊侯曰：『余姑翦滅此而後朝食。』不介馬而馳之。郤克傷於矢，流血及屨，未絶鼓音，曰：『余病矣！』張侯曰：『師之耳目，在吾旗鼓，進退從之。此車一人殿之，可以集事，若之何其以病，敗君之大事也？擐甲執兵，固即死也。病未及死，吾子勉之！』左並轡，右援枹而鼓，馬逸不能止，師從之。齊師敗績。逐之，三周華不注。山名。韓厥從齊侯。逢丑父與公易位。將及華泉，絓於木而止。韓厥執縶馬前，奉觴加璧以進，曰：『寡君使群臣爲魯、衛請，曰：「無令輿師陷入君地。」下臣不幸，屬當戎行，無所逃隱。且懼奔辟，而忝兩君。臣辱戎士，敢告不敏，攝官承乏。』丑父使公下，如華泉取飲。鄭周父御佐車，宛茷爲右，載齊侯以免。韓厥獻丑父，郤子將戮之。呼曰：『自今無有代其君任患者，有一於此，將爲戮乎！』郤子曰：『人不難以死免其君，我戮之不祥，赦之，以勸事君者。』齊侯免，遂自徐關入。見保者，曰：『勉之！齊師敗矣。』

○呂氏曰：「魯帥師者四人，言權均力敵，主軍事者不一也，且言軍衆過制也。」

○胡氏傳：「大國三軍，次國二軍，魯雖大國，而四卿並將，是四軍也。當此時舊制猶存，尺土皆公室之土，一民皆公室之兵。上卿行父與僑如、嬰齊各將一軍會戰，而臧孫許如晉乞師，又逆晉師爲之道，本不將兵，特往來晉、魯兩軍之間與謀議耳。成公初立，主幼國危，爲季孫一怒，掃境内興師，而四卿並出，肆其忿欲，雖無人乎成公之側，有不恤也，然後政自季氏出矣。將稱元帥，略其副，屬辭之體也，而四卿皆書者，豈特爲詳内録哉？堅冰之戒亦明矣。經之大例，受伐者爲主，而此以四國及之者，以一笑之微，殘民毒衆，幾獲其君，而怒猶未怠。焚雍門之茨，侵車東至海，故以四國主之，爲憤兵之大戒。見諸行事，深切著明矣。」

秋，七月，齊侯使國佐如師。己酉，及國佐盟于袁婁。穀梁作「爰婁」。

○左氏傳：「晉師從齊師，入自丘輿，擊馬陘。齊侯使賓媚人國佐也。賂以紀甗、玉磬與地。『不可，則聽客之所爲。』賓媚人致賂，晉人不可，曰：『必以蕭同叔子爲質，同叔，蕭君之字，齊侯外祖父。子，女也。難斥言其母，故遠言之。而使齊之封内盡東其畝。』對曰：『蕭同叔子非他，寡君之母也。若以匹敵，則亦晉君之母也。吾子布大命於諸侯，而曰：「必質其母以爲信。」其若王命何？且是以不孝令也。先王疆理天下物土之宜，而布其利，故詩曰：「我疆我理，南東其畝。」今吾子疆理諸侯，而曰「盡東其畝」而已，唯吾子戎車是利，無顧土宜，其無乃非先王之命也乎？反先王則不義，何以爲盟主？不然，寡君之命使臣則有辭矣：「子以君師辱於敝邑，不腆敝賦，以犒從者。畏君之威，師徒橈敗。吾子惠徼齊國之福，不泯其社稷，惟是先君之敝器、土地不敢愛。子又不許。請收合餘燼，背城借一。敝邑之幸，亦云從也，況其不幸，敢不唯命是聽？」』魯、衛諫曰：『齊疾我矣！其死亡者，皆親暱也。子若不許，讎我必甚。』晉人許之，對曰：『群臣帥賦輿以爲魯、衛請，苟有以藉口而復於寡君，君之惠也。敢不唯命是聽？』秋，七月，晉師及齊國佐盟于爰婁，使齊人歸我汶陽田。」

○穀梁傳：「鞌去國五百里，爰婁去國五十里。」○公羊傳：「齊侯使國佐如師。郤克曰：『與我紀侯之甗，反魯、衛之侵地，使耕者東畝，且以蕭同姪子爲質，則吾舍子矣。』國佐曰：『與我紀侯之甗，請諾。反魯、衛之侵地，請諾。使耕者東畝，是則土齊也。蕭同姪子者，齊君之母也。齊君之母，猶晉君之母也，不可。請戰。一戰不勝，請再。再戰不勝，請三。三戰不勝，則齊國盡子之有也。何必以蕭同姪子爲質？』揖而去之。郤克眣魯、衛之使，使以其辭而爲之請，然後許之。建乎袁婁而與之盟。」○何休注：「建，及也。追及國佐于袁婁也。傳道此，因録國佐受命不受辭，義可拒則拒，可許則許，一言使四大夫汲汲與盟。」

○常山劉氏解見僖四年。○胡氏傳：「荆楚暴横，憑陵諸夏，齊桓公仗義致討，而楚人帖服。其書『來盟于師』者，楚人自服而來盟也。盟于召陵者，桓公退舍禮與之盟也。若夫袁婁，則異於是。齊未若楚之暴而諸大夫含憤積怒，欲雪一笑之恥，至於殺人盈野，非有擊强扶弱之心。國佐如師，將以賂免，非服之也。晉大夫又不以德，命欲盡東其畝而質蕭同叔子，以致國子背城借一之言，然後使魯、衛爲之請，則汲汲欲其盟者，晉也，故反以晉人及之。若此類，見曲直之繩墨矣。故制敵莫如仗義，天下莫大於理，而强有力不與焉，亦可謂深切著明矣。」○刘氏意林：「郤克一戰勝齊，反魯、衛之侵地，功大矣，而春秋惡之，以謂失上下之節。凡功者，爲之於君君、臣臣、父父、子子之間則安，以榮反是則危，以辱人皆多。郤子之能伸其意，而春秋絀之，爲其先力而後禮也。」

八月，壬午，宋公鮑卒。

庚寅，衛侯速卒。

取汶陽田。

○公羊傳：「汶陽田者何？鞌之賂也。」

○胡氏傳：「汶陽之田，本魯田也。取者，得非其有之稱，不曰復而謂之取，何也？恃大國兵力，一戰勝齊，得其故壤，而不請於天王以正疆理，則取之不以其道，與得非其有何異乎？然則宜奈何？攷於建邦土地之圖，若在封域之中，則先王所錫，先祖所受，經界世守，不可亂矣。不然，侵小得之，春秋固有興滅國、繼絶世之義，必有處也。魯在戰國時，地方五百里，而孟氏語慎子曰：『如有王者作，在所損乎？在所益乎？』經於復其故田而書取，其損益亦可知矣。」

冬，楚師、鄭師侵衛。十有一月，公會楚公子嬰齊于蜀。

○左氏傳：「宣公使求好于楚。莊王卒，宣公薨，不克作好。公即位，受盟于晉，會晉伐齊。衛人不行使于楚，而亦受盟于晉，從於伐齊。故楚令尹子重爲陽橋之役以救齊。將起師，子重曰：『君弱，群臣不如先大夫，師衆而後可。』乃悉師，王卒盡行。冬，楚師侵衛，遂侵我，師于蜀。楚侵及陽橋，孟孫請往賂之。以執斲、執鍼、織紝，皆百人，公衡爲質，以請盟。楚人許平。」

○胡氏傳：「二國稱師，著其衆也。侵衛則書侵，我師于蜀，致賂納質，則没而不書，非諱也。書其重者，則莫重乎其以中國諸侯，降班失列，下與夷狄之大夫會也。」

○石氏曰：「方是之時，晉雖不競，然其威力、聲援，猶足以抗楚。公既懼楚，而同其大夫爲蜀之會，遂率諸侯之大夫而同盟。自是之後，鄭專事楚。晉不得宋，由公之即楚故也。先書『公會楚公子嬰齊于蜀』，以明棄晉從楚者，公之由也。」

丙申，公及楚人、秦人、宋人、陳人、衛人、鄭人、齊人、曹人、邾人、薛人、鄫人盟于蜀。

○左氏傳：「十一月，公及楚公子嬰齊、蔡侯、許男、秦右大夫説、宋華元、陳公孫寧、衛孫良夫、鄭公子去疾及齊國之大夫盟于蜀。卿不書，匱盟也。於是乎畏晉而竊與楚盟，故曰『匱盟』。楚師及宋，公衡逃歸。是行也，晉避楚，畏其衆也。」蘇氏曰：「楚自城僕之敗，不競於晉。莊王雖入陳圍鄭及宋，而未嘗合諸侯。及蜀之盟，諸侯從之者十有一國，晉不敢爭。自是與晉力爭諸侯，其大夫列於聘會，與齊、晉齒。」○杜氏注：「齊在鄭下，非卿。楚卿於是始與中國准。自此以下，楚、鄭不書，皆貶惡也。蜀，魯地，泰山博縣西北有蜀亭。」

○程氏傳：「楚爲强盛，凌轢中國，諸侯苟能保固疆圉，要結鄰好，豈有不能自存之理！乃懼而服從，與之盟約，故皆稱人，以見其衰弱。責諸侯，則魯可知矣。」

○劉氏傳：「此楚公子嬰齊也，其稱人何？貶。曷爲貶？嬰齊專乎楚，爲兵車之會，以威中國。使楚侯居左，許男居右，諸侯之大夫皆受盟焉耳。」

○胡氏傳：「盟而魯與，必先書公，尊内也；次書主盟者，衆所推也。此書『公及楚人』，則知主盟者楚也。公子嬰齊之徒，皆國卿也，何以稱人？楚僭稱王，春秋黜之，比諸夷狄。晉雖不競，猶主夏盟，諸侯苟能任仁賢，修政事，保固疆圉，要結鄰好，同心擇義，堅事晉室，荆楚雖大，何畏焉？今乃西向服從而與之盟，不亦耻乎？古者用夏服夷，未聞服於夷也，乃是之從，亦爲不善擇矣。經於魯君盟會，不信則諱公而不書，不臣則諱公而不書，棄中國從夷狄則諱公而不書。蜀之盟，棄晉從楚，書公不諱，何也？事同而既貶，則從同同，正始之義也。從荆楚而與盟，既諱公於僖十九年齊之盟矣，是以於此不諱，而人諸國之大夫以見意也。」

三年，春，王正月，公會晉侯、宋公、衛侯、曹伯伐鄭。

○左氏傳：「諸侯伐鄭，次于伯牛，討邲之役也。遂東侵鄭。鄭公子偃帥師禦之，使東鄙覆諸鄤，敗諸丘輿。」晉偏軍爲鄭所敗。

○杜氏注：「宋、衛未葬，而稱爵以接鄰國，非禮也。」

○胡氏傳：「夫討邲之役，則復怨勦民，非觀釁也；遂東侵，則潛師掠境，非以律也；覆而敗諸，專用詐謀，非正勝也。度彼參此，皆無善也。略而不紀，勝負微也。晉侯稱爵，而以伐書，何也？初爲是役，必以鄭之從楚也。附蠻夷，擾中國，則盟主有詞于伐耳。宋、衛未葬，曷爲稱爵？背殯越境，以吉禮從金革之事也。」

辛亥，葬鄭穆公。

二月，公至自伐鄭。

甲子，新宫災。三日哭。

○公羊傳：「新宫者何？宣公之宫也。宣宫則曷爲謂之新宫？不忍言也。其言三日哭何？廟災三日哭，禮也。新宫災何以書？記災也。」

○吕氏曰：「宣公之薨，至是服除未久，故其廟曰新宫，且從當時之詞也。新宫災，其簡於親甚矣。莊公舟楹刻桷，何以不言新宮？桓公死已久，可以言謚，宣公死，甫除喪，未忍遽言謚也，故曰新宮。」○穀梁傳：「新宮者，稱宮也。迫近不敢稱謚，恭也。」

乙亥，葬宋文公。

○左氏傳：「宋文公卒。始厚葬，用蜃炭，益車馬，始用殉。重器備，椁有四阿，杜氏注：「四河，四注椁也。」孔氏曰：周禮匠人云：「殷人四阿重屋。鄭云：『阿，棟也。四角設棟也。』」棺有翰檜。翰，旁飾；檜，上飾。皆王禮。君子謂：「華元、樂舉，於是乎不臣。臣，治煩去惑者也，是以伏死而爭。今二子者，君生則縱其惑，死又益其侈，是棄君於惡也。何臣之爲？」

○胡氏傳：「天子七月，諸侯五月，大夫三月，士踰月，以降殺遲速爲禮之節，不可亂也。文公之卒，七月而後克葬，故知華元、樂舉之棄君於惡而益其侈，無疑矣。夫禮之厚薄，稱人之情而爲之者也。宋文公在殯，而離次出境，從金革之事，哀戚之情忘矣，顧欲厚其君親，此非有所不忍於死者，特欲誇耀淫侈無知之人耳。世衰道微，禮法既壞，無以制其侈心，至秦、漢之間，窮竭民力以事丘隴，其禍有不可勝言者。春秋據事直書而其失自見，此類是也，豈不爲永戒哉？」

夏，公如晉。

○左氏傳：「夏，公如晉，拜汶陽之田。」襄陵許氏曰：「著魯受田之重如此，而晉輕奪之，有以知晉之無以令天下矣。」

鄭公子去疾帥師伐許。

○襄陵許氏曰：「前此外志唯伯國有卿帥師，至是諸侯書卿帥師，霸統微也。」

公至自晉。

○胡氏傳：「宣公薨，至是三年之喪畢矣。宜入朝京師，見天子，受王命，然後歸而即政可也。嗣守社稷之重，而不朝于周，以拜汶陽田之故而往朝于晉，其行事亦悖矣。此春秋所爲作也。公行多不致，其書『公至自晉』何？其至也，必有以也。」

秋，叔孫僑如帥師圍棘。

○左氏傳：「叔孫僑如圍棘，取汶陽之田。棘不服，故圍之。」

○杜氏注曰：「棘，汶陽田之邑，在濟北蛇丘縣。」

○胡氏傳：「復故地而民不聽，至於命上將用大師環其邑而攻之，何也？魯於是時初税畝，作丘甲，税役日益重矣。棘雖復歸故國，所以不願爲之民也歟。成公不知薄税斂，輕力役，修德政以來之，而肆其兵力。雖得之，亦必失之矣。」

大雩。

晉郤克、衛孫良夫伐廧咎如。廧，穀梁作「牆」，公羊作「將」。

○左氏傳：「伐廧咎如，討赤狄之餘焉。晉滅赤狄，其餘民散入廧咎如，故討之。廧咎如潰。」

冬，十有一月，晉侯使荀庚來聘。衛侯使孫良夫來聘。丙午，及荀庚盟。丁未，及孫良夫盟。

○左氏傳：「晉侯使荀庚來聘，且尋盟。衛侯使孫良夫來聘，且尋盟。公問諸臧宣叔曰：『中行伯之於晉也，其位在三；孫子之於衛也，位爲上卿，將誰先？』對曰：『次國之上卿，當大國之中，中當其下，下當其上大夫。小國之上卿，當大國之下卿，中當其上大夫，下當其下大夫。上下如是，古之制也。衛在晉，不得爲次國。晉爲盟主，其將先之。』丙午，盟晉；丁未，盟衛，禮也。」呂氏曰：「先晉後衛，視强弱云爾，非以其至有先後也。當是時，諸侯班序先後例如是。」

○公羊傳：「此聘也，其言盟何？聘而言盟者，尋舊盟也。」

○泰山孫氏曰：「此公及荀庚、孫良夫盟也，不言公者，二子伉也。二子來聘，不能以信相親，反要公以盟，非抗而何？故言聘言盟以惡之。」

鄭伐許。

○程氏傳：「鄭附於楚，一年而再伐許，故夷之。」

○胡氏傳：「稱國以伐，狄之也。晉、楚爭鄭，鄭兩事焉。及邲之敗，於是乎專意事楚，不通中華。晉雖加兵，終莫之聽也。至此一歲而再伐許，甚矣。夫利在中國則從中國，利在夷狄則從夷狄，而不擇於義之可否以爲去就，其所以異於夷者幾希。况又憑弱犯寡，一歲之中而再動干戈於鄰國，不既甚乎？春秋之法，中國而夷狄行者則狄之，所以懲惡也。以爲告詞略而從告，乃實録耳。一字爲褒貶，義安在也？」

四年，春，宋公使華元來聘。

○左氏傳：「通嗣君也。」宋共公即位。

三月，壬申，鄭伯堅卒。

杞伯來朝。

○左氏傳：「歸叔姬故也。」特出叔姬，先修朝禮，言其故。

夏，四月，甲寅，臧孫許卒。

公如晉。

○左氏傳：「公如晉。晉侯見公，不敬。季文子曰：『晉侯必不免。詩曰：「敬之敬之，天惟顯思，命不易哉！」夫晉侯之命在諸侯矣，可不敬乎？』」

葬鄭襄公。

秋，公至自晉。

○左氏傳：「公至自晉，欲求成于楚而叛晉。季文子曰：『不可！晉雖無道，未可叛也。國大臣睦，而邇於我，諸侯聽焉，未可以貳。史佚之志有之，曰：「非我族類，其心必異。」楚雖大，非吾族也，其肯字我乎？』公乃止。」

冬，城鄆。公羊作「運」，後同。

鄭伯伐許。

○左氏傳：「鄭公孫申帥師疆許田，許人敗諸展陂。鄭伯伐許，取鉏任、泠敦之田。」

○程氏傳：「稱鄭伯，見其不復爲喪，以吉禮從戎。」何氏注：「喪未踰年稱伯者，時樂成君位，親自伐許，故如其意以著其惡。」

五年，春，王正月，杞叔姬來歸。

○穀梁傳：「婦人之義，嫁曰歸，反曰來歸。」

○陸氏纂例曰：「郯伯姬、杞叔姬不書嫁而書出，或嫁時夫未爲君也。」

○胡氏傳：「前書『杞伯來朝』，左氏以爲歸叔姬也。此書『杞叔姬來歸』，則出也。春秋於内女其歸、其出録之詳者，男女居室，人之大倫也。男子生而願爲之有室，女子生而願爲之有家。父母之心，人皆有之。不能爲之擇家與室，則夫婦之道苦，淫僻之罪多矣。王法所重，人倫之本，録之詳也，爲世戒也。」

仲孫蔑如宋。

○左氏傳：「孟獻子如宋，報華元也。」

夏，叔孫僑如會晉荀首于穀。公羊「首」作「秀」。

○左氏傳：「晉荀首如齊逆女，故宣伯餫諸穀。」

○杜氏注：「穀，齊地。」

梁山崩。

○杜氏注：「梁山在馮翊夏陽縣北。」

○左氏傳：「梁山崩，晉侯以傳召伯宗。伯宗辟重，曰：『辟傳！』重人曰：『待我，不如捷之速也。』問其所，曰：『絳人也。』問絳事焉，曰：『梁山崩，將召伯宗謀之。』問：『將若之何？』曰：『山有朽壤而崩，可若何？國主山川，故山崩川竭，君爲之不舉，降服，乘縵，徹樂，出次，祝幣，史辭以禮焉。其如此而已。雖伯宗若之何？』伯宗請見之，不可。遂以告，而從之。」

○公羊傳：「梁山者何？河上之山也。梁山崩何以書？記異也。何異爾？大也。何大爾？梁山崩，壅河，三日不沵。外異不書，此何以書？爲天下記異也。」高郵孫氏曰：「春秋災異及於天下者，不以國言，以其異不主於一國也。」

○胡氏傳：「梁山，韓國也。詩曰：『奕奕梁山。』韓侯受命，而謂之韓奕者，言奕然高大，爲韓國之鎮也。後爲晉所滅，而大夫韓氏以爲邑焉。書而不繫國者，爲天下記異，是以不言晉也。左氏載絳人之語，於禮文備矣，而未記其實也。夫降服、乘縵、徹樂、出次、祝幣、史辭六者，禮之文也。古之遭變異而外爲此文者，必有恐懼修省之心主於內，若成湯以六事撿身，高宗克正厥事，宣王側身修行，欲銷去之是也。徒舉其文而無實以先之，何足以弭災變乎？夫國主山川，至於崩竭，當時諸侯，未聞有戒心而修德也，故自是而後，六十年間，弑君十有四，亡國三十二，其應亦憯矣。春秋不明著，其事應具存，其可忽諸？」

○襄陵許氏曰：「山崩之歲，定王崩，周室日衰。又二年，吳兵始犯中國，卒與晉爭盟于黄池，王霸道衰。」

秋，大水。

○襄陵許氏曰：「變異之發，猶疾病之見於脉，不虛設也。君人者能恐懼修省，親近善人，退遠邪佞，猶可及止。不然，必及於亂，亡無疑也。春秋之世多大水，皆陰盛邪勝所致也。其可不自省乎！」

冬，十有一月，己酉，天王崩。

○左氏傳：「定王崩。」

十有二月，己丑，公會晉侯、齊侯、宋公、衛侯、鄭伯、曹伯、邾子、杞伯，同盟于蟲牢。

○左氏傳：「許靈公愬鄭伯于楚。六月，鄭悼公如楚訟，不勝。楚子執皇戌及子國，故鄭伯歸，使公子偃請成于晉。秋，八月，鄭伯及晉趙同盟于垂棘。宋公子圍龜爲質于楚而歸，將攻華氏，宋公殺之。冬，同盟于蟲牢，鄭服也。諸侯謀復會，宋公使向爲人辭以子靈之難。」子靈，圍龜也。宋公不欲會，以新誅子靈爲辭。爲明年侵宋傳。

○杜氏注：「蟲牢，鄭地。陳留封丘縣北有桐牢。」

○程氏傳：「天王崩而會盟不廢，書同，見其皆不臣。」泰山孫氏曰：「天王崩，晉合諸侯同蟲牢之盟，不顧甚矣。」

六年，春，王正月，公至自會。

二月，辛巳，立武宮。

○公羊傳：「武宮者何？武公之宮也。立者何？立者不宜立也。立武宮，非禮也。」

○常山劉氏曰：「王制曰：『諸侯五廟，二昭二穆，與太祖之廟爲五。』祭法曰：『諸侯立五廟，一壇一墠，曰考廟，曰王考廟，曰皇考廟，皆月祭之。顯考廟，祖考廟，享嘗乃止。去祖爲壇，去壇爲墠。壇、墠有禱焉祭之，無禱乃止。去墠爲鬼。』然則諸侯宗廟，古有彝制，過則毀之，不可復立也。武宮其毀已久，而輒立之，非禮明矣。書立者，不當立也。定元年九月立煬宮同。」劉氏意林曰：「魯，諸侯也，僭天子之禮，雖欲尊其祖，鬼神不享也。而學者習於魯之故，更大而稱之，曰：魯公之廟，文世室也；武公之廟，武世室也。人之迷固久矣，夫其以僭爲典也。此乃春秋所由作也。」

取鄟。

○穀梁傳：「鄟，國也。」

○胡氏傳：「鄟，微國也。書取者，滅之也。滅而書取，爲君隱也。項亦國也，其書滅者，以僖公在會，季孫所爲，故直書其事而不隱。此春秋尊君抑臣，以辨上下，謹於微之意也。人倫之際，差之毫釐，繆以千里，故仲尼特立此義，以示後世臣子，使以道事君，而無朋附權臣之惡。於傳有之：『犯上干主，其罪可救，乖忤貴臣，禍在不測。』故臣子多不憚人主而畏權臣。如漢谷永之徒，直攻成帝，不以爲嫌，至於王氏則周旋相比，結爲死黨。而人主不之覺，此世世之公患也。歸父家遣，緣季氏也；朝吴出奔，因無極也；王章殺身，忤王鳳也；鄴侯寄舘，避元載也。惟殺生在下，而人主失其柄也。是以黨與衆多，知有權臣而不知有君父矣。使春秋之義得行，尊君抑臣，以辨上下，每謹於微，豈有此患乎？」

衛孫良夫帥師侵宋。

○左氏傳：「晉伯宗、夏陽説、衛孫良夫、甯相、鄭人、伊雒之戎、陸渾、蠻氏侵宋，以其辭會也。」

○蘇氏曰：「晉將復會諸侯，宋人辭以難，故使衛與魯更侵之。」

夏，六月，邾子來朝。

公孫嬰齊如晉。

○左氏傳：「子叔聲伯如晉，命伐宋。」晉人命聲伯。

壬申，鄭伯費卒。

○左氏傳：「六月，鄭悼公卒。」

秋，仲孫蔑、叔孫僑如帥師侵宋。

○左氏傳：「孟獻子、叔孫宣伯侵宋，晉命也。」

○胡氏傳：「魯遣二卿爲主將，動大衆焉。有事於宋而以侵書者，潛師侵掠，無名之意，蓋陋之也。於衛孫良夫亦然。上三年嘗會宋、衛同伐鄭矣；次年宋使華元來聘，通嗣君矣；又次年魯使仲孫蔑報華元矣；是年冬鄭伯皆楚求成于晉，而魯、衛與宋又同盟于蟲牢矣。今而有事於宋，上卿授鉞，大衆就行，而師出無名，可乎？故特書侵以罪之也。左氏載此師晉命也。後二年宋來納幣，請伯姬焉，則此師爲晉而舉，非魯志明矣。兵戎，有國之重事；邦交，人道之大倫。聽命於人而不得已，焉將能立乎？春秋所以罪之也。」

○襄陵許氏曰：「晉景不務彌縫諸侯之闕，反使諸侯構怨如此，則楚必有以量中國矣。」

楚公子嬰齊帥師伐鄭。

○左氏傳：「楚子重伐鄭，鄭從晉故也。」

○胡氏傳：「楚僭號稱王，聖人偕諸夷狄而不赦者，大一統以存周，使著於君臣之義也。鄭能背夷即華，是改過遷善，出幽谷而遷喬木也。嬰齊爲是帥師，又因其喪而伐之，不義甚矣，經所以深惡之也。書卿帥師伐鄭，於文無貶詞，何以知其深惡楚也？下書『欒武子帥師救鄭』，則知之矣。凡書救者，未有不善之也，而伐者之罪著矣。」

○襄陵許氏曰：「前此外志諸侯有卿帥師者矣，至是書楚卿帥師者，霸統幾亡也。」

冬，季孫行父如晉。

○左氏傳：「夏，四月，丁丑，晉遷于新田。冬，季文子如晉，賀遷也。」

○襄陵許氏曰：「蔑、僑如、嬰齊、行父有如必書，相望於春秋者，大夫張也。」

晉欒書帥師救鄭。公羊「救」作「侵」。

○左氏傳：「晉欒書救鄭，與楚師遇于繞角。楚師還，晉師遂侵蔡。楚公子申、公子成以申、息之師救蔡，禦諸桑隧。趙同、趙括欲戰，請於武子。武子將許之，知莊子、范文子、韓獻子諫曰：『不可。吾來救鄭，楚師去我，吾遂至於此，是遷戮也。戮而不已，又怒楚師，戰必不克。雖克，不令。成師以出，而敗楚之二縣，何榮之有焉？若不能敗，爲辱已甚，不如還也。』乃遂還。於是軍帥之欲戰者衆。或謂欒武子曰：『聖人與衆同欲，是以濟事。子盍從衆？子爲大政，將酌於民者也。子之佐十一人，其不欲戰者，三人而已。欲戰者可謂衆矣。商書曰：「三人占，則從二人。」衆故也。』武子曰：『善鈞，從衆。夫善，衆之主也。三卿爲主，可謂衆矣。從之，不亦可乎？』」

○胡氏傳：「按左氏，晉、楚遇于桑隧，軍帥之欲戰者八人，武子遂還，則無功也，亦何善之有？曰：此春秋之所以善欒書也。兩軍相加，兵刃既接，折馘執俘，計功受賞，此非仁人之心，王者之事。故干舞而苗格者，舜也；因壘而降崇者，文王也；次于陘而屈完服者，齊桓也；會于蕭魚而鄭不叛者，晉悼也。武子之能不遷戮而知還也，亦庶幾哉！」

○襄陵許氏曰：「楚伐鄭喪而悼公不葬，則晉救雖至，鄭已苦兵矣。志救，猶恃救也正。書『欒書帥師』，以楚師遇之而還，不無功也，存霸統也。」

七年，春，王正月，鼷鼠食郊牛角。改卜牛，鼷鼠又食其角，乃免牛。

○穀梁傳：「過有司也。郊牛日，展斛角而知傷，展道盡矣，其所以備災之道不盡也。又，有繼之辭也。非人之所能也，所以免有司之過也。免牲者，爲之緇衣纁裳，有司玄端，奉送至于南郊。免牛亦然。」

○襄陵許氏曰：「小害大，下賊上，食而又食，三桓子孫相繼之象也。宣公有虞三桓之志，至成始弗戒矣。亂象已著，國將無以事天也。」

吳伐郯。

○杜氏注：「吳國，今吳郡。」按：吳郡今爲平江府。郯，己姓國，秦有郯郡，漢屬東海郡，故城今在淮陽軍下邳縣北。

○左氏傳：「吳伐郯。郯成。季文子曰：『中國不振旅，蠻夷入伐，而莫之或恤。無弔者也夫！詩曰：「不弔昊天，亂靡有定。」其此之謂乎！』」

○襄陵許氏曰：「吳自壽夢得申公巫臣而爲楚患，夷狄相攻不志也。伐郯之役，兵連上國，於是始見於春秋。志『入州來』，著十五年之所以會于鍾離也。」

○胡氏傳：「稱國以伐，夷狄之也。吳本太伯之後，以族屬言，則周之伯父也，何以狄之？爲其僭天子之大號也。按國語云『命圭有命，固曰吴伯，不曰吴王』，然則吴本伯爵也，後雖益熾，浸與中國會盟，進而書爵，不過曰子，亦不以本爵與之，故紀於禮書曰『四夷雖大，皆曰子』，此春秋之法，仲尼之制也。而以爲『不敢擅進退諸侯、亂名實』者，誤矣。」

夏，五月，曹伯來朝。

○左氏傳：「曹宣公來朝。」

不郊，猶三望。

○胡氏傳：「吴郡朱長文曰：『禮，天子有四望，諸侯則祭境内山川而已，魯當祭泰山。泰山，魯之境也，禮所得祭，故不書。三望，僭天子禮，是以書之。』其説是矣。楚子軫言三代命祀，祭不越望，而曰江、漢、沮、漳，楚之望，非也。楚始受封，濱江之國，漢水、沮、漳，豈其境内哉？此亦據後世并兼封略言之爾。」

○襄陵許氏曰：「用是知魯郊或以五月，非特定公也。」

秋，楚公子嬰齊帥師伐鄭。

○左氏傳：「楚子重伐鄭，師于氾。」

公會晉侯、齊侯、宋公、衛侯、曹伯、莒子、邾子、杞伯救鄭。

○左氏傳：「諸侯救鄭。鄭共仲、侯羽軍楚師，因鄖公鍾儀，獻諸晉。」

八月，戊辰，同盟于馬陵。

〇左氏傳：「同盟于馬陵，尋蟲牢之盟。」

〇杜氏注：「馬陵，衛地，陽平元城縣東南有地名馬陵。」

〇胡氏傳：「楚人軍旅數起，頻年伐鄭，以其背己從諸夏也，與莊之欲討徵舒而入陳亦異矣。書大夫之名氏，書帥師，書伐而無貶者，所謂不待貶絶而罪自見者也。晉合八國之君，親往救鄭，則攘夷、安中國之師也。欲著其善，故特書『救鄭』以美之。言救，則楚罪益明，而鄭能背夷即華，善亦著矣。前此晉遣上將，諸國不與焉，此則其君自行，而會合諸國，則楚人暴横憑陵諸夏之勢益張，亦可見矣。故盟于馬陵而書同盟者，同病楚也。」

公至自會。

吴入州來。

〇左氏傳：「楚圍宋之役，師還，子重請取於申、吕以爲賞田，王許之。申公巫臣曰：『不可。』子重是以怨巫臣。子反欲取夏姬，巫臣止之，遂取以行，子反亦怨之。及共王即位，子重、子反殺巫臣之族。巫臣自晉遺二子書，曰：『爾以讒慝貪惏事君，而多殺不辜，余必使爾罷於奔命以死！』巫臣請使於吴，晉侯許之。吴子壽夢説之。乃通吴於晉。以兩之一卒適吴，舍偏兩之一焉。司馬法：「百人爲卒，二十五人爲兩。車九乘爲小偏，十五乘爲大偏。」蓋留九乘車又一兩二十五人，令吴習之。與其射御，教吴乘車，教之戰陣，教之叛楚。寘其子狐庸焉，使爲行人於吴。吴始伐楚、伐巢、伐徐，子重奔命。馬陵之會，吴入州來。子重自鄭奔命。子重、子反於是一歲七奔命。蠻夷屬於楚者，吴盡取之，是以始大，通吴於上國。」

○杜氏注：「州來，楚邑。淮南下蔡縣是也。」

冬，大雩。

衛孫林父出奔晉。

○左氏傳：「衛定公惡孫林父。冬，孫林父出奔晉。衛侯如晉，晉反戚焉。」

八年，春，晉侯使韓穿來言汶陽之田，歸之于齊。

○左氏傳：「晉侯使韓穿來言汶陽之田，歸之于齊。季文子餞之，私焉，曰：『大國制義，以爲盟主，是以諸侯懷德畏討，無有貳心。謂汶陽之田，敝邑之舊也。而用師於齊，使歸敝邑。今有二命，曰『歸諸齊』，信以行義，義以成命，小國所望而懷也。信不可知，義無所立，四方諸侯，其誰不解體？詩曰：「女也不爽，士貳其行。士也罔極，二三其德。」七年之中，一予一奪，二三孰甚焉？士之二三，猶喪妃耦，而况霸主？霸主將德是以，而二三之，其何以長有諸侯乎？詩曰：「猶之未遠，是用大諫。」行父懼晉之不遠猶而失諸侯也，是以敢私言之。』」

○泰山孫氏曰：「汶陽之田，齊所侵魯地也，故二年用師于齊取之。今晉侯使韓穿來言歸之于齊，非正也。魯之土地，天子所封，非晉侯所可得而制也。晉侯使歸之于齊，是魯國之命制在晉也，故曰：『晉侯使韓穿來言汶陽之田，歸之于齊，』以惡之。」常山劉氏曰：「歸之于者，歸不以道也，與晉人執衛侯、歸之于京師同義。」

○陸氏曰：「淳聞之師曰：『韓穿受命而來，不能諫正，其惡可知矣。』」

晉欒書帥師侵蔡。

○左氏傳：「晉欒書侵蔡，遂侵楚，獲申驪。」

○襄陵許氏曰：「侵蔡，報伐鄭也。大國爭衡，而小國受敗，春秋矜焉。」

公孫嬰齊如莒。

○左氏傳：「聲伯如莒，逆也。」因聘而逆歸。

宋公使華元來聘。

○左氏傳：「宋華元來聘，聘共姬也。」

○襄陵許氏曰：「録伯姬始於此。」

夏，宋公使公孫壽來納幣。

○杜氏注：「宋公無主昏者，自命之，故稱使也。」

○公羊傳：「納幣不書，此何以書？録伯姬也。」

○胡氏傳：「公孫壽卿也，納幣使卿，非禮也。禮不可略，亦不可過，惟其稱而已矣。略則輕大倫，過則溺私愛。宋公之請伯姬，魯侯之嫁其女，皆致其厚者也，而不知越禮踰制，豈所以重大婚之禮哉！經悉書之，爲後戒也。」

晉殺其大夫趙同、趙括。

○左氏傳：「晉趙嬰通于趙莊姬。原、屏放諸齊。原同、屏括，嬰之兄。嬰曰：『我在，故欒氏不作。我亡，吾二昆其憂哉！且人各有能有不能，舍我何害？』弗聽。八年，晉趙莊姬爲趙嬰之亡故，譖之於晉侯，曰：『原、屏將爲亂。』欒、郤爲徵。六月，晉討趙同、趙括。武從姬氏畜于公宫。以其田與祁奚。韓厥言於晉侯曰：『成季之勳，宣孟之忠，而無後，爲善者其懼矣。三代之令王，皆數百年保天之禄。夫豈無辟王？賴前哲以免也。』乃立武，而反其田焉。」

○胡氏傳：「同、括無罪，爲莊姬所譖而欒、郤害之也，故稱國以殺而不去其官，以見晉之失政刑矣。」

○劉氏傳：「趙同、趙括之爲人臣也，內不正其親，外專戮以干其君，足以殺其身而已矣。」

秋，七月，天子使召伯來賜公命。公羊、穀梁作「錫命」。

○左氏傳：「秋，召桓公來賜公命。」

○穀梁傳：「禮有受命，無來錫命。錫命非正也。」胡氏通旨：「寧問穀梁曰：『禮有受命，無來錫命。』趙子非之，曰：直譏其賞無功爾，安得云無錫命乎？答曰：穀梁子言無來錫命，不言無錫命也。來錫命，始唐德宗遣中官即藩鎮、立節度之類。」

○泰山孫氏曰：「天子、天王，王者之通稱。」

○胡氏傳：「諸侯嗣立而入見則有賜，已修聘禮而來朝則有賜，能敵王所愾而獻功則有賜。成公即位，服喪已畢，而不入見，既更五服一朝之歲矣，而不朝京師，未嘗敵王所愾而有功也，何爲來賜命乎？召伯者，縣内諸侯，爲王卿士者也。來賜公命，罪邦君之不王，譏天子之僭賞也。」劉氏意林：「古者，制三公一命卷，若有加，則賜也，不過九命；次國之君，不過七命；小國之君，不過五命。夫有加則賜，所謂賜命者也。以義觀之，錫命者，其世世相襲，衮不廢矣。賜命者服過其爵，所以彰有德於身者也。成公未有大功，明德簡於王室，而服過其爵，非也。」

冬，十月，癸卯，杞叔姬卒。

○左氏傳：「來歸自杞，故書。」

○陸氏纂例：「凡内女爲諸侯之夫人則書卒，以公爲之服故也。穀梁云：『外夫人書卒者，適諸侯，則尊同，以吾爲之變，故卒之。』此説是也。凡内女嫁爲諸侯夫人而不書卒。時魯公非其兄弟及兄弟之子也。諸侯無大功以下之服故也，杞叔姬雖出猶書者，爲喪歸杞故也。」成八年杞叔姬卒，成九年杞伯來逆叔姬之喪以歸也。

○高郵孫氏曰：「特書，蓋明杞伯來逆其喪。將有末者，先録其本也。」

晉侯使士燮來聘。叔孫僑如會晉士燮、齊人、邾人伐郯。

○左氏傳：「晉士燮來聘，言伐郯也，以其事吴故。公賂之，請緩師，文子不可，曰：『君命無貳，失信不立。禮無加貨，事無二成。君後諸侯，是寡君不得事君也。燮將復之。』季孫懼，使宣伯帥師會伐郯。」

○胡氏傳：「吴初伐郯，季孫固曰：『中國不振旅，蠻夷入伐而莫之恤，亡無日矣。』當其時，既不能救，及其既成，豈獲已也！又率諸國伐之，何義乎？前書來聘，下書會伐，晉侯之爲盟主可見矣。魯既知其不可從大國之令而不敢違，其不能立亦可知矣。」

○襄陵許氏曰：「吴伐郯，晉弗救；至郯成而伐之，則郯有詞矣。聘而召師，霸統衰矣。内討如殺趙同、趙括，外討如伐郯，則何以爲政於天下？」

衛人來媵。

○杜氏注：「古者諸侯取適夫人及左右媵，各有娣姪，皆同姓之國，國三人，凡九女，所以廣繼嗣也。魯將嫁伯姬於宋，故衛來媵之。」

○程氏傳：「媵，小事，不書。伯姬之嫁，諸侯皆來媵之，故書以見其賢。女子之賢尚聞於諸侯，况君子乎！或曰：魯女之賢，安能聞於遠乎？曰：古者庶女與非敵者，則求爲媵，固爲之擇賢小君，則諸侯賢女自當聞也。」公羊傳：「媵不書，此何以書？録伯姬也。」○何氏注：「伯姬以賢聞諸侯，諸侯爭欲媵之，故善而詳録之。」

○蘇氏曰：「諸侯嫁女，同姓媵之，異姓則否。國三人，九女。今衛、晉及齊來媵，以其非禮，故書。」

○胡氏傳：「夫以禮制欲則治，以欲敗禮則亂。而諸侯一娶十有二女，則是以欲敗禮矣。備書三國，以明踰制，爲後戒也。」經有因褒以見貶者，「初獻六羽」之類是也；亦有因貶以見褒者，「來媵」是也。諸國爭媵，豈非伯姬不妬忌之行已信於人哉？

春秋卷第十六

春秋卷第十七

成公

九年，春，王正月，杞伯來逆叔姬之喪以歸。

○左氏傳：「杞桓公來逆叔姬之喪，請之也。杞叔姬卒，爲杞故也。還爲杞婦，故卒稱杞。逆叔姬，爲我也。」既棄而復逆其喪，明爲魯故。

○公羊傳：「杞伯曷爲來逆叔姬之喪以歸？内辭也，脅而歸之也。」吕氏曰：「叔姬之棄，而杞伯復來逆其喪以歸，是專以强弱輕重爲國，無復禮文者也。」

○啖氏曰：「出婦未反而逆其喪，非禮也。」陸淳曰：「此言禮有婦，既練而反，未練而出。然則出婦有反歸之禮，但女嫁未三月而死，猶歸葬於女氏之黨。今叔姬生未反於杞，而死反葬，故曰非禮也。」

公會晉侯、齊侯、宋公、衛侯、鄭伯、曹伯、莒子、杞伯同盟于蒲。

○左氏傳：「爲汶陽之田故，諸侯貳於晉。晉人懼，會于蒲，以尋馬陵之盟。在七年。季文子謂范文子曰：『德則不競，尋盟何爲？」』范文子曰：『勤以撫之，寬以待之，堅彊以御之，明神以要之，柔服而伐貳，德之次也。』是行也，將始會吴，吴人不至。」

○程氏傳：「諸侯患楚之强，同盟以相保。鄭既盟復叛，深明其反覆。」

○胡氏傳：「盟非固結之本也。衛獻公言於甯喜，求復國，喜曰：『必子鮮在，不然必敗。』小邾射以句繹來奔，曰：『使季路要我，吾無盟矣。』夫信在言前者，不知而自行；誠在令外者，不令而自行。晉初下令於齊，反魯、衛之侵地，而齊不敢違者，以其順也。齊既從之，魯君親往拜其賜矣，復有二命，俾歸諸齊。一與一奪，信不可知，無或乎諸侯之解體也。晉人不知反求諸己，惇信明義以補前行之愆，而又欲刑牲歃血、要質鬼神以御之，是從事於末而不知本矣。特書『同盟』，以罪晉也。」

○杜氏注：「蒲，衛地，在長垣縣西南。」

公至自會。

二月，伯姬歸于宋。夏，季孫行父如宋致女。

○何氏注：「婦人三月而廟見，稱婦，擇日而祭於禰，成婦之義也。父母使人操禮致之。」

○孫氏曰：「致女使卿，非禮也。」左氏傳：「季文子如宋致女，復命，公享之。賦韓奕之五章。穆姜出于房，再拜，曰：『大夫勤辱，不忘先君以及嗣君，施及未亡人，先君尤有望也。敢拜大夫之重勤。』又賦緑衣之卒章而入。」然則越禮以致伯姬，蓋穆姜之意歟？

晉人來媵。

○杜氏注：「媵伯姬也。」

○胡氏傳見上。

秋，七月，丙子，齊侯無野卒。

晉人執鄭伯。晉欒書帥師伐鄭。

○左氏傳：「楚人以重賂求鄭，鄭伯會楚公子成于鄧。秋，鄭伯如晉。晉人討其貳於楚也，執諸銅鞮。欒書伐鄭，鄭人使伯蠲行成，晉人殺之，非禮也。兵交，使在其間可也。楚子重侵陳以救鄭。」陳即晉故。

○胡氏傳：「稱人而執者，既不以王命，又不歸諸京師，則非伯討也。殺伯蠲不書者，既執其君矣，則行人爲輕，亦不足紀也。楚子重侵陳以救鄭，與處父救江何異？削而不書者，鄭亦有罪焉爾。夫背夷即華，正也，今以重賂故，又與楚會，則是惟利之從，而不要諸義也。故鄭無可救之善，楚不得有能救之名。」襄陵許氏曰：「向使晉能制楚，使之不能危鄭，討鄭可也。今楚潰莒入鄆，晉不能救，而禁鄭之貳於楚，鄭獨能無懲於牽羊銜璧之禍乎！」

冬，十有一月，葬齊頃公。

楚公子嬰齊帥師伐莒。庚申，莒潰。楚人入鄆。

○左氏傳：「晉侯使申公巫臣如吳，假道于莒。與渠丘公立于池上，曰：『城已惡。』莒子曰：『辟陋在夷，其孰以我爲虞？』對曰：『夫狡焉思啟封疆以利社稷者，何國蔑有？唯然，故多大國矣。唯或思或縱也。勇夫重閉，况國乎？』十一月，楚子重自陳伐莒，圍渠丘。渠丘城惡，衆潰，奔莒。戊申，楚入渠丘。莒人囚楚公子平。楚人曰：『勿殺，吾歸而俘。』莒人殺之。楚師圍莒。莒城亦惡。庚申，莒潰。楚遂入鄆，莒無備故也。君子曰：『恃陋而不備，罪之大者也；備豫不虞，善之大者也。莒恃其陋，而不修城郭，浹辰之間，而楚克其三都，無備也夫！』」

○胡氏傳：「孟子曰：『鑿斯池也，築斯城也，與民守之，効死而民不去，是則可爲也。』夫鑿池築城者，爲國之備，所謂事也；効死而民不去，爲國之本，所謂政也。莒恃其陋，不脩城郭，信無備矣。然兵至而民逃其上，不能使民效死而不去，則昧於爲國之本也。雖隆莒之城，何益乎？故經於莒潰，特書日以謹之者，以明固本安民爲政之急也。」

秦人、白狄伐晉。

○左氏傳：「諸侯貳故也。」

○胡氏傳：「經所謹者，華夷之辨也。晉嘗與白狄伐秦，秦亦與白狄伐晉，族類不復分矣。其稱人，貶詞也。中國自相侵伐，已爲不義，又與非我族類者共焉，不亦甚乎！晉既失信，復聽婦人讒說，殺其世臣，而諸侯皆貳。秦、狄交伐，比事以觀，可謂深切著明矣。」

鄭人圍許。

○左氏傳：「示晉不急君也。是則公孫申謀之，曰：『我出師圍許，示不畏晉。爲將改立君者而紓晉使，紓，緩也。緩遣使詣晉。晉必歸君。』」

城中城。

○杜氏注：「魯邑也。在東海厚丘縣西南。」

○胡氏傳：「經世安民，視道之得失，不倚城郭溝池以爲固也。穀梁子謂『凡城之志，皆譏』，其説是矣。莒雖恃陋不設備，至使楚人入鄆，苟有令政，使民效死而不潰，寇亦安能入也？城非春秋所貴，而書『城中城』，其爲儆守益微矣。王公設險以守其國，非歟？曰：百雉之城，七里之郭，設險之大端也。謹於禮以爲國，辨尊卑、分貴賤、明等威、異物采，凡所以杜絶陵僭，限隔上下，皆設險之大用也，獨城郭溝池之謂乎？」

十年，春，衛侯之弟黑背帥師侵鄭。

○左氏傳：「衛子叔黑背侵鄭，晉命也。」

○胡氏傳：「其曰『衛侯之弟』者，子叔黑背生公孫剽，孫林父、甯殖出衛侯衎而立剽，亦以其父有寵愛之私故得立爾。此與齊之夷仲年無異，其特書弟以爲後戒，可謂深切著明矣。」

夏，四月，五卜郊，不從，乃不郊。

○穀梁傳：「夏，四月，不時也。五卜，强也。」師氏曰：「魯僭天子之事以卜郊。其言三卜者一，襄之十年是也；四卜者二，僖三十二年與襄十一年是也；五卜者一，成之十年是也。夫卜至於五，其瀆甚矣。皇天饗道，果可以僭而徼其吉邪！」

○公羊傳：「其言乃不郊何？不免牲，故言乃不郊也。」

五月，公會晉侯、齊侯、宋公、衛侯、曹伯伐鄭。

○左氏傳：「鄭公子班聞申叔之謀。三月，立公子繻。夏，四月，鄭人殺繻，立髡頑，公子班奔許。欒武子曰：『鄭人立君，我執一人焉，何益？不如伐鄭而歸其君，以求成焉。』五月，晉立大子州蒲爲君，而會諸侯伐鄭。鄭子罕賂以襄鍾，子然盟于脩澤，子駟爲質。辛巳，鄭伯歸。」杜氏注：「晉生立子爲君，此父不父，子不子。經因書晉侯，其惡明。」○劉氏權衡：「予謂今按：經但言晉侯也，無以明其是州蒲。若欲貶晉，書其名乃可明耳，此大事也，仲尼豈忘之哉？」

齊人來媵。

○杜氏注：「媵伯姬也。」

○公羊傳：「三國來媵，非禮也。」唯天子娶十二女，故曰非禮。

丙午，晉侯獳卒。

秋，七月，公如晉。

○左氏傳：「公如晉，晉人止公，使送葬。於是羅茷未反。是春，晉使羅茷至楚結成。晉謂魯貳於楚，故留〔一〕公。須羅茷還，驗其虛實。冬，葬晉景公。公送葬，諸侯莫在。魯人辱之，故不書，諱之也。」諱不書晉葬。

○劉氏傳：「葬晉侯也。曷爲不言葬晉景公？不與葬晉侯也。曷爲不與？天子之喪，動天下，屬諸侯。諸侯之喪，動通國，屬大夫。大夫之喪，動一國，屬脩士。士之喪，動一鄉，屬朋友。庶人之喪，動州里，屬族黨。公之葬晉侯非禮也，以謂唯天子之事可也。」胡氏傳：「以晉人止公送葬，諸侯莫在焉，魯人辱之，故諱而不書。非也。假令諸侯皆在，魯人不以爲辱，其可書乎？」

冬，十月。公羊無此三字。

十有一年，春，王三月，公至自晉。

○左氏傳：「晉人以公爲貳於楚，故止公。公請受盟，而後使歸。」

○泰山孫氏曰：「公留于晉九月。」

晉侯使郤犨來聘。己丑，及郤犨盟。公羊作「郤州」，後同。

○左氏傳：「郤犨來聘，且涖盟。」

夏，季孫行父如晉。

〔一〕留，底本作「晉」，據左傳杜預注改。

○左氏傳：「季文子如晉報聘，且涖盟也。」

或問：按左氏云公至自晉也，受盟而後歸，及季文子之如晉也，亦且涖盟。諒乎？曰：成公自汶陽之復歸于齊，欲貳于晉，而後不果。然嫌疑竟章，無以自明，晉因公之朝而止之。數月，公請受盟，而後使歸，又使郤犨來報，既聘而涖盟。魯使行父往，則又從而盟之。據强大之勢，要君臣之盟，皆魯之恥也。惟郤犨之盟，春秋以荀庚、孫良夫例而書之。成公之受盟、行父之涖盟，豈得晉君而盟之乎？亦大夫與盟耳。與盟而春秋不書，諱恥也。

秋，叔孫僑如如齊。

○左氏傳：「宣伯聘于齊，以脩前好。」韋以前之好。○襄陵許氏曰：「魯蓋激晉之德禮不施，將貳於齊而未能後人。」

僑如之行，蓋懲於附晉陵齊，以自取辱，而始講交隣之禮也。觀宣公、成公交齊疎數之跡，而魯人睦隣之義可知。自是以往，齊、魯之交，干戈之往來多於玉帛。周公、太公受先王之命，所謂「世世子孫無相害者」不復有存矣。春秋直書，其義自見。

冬，十月。

十有二年，春，周公出奔晉。

○公羊傳：「周公者何？天子之三公也。」

〇左氏傳：「周公楚惡惠、襄之偪也，惠王、襄王族。且與伯與爭政，不勝，怒而出。及陽樊，王使劉子復之，盟于鄄而入。三日，復出奔晉。書曰『周公出奔晉』，凡自周無出，周公自出故也。」

〇杜氏注：「天子無外，故奔者不言出。周公爲王所復，而自絶於周，故書出以非之。」

〇胡氏傳：「夫人主無誠慤之心，而下要大臣盟，是謂君不君；人臣無忠信之實，而上與人主盟，是謂臣不臣。既已要質鬼神以入矣，又背盟失信而出奔，是自絶於天也。」

〇穀梁傳：「周有入無出。其曰出，上下一見之也，言其上下之道無以自存也。上雖失之，下孰敢有之？今上下皆失之矣。」上謂天王僖二十四年出居鄭，下謂今周公也。上雖不君，下莫敢效不臣之過。今周公復出，則上下皆失之。君不君，臣不臣，是無以自存於世，言周之所以衰。

〇常山劉氏曰：「王子瑕、王子朝不書出，而周公書出奔，義與天王出居于鄭略同。以周室衰微，黍離變爲國風，號令不行於天下，則畿内皆非王有，故始于周公之奔特書曰出。以王者無外，溥天之下，莫非王土也，故後於子瑕、子朝之奔而止書奔。由天子之令不行於諸侯，故逋逃罪戾之人晉、楚敢受，書之而晉、楚之罪亦昭然矣。」

夏，公會晉侯、衛侯于瑣澤。公羊作「沙澤」。

〇左氏傳：「七年，秋，楚子重伐鄭，師于汜。諸侯救鄭。鄭共仲、侯羽軍楚師，囚鄖公鍾儀，獻諸晉。九年，晉人歸之，使歸求成。十二月，楚子使公子辰如晉，報鍾儀之使，請脩好結成。十年，春，晉侯使糴茷如楚，報大宰子商之使。十有一年，秋，宋華元善於令尹子重，又善於欒武子。聞楚人既許羅伐成而使歸復命矣。冬，華元如楚，遂如晉，合晉、楚之成。十二年，華元克合晉、楚之成。夏，五月，晉士燮會楚公子罷、許偃。癸亥，盟于宋西門之外。曰：『凡晉、楚無相加戎，好惡同之，同恤菑危，備救凶患。若有害楚，則晉伐之；在晉，楚亦如之。交贄往來，道路無壅，謀其不協，而討不庭、有渝此盟，明神殛之，俾隊其師，無克胙國。』鄭伯如晉聽成，會于瑣澤，成故也。」

○杜氏注：「晉既與楚盟，合諸侯以申成好。」

秋，晉人敗狄于交剛。

○左氏傳：「狄人間宋之盟以侵晉，而不設備。秋，晉人敗狄于交剛。」

○穀梁傳：「中國與夷狄不言戰，皆曰敗之。」

○劉氏意林：「春秋之記戰、伐、侵、入也甚詳，然而於夷狄未有言戰者，是何也？曰：夷狄者，春秋之所外也。中夏者，春秋之所內也。所內者，將以德治之；所外者，將以力治之。中國可教以禮義，故不結日，不偏陳，雖有道，猶惡之。夷狄不可教以禮義，其來爲寇，能勝之而已矣，雖不結日，不偏陳，無譏焉。」

冬，十月。

十有三年，春，晉侯使郤錡來乞師。

○程氏傳：「不以王命與諸侯師，故書也。」

○穀梁傳：「乞，重辭也。」

○胡氏傳：「晉主夏盟，行使諸侯，徵會討貳，誰敢不從。以霸主之尊而書曰『乞師』，何也？列國疏封，雖有大小，土地甲兵受之天子，不相統屬，魯兵非晉所得專也，今晉不以王命興諸侯之師，故特書曰乞，以見其卑伏屈損，無自反而縮之意矣。聖人作春秋，不重内而輕外，至於乞師，則内外同辭者，蓋皆有報怨復讎貪得之心，是以如此。若夫誅亂臣討賊子，請於天王以大義驅之，誰不拱手以聽命，何至於乞哉？噫！此聖人所以垂戒後世，見諸行事之深切著明者也。」

自齊桓以來，召兵侵伐雖不出於王命，然攘夷討罪，爲中國舉，猶足以令諸侯也。今以晉私怨報秦，則其義不足以令諸侯矣，故懼其不從，而卑詞以乞之。聖人直書，以見其舉事不公，自貶霸體也。

三月，公如京師。夏，五月，公自京師，遂會晉侯、齊侯、宋公、衛侯、鄭伯、曹伯、邾人、滕人伐秦。

○左氏傳：「三月，公如京師，及諸侯朝王，遂從劉康公、成肅公會晉侯伐秦。晉侯使吕相絶秦。秦桓公既與晉厲公爲令狐之盟，而又召狄與楚，欲道以伐晉。説侯是以睦於晉。五月，丁亥，晉師以諸侯之師及秦師戰于麻隧。秦師敗績，獲秦成差及不更女父。曹宣公卒于師。師遂濟涇，及侯麗而還。」

○杜氏注：「伐秦，道過京師，因朝王。」

○程氏傳：「不書朝王，因會伐而行也，故不成其朝。」

○泰山孫氏曰：「按周官六年五服一朝，又六年王乃時巡，諸侯各朝于方岳，大明黜陟，未有因會諸侯伐國過京師朝之之事。故曰『春，晉侯使郤錡來乞師。三月，公如京師。夏，五月，公自京師，遂會晉侯、齊侯伐秦』，以惡之也。」

○公羊傳：「其言自京師何？公鑿行也。鑿，更造之意。公鑿行奈何？不敢過天子也。」

○程氏傳：「以伐秦爲遂事，明朝爲重。」胡氏傳：「諸侯每歲侵伐四出，未有能修朝覲之禮者。今公欲會伐秦，道自王都，不可越天子而往也，故皆朝王而不能成朝禮。書曰『如京師』，見諸侯之慢也，因會伐而行矣。又書『公自京師』，以伐秦爲遂事，明朝王爲重，存人臣之禮也。古者諸侯即位，服喪畢則朝，小聘大聘終則朝，巡守于方岳則朝。觀春秋所載，天王遣使者屢矣，十二公之述職，蓋闕如也。獨此年書『公如京師』，又不能成朝禮，不敬莫大焉。君臣人道之大倫，而至此極，故仲尼嘗歎曰：『夷狄之有君，不如諸夏之亡也。』爲此懼，作春秋，以明君臣之義，使臣必敬其君，子必敬其父，存天理，遏人欲，正大倫。此以『伐秦』爲遂事之意也。」○劉氏意林：「主人習其讀，則以謂如京師者，固美志也，而未知春秋以是譏之也。曰必不伐秦，豈能朝天子乎？天子者，天下之父也，朝有年，聘有時，盡心竭力，致其誠慤專一之意以將之，則所謂子事父、臣事君之道矣，焉有挾他事以往哉？重於伐人，輕於事君，雖有朝之名，而無朝之誠。書曰：享多儀，儀不及物，惟曰不享，此春秋所惡也。」

曹伯廬卒于師。陸氏釋文：「左氏本亦作『盧』。」

○左氏傳：「曹宣公卒于師。曹人使公子負芻守，使公子欣時逆曹伯之喪。秋，負芻殺其大子而自立也。諸侯乃請討之。晉人以其役之勞，請俟他年。」

○穀梁傳：「公、大夫在師曰師，在會曰會。」

秋，七月，公至自伐秦。

○泰山孫氏曰：「不以京師至者，明本非朝京師。」

冬，葬曹宣公。

○左氏傳：「冬，葬曹宣公。既葬，子臧將亡，國人皆將從之。子臧，公子欣時。國人不義負芻故。成公懼，負芻。告罪，且請焉。乃反，而致其邑。」

十有四年，春，王正月，莒子朱卒。

○杜氏譜：「季佗也。」

○徐邈曰：「葬皆稱謚，而莒行夷禮，君無謚，故與楚僭王號同不書葬，終春秋亦不得書葬。〔二〕

夏，衛孫林父自晉歸于衛。

〔二〕底本脱「亦不得書葬」五字，據穀梁傳范甯注補。

○左氏傳：「衛侯如晉。晉侯强見孫林父焉，定公不可。夏，衛侯既歸，晉侯使郤犨送孫林父而見之。衛侯欲辭，定姜曰：『不可。是先君宗卿之嗣也，大國又以爲請。不許，將亡。雖惡之，不猶愈於亡乎？君其忍之！安民而宥宗卿，不亦可乎？』衛侯見而復之。」

○泰山孫氏曰：「林父七年奔晉，其言『自晉歸于衛』者，由晉侯而得歸也。衛大夫由晉侯而得歸，衛國之事可知矣。」

○襄陵許氏曰：「人臣不惟義之即安，而介恃大國，使之反己，此能爲逐君之惡者也。惟其辨之不早，是以衛獻至於出奔，禍兆此矣。歸，易詞也，自晉奉之故也。」

書「自晉歸于衛」，參譏也。蓋衛侯出奔，六卿專晉之履霜也與！

秋，叔孫僑如如齊逆女。

鄭公子喜帥師伐許。

○左氏傳：「八月，鄭子罕伐許。戊戌，鄭伯復伐許。庚子，入其郛。許人平以叔申之封。」襄陵許氏曰：「鄭偪許、楚，困鄭，以國大小、兵力强弱更相呑噬，夷、夏一道而人理盡矣。」

九月，僑如以夫人婦姜氏至自齊。

○胡氏傳：「僑如之不氏，一事而再見者卒名也。」

○石氏曰：「稱婦，有姑詞也。」

冬，十月，庚寅，衛侯臧卒。

○左氏傳：「衛侯有疾，使孔成子、甯惠子立敬姒之子衎以爲大子。冬，十月，衛定公卒。夫人姜氏見大子之不哀也，歎曰：『是夫也，將不惟衛國之敗，其必始於未亡人。烏呼！天禍衛國也夫！』大夫聞之，無不聳懼。孫文子自是不敢舍其重器於衛，盡寘諸戚，而甚善晉大夫。」

秦伯卒。

十有五年，春，王二月，葬衛定公。

三月，乙巳，仲嬰齊卒。

○公羊傳：「仲嬰齊者何？公孫嬰齊也。公孫嬰齊則曷爲謂之仲嬰齊？爲兄後也。爲兄後則曷爲謂之仲嬰齊？爲人後者爲之子也。爲人後者爲之子，則其稱仲何？孫以王父字爲氏也。然則嬰齊孰後？後歸父也。歸父使乎晉，還自晉，至檉，聞君薨家遣，墠帷哭君成踊，反命乎介，自是走之齊。魯人徐傷歸父之無後也，於是使嬰齊後之也。」

○杜氏注：「嬰齊，歸父弟。」

○胡氏傳：「書曰仲嬰齊，以見其亂昭穆之序，失父子之親。」

癸丑，公會晉侯、衛侯、鄭伯、曹伯、宋世子成、齊國佐、邾人，同盟于戚。晉侯執曹伯，歸于京師。公羊作「歸之于」。

○左氏傳：「會于戚，討曹成公也。執而歸諸京師，討其殺大子而自立，見十三年。諸侯將見子臧於王而立之子。臧辭曰：『前志有之，曰：「聖達節，次守節，下失節。」爲君，非吾節也。雖不能聖，敢失守乎？』遂逃奔宋。」

○程氏傳：「十三年，曹伯卒于師，負芻弒世子自立。既三年，諸侯與之盟矣。方執之，稽天討也，故書同盟，見其既同。」

○蘇氏曰：「稱侯以執，執有罪也。歸之于京師，禮也。春秋書執諸侯者多矣，惟是爲得禮。」

厲公此舉善矣，而春秋猶不以伯討擯其與盟之罪。蓋以爲先執曹伯，以令諸侯而盟之，然後盡善也。觀曹人請君于晉，曰：「若有罪則君列諸會。」則一舉措之不當，遂開釋姦之門，此豈小失哉！

公至自會。

夏，六月，宋公固卒。

○左氏傳：「宋共公卒。」

楚子伐鄭。

○左氏傳：「楚將北師。子囊曰：『新與晉盟而背之，無乃不可乎？』子反曰：『敵利則進，何盟之有？』申叔時老矣，在申聞之，曰：『子反必不免。信以守禮，禮以庇身。信、禮之亡，欲免得乎？』楚子侵鄭，及暴隧，遂侵衛，反〔二〕首止。鄭子罕侵楚，取新石。欒武子欲報楚，韓獻子曰：『無庸，使重其罪，民將叛之。無民，孰戰？』」

秋，八月，庚辰，葬宋共公。

○杜氏注：「三月而葬，速。」

宋華元出奔晉。宋華元自晉歸于宋。宋殺其大夫山。宋魚石出奔楚。

○左氏傳：「葬宋共公。於是華元爲右師，魚石爲左師，蕩澤爲司馬，華喜爲司徒，公孫師爲司城，向爲人爲大司寇，鱗朱爲少司寇，向帶爲大宰，魚府爲少宰。蕩澤弱公室，殺公子肥。華元曰：『我爲右師，君臣之訓，師所司也。今公室卑，而不能正，吾罪大矣。不能治官，敢賴寵乎？』乃出奔晉。二華，戴族也。司城，莊族也。六官皆桓族也。魚石將止華元。魚府曰：『右師反，必討，是無桓氏也。』魚石曰：『右師苟獲反，雖許之討，必不敢。且多大功，國人與之，不反，懼桓氏之無祀於宋也。』魚石自止華元于河上。請討，許之，乃反。使華喜、公孫師帥國人攻蕩氏，殺子山。書曰：『宋殺其大夫山』，言背其族也。魚石、向爲人、鱗朱、

〔二〕反，左傳作「及」。

向帶、魚府出奔楚。」注：「五大夫畏同族罪及，故出奔。」陸氏辨疑曰：「按經文云『奔晉』，又云『自晉歸』，而傳云『魚石自止華元于河上。請討，許之，乃反。』殊相違矣。」

○蘇氏曰：「華元之奔晉也，未至而復。其書曰『華元出奔晉』，且書『自晉歸于宋』，何也？元將討山，而知力之不能，故奔；奔而國人許之討，故歸。故其討山也，雖其族人莫敢救之者，故書曰『宋華元出奔晉』。宋華元自晉歸于宋，言其出入之正，是以能討山也。使元懷禄顧寵，重於出奔，則不能討山矣。山之不氏，背其宗也。山實有罪而稱國以殺，何也？殺一大夫而國幾於亂，非政也。」劉氏傳：「稱國以殺大夫者，罪累上也。山之累上奈何？宋之六卿，魚氏、蕩氏、向氏、鱗氏，皆桓族也。蕩氏汰而驕，共公卒，已葬，六卿作亂，逐華元，華元自晉歸于宋，使國人攻桓氏，殺大夫山，黜魚石，國然後定。」

○常山劉氏曰：「蕩山，宋公族也，乘君之喪作亂，以弱公室，是背其族也。背其族者，伐其本也。人而無本，人道絶矣，故去族以示法。」

冬，十有一月，叔孫僑如會晉士燮、齊高無咎、宋華元、衛孫林父、鄭公子鰌、邾人會吴于鍾離。

○左氏傳：「會吴于鍾離，吴始通也。」吴未嘗通中國，今始來通，晉帥諸侯之大夫而會之。

○穀梁傳：「會又會，外之也。」

○啖子曰：「重書會，既會士燮等，又往會吴。」

○程氏傳：「吴益强大，求會於諸侯。諸侯之衆往而從之，故書諸國往與之會，以見夷狄盛而中國衰也。時中國病楚，故與吴親。」

○胡氏傳：「吴以號舉，夷之也。會而殊會，有二義，會王世子于首止，意在尊王室，不敢與世子抗也；會吴于鍾離、于柤、于向，意在賤夷狄，而非諸侯往與之會也。夫以太伯至德，是始有吴，以族言之，則周之伯父也。至其後世，遂以號舉者，以其僭竊稱王，不能居中國之爵號耳。成襄之間，中國無伯，齊、晉大國亦皆俛首東向而親吴，聖人蓋傷之，故特殊會，可謂深切著明矣。」

○襄陵許氏曰：「列書卿會始此，君道微而臣行彰也。」

○杜氏注：「鍾離，楚邑，淮南縣。」

許遷于葉。

○左氏傳：「許靈公畏偪于鄭，請遷于楚。楚公子申遷許于葉。」

○杜氏注：「許畏鄭，南依楚，故以自還爲文。胡氏曰：『遷之者須楚人，而欲遷者許意也。』葉，今南陽葉縣。」

○余氏曰：「中國自相屠覆而許遷于葉，以求近于蠻夷，中國之亂可知也。」

十有六年，春，王正月，雨木冰。

○公羊傳：「雨木冰者何？雨而木冰也。何以書？記異也。」何休注：「木者，少陽，幼君大臣之象，冰者，凝陰，兵之類也。冰脅木者，君臣將困於兵之徵。」○胡氏傳：「未幾而有沙隨、苕丘之事。天人之際，休咎之證，焉可誣也？」

夏，四月，辛未，滕子卒。

○左氏傳：「滕文公卒。」

鄭公子喜帥師侵宋。

○左氏傳：「春，楚子自武城使公子成以汝陰之田求成于鄭。鄭叛晉，子駟從楚子盟于武城。四月，滕文公卒。鄭子罕伐宋，滕，宋之與國。因滕有喪而伐宋。宋將鉏、樂懼敗諸汋陂。退，舍于夫渠，不儆。鄭人覆之，敗諸汋陵，獲將鉏、樂懼。宋恃勝也。衛侯伐鄭，至于鳴鴈，爲晉故也。」

六月，丙寅，朔，日有食之。

晉侯使欒黶來乞師。

○左氏傳：「晉侯將伐鄭。使郤犨如衛，遂如齊，皆乞師焉。欒黶來乞師。」

○程氏傳：「時以穆姜、叔孫僑如將作難，故師出後期。」

甲子，晦，晉侯及楚子、鄭伯戰于鄢陵。楚子、鄭師敗績。

○左氏傳：「晉侯將伐鄭。范文子曰：『若逞吾願，諸侯皆叛，晉可以逞。若唯鄭叛，晉國之憂，可立俟也。』欒武子曰：『不可以當吾世而失諸侯，必伐鄭。』乃興師。欒書將中軍，士燮佐之；郤錡將上軍，荀偃佐之；

韓厥將下軍；郤至佐新軍。荀罃居守。鄭人聞有晉師，使告於楚，楚子救鄭。司馬子反。將中軍，令尹子重。將左，右尹子辛將右。過申，子反入見申叔時，曰：『師其何如？』對曰：『德、刑、詳、義、禮、信，戰之器也。德以施惠，刑以正邪，詳以事神，義以建利，禮以順時，信以守物。民生厚而德正，用利而事節，時順而物成，上下和睦，周旋不逆，民生敦厖，和同以聽，莫不盡力以從上命，致死以補其闕，此戰之所由克也。今楚內棄其民，而外絶其好，瀆齊盟，而食話言；奸時以動，而疲民以逞。民不知信，進退罪也。人恤所底，其誰致死？子其勉之！吾不復見子矣。』五月，晉師濟河。聞楚師將至，范文子欲反，曰：『我僞逃楚，可以紓憂。夫合諸侯，非吾所能也，以遺能者。我若群臣輯睦以事君，多矣。』武子曰：『不可！』六月，晉、楚遇于鄢陵。范文子不欲戰。郤至曰：『韓之戰，惠公不振旅；箕之役，先軫不反命；邲之師，荀伯不復從，皆晉之恥也。子亦見先君之事矣。今我辟楚，又益恥也。』文子曰：『吾先君之亟戰也，有故。秦、狄、齊、楚皆强，不盡力，子孫將弱。今三彊服矣，敵楚而已。唯聖人能內外無患。自非聖人，外寧必有內憂，盍釋楚以爲外懼乎？』甲午晦，楚晨壓晉軍而陳。欒書曰：『楚師輕窕，固壘而待之，三日必退。退而擊之，必獲勝焉。』郤至曰：『楚有六間，不可失也。其二卿相惡，王卒以舊，罷老不代。鄭陳而不整，蠻軍而不陳，陳不違晦，在陳而囂，合而加囂，各顧其後，莫有鬭心；我必克之。』苗賁皇言於晉侯曰：『楚之良，在其中軍王族而已。請分良以擊其左右，而三軍萃於王卒，必大敗之。』步毅御晉厲公，欒鍼爲右。彭名御楚共王，潘黨爲右。石首御鄭成公，唐苟爲右。及戰，呂錡射共王，中目。王召養由基，與之兩矢，使射呂錡，中項，伏弢。

以一矢復命。韓厥從鄭伯，其御杜溷羅曰：『速從之！其御屢顧，不在馬，可及也。』韓厥曰：『不可以再辱國君。』乃止。郤至從鄭伯，其右茀翰胡曰：『諜輅之，余從之乘，而俘以下。』郤至曰：『傷國君有刑。』亦止。石首曰：『衛懿公唯不去其旗，是以敗於熒。』乃納旌於弢中。石首以鄭伯免，唐苟死之。楚師薄於險，養由基射，再發，盡殪。叔山冉搏人以投，中車，折軾。晉師乃止。囚楚公子茷。旦而戰，見星未已。子反命軍吏察夷傷，補卒乘，繕甲兵，展車馬，雞鳴而食，唯命是聽。晉人患之。苗賁皇徇曰：『蒐乘、補卒，秣馬、利兵，修陳、固列，蓐食、申禱，明日復戰！』乃逸楚囚。王聞之，召子反謀。子反醉而不能見。王曰：『天敗楚也夫！余不可以待。』乃宵遁。晉入楚軍，三日穀。范文子立於戎馬之前，曰：『君幼，諸臣不佞，何以及此？君其戒之！周書曰：「惟命不于常。」有德之謂。』」

○穀梁傳：「日事遇晦曰晦。楚不言師，君重於師也。」

○公羊傳：「楚何以不稱師？王痍也。王痍者何？傷乎矢也。然則何以不書師敗績？末言爾。末，無也。無所取於言師敗，當舉君傷爲重。」

○劉氏傳：「戰而言及者，主是戰者也，猶曰晉侯爲志乎此戰也云爾。」

○胡氏傳：「當是時，兩軍相抗，勝負未決。晉之捷也，亦幸焉爾。幸，非持勝之道。范文子所以有立於軍門之戒乎！楚人雖敗，其勢益張，晉遂怠矣，卒有欒氏之譖而誅三郤，國內大亂。聖人備書，以見行事之深切著明也。」

○杜氏注：「鄢陵，鄭地，今屬潁川郡。」

楚殺大夫公子側。

○左氏傳：「楚師還，及瑕。王使謂子反曰：『先大夫之覆師徒者，君不在。子無以爲過，不穀之罪也。』子反再拜稽首曰：『君賜臣死，死且不朽。臣之卒實奔，臣之罪也。』子重使謂子反曰：『初隕師徒者，而亦聞之矣。盍圖之？』對曰：『雖微先大夫有之，大夫命側，側敢不義？側亡君師，敢忘其死？』王使止之，弗及而卒。」

○蘇氏曰：「公子側，鄢陵之敗帥也。楚以一敗殺之，故稱國以殺。」襄陵許氏曰：「楚子不思所以自責而責大夫，卒殺子反，故以累上之辭言之。」

秋，公會晉侯、齊侯、衛侯、宋華元、邾人于沙隨，不見公。

○左氏傳：「戰之日，齊國佐、高無咎至于師，衛侯出于衛，公出于壞隤。魯與齊、衛皆後，不獨魯。明晉以僑如譖不見公。宣公通於穆姜，欲去季、孟而取其室。將行，穆姜送公，而使逐二子。公以晉難告，曰：『請反而聽命。』姜怒，公子偃、公子鉏趨過，指之曰：『女不可，是皆君也。』公待於壞隤，申宮儆備，設守而後行，是以後。使孟獻子守于公宮。秋，會于沙隨，謀伐鄭也。宣伯使告郤犨曰：『魯侯待于壞隤，以待勝者。』郤犨將新軍，且爲公族大夫，以主東諸侯。取貨於宣伯，而訴公於晉侯。晉侯不見公。」

○穀梁傳：「不見公者，可以見也。可以見而不見，譏在諸侯也。」

○程氏傳：「晉侯聽譖怒公後期，故不見公。君子正己而無恤乎人。魯之後期，國難故也，晉不見爲非矣。彼曲我直，故不足爲耻也。」

○常山劉氏曰：「夫子於魯事，凡有可耻者，必爲之諱，君臣之禮也。其我無失道，乃爲横逆所加，則不諱。沙隨之會，晉怙强無義而不見公，我何恥焉？故直書之，而在會諸侯，俱有罪也。」

○胡氏傳：「春秋伸道不伸邪，榮義不榮勢，正己而無恤乎人，以仁禮存心，而不虞横逆之至者也。魯有内難，師出後期，所當恤者。晉人聽譖，怒公而不納，曲在晉矣。直書不諱者，示天下後世，使知自反而縮之勇，所以守身應物如此，垂訓之義大矣。」

○杜氏注：「沙隨，宋地。梁國寧陵縣北有沙隨亭。」

公至自會。

○石氏曰：「公之此行，内有僑如之患，而外不爲諸侯所禮，故書而致之。」

公會尹子、晉侯、齊國佐、邾人伐鄭。

○左氏傳：「公會尹武公及諸侯伐鄭。將行，姜又命公如初。公又申守而行。諸侯之師次于鄭西，我師次于督楊，不敢過鄭。子叔聲伯使叔孫豹請逆于晉師。諸侯遷于制田。知武子佐下軍，以諸侯之師侵陳，至于鳴鹿。遂侵蔡。未反，諸侯遷于潁上。戊午，鄭子罕宵軍之，宋、齊、衛皆失軍。」

○杜氏注：「尹子，王卿士。子，爵。」

曹伯歸自京師。

○左氏傳：「曹人請于晉曰：『自我先君宣公即位，國人曰：「若之何？憂猶未弭。」而又討我寡君，以亡曹國社稷之鎮公子，是大泯曹也。晉執曹伯後，子臧奔宋。先君無乃有罪乎？若有罪，則君列諸會矣。君唯不遺德、刑，以伯諸侯，豈獨遺諸敝邑？敢私布之。』晉侯謂子臧：『反！吾歸而君。』子臧反，曹伯歸。子臧盡致其邑與卿而不出。」

○程氏傳：「曹伯不名，不稱復歸，王未嘗絶其位也。自京師，王命也。」啖氏曰：「曹伯不名，自京師故也。」

○陸氏微旨：「曹伯之篡，罪莫大焉。晉侯討而執之，其事當矣。王不能定其罪名，失政刑也。故書曰『歸自京師』，而不名，以罪譏之。」

九月，晉人執季孫行父，舍之于苕丘。公羊作「招丘」。

○左氏傳：「宣伯使告郤犨曰：『魯之有季、孟，猶晉之有欒、范也，政令於是乎成。今其謀曰：「晉政多門，不可從也。寧事齊、楚，有亡而已，蔑從晉矣！」若欲得志於魯，請止行父而殺之，我斃蔑也，而事晉，蔑有貳矣。魯不貳，小國必睦。不然，歸必叛矣。』九月，晉人執季文子于苕丘。公還，待于鄆，使子叔聲伯請季孫于晉。郤犨曰：『苟去仲孫蔑而出季孫行父，吾與子國，親於公室。』對曰：『僑如之情，子必聞之矣。

若去蔑與行父，是大棄魯國，而罪寡君也。若猶不棄，而惠徼周公之福，使寡君得事晉君。則夫二人者，魯國社稷之臣也。若朝亡之，魯必夕亡。以魯之密邇仇讎，亡而爲讎，治之何及？』」

○杜氏注：「苕丘，晉地。舍之苕丘，明不以歸。」

○程氏傳：「寘之于苕丘也。」

○劉氏傳：「稱人以執者，非伯討也。此其爲非伯討奈何？晉侯用叔孫僑如之譖，不見公，執季孫行父。」

○意林曰：「執之者，以歸也。歸而未至，故不可言以歸。而著『舍之于苕丘』焉。此皆春秋别嫌明微慎用獄之意也。」

冬，十月，乙亥，叔孫僑如出奔齊。

○左氏傳：「范文子謂欒武子曰：『季孫於魯，相二君矣。妾不衣帛，馬不食粟，可不謂忠乎？信讒慝而棄忠良，若諸侯何？子其圖之！』乃許魯平，赦季孫。出叔孫僑如而盟之，僑如奔齊。」

十有二月，乙丑，季孫行父及晉郤犨盟于扈。

○石氏曰：「季孫獲歸，與郤犨盟于扈。晉之政在大夫可以知矣。」

公至自會。

○余氏曰：「君臣同出，以君至也。公伐鄭，不至自伐，以會致者，行父故也。」

乙酉，刺公子偃。

○左氏傳：「歸，刺公子偃。」偃與鉏俱爲姜所指，而獨殺偃，偃與謀。

○陸氏纂例：「偃則直書刺者，有罪當殺也。買則止言晉伐衛，買不卒戍，明不勝而還，非其罪也。」

十有七年，春，衛北宫括帥師侵鄭。括，公羊作「結」，誤。

○左氏傳：「鄭子駟侵晉虛、滑。衛北宫括救晉，侵鄭，至于高氏。」虛、滑，晉二邑。滑，故滑國，爲秦所滅，時屬晉。高氏，在陽翟縣西南。

夏，公會尹子、單子、晉侯、齊侯、宋公、衛侯、曹伯、邾人伐鄭。

○左氏傳：「夏，五月，鄭大子髡頑、侯獳爲質於楚，楚公子成、公子寅戍鄭。公會尹武公、單襄公及諸侯伐鄭，自戲童至于曲洧。」

○杜氏注：「晉未能服鄭，故假天子威，周使二卿會之。」

六月，乙酉，同盟于柯陵。

○左氏傳：「同盟于柯陵，尋戚之盟也。楚子重救鄭，師于首止。諸侯還。」畏楚也。

○杜氏注：「柯陵，鄭西地。」

○陸氏纂例：「不重言諸侯，譏尹子、單子與盟。」

○程氏傳：「同病楚也。」

○蘇氏曰：「齊、晉之盛，天子之大夫會而不盟，尊周也。柯陵之會，尹子、單子始與諸侯之盟，自是習以爲常，非禮也。」

秋，公至自會。

此其不以伐鄭致而以會致，何也？蓋公之得罪於晉未久，而晉侯自是益驕，則公之危不在於伐而在於會。會以得免於伯主爲幸，則致必以會録，此致會之意也。

齊高無咎出奔莒。

○左氏傳：「齊慶克通於聲孟子，聲孟子，靈公母。與婦人蒙衣乘輦而入于閎。鮑牽見之，以告國武子，武子召慶克而謂之。慶克久不出，而告夫人曰：『國子謫我！』夫人怒。國子相靈公以會，高、鮑處守。高無咎、鮑牽。及還，將至，閉門而索客。孟子訴之曰：『高、鮑將不納君，而立公子角。國子知之。』秋，七月，壬寅，刖鮑牽而逐高無咎。無咎奔莒，高弱以盧叛。」

○襄陵許氏曰：「靈公不公，其聽自沈帷牆，奔其世臣以長禍亂。詩曰：『萋兮斐兮，成是貝錦。』『哆兮侈兮，成是南箕。』悲夫！唯巧言能使閉門索客者，爲將不納君也！」

九月，辛丑，用郊。

○公羊傳：「用者，不宜用也。九月，非所用郊也。然則曷用？郊用正月上辛。」

○穀梁傳：「九月用郊，用者，不宜用者也。宫室不設，衣服不備，不可以祭；車馬器械不備，不可以祭；有司一人不備其職，不可以祭。祭者，薦其時也，薦其敬也，薦其美也，非享味也。」高郵孫氏曰：「王者春郊正月以祈穀，秋郊九月以報功。春曰圜丘，秋曰明堂。后稷，圜丘之配；文王，明堂之配，魯郊非禮矣，而成王賜之，魯公受之。詩曰：『皇皇后帝，皇祖后稷。』魯之郊，配后稷，而不曰文王焉。蓋其郊止於祈穀，而報功之郊不行也。春秋卜牛於正月，三月在滌，則春秋之正月，夏時之十一月也。十一月而養牛，則二月可以郊矣。然則魯之郊用夏時之二月，不敢並天子之時，又殺之也。春秋之九月，夏時之七月，以爲祈穀則已晚，以爲報功則大早，又魯之不當行者。」

晉侯使荀罃來乞師。

○余氏曰：「晉侯再伐鄭，恐公不出師，故遣荀罃來乞之。」

冬，公會單子、晉侯、宋公、衛侯、曹伯、齊人、邾人伐鄭。

○左氏傳：「諸侯伐鄭。十月，庚午，圍鄭。楚公子申救鄭，師于汝上。十一月，諸侯還。」

○泰山孫氏曰：「鄭與楚比周，晉侯再假王命，三合諸侯伐之，不能服，中國不振可知也。」師氏曰：「請王命以討有罪，宜糾合諸侯，以尊王命，奉辭以往，無敢或後可也。豈有爲盟主而不能尊王命以令諸侯，乃使大夫乞師於魯邪？以盟主而乞師，已爲卑辱，况以王之卿士主兵，乃言乞師，其卑王室以誤寵諸侯也甚矣。夫欲仗天子之威靈以討叛伐二，而乃先爲此卑辱，欲望鄭畏威，得乎哉？」

十有一月，公至自伐鄭。

壬申，公孫嬰齊卒于貍脤。脤，公羊作「軫」，穀梁作「蜃」。

○杜氏注：「貍脤，地闕」。泰山孫氏曰：「魯地。」

○蘇氏曰：「嬰齊從於伐鄭，還而道卒。大夫卒不地，其地，在外也。按下『十有二月，丁巳，朔』，則壬申非十一月，失之矣。」劉氏傳：「春秋故史也，有所不革。子曰：『其事則齊桓、晉文，其文則史，其義則丘竊取之矣。』」

十有二月，丁巳，朔，日有食之。

邾子貜且卒。

晉殺其大夫郤錡、郤犨、郤至。

○左氏傳：「戰于鄢陵，郤至三遇楚子之卒，見楚子，必下，免冑而趨風。楚子使工尹襄問之以弓。晉厲公侈，多外嬖。反自鄢陵，欲盡去群大夫而立其左右。胥童以胥克之廢也，怨郤氏，而嬖於厲公。郤錡奪夷陽五田，郤犨與長魚矯爭田，執而梏之，五與矯亦嬖於厲公。欒書怨郤至，以其不從己而敗楚師也，欲廢之。使楚公子茷告公曰：『此戰也，郤至實召寡君，以東師之未至也，與軍帥之不具也，曰：「此必敗。吾因奉孫周以事君。」』公告欒書，書曰：『其有焉！不然，豈其死之不恤，而受敵使乎？君盍嘗使諸周而察之？』郤至聘于周，欒書使孫周見之。公使覘之，信。遂怨郤至。厲公將作難，胥童曰：『必先三郤，族大多怨。去大族，不偪，敵多怨有庸。』公曰：『然！』壬午，胥童、夷羊五帥甲八百，將攻郤氏。長魚矯請無用衆，公使清沸魋助之，抽戈結衽，而僞訟者。三郤將謀於榭。矯以戈殺駒伯、苦成叔於其位。温季曰：『逃威也！』遂趨。矯及諸其車，以戈殺之。皆尸諸朝。胥童以甲劫欒書、中行偃於朝。矯曰：『不殺二子，憂必及君！』公曰：『一朝而尸三卿，余不忍益也！』對曰：『人將忍君。』遂出，奔狄。公使辭於二子，曰：『寡人有討於郤氏，郤氏既伏其辜矣，大夫無辱，其復職位！』皆再拜稽首曰：『君討有罪，而免臣於死，君之惠也。二臣雖死，敢忘君德？』乃皆歸。公使胥童爲卿。公遊於匠麗氏，欒書、中行偃遂執公焉。」

○穀梁傳：「自禍於是起矣。」

○泰山孫氏曰：「君之卿佐，是謂股肱。厲公不道，一日而殺三卿，此自禍之道也，誰與處矣！故列數之，以著其惡。明年晉殺州蒲。」

楚人滅舒庸。

○左氏傳：「舒庸人以楚師之敗也，道吴人圍巢，伐駕，圍釐、虺，遂恃吴而不設備。楚公子橐師襲舒庸，滅之。」

十有八年，春，王正月，晉殺其大夫胥童。

○左氏傳：「前年閏月，乙卯，晦，欒書、中行偃殺胥童。」

胥童之死，非出於君命，而書、偃實殺之也。春秋不書二臣殺之，而録以國討之文，何哉？蓋厲公之侈、三郤之戮，皆胥童之爲，則欒書之討，固不以己而以政也。惟其自是以殺君，故以殺其大夫書，此輕重之權衡也。

庚申，晉弑其君州蒲。

○左氏傳：「正月，庚申，欒書、中行偃使程滑弑厲公，葬之于翼東門之外，以車一乘。使荀罃、士魴逆周子于京師而立之，生十四年矣。大夫逆于清原。周子曰：『孤始願不及此，今及此，豈非天乎！抑人之求君，使出命也，立而不從，將安用君？二三子用我今日，否亦今日。共而從君，神之所福也。』對曰：『群臣之願也，敢不唯命是聽。』庚午，盟而入，辛巳，朝于武宫，逐不臣者七人。」

○穀梁傳：「稱國以弑其君，君惡甚矣。」

○劉氏傳：「其稱國以弑何？稱國以弑者，衆弑其君之詞也。」

○胡氏傳：「殺君，天下之大罪，討賊，天下之大刑。春秋合於人心而定罪，聖人順於天理而用刑，固不以大需釋當誅之賊，亦不以大刑加不弑之人。然趙盾以不越竟而書弑，許世子止以不嘗藥而書弑，楚公子比以不能効死不立而書弑，齊陳乞以廢長立幼而書弑。晉欒書身爲元帥，親執厲公於匠麗氏，使程滑弑公，而春秋稱國以弑，不書欒書之名氏，何哉？仲尼無私，與天爲一，奚獨於趙盾、許止輩責之甚嚴，而於欒武子闊略如此乎？學者深求其旨，知聖人誅亂臣賊子之大要也，而後可與言春秋矣。」

愚嘗聞之朱文公曰：胡氏此傳不明言其意，嘗問其説於公之甥范伯達，伯達曰：文定之意，蓋以爲厲公之無道當廢而不當弑。欒書廢之則得世臣之義矣，至於殺之，則罪也。故稱國而弑，以兩見其意焉。

齊殺其大夫國佐。

○左氏傳：「前年伐鄭之月，齊侯使崔杼爲大夫，使慶克佐之，帥師圍盧。國佐從諸侯圍鄭，以難請而歸，遂如盧師，殺慶克，以穀叛。齊侯與之盟于徐關而復之。正月，甲申，晦，齊侯使士華免以戈殺國佐于内宮之朝。」

○襄陵許氏曰：「慶克作慝，濁亂中闈，譖害大臣。不誅不詰，使國佐無所發其忠憤，起而殺之，顧爲俱靡而已。於是因以爲國佐罪，罪累上矣。」呂氏曰：「屬辭比事，春秋教也。比其事，則時可知。十七年晉殺三郤，十八年晉殺胥童，而晉弑其君州蒲，齊殺國佐。兩月之間，君臣上下之禍如此，則仁義不施而禮樂絶滅之效也。後之君臣欲思患而預防者，觀此亦可以必戒矣。」

公如晉。

○左氏傳：「朝嗣君也。」

夏，楚子、鄭伯伐宋。宋魚石復入于彭城。

○左氏傳：「鄭伯侵宋，及曹門外。遂會楚子伐宋，取朝郟。楚子辛、鄭皇戌侵城郜，取幽丘，同伐彭城，納宋魚石、向爲人、鱗朱、向帶、魚府焉，以三百乘戍之而還。宋人患之。西鉏吾曰：『何也？若楚人與吾同惡，以德於我，吾固事之也，不敢二矣。大國無厭，鄙我猶憾。不然，而收吾憎，使贊其政，以間吾釁，亦吾患也。今將崇諸侯之姦，而披其地，以塞夷庚。夷庚，吴、晉往來之要道。楚封魚石於彭城，欲以絶吴、晉之道。逞姦而攜服，毒諸侯而懼吴、晉，吾庸多矣，非吾憂也。且事晉何爲？晉必恤之。』」

○杜氏注：「彭城，宋邑，今彭城縣。」

○胡氏傳：「其言復入者，已絶而復入，惡之甚者，晉欒盈、宋魚石是矣。」

○吕氏曰：「不言納，楚以兵脅宋而魚石自入焉耳。」蘇氏曰：「不曰『納魚石』，將言魚石之復入故也。宣十一年，楚子入陳，納公孫寧、儀行父于陳，則何以不言入？寧、行父則有罪矣，楚子討其罪人而納之，疑若楚子之要罪也，將正楚子之罪，是以言納而不言入也。魚石之入，不曰自楚，何也？言伐宋，則自楚也。不曰叛，何也？將以亂國，非止叛也，故宋魚石、晉欒盈皆不曰叛。」

公至自晉。晉侯使士匄來聘。

○左氏傳：「公至自晉。晉范宣子來聘，且拜朝也。君子謂晉於是乎有禮。」襄陵許氏：「公朝始至而聘使繼至，晉悼之下諸侯肅矣。列國之所以睦，而叛國之所以服也。」

秋，杞伯來朝。

○左氏傳：「杞桓公來朝。勞公。且問晉故。公以晉君語之。杞伯於是乎驟朝于晉而請爲昏。」「二月，乙酉朔，晉悼公即位于朝，始命百官，施舍已責，逮鰥寡，振廢滯，匡乏困，救災患，禁淫慝，薄税歛，宥罪戾，節器用，時用民，欲無犯時。使魏相、士魴、魏頡、趙武爲卿；荀家、荀會、韓厲、韓無忌爲公族大夫，使訓卿之子弟共儉孝悌。使士渥濁爲大傅，使脩范武子之法；右行辛爲司空，使脩士蔿之法；弁糾御戎，校正屬焉，使訓諸御知義。荀賓爲右，司士屬焉，使訓勇力之士時使。卿無共御，立軍尉以攝之。祁奚爲中軍尉，羊舌職佐之；魏絳爲司馬，張老爲候奄。鐸遏寇爲上軍尉，籍偃爲之司馬，使訓卒乘，親以聽命。程鄭爲乘馬御，六騶屬焉，使訓群騶知禮。凡六官之長，皆民譽也。舉不失職，官不易方，爵不踰德，師不陵正，旅不偪師，民無謗言，所以復霸也。」

八月，邾子來朝。

○左氏傳：「邾宣公來朝，即位而來見也。」

築鹿囿。

○杜氏注：「築牆爲鹿苑。」

○穀梁傳：「山林藪澤之利，所以與民共也。虞之，非正也。」

○高郵孫氏曰：「春秋興作皆書。雖城池之固，門廄之急無遺焉，以其德不及之而徒勞民力也。况耳目之翫、一身之娛哉！左氏曰：『書，不時也。』蓋得時猶書也。」許氏曰：「大夫擅國，威福日去，而公務自娛於鳥獸草木，是之謂：『冥豫在上，何可長也？』」

孟子謂齊宣王曰：「臣聞郊關之内有囿方四十里，殺其麋鹿者如殺人之罪，則是方四十里爲穽於國中。」成公之鹿囿雖未至此，然後日之築郎囿、築蛇淵囿，亦師師非度，至戰國而極耳。或問：「『王在靈囿，麀鹿濯濯。』與書此之意何如？」曰：詩言萬物得其所，而鳥獸咸若也。春秋於鹿囿書之曰「築」，以見其獨樂，而視與民同之者霄壤不侔矣。

己丑，公薨于路寢。

○穀梁傳：「路寢，正也。男子不絕婦人之手，以齊終也。」

冬，楚人、鄭人侵宋。

○左氏傳：「宋老佐、華喜圍彭城，老佐卒焉。冬十一月，楚子重救彭城，伐宋。宋華元如晉告急。韓獻子爲政，曰：『欲求得人，必先勤之，成霸安彊，自宋始矣。』晉侯師于台谷以救宋。遇楚師于靡角之谷，楚師還。」

晉侯使士魴來乞師。公羊「魴」作「彭」。

○左氏傳：「晉士魴來乞師。季文子問師數於臧武仲，對曰：『伐鄭之役，知伯實來，下軍之佐也。今彘季亦佐下軍，如伐鄭可也。事大國，無失班爵而加敬焉，禮也。』從之。」

○襄陵許氏曰：「悼公之時，霸業復興，而乞師以救宋，猶遵厲公故事。元年而後，遂無乞師，則召兵而已矣。」

十有二月，仲孫蔑會晉侯、宋公、衛侯、邾子、齊崔杼，同盟于虛朾。

○左氏傳：「會于虛朾，謀救宋也。宋人辭諸侯，而請師以圍彭城。」

○杜氏注：「虛朾，地闕。」

○許氏曰：「襄公不會，在喪故也，悼之，所以仁諸侯也。」

丁未，葬我君成公。

○左氏傳：「書，順也。」薨于路寢，五月而葬，國家安静，世適承嗣，故曰書順。

春秋卷第十七

卷十八至卷二十阙

春秋卷第二十一

昭公

○名裯，襄公之子，齊歸所生。謚法：「威儀恭明曰昭。」

元年，春，王正月，公即位。

叔孫豹會晉趙武、楚公子圍、齊國弱、宋向戌、衛齊惡、陳公子招、蔡公孫歸生、鄭罕虎、許人、曹人于虢。公羊「國弱」作「國酌」，「齊惡」作「石惡」，「罕虎」作「軒虎」，後及罕達同，「虢」作「漷」。穀梁作「郭」。

○左氏傳：「會于虢，尋宋之盟也。楚令尹圍請用牲，讀舊書，加于牲上而已。舊書，宋之盟書。楚恐晉先歃，故欲從舊書加于牲上。不歃血，所以不書盟。晉人許之。三月，甲辰，盟。」

○劉氏傳：「此陳侯之弟招也，何以不稱弟？諸侯之尊，弟兄不得以其屬通也。諸侯之尊則弟兄曷爲不得以屬通？諸侯非始封之君，臣諸父昆弟，其在朝廷爵以德，齒以官，體異姓也。族人不得以其戚戚君，尊尊也。」

○胡氏傳：「公子者，其本當稱也。曰弟者，因事而特稱之也。」

三月，取鄆。

○左氏傳：「季武子伐莒，取鄆。莒人告於會。楚告于晉曰：『尋盟未退，而魯伐莒，瀆齊盟，請戮其使。』樂桓子相趙文子，欲求貨於叔孫而爲之請，使請帶焉，弗與。梁其踁曰：『貨以藩身，子何愛焉？』叔孫曰：『諸侯之會，衛社稷也。我以貨免，魯必受師。是禍之也，何衛之爲？雖怨季孫，魯國何罪？叔出季處，有自來矣，吾又誰怨？然鮒也賄，弗與不已。』召使者，裂裳帛而與之，曰：『帶其褊矣。』趙孟聞之，乃請於楚曰：『魯雖有罪，其執事不避難，子若免之，以勸左右，可也。封疆之削，何國蔑有？主齊盟者，誰能辯焉？莒、魯爭鄆，爲日久矣。苟無大害於其社稷，可無亢也。』固請諸楚，楚人許之，乃免叔孫。」

○程氏傳：「乘莒之亂而取之，故隱辟其詞。」

○胡氏傳：「不曰伐莒取鄆，爲内諱也。」

夏，秦伯之弟鍼出奔晉。

○左氏傳：「秦后子有寵於桓，如二君於景。其母曰：『弗去，懼選。』鍼適晉，其車千乘。書曰『秦伯之弟鍼出奔晉』，罪秦伯也。后子享晉侯，造舟于河，造舟爲梁，通秦、晉道。十里舍車，一舍八乘，爲八反之備。自雍及絳。雍、絳相去千里，用車八百乘。歸取酬幣，終事八反。備九獻之儀，始禮齊其一，續送其八。司馬侯問焉，曰：『子之車，盡於此而已乎？』對曰：『此之謂多矣！若能少此，吾何以得見？』女叔齊以告公，且曰：『秦公子必歸。臣聞君子能知其過，必有令圖。令圖，天所贊也。』」

○穀梁傳：「諸侯之尊，弟兄不得以屬通。其弟云者，親之也。親而奔之，惡也。」

○胡氏傳：「夫后子出奔，其父禍之，而罪秦伯，何也？春秋以均愛望人父，而以能友責人兄。父母有愛妾，猶終身敬之不衰，況兄弟乎？兄弟翕而後父母順矣，故不曰『公子』而特稱『秦伯之弟』云。」許氏曰：「人君愛子，使之寵貴，以庶亂適，是禍之也。志秦后子，以爲世戒。」

六月，丁巳，邾子華卒。

晉荀吳帥師敗狄于大鹵。公羊、穀梁作「大原」。

○左氏傳：「晉中行穆子敗無終及羣狄于大原，崇卒也。將戰，魏舒曰：『彼徒我車，所遇又阸，以什共車，必克。困諸阸，又克。請皆卒，自我始。』乃毁車以爲行，五乘爲三伍。荀吳之嬖人不肯即卒，斬以徇。爲五陳以相離，兩於前，伍於後，專爲右角，參爲左角，偏爲前拒，以誘之。狄人笑之。未陳而薄之，大敗之。」

○穀梁傳：「中國曰大原，夷狄曰大鹵。號從中國，名從主人。」胡氏傳：「按六月，宣王北伐之詩，其詞曰：『薄伐玁狁，至于大原。』而詩人美之者，謂不窮追遠討，及封境而止也。然則大原在禹服之内，而狄人來侵，攘斥宜矣。其過在毁車崇卒，以詐誘狄人而敗之，非王者之師耳。使後世車戰法亡，崇尚步卒，以變詐相高，日趨苟簡，皆此等啓之矣。書『敗狄』，譏之也。」○許氏曰：「亂世逐爭，奇變滋起，兵車重遲，寢廢兆此矣。箕與交剛皆書晉人，至是書卿帥師，狄强而晉衰也。」

秋，莒去疾自齊入于莒。莒展輿出奔吴。公、穀無「輿」字。

○左氏傳：「莒展輿立，而奪羣公子秩。公子召去疾于齊。秋，齊公子鉏納去疾，展輿奔吴。」

○程氏傳：「去疾假齊之力以入莒，討展輿之罪，正也，故稱莒。遂自立。無所禀命，故不稱公子，自以爲公子可立也。展輿爲弑君者所立，而以國氏者，罪諸侯也。虢之會，雖國亂未與，然諸侯與其立矣，故欲執叔孫也。稱『莒展輿』，見諸侯之與其立也。」

叔弓帥師疆鄆田。

○左氏傳：「因莒亂也。」

○杜氏注：「春取鄆，今正其封疆。」

○趙氏曰：「凡疆田而書帥師，皆有難也。」

○劉氏傳：「何以書？譏。何譏爾？以亂爲利也。」

葬邾悼公。

冬，十有一月，己酉，楚子麇卒。公、穀「麇」作「卷」。

○左氏傳：「秋，楚公子圍使公子黑肱、伯州犂城犨、櫟、郟三邑本鄭地。鄭人懼。子産曰：『不害。令尹將行大事，而先除二子也。』冬，楚公子圍將聘于鄭，伍舉爲介。未出竟，聞王有疾而還。伍舉遂聘。十一月，己酉，公子圍至，入問王疾，縊而弑之。遂殺其二子幕及平夏。右尹子干出奔晉。宫廄尹子晳出奔鄭。殺大宰伯州犂于郟。葬王于郟，謂之郟敖。使赴于鄭，伍舉問應爲後之辭焉。對曰：『寡大夫圍。』伍舉更之曰：『共王之子圍爲長。』」

○胡氏傳：「公子圍弑郟敖而以疾赴諸侯，曷爲因而不革乎？曰：圍弑君以立，中國力所不加，而莫能致討，則亦已矣。大合諸侯于申，與會者凡十有三國，其臣舉六王二公之事，其君用齊桓召陵之禮，宋向戌、鄭子産，諸侯之良也，而皆有獻焉，不亦傷乎？若革其僞赴，而正以弑君，將恐天下後世非獨以簒弑之賊，爲不必致討，又可從之以主盟會，而無惡矣。聖人至此，閔中國之衰微而不振，懼人慾之横流而莫遏。是故察微顯，權輕重，因諸侯之策書而不正其簒弑之罪，所以扶中國、存天理也。」

楚公子比出奔晉。

○左氏傳：「公子圍弑楚子。右尹子干出奔晉。宫廄尹子晳出奔鄭。」

○蘇氏曰：「君弑，畏偪而出。」

二年，春，晉侯使韓起來聘。

○左氏傳：「晉侯使韓宣子來聘，且告爲政而來見。觀書於大史氏，見易象與魯春秋，曰：『周禮盡在魯矣，吾乃今知周公之德，與周之所以王也。』」

夏，叔弓如晉。

○左氏傳：「叔弓聘于晉，報宣子也。」

秋，鄭殺其大夫公孫黑。

○左氏傳：「元年，鄭徐吾犯之妹美，公孫楚聘之矣，楚，字子南。公孫黑又使强委禽焉。犯懼，告子產。子產曰：『是國無政，非子之患也。唯所欲與。』適子南氏。子晳怒，既而櫜甲以見子南，欲殺之而取其妻。子南知之，執戈逐之，及衝，擊之以戈。子晳傷而歸，告大夫曰：『我好見之，不知其有異志也，故傷。』大夫皆謀之。子產曰：『直鈞，幼賤有罪。罪在楚也。』乃執子南，放之于吴。六月，丁巳，鄭伯及其大夫盟于公孫段氏。罕虎、公孫僑、公孫段、游吉、駟帶私盟于閨門之外，實薰隧。公孫黑强與於盟，使大史書其名，且曰『七子』，子產弗討。二年，秋，鄭公孫黑將作亂，欲去游氏而代其位，傷疾作而不果。駟氏與諸大夫欲殺之。子產在鄙聞之，懼弗及，乘遽而至。使吏數之，曰：『伯有之亂，以大國之事，而未爾討也。爾有亂心，無厭，國不女堪。專伐伯有，而罪一也。見襄三十年。昆弟爭室，而罪二也。薰隧之盟，女矯君位，而罪三也。有死罪三，何以堪之？不速死，大刑將至。』再拜稽首，辭曰：『死在朝夕，毋助天爲虐。』子產曰：『人誰不死？凶人不終，命也。不速死，司寇將至。』七月，壬寅，縊。尸諸周氏之衢，加木焉。」

○劉氏傳：「稱國以殺大夫者，罪累上也。黑有罪，其以累上言何？惡鄭伯也。何惡乎鄭伯？言不能討有罪以放乎亂也。其放乎亂柰何？公孫黑伐良霄而逐之，君弗誅也，以爲大夫。又與公孫楚爭娶徐吾氏。徐吾氏歸于楚，君放楚也，而盟諸大夫，黑於是自以爲卿。又將爲亂，疾作而卧。子産使吏數諸其家，則幸而勝之爾。」

冬，公如晉，至河乃復。

○左氏傳：「晉少姜卒。公如晉，及河。晉侯使士文伯來辭，曰：『非伉儷也，請君無辱。』公還，季孫宿遂致服焉。」三年傳曰：「鄭游吉如晉，送少姜之葬。梁丙、張趯見之。梁丙曰：『甚矣哉！子之爲此來也。』子大叔曰：『將得已乎？昔文、襄之霸也，其務不煩諸侯，令諸侯三歲而聘，五歲而朝，有事而會，不協而盟。君薨，大夫弔，卿共葬事。夫人，士弔，大夫送葬。無加命矣。今嬖寵之喪，不敢擇位，而數於守適，惟懼獲戾，豈敢憚煩？少齊有寵而死，齊必繼室。吾又將來賀，不惟此行也。』張趯曰：『善哉！吾得聞此數也。然自今子其無事矣。譬如火焉，火中，寒暑乃退。此其極也，能無退乎？晉將失諸侯，諸侯求煩不獲。』

○泰山孫氏曰：「公如晉至河乃復者六。唯二十三年書『有疾』，明有疾而反，餘皆譏。公數如晉見距，不能以禮自重，大取困辱也。」劉氏意林曰：「道千乘之國，至重也，而動不以禮，雖爲之卑伏曲從，猶無益也，適得輕焉。吾以此觀之，爲國以禮者，處勝人之地矣。孔子曰：『恭而無禮則勞。』又曰：『事君數，斯辱矣。朋友數，斯疏矣。』數猶數數也。進之不以禮者，謂之數。」

○常山劉氏曰：「凡人君，動止有度，豈可非禮而行？又無故而乃復哉？蓋進退皆非禮義也。」胡氏傳：「舉動，人君之大節，賢哲量之以行藏，四隣視之以厚薄，姦邪窺之以作止，故有國必謹而後動。此守身之本，保國之基也。禮雖自卑而尊人，亦不妄悦人以自辱。昭公不能據經守正，失禮妄動，是以進退失據。蓋習儀以亟，而不明乎禮之大節也，其及也宜。」

季孫宿如晉。

○泰山孫氏曰：「公如晉而距之，季孫宿如晉而納之，是昭公季孫宿之不若也。此晉侯之惡，亦可見矣。」穀梁傳曰：「公如晉而不得入，季孫宿如晉而得入，惡季孫宿也。」

○胡氏傳：「書『公如晉，至河乃復，季孫宿如晉』，而昭公失國之因，季氏逐君之漸，晉人下比之迹，不待貶絶而皆見矣。」

三年，春，王正月，丁未，滕子原卒。公羊「原」作「泉」。

夏，叔弓如滕。五月，葬滕成公。

○左氏傳：「叔弓如滕，葬成公。」

○許氏曰：「以吾之大夫往，報成公之會襄葬也。春秋卒葬諸侯，有小大之體，有褒貶之義，有盛衰之變，有施報之情，無非教也。」

秋，小邾子來朝。

○左氏傳：「小邾穆公來朝，季武子欲卑之。穆叔曰：『不可。曹、滕、二邾實不忘我好，敬以逆之，猶懼其貳，又卑一睦，焉逆羣好也？其如舊而加敬焉。』季孫從之。」

八月，大雩。

○左氏傳：「旱也。」

冬，大雨雹。

北燕伯款出奔齊。

○左氏傳：「燕簡公多嬖寵，欲去諸大夫而立其寵人。冬，燕大夫比以殺公之外嬖。公懼，奔齊。書曰『北燕伯款出奔齊』，罪之也。」

○胡氏傳：「君雖不君，臣不可以不臣。燕伯欲去諸大夫，固不君矣。而大夫相與比以殺其外嬖，是威脅其主而出之也，與鬻拳之兵諫無異。而獨罪燕伯，何哉？大夫，國君之陪貳，以公心選之而不可私也，以誠意委之而不可疑也，以隆禮待之而不可輕也，以直道御之而不可辱也。否則，是忽其陪貳以自危矣。晉厲公殺三郤，立胥童，而弑於匠麗氏；漢隱帝殺楊、史，立郭允明，而弑於蘇村。衛獻公蔑冢卿，而信其左右，亦奔夷儀，故人主不尊陪貳，而與賤臣圖柄臣者，事成則失身而見弑，事不成則失國而出奔。此有國之大戒也。春秋凡見逐於臣者，皆以自奔爲文，正其本之意。」

四年，春，王正月，大雨雹。公、穀「雹」作「雪」。范氏注：「或作雹。」

○左氏傳：「大雨雹。季武子問於申豐曰：『雹可禦乎？』對曰：『聖人在上，無雹，雖有不爲災。古者，日在北陸而藏冰，西陸朝覿而出之。其藏冰也，深山窮谷，固陰沍寒，於是乎取之。其出之也，朝之禄位，賓食喪祭，於是乎用之。其藏之也，黑牡秬黍，以享司寒。其出之也，桃弧棘矢，以除其災。其出入也時。食肉之祿，冰皆與焉。大夫命婦，喪浴用冰。祭寒而藏之，獻羔而啟之，公始用之。火出而畢賦。自命夫命婦，至于老疾，無不受冰。山人取之，縣人傳之，輿人納之，隸人藏之。夫冰以風壯，而以風出。其藏之也周，其用之也徧，則冬無愆陽，夏無伏陰，春無淒風，秋無苦雨，雷不出震，無菑霜雹，癘疾不降，民不夭札。今藏川池之冰，棄而不用。風不越而殺，雷不發而震。雹之爲災，誰能〔一〕

之。乃許楚使。使叔向對曰：『寡君有社稷之事，是以不獲春秋時見。諸侯，君實有之，何辱命焉？』楚子問於子産曰：『晉其許我諸侯乎？』對曰：『許君。晉君少安，不在諸侯。其大夫多求，莫匡其君。在宋之盟，又曰如一。若不許君，將焉用之？』王曰：『諸侯其來乎？』對曰：『必來。從宋之盟，承君之驩，不畏大國，何故不來？不來者，其魯、衛、曹、邾乎！曹畏宋，邾畏魯，魯、衛偪於齊而親於晉，唯是不來。其餘，君之所及也。』夏，諸侯如楚，魯、衛、曹、邾不會。曹、邾辭以難，公辭以時祭，衛侯辭以疾。鄭伯先待於申。六月，丙午，楚子合諸侯于申。椒舉言於楚子曰：『臣聞諸侯無歸，禮以爲歸。今君始得諸侯，其慎禮矣。霸之濟否，在此會也。夏啓有鈞臺之享，商湯有景亳之命，周武有孟津之誓，成有岐陽之蒐，康有酆宮之朝，

〔一〕此下闕一版二頁。

穆有塗山之會，齊桓有召陵之師，晉文有踐土之盟。君其何用？宋向戌、鄭公孫僑在，諸侯之良也，君其選焉。』王曰：『吾用齊桓。』王使問禮於左師與子産。左師曰：『小國習之，大國用之，敢不薦聞。』獻公合諸侯之禮六。子産曰：『小國共職，敢不薦守。』獻伯、子、男會公之禮六。王使椒舉侍於後，以規過。卒事，不規。王問其故，對曰：『禮，吾所未見者有六焉，又何以規？』楚子示諸侯侈。椒舉曰：『夫六王二公之事，皆所以示諸侯禮也，諸侯所由用命也。夏桀爲仍之會，有緡叛之；商紂爲黎之蒐，東夷叛之；周幽爲大室之盟，戎狄叛之。皆所以示諸侯汰也，諸侯所由棄命也。今君以汰，無乃不濟乎？』王弗聽。」

○杜氏注：「胡國，汝陰縣西北有胡城。申，南陽宛縣。」泰山孫氏曰：「姜姓國。」

○何氏注：「不殊淮夷者，楚子主會，故君子不殊其類。」

○程氏傳：「晉平公不在諸侯，楚於是强，爲伯者之事。」

○泰山孫氏曰：「中國自宋之會，政在大夫，諸侯不見者十年。此書『楚子、蔡侯、陳侯、鄭伯、許男、徐子、滕子、頓子、胡子、沈子、小邾子、宋世子佐、淮夷會于申』者，楚子大合諸侯于此也。楚子得以大合諸侯于此者，桓、文既死，中國不振，喪亂日甚，幅裂横潰，制在夷狄故也。故自是天下之政、中國之事，皆夷狄迭制之。至于平丘、召陵之會，諸侯雖云再出，尋復叛去，不足道也。」呂氏曰：「楚子爲主大會，諸侯淮夷與焉，夷狄之强而中國之無政也可知矣。然自襄公三年雞澤之會，諸侯同盟矣，而叔孫豹始及諸侯之大夫及陳袁僑盟。襄十六年溴梁之會，獨大夫盟，諸侯不與也。至襄二十七年宋之會，大夫自會爾，諸侯不往也。此處會于申，諸侯始復，而楚子主之，淮夷與焉，天下之事可知矣。」

○胡氏傳：「申之會，楚子爲主，而不殊淮夷，是在會諸侯皆狄也。其意也何？楚虔弑麇以立，而求諸侯於晉，晉人許之，中國從之，執徐子，圍朱方，遷賴於鄢，城竟莫校。畏其强盛，則曰『晉、楚惟天所相，不可與爭』；滅陳不能救，則曰『陳亡而楚克有之，天道也』；滅蔡而又不能救，則曰『天將棄蔡以壅楚，而降之罰也』。至使窮凶極惡，師潰于訾梁，身竄于棘里，而縊於申亥氏。人不致討而天自討之，是責命于天，以人事爲無益而弗爲也，而可乎？弑君之賊，在春秋時有臣子討之，則衛人殺州吁是也；有四鄰討之，則蔡人殺陳佗是也；臣子不能討之於内，四鄰不能討之於外，有與之會以定其位，則齊侯及魯宣公會于平州是也；有受其賂以免於討，則晉侯及諸國會于扈是也。然至此極矣，則未有不以爲賊而又推爲盟主，相與朝事之，以聽順其所爲而不敢忤者也。故申之會不殊淮夷者，以在會諸侯皆爲夷狄之行，皆王法之所當斥，而不使夏變於夷之意也。」

楚人執徐子。

○左氏傳：「徐子，吴出也，以爲貳焉，故執諸申。」言楚子以疑罪執諸侯。

秋，七月，楚子、蔡侯、陳侯、許男、頓子、胡子、沈子、淮夷伐吴。

○左氏傳：「秋，七月，楚子以諸侯伐吴。宋大子、鄭伯先歸，宋華費遂、鄭大夫從。」

執齊慶封，殺之。

○左氏傳：「使屈申圍朱方。八月，甲申，克之，執齊慶封而盡滅其族。將戮慶封，椒舉曰：『臣聞無瑕者可以戮人。慶封唯逆命，是以在此，其肯從於戮乎？播於諸侯，焉用之？』王弗聽，負之斧鉞，以徇於諸侯，使言曰：『無或如齊慶封弑其君，弱其孤，以盟其大夫。』慶封曰：『無或如楚共王之庶子圍弑其君兄之子麇，而代之，以盟諸侯。』王使速殺之。」

○穀梁傳：「慶封其以齊氏，何也？爲齊討也。慶封弑其君，而不以弑君之罪罪之者，慶封不爲靈王服也，不與楚討也。春秋之義，用貴治賤，用賢治不肖，不以亂治亂也。孔子曰：『懷惡而討，雖死不服。』其斯之謂與！」

　春秋書殺他國大夫之法有二：凡有罪而當誅者，書曰「某人殺某」，若「楚人殺陳夏徵舒」是也；無罪而不服者，書「執而殺之」，若「執蔡世子有以歸用之」、「楚人執行人千徵師殺之」是也。慶封有與弑其君之罪，楚子殺之宜也。不曰「殺齊慶封」而曰「執齊慶封殺之」者，楚靈有諸己而非諸人，是以慶封不服，而春秋亦不得純以討賊之法書之也。」

遂滅賴。公、穀「賴」作「厲」。

○左氏傳：「遂以諸侯滅賴。遷賴于鄢。楚子欲遷許於賴，使鬬韋龜及公子棄疾城之而還。申無宇曰：『楚禍之首，將在此矣。召諸侯而來，伐國而克，城竟莫校。王心不違，民其居乎？言將有事，不得安也。民之不處，其誰堪之？不堪王命，乃禍亂也。』」

○穀梁傳：「遂，繼事也。」

○許氏曰：「惡其因義而爲利，以惡終也。」

九月，取鄫。

○左氏傳：「莒亂，著丘公立而不撫鄫，鄫叛而來。」許氏曰：「使鄫叛而來，不用師徒，則書之之辭必有異矣。謂之鄫，不附莒，故魯得易而取之，則可爾。」

○泰山孫氏曰：「按襄六年莒人滅鄫，此言取鄫者，蓋莒滅鄫以爲附庸，今魯取之。」

冬，十有二月，乙卯，叔孫豹卒。

○左氏傳：「初，穆子去叔孫氏，及庚宗，遇婦人，使私爲食而宿焉。適齊，娶于國氏，生孟丙、仲壬。及宣伯奔齊，魯人召之，歸。既立，所宿庚宗之婦人獻以雉。問其姓，對曰：『余子長矣，能奉雉而從我矣。』召而見之，名之曰牛。遂使爲豎，有寵，長使爲政。公孫明知叔孫於齊，歸，未逆國姜，子明取之，故怒，其子長而後使逆之。田於丘蕕，遂遇疾焉。豎牛欲亂其室而有之，强與孟盟，不可。譖諸叔孫，使拘而殺諸外。又强與仲盟，不可。逐之，奔齊。疾急，命召仲。牛許而不召。杜泄見，告之飢渴，授之戈。對曰：『求之而至，又何去焉？』豎牛曰：『夫子疾病，不欲見人。』使置饋于个而退。牛弗進，則置虛命徹。十二月，癸丑，叔孫不食。乙卯，卒。牛立昭子而相之。五年，仲至自齊，季孫欲立之。南遺曰：『叔孫氏厚則季氏薄。彼實家亂，子勿與知，不亦可乎？』南遺使國人助豎牛，攻諸大庫之庭。司宮射之，中目而死。豎牛取東鄙三十邑，以與南遺。昭子即位，朝其家衆，曰：『豎牛禍叔孫氏，使亂大從，殺適立庶，又披其邑，將以赦罪，罪莫大焉。必速殺之。』豎牛懼，奔齊。孟、仲之子殺諸塞關之外，仲尼曰：『叔孫昭子之不勞，不可能也。』周任有言曰：「爲政者不賞私勞，不罰私怨。」』」

五年，春，王正月，舍中軍。

○左氏傳：「季孫謀去中軍，豎牛曰：『夫子固欲去之。』正月，舍中軍，卑公室也。毁中軍于施氏。成諸臧氏。季孫不獨親其議，勑二家諸大夫發毁置之計，又取其令名。初作中軍，三分公室而各有其一。季氏盡征之，叔孫氏臣其子弟，孟氏取其半焉。及其舍之也，四分公室，季氏擇二，二子各一，皆盡征之，而貢于公。罷中軍，季孫稱左師，孟氏稱右師，叔孫氏自以叔孫爲軍名，三家各有一軍家屬。季孫無所入於公，叔孫以父兄歸公，孟氏復以子弟之半歸公。今季氏簡擇取，二國人盡屬三家，三家隨時獻公而已。以書使杜泄告於叔孫之殯，曰：『子固欲毁中軍，既毁之矣，故告。』杜泄曰：『夫子唯不欲毁也，故盟諸僖閎，詛諸五父之衢。』受其書而投之，帥士而哭之。」

○胡氏傳：「三軍作舍，皆自三家，公不與焉。公室益卑，而魯國之兵權悉歸于季氏矣。兵權，有國之司命；三綱，軍政之本原。書其作舍，而公孫于齊，薨于乾侯，定公無正，必至之理也。已則不臣，三綱淪替，南遺叛，陽虎專，季斯囚，而三桓子孫微矣，亦能免乎？書曰『舍中軍』，微辭以著其罪也。」

○襄陵許氏曰：「叔孫豹卒，而毁中軍，則公若寄矣。以是知豹之有力於公室。所謂『剥之無咎』者歟？名舍中軍，而實欲變亂大正，以盡公室。作之自己，舍之自己，惡季氏也。」石氏曰：「襄十一年作三軍，季孫作之也。此年舍中軍，季孫舍之也。作之、舍之，皆非天子之命，又以卑公室。其作之也，公室之所征者，叔孫氏之父兄與孟氏之半而已；及舍之也，公室之所得者，三家之貢而已。故作三軍，公室之征猶得五；舍中軍，公室不復有矣。作三軍，卑公室之漸；舍中軍，卑公室之極。此所以兩書之，非重其能復古也。」

楚殺其大夫屈申。

○左氏傳：「楚子以屈申爲貳於吴，乃殺之。以屈生爲莫敖。」

○劉氏傳：「稱國以殺大夫者，罪累上也。屈申之累上柰何？楚人仇吴而疑屈申，謂屈申貳於吴也而殺之。然則屈申之罪何？屈申之爲人臣也，君弑則不能討，國亂則不能去，北面而事寇讎，足以殺其身而已矣。」許氏曰：「春秋刑按見惡，惡以疑罪殺人，簡易之道也。」

公如晉。

○左氏傳：「公如晉，自郊勞至于贈賄，無失禮。晉侯謂女叔齊曰：『魯侯不亦善於禮乎？』對曰：『魯侯焉知禮！』公曰：『何爲？自郊勞至于贈賄，禮無違者，何故不知？』對曰：『是儀也，不可謂禮。禮所以守其國，行其政令，無失其民者也。今政令在家，不能取也。有子家羈，弗能用也。奸大國之盟，陵虐小國。謂伐莒取鄆。利人之難，往平莒亂而取鄫。不知其私。不自知有私難。公室四分，民食於他。他，謂三家。思莫在公，不圖其終。爲國君，難將及身，不恤其所。禮之本末，將於此乎在，在恤民憂國。而屑屑焉習儀以亟。以習儀爲急。言善於禮，不亦遠乎？』」

夏，莒牟夷以牟婁及防、茲來奔。

○左氏傳：「莒牟夷以牟婁及防、茲來奔。牟夷非卿而書，尊地也。」范氏曰：「竊地之罪重，故不得不録其人。」

○杜氏注：「防、茲，城陽平昌縣西南有防亭。姑幕縣東北有茲亭。」

○公羊傳：「其言及防、茲來奔何？不以私邑累公邑也。」呂氏曰：「莒牟夷以牟婁及防、茲來奔，事與襄二十一年邾庶其以漆、閭丘來奔罪同，而魯受之，惡自見矣。漆、閭丘不言『及』，牟婁及防、茲何以言『及』？牟婁，牟夷之私邑，防、茲，則他邑也，故言『及』。」

○胡氏傳：「邾、莒之大夫名姓不登於史策，微也。牟夷，莒大夫。曷爲以姓氏通？重地也。以地叛，雖賤必書地以名其人，終爲不義，弗可滅矣。其書『來奔』，是接我以利，而我入其利，兩譏之也。爲國以義不以利，如以利，則上下交征，而國危矣。爲己以義不以利，如以利，則患得患失，亦無所不至矣。春秋於三叛人，雖賤，必書其名，以懲不義，懼淫人，爲後戒也。」

○襄陵許氏曰：「卿會楚，方盟而伐莒取鄆；公如晉，未反而受莒牟婁及防、茲，惡季氏之專也。」

秋，七月，公至自晉。

○左氏傳：「莒人愬于晉。晉侯欲止公。范獻子曰：『不可。人朝而執之，誘也。討不以師，而誘以成之，惰也。爲盟主而犯此二者，無乃不可乎？請歸之，間而以師討焉。』乃歸公。七月，公至自晉。」

戊辰，叔弓帥師敗莒師于蚡泉。蚡，公羊作「濆」，穀梁作「賁」。

○左氏傳：「莒人來討，不設備。戊辰，叔弓敗諸蚡泉，莒未陳也。」

○杜氏注：「魯地。」

○泰山孫氏曰：「魯既受莒叛人邑，又敗莒師于蚡泉，其惡可知也。」

秦伯卒。

○左氏傳：「秦后子復歸于秦，景公卒故也。」

冬，楚子、蔡侯、陳侯、許男、頓子、沈子、徐人、越人伐吴。

○左氏傳：「四年，冬，吴伐楚。入棘、櫟、麻，以報朱方之役。五年，冬，十月，楚子以諸侯及東夷伐吴，以報棘、櫟、麻之役。薳射以繁揚之師，會于夏汭。會楚子。越大夫常壽過帥師會楚子于瑣。聞吴師出，薳啓彊帥師從之，遽不設備，吴人敗諸鵲岸。廬江舒縣有鵲尾渚。楚子以馹至于羅汭。吴子使其弟蹶由犒師，楚人執之。楚師濟羅汭，沈尹赤會楚子，次于萊山。薳射帥繁陽之師，先入南懷，楚師從之。及汝清，吴不可入。楚子遂觀兵坻箕之山。是行也，吴早設備，楚無功而還，以蹶由歸。楚子懼吴，使沈尹射待命于巢，薳啓彊待命于雩婁。」

○杜氏注：「越國，會稽山陰縣。」

○胡氏傳：「越始見經，而與徐皆得稱人，何也？吴以朱方處齊慶封而富於其舊，崇惡也。楚圍朱方，執齊慶封殺之，討罪也。吳不顧義入棘、櫟、麻以報朱方之役，狄道也。楚於是以諸侯伐吳，則比吳爲害，而師亦有名，其從之者進而稱人可也。或者以詞爲主，而謂不可云『沈子、徐、越伐吳』，故特稱人，誤矣。以不可爲文詞而進人於越，一字褒貶，義安在乎？」

六年，春，王正月，杞伯益姑卒。

○左氏傳：「杞文公卒，弔如同盟，禮也。」再同盟。魯怨杞因晉取其田，而不廢喪紀，故禮之。

葬秦景公。

○左氏傳：「大夫如秦，葬景公，禮也。」

夏，季孫宿如晉。

○左氏傳：「季孫宿如晉，拜莒田也。」

葬杞文公。

宋華合比出奔衛。

○左氏傳：「宋寺人柳有寵，大子佐惡之。華合比曰：『我殺之。』柳聞之，乃坎，用牲埋書，而告公曰：『合比將納亡人之族，既盟于北郭矣。』公使視之，有焉，遂逐華合比。合比奔衛。於是華亥欲代右師，乃與柳比，從而爲之徵，曰『聞之久矣。』公使代之。亡人華臣也，襄十七年奔衛。亥，合比弟。見於左師，左師曰：『女夫也。必亡！女喪而宗室，於人何有？人亦於女何有？』」

○襄陵許氏曰：「經書『宋公殺其世子痤』、『宋華合比出奔衛』，皆著寺人讒慝，以爲世戒。而秦、漢以來，庸君衰季，溺心嬖習，遠去忠良，亂亡相屬，若出一軌。春秋惡可一日而不開明哉？」

○胡氏傳：「宋公寵信閹寺，殺世適痤而父子之恩絶，逐華合比而君臣之義睽。刑人之能敗國亡家，亦可畏矣。猶有任趙高以亡秦，信恭、顯、十常侍以亡漢，寵王守澄、田令孜以亡唐，而不知鑒覆車之轍者，不亦悲夫！凡此類，直書而義自見矣。」

秋，九月，大雩。

○左氏傳：「旱也。」

楚薳罷帥師伐吴。

○左氏傳：「徐儀楚聘于楚。楚子執之，逃歸。懼其叛也，使薳泄伐徐。吴人救之。令尹子蕩帥師伐吴，師于豫章，而次于乾谿。乾谿，在譙國城父縣南，楚東竟。吴人敗其師于房鍾，吴地。獲宫廄尹棄疾。子蕩歸罪於薳泄而殺之。」

○襄陵許氏曰：「敗楚師者，非薳泄也，而泄伏其誅，故書薳罷伐吴以正之。楚再不競於吴，乃弭兵鋒，有事陳、蔡，至復伐徐而國亂矣。吴蓋自是休兵息民，國始寖强。」

冬，叔弓如楚。

○左氏傳：「叔弓如楚，聘且弔敗也。」

○襄陵許氏曰：「四年，公不會申，既而震楚兵威，將朝楚而未能，故以叔弓先聘，明年而躬繼之也。」

齊侯伐北燕。

○左氏傳：「齊侯如晉，請伐北燕。晉侯許之。十二月，齊侯遂伐北燕，將納簡公。晏子曰：『不入。燕有君矣，民不貳。吾君賄，左右諂諛，作大事不以信，未嘗可也。』七年，正月，癸巳，齊侯次于虢。燕人行成，曰：『敝邑知罪，敢不聽命，先君之敝器，請以謝罪。』公孫皙曰：『受服而退，俟釁而動，可也。』二月，戊午，盟于濡上。燕人歸燕姬，賂以瑤罋、玉櫝、斝耳，不克而還。」

七年，春，王正月，暨齊平。

○穀梁傳：「平者，成也。暨，猶暨暨也。暨者，不得已也。以外及内曰暨。」陸氏微旨曰：「爾雅曰：『暨，及也。』又曰：『暨，不及。』據實言之，及是齊人及魯平，非魯欲之，不可言『會齊平』，不可言『齊及我平』，故書曰『暨』，以明外及内，且非魯之志也。」。○高郵孫氏曰：「暨，不得已也。齊來求平，不得已而許之，故曰暨，且明非魯志也。」

○襄陵許氏曰：「襄公之世，齊數伐魯，至齊景公一使慶封來聘，而不書魯報。至是，乃暨齊平。」

○劉氏傳：「暨人以平，非禮也。蓋強之也。」胡氏傳：「我所欲曰及，不得已曰暨。當是時，昭公結昏強吳，外附荊楚。其與齊平，無汲汲之意，乃齊求於魯而許之平也，故曰暨。至定公八年魯再侵齊，結大國之怨，見復必矣。其與齊平，非不得已，乃魯求於齊而欲其平也，故曰及。平者，聖人之所貴，然或以賄賂而結平，或以臣下而擅平，或以附夷狄而得平，或以侵犯大國而急於平，皆罪也。攷其事而輕重見矣。」○意林曰：「齊大魯小，魯爲齊弱久矣，然而能暨齊以平者，介於楚地。夫不自計德之厚薄、勢之利害，而借人之威以憑諸侯，是以遠者不服，近者不親，此最得失之機也。崇夷狄、侮中國，昭公之棄其國，死於外，諸侯莫之救也，從此生矣。」

三月，公如楚。

○左氏傳：「楚子成章華之臺，願與諸侯落之。大宰薳啓彊曰：『臣能得魯侯。』薳啓彊來召公，辭曰：『昔先君成公，命我先大夫嬰齊曰：「吾不忘先君之好，將使衡父照臨楚國。」嬰齊受命于蜀，蜀盟在成二年。我先君共王，引領北望，日月以冀。傳序相授，於今四王矣。嘉惠未至，唯襄公之辱臨我喪。今君若步玉趾，辱見寡君，寵靈楚國，以信蜀之役，是寡君既受貺矣，何蜀之敢望！君若不來，使臣請問行期，問魯見伐之期。寡君將承質幣而見于蜀，以請先君之貺。』三月，公如楚。」

叔孫婼如齊涖盟。婼，公羊作「舍」。涖，公、穀文從「莅」。

○穀梁傳：「莅，位也。内之前定之辭謂之莅，外之前定之辭謂之來。」

○襄陵許氏曰：「始暨齊平，故盟以結好。」

夏，四月，甲辰，朔，日有食之。

秋，八月，戊辰，衛侯惡卒。立九年。

○穀梁傳：「鄉曰『衛齊惡』，在元年。今曰『衛侯惡』，此何爲君臣同名也？君子不奪人名，不奪人親之所名，重其所以來也。王父名子也。」親之所名，臣雖欲改，君不當聽，欲使人重父命也。父受名于王父，王父没，則稱王父命名之。

九月，公至自楚。

冬，十有一月，癸未，季孫宿卒。

〇左氏傳：「季武子卒。」

〇襄陵許氏曰：「季武子相魯，作三軍，舍中軍，唯己所利，取鄆，瀆盟，敗諸侯約，幾陷名卿，以爲國憂。則知昭公乾侯之禍，此其專欲不忌之習，非一日也。」

十有二月，癸亥，葬衛襄公。

八年，春，陳侯之弟招殺陳世子偃師。夏，四月，辛丑，陳侯溺卒。

〇左氏傳：「陳哀公元妃鄭姬生悼大子偃師，二妃生公子留，下妃生公子勝。二妃嬖，留有寵，屬諸司徒招與公子過。哀公有廢疾。三月，甲申，公子招、公子過殺悼大子偃師，而立公子留。夏，四月，辛亥，哀公縊。」

〇穀梁傳：「鄉曰『陳公子招』，今曰『陳侯之弟招』，何也？曰：盡其親，所以惡招也。兩下相殺，不志于春秋，此其志何也？世子者，唯君之貳也，云可以重之存焉志之也。諸侯之尊，弟兄不得以屬通。『其弟』云者，親之也。親而殺之，惡也。」

○陸氏微旨：「稱弟以殺大子，既罪其逆，且言骨肉相殘，又譏陳侯失教也。」

○孫氏發微：「其曰『陳侯之弟招殺陳世子偃師』，親之者，所以甚招之惡也。招以叔父之親，不顧宗社之重，殞冢嗣以立庶孽，致楚滅陳，招之由也。」常山劉氏曰：「招殺偃師，既曰『陳侯之弟』矣，又曰殺世子，何也？曰：夏，四月，陳侯溺卒，則是陳侯既病可知矣。招乘間殺君之嗣適，欲取其國，蓋不特骨肉相殘也。」

○胡氏傳：「此公子招特以弟稱者，著招憑寵稔惡而陳侯失親親之道也。招固有罪矣，陳侯信愛其弟，何以爲失親親乎？尊賢者，親親之本，不能擇親之賢者，厚加尊寵以表公族，而徇其私愛，施於不令之人，以至亡國敗家，豈不失親親之道乎？其曰『陳侯之弟招殺陳世子偃師』，交貶之也。」

○襄陵許氏曰：「陳哀寵其庶子，資以强輔而濟之權，以軋大子，使之失職，至於亂作，躬受其禍。惟其暱愛，法不勝私也，悲夫！」

叔弓如晉。

○左氏傳：「晉侯築虒祁之宮。叔弓如晉，賀虒祁也。游吉相鄭伯以如晉，亦賀虒祁也。史趙見子大叔曰：『甚哉！其相蒙也！可弔也，而又賀之。』」

○襄陵許氏曰：「財費廣侈則國貧，力役煩勞則民敝。締構彫琢輪奐之功盛，則恭儉純茂之德衰矣。此之謂可弔者也。而諸侯賀之，是以人君得意海内，則安於亂亡而不自知。蓋諛之者衆也，志叔弓如晉是已。當楚之隆，勢專諸夏，而晉弗慮圖，唯宮室之崇以爲安榮，平公其可謂志卑矣。」

楚人執陳行人干徵師，殺之。陳公子留出奔鄭。

○左氏傳：「干徵師赴于楚，且告有立君。公子勝愬之于楚，楚人執而殺之。公子留奔鄭。書曰『楚人執陳行人干徵師，殺之。』罪不在行人也。」

○穀梁傳：「稱『行人』，怨接於上也。」

○劉氏傳：「稱人以執者，非伯討也。此其爲非伯討柰何？楚人惡公子招而殺干徵師，非其罪也。古者，兵交，使在其間可也。」

○蘇氏曰：「楚將討陳，故留出奔。留既爲君矣，不曰陳留而曰陳公子留，何也？留立於招耳，未成爲君也。」

秋，蒐于紅。

○左氏傳：「秋，大蒐于紅，自根牟至于商、衛，革車千乘。」大蒐，數軍實，簡車馬也。根牟，魯東界。商，宋地。魯西界接宋、衛也。言千乘，見魯衆之大數。

○杜氏注：「紅，魯地。沛國蕭縣西有紅亭，遠，疑。」

○穀梁傳：「因蒐狩以習武事，禮之大者也。艾蘭以爲防，防，爲田之大限。置旃以爲轅門，旃，旌旗之名。周禮通帛爲旃。轅門，昂車以其轅表門。以葛覆質以爲槷。質，椹也。槷，門中臬。流旁握，御轚者不得入。流旁握，謂車兩轊頭，各去門邊容握握，四寸也。轚挂，則不得入門。車軌塵，塵不出轍。馬候蹄，發足相應，遲速相投。揜禽旅，揜取衆禽。御者不失其馳，然後射者能中，不失馳騁之節。過防弗逐，不從奔之道也。戰不遷奔之義。面傷不獻，嫌誅降。不成禽不獻，惡殺禾。禽雖多，天子取三十焉。其餘與士衆，習射於射宮，取三十以共乾豆賓客君之庖。射宮擇宮。射而中，田不得禽，則得禽；田得禽而射不中，則不得禽。是以知古之貴仁義，而賤勇力也。」

○劉氏傳：「蒐，春事也，秋興之，非正也。蒐有常地矣，于紅，亦非正也。然則曷爲不言公？公不得與於蒐爾。公曷爲不得與於蒐？三家者專魯而分之，政令出焉，公民食焉爾。」意林曰：「紅之蒐，吾見其反天時矣、易地理矣、悖人倫矣。」

陳人殺其大夫公子過。

○左氏傳：「陳公子招歸罪於公子過而殺之。」言招所以不死而得放。

大雩。

冬，十月，壬午，楚師滅陳，執陳公子招，放之于越，殺陳孔奂。

○左氏傳：「九月，楚公子棄疾帥師奉孫吴圍陳，孫吴，悼大子偃師之子。宋戴惡會之。十一月，壬午，滅陳。」襄三十年，鄭子産如陳莅盟，歸告大夫曰：「陳亡國也，不可與也。聚禾黍，繕城郭，恃此二者，而不撫其民。其君弱植，公子侈，大子卑，大夫敖，政多門以介於大國，能無亡乎？」不過十年矣。

○穀梁傳：「惡楚子也。」

○吕氏曰：「公子招殺世子矣，而放之越；孔奂不知其罪而殺之，淫刑不道甚也。」按杜氏注云：「奂，招之黨。」他無所見，蓋杜氏意料之辭耳。然自宋之盟見於經，執陳國之政久矣。視君之亂，從君於昏，而無所正救，蓋不能爲有無者也。雖有罪，必不加於招矣。録楚之放招而殺奂，蓋以見楚子滅人之國而以私意放殺其臣，初不問其罪之輕重。穀梁子所謂「惡楚子」者，得其旨矣。

葬陳哀公。

○左氏傳：「輿嬖袁克殺馬毁玉以葬。楚人將殺之，請寘之。既又請私，私於幄，加絰於顙而逃。」

○穀梁傳曰：「不與楚滅，閔之也。」

○泰山孫氏曰：「十月，壬午，楚師滅陳，此言『葬陳哀公』，如不滅之辭者，楚子葬之也。不言楚子葬之者，不與楚子滅陳葬哀公，故以陳人自葬爲文，所以存陳也。」

九年，春，叔弓會楚子于陳。

○左氏傳：「叔弓、宋華亥、鄭游吉、衛趙黶會楚子于陳。」楚子在陳，故四國大夫往。不行會禮，故不總書。

○襄陵許氏曰：「楚既滅陳，威震諸夏，是以無所號召而諸國之大夫會之。」

許遷于夷。

○左氏傳：「二月，庚申，楚公子棄疾遷許于夷，實城父。此時改城父爲夷，故傳實之。城父縣屬譙郡。取州來淮北之田以益之。」

○杜氏注：「許畏鄭，欲遷，故以自遷爲文。」

夏，四月，陳災。災，公、穀並作「火」。

○公羊傳：「陳已滅矣，其言陳火何？存陳也。曰：存陳，悕矣。滅人之國，執人之罪人，殺人之賊，葬人之君，若是，則存陳悕矣。」

○胡氏傳：「凡外災，告則書，今楚人滅陳，夷於屬縣，使穿封戌爲公矣。必不遣使告於諸侯，言亡國之有天災也，何以書於魯國之策乎？當是時，叔弓與楚子會于陳，則目擊其事矣。雖彼不來告。此不往弔，叔弓使畢而歸，語陳故也，魯史遂書之爾。或曰：國史所書，必承赴告，豈有憑使人之言而載之於史者？曰：周景王崩，有尹、單、猛、朝之變，固無赴告矣。叔鞅至自京師，言王室之亂也。春秋承其言，遂書於策，亦此類爾。仲尼作經，存而弗革者，蓋興滅國、繼絶世，以堯、舜三代公天下之心爲心，異於孤秦罷侯置守，欲私一人以自奉者，所以歸民心、合天德也。公羊、穀梁以爲存陳，得其旨矣。」

秋，仲孫貜如齊。

○左氏傳：「孟僖子如齊殷聘，禮也。」自叔老聘齊，至今二十年，禮意久曠，今脩盛聘，以無忘舊好，故曰禮。

冬，築郎囿。

○左氏傳：「築郎囿。季平子欲其速成也，叔孫昭子曰：『詩曰：「經始勿亟，庶民子來。」焉用速成？其以剿民也。無囿猶可，無民其可乎？』」

○襄陵許氏曰：「公内制於强臣，外輕於大國，亂亡危辱兆矣。是之弗慮，而築郎囿，不時孰甚焉。菟田、築囿，知公之志日以荒也。」

以左氏觀之，有以見季孫意如逢其君以耳目之娛，而日竊其權，昭公安之而莫之悟也。人君於此，可不戒哉！

春秋卷第二十一

春秋卷第二十二

昭公

十年，春，王正月。

夏，齊欒施來奔。齊，公羊作「晉」，非。

○左氏傳：「齊惠欒、高氏皆耆酒，信内多怨，彊於陳、鮑氏而惡之。夏，有告陳桓子曰：『子旗、子良將攻陳、鮑。』亦告鮑氏。桓子授甲而如鮑氏，遭子良醉而騁，遂見文子，則亦授甲矣。使視二子，則皆飲酒。桓子曰：『彼雖不信，聞我授甲，則必逐我。及其飲酒也，先伐諸。』陳、鮑方睦，遂伐欒、高氏。子良曰：『先得公，陳、鮑焉往？』遂伐虎門。公卜，使王黑以靈姑銔率，吉。請斷三尺焉而用之。五月庚辰，戰于稷，欒、高敗，又敗諸莊。國人追之，又敗諸鹿門。欒施、高彊來奔。」

秋，七月，季孫意如、叔弓、仲孫貜帥師伐莒。意如，公羊作「隱如」，後並同。

○左氏傳：「季平子伐莒，取郠，獻俘，始用人於亳社。以人祭商社。臧武仲在齊，聞之，曰：『周公其不饗魯祭乎！』」

○胡氏傳：「前已舍中軍矣，曷爲猶以三卿並將乎？季氏毁中軍，四分公室擇其二，二家各有其一。至是季孫意如身爲主將，二子各率一軍爲之副，則三軍固在。其曰舍之者，特欲中分魯國之衆爲己私耳，以爲復古，則誤矣。襄公以來，既作三軍，地皆三家之土，民皆三家之兵，每一軍出，各將其所屬，而公室無與焉，是知雖舍中軍，而三卿並將，舊額固存矣。」

○杜氏注：「取郠不書，公見討於平丘，故諱之。」

戊子，晉侯彪卒。

○左氏傳：「晉平公卒。鄭伯如晉，及河，晉人辭之。游吉遂如晉。」

九月，叔孫婼如晉，葬晉平公。

○左氏傳：「九月，叔孫婼、齊國弱、宋華定、衛北宫喜、鄭罕虎、許人、曹人、莒人、邾人、滕人、薛人、杞人、小邾人如晉，葬平公也。」

十有二月，甲子，宋公成卒。公羊「成」作「戍」。

○左氏傳：「宋平公卒。」

○杜氏注：「無冬，闕文。」

十有一年，春，王二月，叔弓如宋，葬宋平公。二月，公羊作「正月」。

○左氏傳：「叔弓如宋，葬平公也。」

夏，四月，丁巳，楚子虔誘蔡侯般，殺之于申。

○左氏傳：「楚子在申，召蔡靈侯。靈侯將往。蔡大夫曰：『王貪而無信，唯蔡於感，恨也。今幣重而言甘，誘我也，不如無往。』蔡侯不可。三月，丙申，楚子伏甲而饗蔡侯于申，醉而執之。夏，四月，丁巳，殺之，刑其士七十人。」

○公羊傳：「楚子虔何以名？絶。曷爲絶之？爲其誘討也。此討賊也，雖誘之，則曷爲絶之？懷惡而討不義，君子不與也。」穀梁傳：「何爲名之也？夷狄之君誘中國之君而殺之，故謹而名之也。」

○陸淳微旨曰：「般，弑君父之賊也，誘而殺之，何爲其不可乎？楚子內利其國，外託討罪，故不許其誘而責其詐也。夫以大國之力而討小國之逆，當聲其罪而伐之，唱大義於天下。今乃幣重言甘，誘而殺之，雖曰討賊，實取其國。蔡侯之罪，自不容誅。楚子之惡，亦已甚矣。故聖人名之，言其非人君也。」胡氏傳：「世子般弑其君，諸侯與通會盟十有三年矣，是中國變爲夷狄而莫之覺也。楚子若以大義唱天下，奉詞致討，執般於蔡，討其弑父與君之罪，殘其身，瀦其宮室，謀於蔡衆，置君而去，雖古之征暴亂者不越此矣，又何惡乎？今虔本心欲圖其國，不爲討賊舉也。而又挾欺毀信，重幣甘言，詐誘其君，執而殺之，肆行無道，貪得一時，流毒於後。棄疾以是殺戎蠻，商鞅以是紿魏將，秦人以是刼懷王，傾危成俗，天下大亂。劉、項之際，死者十九。聖人深惡楚虔而名之也，其慮遠矣。後世誅討亂臣者，或畏其強，或幸其弱，不以大義興師，至用譎謀詐力，僥倖勝之。

若事之捷，反側皆懼；苟其不捷，適足長亂。如代宗之圖思明、憲宗之紿王弁，昧於春秋垂戒之旨矣。」

〇陸淳纂例曰：「兩書名，俱罪之也。」

〇穀梁傳：「稱月，稱日，稱地，謹之也。」

楚公子棄疾帥師圍蔡。

〇左氏傳：「楚公子棄疾圍蔡。韓宣子問於叔向曰：『楚其克乎？』對曰：『克哉！蔡侯獲罪於其君，而不能其民，天將假手于楚以斃之，何故不克？然肸聞之：「不信以幸，不可再也。」楚王奉孫吳以討於陳曰：「將定而國。」陳人聽命，而遂縣之。今又誘蔡而殺其君，以圍其國，雖幸而克，必受其咎，弗能久矣。』」

〇陸淳微旨曰：「棄疾不能諫止，而又帥師圍蔡，從君於昏，亦已甚矣。此亦不待貶絕而惡見者也。」

五月，甲申，夫人歸氏薨。

〇杜氏注：「昭公母，胡女，歸姓。」

大蒐于比蒲。

〇公羊傳：「大蒐者何？簡車徒也。何以書？蓋以罕書也。」

〇劉氏傳：「常事不書，此何以書？譏。何譏爾？喪不貳事。夫人歸氏薨，大蒐于比蒲，非禮也。羊舌肸曰：『魯君其亡乎？有三年之喪，而無一日之慼。』」

○胡氏傳：「其曰大蒐，越禮也。君有重喪，國不廢蒐，不忌君也。三綱，軍政之本，君執此以馭其下，臣執此以事其上，政之大本於是乎在。君有三年之慼，而國不廢一日之蒐，則無本矣。然則君有重喪，喪不貳事，以簡車徒，爲非禮也。乃有身從金革而無避者，獨何與？曰：喪不貳事，大比而簡車徒，則廢其常可也。有門庭之寇，而宗廟社稷之存亡係焉，必從權制而無避矣。伯禽服喪，徐夷並興，至于東郊，不開〔二〕出戰之師，與築城之役同日並舉，度緩急輕重，蓋有不得已焉者矣。晉王克用薨，梁兵壓境，而莊宗決勝於夾寨；周太祖殂，契丹入寇，而世宗接戰於高平。若此者，君行爲顯親，非不顧也；臣行爲愛君，非不忌也。唯審於輕重緩急之宜，斯可矣。」

仲孫貜會邾子，盟于祲祥。祲祥，公羊作「侵羊」。

○左氏傳：「齊歸薨，大蒐于比蒲，非禮也。孟僖子會邾莊公，盟于祲祥，修好，禮也。」蒐非存亡之由，故臨喪不宜爲之。盟會以安社稷，故喪盟謂之禮。

○杜氏注：「祲祥，地闕。」

秋，季孫意如會晉韓起、齊國弱、宋華亥、衛北宮佗、鄭罕虎、曹人、杞人于厥憖。公羊作「屈銀」。

〔二〕胡氏傳無「不開」。

○左氏傳：「楚師在蔡，晉荀吴謂韓宣子曰：『不能救陳，又不能救蔡，物以無親，晉之不能，亦可知也。已爲盟主，而不恤亡國，將焉用之？』秋，會于厥慭，謀救蔡也。鄭子皮將行。子産曰：『行不遠，不能救蔡也。蔡小而不順，楚大而不德，天將棄蔡以壅楚，盈而罰之，蔡必亡矣。且喪君而能守者，鮮矣。』晉人使狐父請蔡于楚，弗許。」

○襄陵許氏曰：「蔡能嬰城，堅不下楚，此易助也。而厥慭合天下之兵，畏不敢救，遣使請命，示之不能，使楚益驕，有以量中國之力而卒取之。此韓起之罪也。卿不足書而書者，中國不競。苟有善意，斯存之矣。蓋自是後，春秋之譏世益略，不得復以禮義望諸侯之君臣矣。去贊至於失劇之末，海水羣飛，蔽于天杭。故志事而無譏焉者，終不可語之義；間一譏之者，存不忍棄之仁也。」胡氏傳：「文十五年，晉靈公帥八國之諸侯盟于扈，春秋略而不序者，謀伐齊而不克定其亂也。襄三十年，叔孫豹會十二國之大夫于澶淵，諸國之大夫皆稱人，魯卿諱而不書者，視蔡亂而不能討其賊也。今楚將滅蔡，請于楚而弗許，晉之不能亦可知矣，曷爲諸國猶序而大夫無貶乎？扈之盟，晉侯受賂，弗克而還，諸侯略而不序，亡義利之分也。澶淵之會，謀救宋災而不討蔡罪，大夫貶而稱人，魯卿諱而不書，失輕重之别也。亡義利之分爲不仁，失輕重之别爲不智，今晉與諸侯心欲救蔡而力弗加焉，則無惡也。凡此見春秋明義利、審輕重，以恕待人，而不求其備矣。」

九月，己亥，葬我小君齊歸。

○左氏傳：「葬齊歸，公不慼。叔向曰：『魯公室其卑乎！君有大喪，國不廢蒐。有三年之喪，而無一日之慼。國不恤喪，不忌君也。君無慼容，不顧親也。國不忌君，君不顧親，能無卑乎？殆其失國。』」

○公羊傳：「齊歸者何？昭公之母也。」

○杜氏注：「齊，謚。」

冬，十有一月，丁酉，楚師滅蔡，執蔡世子有以歸，用之。有，穀梁作「友」。

○左氏傳：「楚子滅蔡，用隱大子于岡山。申無宇曰：『不祥。五牲不相爲用，況用諸侯乎？王必悔之。』楚子城陳、蔡、不羹。襄城縣東南有不羹城，定陵西北有不羹亭。使棄疾爲蔡公。問於申無宇曰：『棄疾在蔡，何如？』對曰：『擇子莫如父，擇臣莫如君。鄭莊公城櫟，而寘子元焉，使昭公不立。臣聞五大不在邊，五細不在庭。言五官之長，專盛過節，則不可居邊。細弱不勝任，亦不可居朝廷。親不在外，羈不在内。今棄疾在外，鄭丹在内。君其少戒。』王曰：『國有大城，何如？』對曰：『鄭京、櫟實殺曼伯，宋蕭、亳實殺子游，齊渠丘實殺無知，衛蒲、戚實出獻公，若猶是觀之，則害於國。末大必折，尾大不掉，君所知也。』」

○穀梁傳：「此子也，其曰世子，何也？不與楚殺也。一事注乎志，惡楚子也。」

○泰山孫氏曰：「諸侯在喪稱子。此言『世子有』者，未立也。按：四月楚子誘蔡侯般，殺之，圍蔡。十有一月，滅蔡，執蔡世子有以歸，用之。有窮迫危懼，以至於死，此未立可知也，故曰世子。」

○劉氏傳：「世子，猶世世子也。靈公弒其君，其子非正也。曷爲與之繼世？春秋之設辭也，非其人之罪也，蓋其道之謂也。楚子虔誘蔡侯般殺之，世子友守國，楚師圍之，八月而克之，不能服，於是乎虐用之。古者，父母之仇不與共天下，寢苫枕戈終身，則友之爲者，盡於世子矣。」

○胡氏傳：「內入國而以其君來，外滅國而以其君歸，皆服而以之，易辭也。既書『滅蔡』矣，又書『執蔡世子有』者，世子無降服之狀，强執以歸，而虐用之也。世子，繼世以有國之稱，必以此稱蔡有者，父母之仇不與共天下，與民守國，效死不降，至於力屈就擒，虐用其身而不顧也，則友之爲世子之道得矣。」

○師氏曰：「春秋書滅國者多矣，未有如此其暴者。聖人詳其始末而記之，書誘、書圍、書執，蓋以傷中國之微而深惡夷狄之暴也。」

十有二年，春，齊高偃帥師納北燕伯于陽。

○左氏傳：「高偃納北燕伯款于唐，因其衆也。」言因唐衆欲納之，故得先入唐。

○杜氏注：「三年，燕伯出奔齊。高偃，高傒玄孫。陽即唐，燕別邑。中山有唐縣。不言于燕，未得國都。」

○劉氏傳：「諸侯失國，諸侯納之，正也。」

○吕氏曰：「北燕伯不名，劉質夫以謂與襄二十五年衛侯入于夷儀同。蓋國君非臣下所當逐。入于夷儀、納于陽不名，以正其君臣之分也。」

三月，壬申，鄭伯嘉卒。

○左氏傳：「三月，鄭簡公卒。」

夏，宋公使華定來聘。

○左氏傳：「宋華定來聘，通嗣君也。」

公如晉，至河乃復。

○左氏傳：「齊侯、衛侯、鄭伯如晉，朝嗣君也。晉昭公新立。公如晉，至河乃復。取鄆之役在十年，莒人愬于晉，晉有平公之喪，未之治也，故辭公。公子慭遂如晉。」

五月，葬鄭簡公。

○杜氏注：「三月而葬，速。」

楚殺其大夫成熊。公羊作「成然」，穀梁作「成虎」。

○左氏傳：「楚子謂成虎，若敖之餘也，遂殺之。成虎，令尹子玉之孫，與鬬氏同出於若敖。或譖成虎於楚子，成虎知之而不能行。書曰：『楚殺其大夫成虎。』懷寵也。」

秋，七月。

冬，十月，公子慭出奔齊。慭，公羊作「整」。

○左氏傳：「季平子立，而不禮於南蒯。南蒯謂子仲：『吾出季氏，而歸其邑於公。子更其位，我以費爲公臣。』子仲許之。叔仲小、南蒯、公子慭謀季氏。慭告公，而遂從公如晉。南蒯懼不克，以費叛，如齊。子仲還，及衛，聞亂，逃介而先。及郊，聞費叛，遂奔齊。」

楚子伐徐。

○左氏傳：「楚子狩於州來，次于潁尾，使蕩侯、潘子、司馬督、囂尹午、陵尹喜帥師圍徐，以懼吳。楚子次于乾谿，以爲之援。」

晉伐鮮虞。

○左氏傳：「六月，晉荀吳僞會齊師者，假道於鮮虞，遂入昔陽。秋，八月，滅肥，以肥子緜皐歸。冬，晉伐鮮虞，因肥之役也。」

○常山劉氏曰：「夫惇信明義，中國之道也；懷利尚詐，夷狄之道也。晉，中國也，鮮虞，夷狄也。晉悖中國之道，反行夷狄之事，故書曰『晉伐鮮虞』以狄之。噫！人之所以遠於夷狄者何哉？惟在於義利誠僞之間耳，中國一失，則遂入於夷狄，可不慎哉！故春秋之法，猶謹嚴於此也。」

○胡氏傳：「獻公假道於虞以滅虢，因執虞公，以『師』與『人』稱之，今晉雖爲諼，固可罪也，而狄之，不亦過乎？楚奉孫吳討陳，因以滅陳，誘蔡般殺之，因以滅蔡。晉人視其殘虐莫能救，則亦已矣，而効其所爲以伐人國，是中國居而夷狄行也。人之所以爲人，中國之所以爲中國，信義而已矣。一失則爲夷狄，再失則爲禽獸。禽獸逼人，人將相食。自春秋末世，至于六國亡秦，變詐並興，傾危成俗，河決魚爛，不可壅而收之，皆失信棄義之明驗也。春秋謹嚴於此，制治未亂，拔本塞源之意，豈曰過乎？」

十有三年，春，叔弓帥師圍費。

〇杜氏注：「南蒯以費叛故。」

〇左氏傳：「叔弓圍費，弗克，敗焉。平子怒，令見費人，執之以爲囚俘。冶區夫曰：『非也。若見費人，寒者衣之，飢者食之，爲之令主，而共其乏困，費來如歸，南氏亡矣。民將叛之，誰與居邑？若憚之以威，懼之以怒，民疾而叛，爲之聚也。若諸侯皆然，費人無歸，不親南氏，將焉入矣？』平子從之。費人叛南氏。十四年，南蒯奔齊，司徒老祁、慮癸來歸費。齊侯使鮑文子致之。」

〇陸氏曰：「凡家臣以邑叛，悉不書叛，但書大夫圍之，則邑叛可知矣。且罪大夫無政，而使家臣得專邑而叛也。克之不書，本非他國之邑也。」

〇胡氏傳：「費，内邑也。命上卿爲主將，舉大衆圍其城，若敵國然者，家臣强，大夫弱也。語不云乎：『有一言而可以終身行之者，其恕矣夫！己所不欲，勿施於人。』所惡於下者，無以事上也；所惡於上者，無以使下也，然後家齊而國治矣。季孫意如以所惡於下者事上，而不忠其君；以所惡於上者使下，而不禮於其臣。出乎爾者反乎爾，宜南蒯之及此也。春秋之法，不書内叛，反求諸己而已矣。其書『圍費』，欲著其實，不没之也。」劉氏意林曰：「季康子患盜，問於孔子，孔子曰：『苟子之不欲，雖賞之，不竊。』曰：『殺無道以就有道，何如？』孔子曰：『子爲政，焉用殺？子欲善而民善矣。』故春秋未嘗不惡臣不臣、子不子也。又察其本，本治而末亂者有之矣，天下所共棄也；本不治而末亂者是乃其理，君子所宜自審者也。使周之王必無廢文、武之法，無過天之道，諸侯雖大國，孰敢慢其上？諸侯必無僭天子，其大夫孰陵？大夫必無脅其君，其陪臣孰叛？故南蒯雖以費入齊，而春秋未以叛誅也。事有本末，法有原省，季氏未得以叛名蒯，則魯亦未得以强討季氏，魯未得以强討季氏，則周亦未得以僭絶魯。其不正相承，非一日之積矣。衆人之治則，以謂苟君君臣臣焉可矣；王者之術，必將曰君不君、臣不臣、父不父、子不子，正已而物正乎！此之謂王者之術。」

夏，四月，楚公子比自晉歸于楚，弑其君虔于乾谿。谿，穀梁文從「溪」。

○左氏傳：「楚薳氏之族及薳居、許圍、蔡洧、蔓成然，皆王所不禮也，因羣喪職之族，啓越大夫常壽過作亂。圍固城，克息舟，城而居之。觀起之死也，其子從在蔡，事朝吴，曰：『今不封蔡，蔡不封矣。我請試之。』以蔡公之命召子干、子晳，元年，子干奔晉，子晳奔鄭。及郊而告之情，强與之盟，入襲蔡。蔡公將食，見之而逃。不知其故，驚而辟之。觀從使子干食，坎，用牲，加書，而速行。並僞與蔡公盟之微驗以示衆。己徇於蔡曰：『蔡公召二子，將納之，與之盟而遣之矣，將師而從之。』詐言將以師從二子。蔡人聚，將執之。辭曰：『失賊成軍，而殺余何益？』乃釋之。朝吴曰：『二三子若能死亡，則如違之，以待所濟。若求安定，則如與之，以濟所欲。與蔡公。且違上，何適而可。』上謂蔡公。衆曰：『與之。』乃奉蔡公，召二子而盟于鄧，依陳、蔡人以國。國陳、蔡而依之。楚公子比、公子黑肱、公子棄疾、蔓成然、蔡朝吴帥陳、蔡、不羹、許、葉之師，因四族之徒，薳、許、蔡、蔓。以入楚。及郊，蔡公使須務牟與史猈先入，因正僕人殺大子禄及公子罷敵。公子比爲王，公子黑肱爲令尹，次于魚陂。竟陵縣城西北有甘魚陂。公子棄疾爲司馬，先除王宫。使觀從從師于乾谿，而遂告之。且曰：『先歸復所，後者劓。』師及訾梁而潰。王聞羣公子之死也，自投于車下，曰：『人之愛其子也，亦如余乎？」侍者曰：『甚焉。小人老而無子，知擠于溝壑矣。』王曰：『余殺人子多矣，能無及此乎？』右尹子革曰：『請待于郊，以聽國人。』王曰：『衆怒不可犯也。』曰：『若入於大都，而乞師於諸侯。』王曰：『皆叛矣。』曰：『若亡於諸侯，以聽大國之圖君也。』王曰：『大福不再，祇取辱焉。』然丹乃歸于楚。王沿夏，將欲入鄢。夏，漢水别名。順漢水南至鄢。芋尹無宇之子申亥求王，遇諸棘圍以歸。夏，五月，癸亥，王縊于芋尹申亥氏。」

○杜氏注：「乾谿，在譙國城父縣南東竟。」

○公羊傳：「此弑其君，其言歸何？易也。其易柰何？楚靈王爲無道，作乾谿之臺，三年不成，百姓苦之，諸侯怨之。公子棄疾主方城之外，以君陳、蔡脅比而立焉，然後令于乾谿之役曰：『比已立矣，先歸者復其田里，後者劓。』衆潰而散，靈王經而死。」劉氏改正。又曰：「比之義，宜乎效死不立。」

○蘇氏曰：「比將爲君，不曰楚比而曰公子比，何也？比之歸，非其謀也。亂始於觀從，而成於棄疾，以比爲名而已。比迫於觀從，而以身許之，以致虔死，則比雖不弑，而弑君之名，比尸之矣。比之歸也，虔猶在楚，其不曰入，何也？觀從召之，蔡人與之，楚人不拒，則比之歸無難也。」

○胡氏傳：「或曰：昭元年楚虔弑立，比出奔晉，十三年比歸而虔弑于棘圍，則比未嘗一日北面事虔爲之臣。虔又弑立，固非比之君矣。而書曰比弑其君虔，何也？曰：凡去國出奔，而君不以爲臣，則晉於欒盈是也；臣不以爲君，則公子鱄於衛衎是也。若去國雖久，而爵禄有列於朝，出入有詔於國，不掃其墳墓，不收其田里，不係累其宗族，即君臣之分猶在也。比雖奔晉，而晉人以羈待比，以國底禄，固楚之亡公子也。楚又未嘗錮之，如晉之於欒盈，比又未嘗不向楚而坐，如子鮮之於衛，安得以爲比非楚臣、虔非比之君乎？春秋書比弑其君虔，明於君臣之義也。爲比者，宜乎效死不立。若國有所歸，爲曹子臧、魯叔肸，不亦善乎！今乃脅於勢而忘其守，怵於利而忘其義，被之大惡，欲辭而不可得矣。爲人臣，遭變事而不知其權者，若此類是也。悲夫！聖人之垂戒明矣。」

楚公〔一〕子棄疾殺公子比。公羊「殺」作「弑」。

○左氏傳：「觀從謂子干曰：『不殺棄疾，雖得國，猶受禍也。』子干曰：『余不忍也。』從曰：『人將忍子，吾不忍俟也。』乃行。國每夜駭曰：『王入矣！』乙卯，夜，棄疾使周走而呼曰：『王至矣！』國人大驚。使蔓成然走告子干、子晳曰：『王至矣！國人殺君，司馬將來矣！君若早自圖也，可以無辱。衆怒如水火焉，不可爲謀。』又有呼而走至者曰：『衆至矣！』二子皆自殺。丙辰，棄疾即位。」

○公羊傳：「大夫相殺稱人，此其稱名氏以弑何？言將自是爲君也。」

○襄陵許氏曰：「比已立矣，其稱公子何？未能君其國也。未能君其國，則棄疾殺之，猶殺公子比爾。曰：公子比弑其君虔，公子棄疾殺公子比，此代辭也，非討辭也。討賊稱人以殺。」

〔一〕底本脱「公」字，據春秋經補。

○蘇氏曰：「不曰棄疾而曰公子棄疾，何也？以親責之，猶齊商人也。」趙氏曰：「不言棄疾之殺其兄；比亦殺兄，俱無骨肉之愛也。」

○胡氏傳：「棄疾立比爲王，而己爲司馬，固君比矣，而殺之，則宜書曰『棄疾弑其君比』，而曰『殺公子比』，何也？初，子干歸自晉，觀從假棄疾命而召之來則來，坎牲加書而强之盟則盟，帥四族衆而使之入楚則入，殺大子禄而立之爲王則王，周走而呼於國中，謂衆如水火而逼之自殺則自殺。其行止遲速，去就死生，皆觀從與國人所爲，而比未嘗可否之也，安得爲棄疾之君乎？然比兄也。黑肱弟，棄疾其季弟也。立比爲王，肱爲令尹，疾爲司馬，蓋國人以長幼之序立之也，則宜書曰『楚人殺比』。而春秋變文歸罪棄疾者，誅其本意在於代比，而非討之也。所謂輕重之權衡，曲直之繩墨，而懷惡者亦無所隱其情矣。」

秋，公會劉子、晉侯、齊侯、宋公、衛侯、鄭伯、曹伯、莒子、邾子、滕子、薛伯、杞伯、小邾子于平丘。

○左氏傳：「晉成虒祁，諸侯朝而歸者皆有貳心。成虒祁在八年。爲取郠故，在十年。晉將以諸侯來討。叔向曰：『諸侯不可以不示威。』知晉德薄，欲以威服之。乃並徵會，告于吴。秋，晉侯會吴子于良。水道不可，吴子辭，乃還。七月，丙寅，治兵于邾南，革車四千乘，三十萬人。遂合諸侯于平丘。晉人將尋盟，齊人不可。晉侯使叔向告劉獻公曰：『抑齊人不盟，若之何？』對曰：『盟以底信。君苟有信，諸侯不貳，何患焉？告之以文辭，董之以武師，雖齊不許，君庸多矣。天子之老，請帥王賦，「元戎十乘，以先啓行。」遲速唯君。』言將爲晉討齊。

叔向告于齊曰：『諸侯求盟，已在此矣。今君弗利，寡君以爲請。』對曰：『諸侯討貳，則有尋盟。若皆用命，何盟之尋？』叔向曰：『國家之敗，有事而無業，事則不經。有業而無禮，經則不序。有禮而無威，序則不共。有威而不昭，共則不明。不明棄共，百事不終，所由傾覆也。業，貢賦之業。須禮而次序，禮須威嚴而後共，威須昭告神明，而後信義著。信義不明則棄威，不威棄禮。無禮無經，無經無業，故百事不成也。是故明王之制，使諸侯歲聘以志業，歲聘以脩其職業。間朝以講禮，三年而一朝，正班爵，帥長幼。再朝而會以示威，六年而一會，以訓上下。再會而盟以顯昭明。十二年一盟，以昭信義。王巡守，盟于方嶽之下。志業於好，講禮於等，示威於衆，昭明於神，自古以來，未之或失也。存亡之道，恒由是興。晉禮主盟，懼有不治，奉承齊犧，而布諸君，求終事也。君曰：「余必廢之，何齊之有？」唯君圖之，寡君聞命矣！』齊人懼，對曰：『小國言之，大國制之，敢不聽從？』叔向曰：『諸侯有間矣，不可以不示衆。』八月，辛未，治兵，建而不旆。建立旌旗，不曳其旆。旆，游也。壬申，復旆之。諸侯畏之。」

○杜氏注：「平丘，在長垣縣西南。」

○胡氏傳：「方是時，楚人暴横，陵蔑中華，在宋之盟，爭晉先歃；及虢之會，仍讀舊書。遂召諸侯爲申之會，遷賴於鄢，縣陳滅蔡。此乃敵國外患，臨深履薄，恐懼省戒之時。其君當倚於法家拂士以德脩國政，其臣當急於責難陳善以禮格君心，内結夏盟，外攘夷狄，復悼公之業，若弗暇也。今乃安於不競，無憤恥自强之志，惟宮室臺榭是崇是飾，及諸侯皆貳，顧欲示威徵會，而以兵甲耀之，不亦末乎？春秋之法，制治于未亂，保邦于未危，貴事之預，恥以苟成而不要諸道者也。是以深惡此會，如下文所貶云。」石氏曰：「楚靈合諸侯于申，中國諸侯不復出者，踰十年。晉今乘楚之亂，會諸侯于平丘，乃不務以德懷遠近，而治兵邾南，矜其事甲示諸侯威，其亦異乎桓、文之舉矣，宜其不復振也。」

八月，甲戌，同盟于平丘。公不與盟。陸氏纂例：「趙子曰：『甲戌，穀梁作「庚戌」』。」

○左氏傳：「邾人、莒人愬于晉，曰：『魯朝夕伐我，幾亡矣。我之不共，魯故之以。』晉侯不見公，使叔向來辭，曰：『諸侯將以甲戌盟，寡君知不得事君矣，請君無勤。』子服惠伯對曰：『君信蠻夷之訴，以絶兄弟之國，棄周公之後，亦唯君。寡君聞命矣。』叔向曰：『寡君有甲車四千乘在，雖以無道行之，必可畏也。況其率道，其何敵之有？牛雖瘠，僨於豚上，其畏不死？南蒯、子仲之憂，其庸可棄乎？若奉晉之衆，用諸侯之師，因邾、莒、杞、鄫之怒，以討魯罪，間其二憂，何求而不克？』魯人懼，聽命。甲戌，同盟于平丘。晉人執季孫意如以歸，子服湫從。」襄三十一年，春，穆叔至自晉。見孟孝伯，語之曰：「趙孟將死矣。其語偷。若趙孟死，爲政者其韓子乎！吾子盍與季孫言之，可以樹善，君子也。晉君將失政矣，若不樹焉，使早備魯，既而政在大夫，韓子懦弱，大夫多貪，求欲無厭，齊、楚未足與也，魯其懼哉！」又與季孫語晉故，季孫不從。及趙文子卒，晉公室卑，政在侈家。韓宣子爲政，不能圖諸侯。魯不堪晉求，讒慝弘多，是以有平丘之會。○杜氏曰：「邾、魯同好，又未嘗朝夕伐莒，晉人無故信之，所謂讒慝弘多也。」

○泰山孫氏曰：「自宋之會，諸侯不出，大夫專盟會者十年。至申之會，則又甚矣。楚子以蠻夷之衆橫行中國，戕滅陳、蔡，以厭其欲，諸侯莫敢抗。楚子專盟會者，又十年矣。今晉昭乘楚靈弑逆之禍，與劉子合諸侯同盟于此，何所爲哉？此固不足道也。故自是訖會召陵，諸侯復不出者二十四年。至如鄟陵之會，晉自不出，此不足宗諸侯可知也。」

○蘇氏曰：「諸侯方貳晉，齊人不欲盟，要之乃可。故書同盟，有不同者故也。」

○程氏傳：「楚棄疾立，諸侯懼之，故同盟。公不與盟，晉罪公，使不與盟。雖欲辱公，然得不與同盟之罪，實爲幸也。」

○胡氏傳：「會與盟同地，再書平丘者，書之重，詞之複，其間必有美惡焉。再書平丘，惡之也。其惡之何也？主盟中國，而矜威力，迫諸侯，信夷訴，以絶兄弟，逞私憤，間憂疑。詞繁而不殺，惡其競力不道，爲後世鑒也。」

○杜氏注：「公不與盟，非國惡，故不諱。」

○胡氏傳：「臣子之於君父，隱諱其恥，禮也。十二國會于平丘，公獨見辭，不得與盟，斯亦可恥矣，直書其事而不隱，何也？晉主此盟，德則不競，矜兵甲之威，肆脅持之術，以諸侯要天子之老而歃血，以中國同惴夷狄簒立之主而結盟，無禮義忠信誠慤之心，而以威詐莅之。具此五不韙者，得不與焉，幸也！聖人筆削春秋，凡魯君可恥者，必爲之隱諱。至會于沙隨而公不得見，盟于平丘而公不得與，衆人常情，必深沮喪以爲辱矣。仲尼推明其故，自反而縮，雖晉國之嚴不可及也。彼以其威，我以其理，彼以其勢，我以其義。夫何歉乎哉！直書其事，示後世立身行己之道也，其垂訓之用大矣！」

晉人執季孫意如以歸。

○胡氏傳：「稱人以執，非伯討也。自文公以來，公室微弱，三家專魯，而季氏罪之首也。宿及意如尤爲强逼，元年伐莒疆鄆，十年伐莒取郠[二]，中分魯國以自封植，而使其君民食於家，不臣甚矣，何以爲非伯討乎？晉人若按莒、邾所有無之狀，究南蒯、子仲奔叛之因，告於諸侯，以其罪執之，請於天子，以大義廢之，選於魯卿，更意如之位，收斂私邑，爲公室之民，使政令在君，三家臣順，則方伯之職修矣。今魯與邾通好，初未有朝夕伐莒，而鄆、郠之役，又非昭公意也，徒以邾、莒之言曰：『我之不共，魯故之以。』遂辭魯君而執意如，則是意在貨財而不責其無君臣之義也，何得爲伯討乎？稱人以執，罪晉之偷也。」

公至自會。

蔡侯廬歸于蔡。陳侯吴歸于陳。

○左氏傳：「楚之滅蔡也，靈王遷許、胡、沈、道、房、申於荆焉。平王即位，既封陳、蔡，而皆復之。滅蔡在十二年，許、胡、沈，小國也。道、房、申，皆故諸侯，楚滅以爲邑。荆，荆山也。汝南有吴防縣，即防國。隱大子之子廬歸于蔡。悼大子之子吴歸于陳。」

○公羊傳：「此皆滅國也，其言歸何？不與諸侯專封也。」故使若有國者自歸者也。○泰山孫氏曰：「楚靈滅之，楚平既

[二] 郠，底本作「鄆」，據春秋胡氏傳改。

立，將矯楚靈之惡，以說中國也，故復二國之後。然則楚靈〔一〕滅之，楚平復之，善與非善也。聖王不作，諸侯不振，二國之命制在夷狄故也。孔子以陳、蔡自歸爲文，所以抑〔二〕强夷而存中國也。」○常山劉氏曰：「陳、蔡者，先王之建〔三〕國，非楚可滅，非楚可復也。故書爵歸，言二國之嗣位，其所固有，國其所宜歸也。」○胡氏傳：「棄疾封之，可謂有奉矣。不言自楚者，不與楚子之得封也。」

○常山劉氏曰：「二君名者，素非諸侯，至此始立也。」

○胡氏傳：「陳，列聖之後；蔡，王室之親。見滅於楚虔，而諸侯不能救，復封於棄疾，而諸侯不能與，是以夷狄制諸夏也。聖人至是懼之甚，奮有不得已焉。制春秋爲後法，大要皆天子之事也，其義則以公天下爲心，興滅國，繼絶世，異於自私其身，欲擅而有之者，故書法如此。爲天下國家而不封建，欲望先王之治，難矣。」

冬，十月，葬蔡靈公。

○左氏傳：「葬蔡靈公，禮也。」穀梁傳：「變之不葬有三，失德否葬，弒君不葬，滅國不葬。然且葬之，不與楚滅也。」

○陸氏纂例：「國復乃葬，凡三十一月。」

公如晉，至河乃復。

〔一〕靈，底本闕，據孙復春秋尊王發微補。

〔二〕抑，底本闕，据孙復春秋尊王發微補。

〔三〕建，底本闕，劉絢原書已佚，據张治春秋集注補。

○左氏傳：「公如晉，荀吴謂韓宣子曰：『諸侯相朝，講舊好也。執其卿而朝其君，有不好焉，不如辭之。』乃使士景伯辭公于河。」

吴滅州來。

○左氏傳：「吴滅州來。楚令尹子期請伐吴，王弗許，曰：『吾未撫人民，未事鬼神，未修守備，未定國家，而用民力，敗不可悔。州來在吴，猶在楚也。子姑待之。』」

○泰山孫氏曰：「州來，附庸。」蘇氏曰：「楚之附庸。」

春秋卷第二十二

春秋綱領

張洽撰

〇論語：「堯曰：『咨！爾舜！天之曆數在爾躬，允執其中。四海困窮，天禄永終。』舜亦以命禹。曰：程子云：「『曰』上〔一〕少『湯』字。」『予小子履，敢用玄牡，敢昭告于皇皇后帝：有罪不敢赦。帝臣不蔽，簡在帝心。朕躬有罪，無以萬方；萬方有罪，罪在朕躬。』周有大賚，善人是富。『雖有周親，不如仁人。百姓有過，在予一人。』謹權量，審法度，修廢官，四方之政行焉。興滅國，繼絶世，舉逸民，天下之民歸心焉。所重：民、食、喪、祭。寬則得衆，信則民任焉，敏則有功，公則説。」

〔一〕二程遺書無「曰上」。

○「顔淵問爲邦。子曰：『行夏之時，寅爲人正。時以作事，當以人爲紀，故取之。乘殷之輅，得質之中。服周之冕，得文之中。樂則韶舞。放鄭聲，遠佞人。鄭聲淫，佞人殆。』」

○「子張問：『十世可知也？』子曰：『殷因於夏禮，所損益，可知也；周因於殷禮，所損益，可知也；其或繼周者，雖百世可知也。』」所因，謂三綱五常。所損益，謂文質三統也。

○「子曰：『道千乘之國：敬事而信，節用而愛人，使民以時。』」

○「子曰：『晉文公譎而不正，齊桓公正而不譎。』」

○「子曰：『齊一變至於魯，魯一變至於道。』」

○「孔子曰：『天下有道，則禮樂征伐自天子出；天下無道，則禮樂征伐自諸侯出。自諸侯出，蓋十世希不失矣；自大夫出，五世希不失矣；陪臣執國命，三世希不失矣。天下有道，則政不在大夫。天下有道，則庶人不議。』孔子曰：『禄之去公室，五世矣；政逮於大夫，四世矣；故夫三桓之子孫，微矣。』」

○「子曰：『夷狄之有君，不如諸夏之亡也。』」

○「陳成子弑簡公。孔子沐浴而朝，告於哀公曰：『陳恒弑其君，請討之。』公曰：

『告夫三子！』孔子曰：『以吾從大夫之後，不敢不告也。君曰「告夫三子」者。』之三子告，不可。孔子曰：『以吾從大夫之後，不敢不告也。』」

○孟子曰：「世衰道微，邪説暴行有作，臣弒其君者有之，子弒其父者有之。孔子懼，作春秋。春秋，天子之事也。是故孔子曰：『知我者其惟春秋乎！罪我者其惟春秋乎！』」公羊傳：「子曰：『春秋之信史也。其事[一]，則齊桓、晉文；其會，則主會者爲之也；其詞，則丘有罪焉爾。』」亦此意也。

「昔者禹抑洪水而天下平，周公膺戎[二]狄、驅猛獸而百姓寧，孔子成春秋而亂臣賊子懼。」

○「王者之迹熄而詩亡，詩亡然後春秋作。晉之乘，楚之檮杌，魯之春秋，一也。其事則齊桓、晉文，其文則史。孔子曰：『其義則丘竊取之矣。』」

○「春秋無義戰。彼善於此，則有之矣。征者，上伐下也，敵國不相征也。」

○史記：「魯哀公十四年春，狩于大野，獲麟。孔子曰：『吾道不行矣！』乃因史記作春秋，上至隱公，下訖哀十四年。約其文詞而指博。故吳、楚之君自稱王，而春秋貶之

[一] 事，公羊傳作「序」。

[二] 膺戎，孟子作「兼夷」。

曰『子』；踐土之會，實召周天子，而春秋諱之曰『天王狩于河陽』，推此類以繩當世。孔子在位聽訟，文詞有可與人共者，弗獨有也。至於爲春秋，筆則筆，削則削，子夏之徒不能贊一詞。」

○莊周氏曰：「春秋經世，先王之志也，聖人議而不辯。」又曰：「春秋以道名分。」

○公羊氏曰：「春秋何以始乎隱？祖之所逮聞也。何以終乎哀十四年？曰：『備矣！』君子曷爲爲春秋？撥亂世，反之〔一〕正，莫近諸春秋。」

○漢董氏曰：「孔子知時之不用，道之不行，是非二百四十二年之中，以爲天下儀表，貶諸侯，討大夫，以達王事。曰：『我欲載之空言，不如見之行事之深切著明也。』有國者不可不知春秋，前有讒而不見，後有賊而不知；爲人臣者不可不知春秋，守經事而不知其宜，遭變事而不知其權；爲人君父而不通於春秋之義者，必蒙首惡之名；爲人臣子而不通於春秋之義者，必陷篡弑誅死之罪。其實皆以善爲之，而不知其義，被之空言不敢辭。故春秋者，禮義之大宗也。」

〔一〕之，公羊傳作「諸」。

○隋王通氏曰：「春秋之於王道，是輕重之權衡，曲直之繩墨也。」

○濂溪周子曰：「春秋正王道、明大法也，孔子爲後世王者而修也。亂臣賊子誅死者於前，所以懼生者於後也。宜乎萬世無窮，王祀孔子〔一〕，報德報功之無盡焉。」

○河南邵氏曰：「春秋，孔子之刑書也。功過不相揜。五伯者，功之首，罪之魁也。先定五伯之功過而學春秋，則大意立矣。春秋之間，有功者，未有大於四國者也；有過者，亦未有大於四國者也。不先治五伯之功過，則事無統理，不得聖人之心也。」

○横渠張氏曰：「春秋之書，在古無有，乃仲尼所自作，惟孟子爲能知之。非理明義精，殆未可學。先儒未及此而治之，故其説多鑿。」

○伊川程氏曰：「詩、書載道之文，春秋聖人之用。詩、書如藥方，春秋如用藥理病〔二〕，聖人之用全在此書，所謂『不如載之行事之深切著明』者也。」又曰：「五經之有春秋，猶法律之有斷例也。律令惟言其法，至於斷例，始見其法之用。」又曰：「學春秋亦

〔一〕孔子，周敦頤通書作「夫子」。
〔二〕理病，二程遺書作「治疾」。

善，一句是一事，是非便見於此，乃窮理之要。他經非不可窮理也，但論其義耳。春秋因其行事，是非較著，故窮理爲要。春秋以何爲準？無如中庸。欲知中庸，無如權，須是時而爲中。中非手足胼胝，閉户不出之間所可取也。視其當然之時，則閉户胼胝，各爲其中也。權之爲言，稱錘之謂也。何物爲權？義也。時〔二〕也亦只説到義，以上更難説，在人自看如何。」又曰：「春秋，傳爲按，經爲斷。」又曰：「春秋之法極謹嚴。中國而用夷禮，則夷之。韓子之言，深得其旨。」

○又作春秋傳序，曰：「天之生民，必有出類之才，起而君長之，治之而爭奪息，導之而生養遂，教之而倫理明，然後人道立，天道成，地道平。二帝而上，聖賢世出，隨時有作，順乎風氣之宜，不先天一作時。以開人，各因時而立政。暨乎三王迭興，三重既備，子丑寅之建正，忠質文之更尚，人道備矣，天運周矣。聖王既不復作，有天下者雖欲倣古之跡，亦私意妄爲而已。事之謬，秦至以建亥爲正；道之悖，漢專以智力持世。豈復知先王之道也？夫子當周之末，以聖人不復作也，順天應時之治不復有也，於是作春秋，爲

〔二〕時，二程遺書作「然」。

百王不易之大法。所謂『考諸三王而不謬，建諸天地而不悖，質諸鬼神而無疑，百世以俟聖人而不惑』者也。先儒之傳〔二〕曰：『游、夏不能贊一辭。』辭不待贊也，言不能與於〔三〕斯耳。斯道也，惟顔子嘗聞之矣：『行夏之時，乘殷之輅，服周之冕，樂則韶舞』，此其準的也。後世以史視春秋，謂褒善貶惡而已，至於經世之大法，則不知也。春秋大義數十，其義雖大，炳如日星，乃易見也。惟其微辭隱義，時措從宜者，爲難知也：或抑或縱，或與或奪，或進或退，或微或顯，而得乎義理之安，文質之中，寬猛之宜，是非之公，乃制事之權衡，揆道之模範也。夫觀百物然後識化工之神，聚衆材然後知作室之用。於一事一義而欲窺聖人之用心，一本無心字。非上智不能也。故學春秋者，必優游涵泳，默識心通，然後能造其微也。」

○又曰：「春秋大率所書事同則辭同，後人因謂之例，然有事同辭異者，蓋各有義，非可例拘也。」又曰：「有重疊言者，如征伐盟會之類。蓋欲成書，勢須如此，不可事事各求異義。但一字有異，或上下文異，則

〔二〕傳，春秋傳序作「論」。

〔三〕於，原本闕，據春秋傳序補，宋德祐元年衛宗武華亭義塾刻本作「與」。

義須別。」又曰：「春秋之文，一一意在示人，如土功之事，無大小一一書之，其意止欲人君慎重民力也。」○胡氏曰：「詞同者，正例也。詞異，則其例變矣。正例非聖人莫能立，變例非聖人莫能裁。惟窮理精義以學春秋者，於例中見法，例外通例也。」

○武夷胡氏曰：「春秋，魯史爾。仲尼就加筆削，乃史外傳心之要典也。孟氏又發明宗旨，以爲天子之事者。周道衰微，乾綱解紐，亂臣賊子接迹當世，人欲肆而天理滅矣。仲尼，天理之所在，不以爲己任而誰可？五典弗惇，己所當叙；五禮弗庸，己所當秩；五服弗章，己所當命；五刑弗用，己所當討。故假魯史以寓王法，撥亂世，反之正。叙先後之倫，而典自此可惇；秩上下之分，而禮自此可庸。有德必褒，而善可勸；有罪必貶，而惡可懲。其志存乎經世，其功配於抑洪水、膺戎狄、放龍蛇、驅虎豹，其大要皆天子之事也。故曰：『知我罪我者，其惟春秋乎！』知孔子者，謂此書遏人欲於横流，存天理於既滅，爲後世慮至深遠也；罪孔子者，無其位而託二百四十二年南面之權，使亂臣賊子禁其欲而不得肆，則戚矣。是故春秋之作，公好惡，則發乎詩之情；酌古今，則貫乎書之事；興常典，則體乎禮之經；本忠恕，則導乎樂之和；著權制，則盡乎易之變。百王之法度，萬世之準繩，皆在此書。故君子以爲〔一〕五經之有春秋，猶法律之有斷例也。學是經者，信窮理之要；不學是經，而處大事、決大疑能不惑者，鮮矣。去聖既遠，欲因遺經窺測聖人之用，豈易能乎？然世有先後，人心所同然者，一爾。苟得其所同然者，雖越宇宙，若見聖人親炙之也，而春秋之權度在我矣。」

○又曰：「傳春秋者三家，左氏敘事見本末，公羊、穀梁詞辯而義精。學經以傳爲按，則當閱左氏；玩詞以義爲主，則當習公、穀。如載惠公元妃、繼室及仲子之歸于魯，即隱公兄弟嫡庶之辨、攝讓之實，可按而知也。當閱左氏，謂此類也。若夫來賵仲子，以爲豫凶事，則誣矣。王正月之爲大一統，及，我欲之，暨，不得已也。當習公羊氏，謂此類也。母以子貴，媵妾許稱夫人，則亂矣。段，弟也，弗謂弟；公子也，弗謂公子。賤段而甚鄭伯之處心積慮，成於殺也。當習穀梁氏，謂此類也。若夫曲生條例，以大夫日卒爲正，則鑿矣。萬物紛錯懸諸天，衆言淆亂折諸聖。要在反求於心，斷之以理，精擇而慎取之，則美玉之與武砆，必有能辨之者。」左氏釋經雖簡，而博通諸史，敘事尤詳，能令百代之下頗見本末，其有功

〔一〕爲，胡安國春秋傳作「謂」。

於春秋爲多。公、穀釋經，其義皆密，如衛州吁以稱人爲討賊之辭也；公薨。不地，故也。不書葬，賊不討，以辠下也。若此之類，深得聖人誅亂臣、討賊子之意。考其源流，必有端緒，非曲説所能及也。啖、趙謂三傳所記，本皆不謬，義則口傳，未形竹帛。後代學者妄加附益，轉相傳授，浸失本真。故事多迂誕，理或舛駁。其言信矣。然則學者於三傳，忽焉而不習，則無以知經；習焉而不察，擇焉而不精，則春秋之弘意大旨，簡易明白者，汨於僻説，愈晦而不顯矣。

宋史　張洽傳

張洽字元德，臨江之清江人。父紱，第進士。洽少穎異，從朱熹學，自六經傳注而下，皆究其指歸，至於諸子百家、山經地志、老子浮屠之説，無所不讀。嘗取管子所謂「思之思之，又重思之，思之不通，鬼神將通之」之語，以爲窮理之要。熹嘉其篤志，謂黄榦曰：「所望以永斯道之傳，如二三君者不數人也。」

時行社倉法，洽請於縣，貸常平米三百石，建倉里中，六年而歸其本於官，鄉人利之。嘉定元年中第，授松滋尉。湖右經界不正，弊日甚，洽請行推排法，令以委洽。洽於是令民自實其土地疆界産業之數投于匱，乃籌覈而次第之，吏姦無所匿。其後十餘年，訟者猶援以爲證云。

改袁州司理參軍。有大囚，訊之則服，尋復變異，且力能動摇官吏，累年不決，而逮繫者甚衆。洽以白提點刑獄，殺之。有盜黠甚，辯不能折。會獄有兄弟爭財者，洽諭之曰：「訟于官，祇爲胥吏之地，且冒法以求勝，孰與各守分以全手足之愛乎？」辭氣懇切，訟者感悟。盜聞之，自伏。民有殺人，賄其子焚之，居數年，事敗，洽治其獄無狀，憂之，且白郡委官體訪。俄夢有人拜于庭，示以傷痕在脅。翌日，委官上其事，果然。

郡守以倉廩虚，籍倉吏二十餘家，命洽鞫之，洽廉知爲都吏所賣。都吏者，州之巨蠹也，嘗干於倉不獲，故以此中之。洽度守意鋭未可嬰，姑繫之，而密令計倉庾所入以白守曰：「君之籍二十餘家者，以胥吏也。今校數歲之中所入，已豐於昔，由是觀之，胥吏妄矣。君必不忍受胥吏之妄，而籍無罪之家也。若以罪胥吏，過乃可免。」守悟，爲罷都吏，而免所籍之家。

知永新縣。一日謁告，聞獄中榜笞聲，蓋獄吏受賕，乘間訊囚使誣服也。洽大怒，亟執付獄，明日以上于郡，黥之。湖南覊寇作亂，與縣接壤，民大恐。洽單車以往，邑佐、寓士交諫，弗聽。至則寇未嘗至，乃延見隅官，訪利害而犒之，因行安福境上，結約土豪，得其懽心。未幾，南安舒寇將犯境，聞有備，乃去。

以江東提舉常平薦，通判池州。獄有張德脩者，誤蹴人以死，獄吏誣以故殺，洽訊而疑之，請再鞫，守不聽。會提點常平袁甫至，時方大旱，禱不應，洽言于甫曰：「漢、晉以來，濫刑而致旱，伸冤而得雨，載於方册可攷也。今天大旱，焉知非由德脩事乎？」甫爲閱款狀於獄，德脩遂從徒罪。復白郡請蠲征税，寬催科，以召和氣，守爲寬税。三日果大雨，民甚悦。洽數以病請祠，至是主管建昌仙都觀，以慶壽恩賜緋衣、銀魚。

時袁甫提點江東刑獄，甫以白鹿書院廢弛，招洽爲長。洽曰：「嘻，是先師之迹也，其可辭！」至則選好學之士日與講説，而汰其不率教者。凡養士之田乾没於豪右者復之。學興，卽謝病去。

端平初，大臣多薦洽，召赴都堂審察，洽以疾不赴，乃除祕書郎，尋遷著作佐郎。度正、葉味道在經幄，帝數問張洽何時可到，將以説書待洽，洽固辭，遂除直祕閣，主管建康崇禧觀。嘉熙元年，以疾乞致仕，十月卒，年七十七。

洽自少用力於敬，故以「主一」名齋。平居不異常人，至義所當爲，則勇不可奪。居閒不言朝廷事，或因災異變故，輒顰蹙不樂，及聞一君子進用，士大夫直言朝廷得失，則喜見顏色。所交皆名士，如呂祖儉、黄榦、趙崇憲、蔡淵、吴必大、輔廣、李道傳、李燔、葉味道、李閎祖、李方子、柴中行、真德秀、魏了翁、李壆、趙汝譜、陳貴誼、杜孝嚴、度正、張嗣古，皆敬慕之。卒後一日，有旨除直寶章閣。所著書有春秋集注、春秋集傳、左氏蒙求、續通鑑長編事略、歷代郡縣地理沿革表、文集。

子檖、橒，賜同進士出身。

端平元年八月初一日尚書省付臨江軍

詢訪張洽著述劄子〔一〕

訪聞臨江軍新宮觀張祕著居家力學，多有著成書，有裨治道，可備乙覽，須議指揮。

右劄付臨江軍，令守臣以禮延請，詢訪件目。差能書吏人，齎紙扎，如法謄寫。就委本官點對無差悮，並繳申尚書省，以憑投進。準此。

端平元年八月初壹日　押

押　押

〔一〕題目爲整理者所擬。

端平元年九月臨江軍牒〔一〕

上觀使著作秘閣郎中

今月初五日，準安撫使衙牌筒備準尚書省劄子，訪聞臨江軍新宫觀張祕著居家力學，多有著成書，有裨治道，可備乙覽。劄付臨江軍，令守臣以禮延請，詢訪件目。差能書吏人，齎紙扎，如法謄寫。就委本官點對無差悮，並繳申尚書省，以憑投進。須至公文牒。除已委請司户趙從事，並差虞候萬宣齎牒劄前去禮請。今請候到，幸詳省劄指揮事理施行。仍希公文回報。謹牒。

端平元年九月　日　牒

牒上　觀使著作祕閣郎中

〔一〕題目爲整理者所擬。

文林郎臨江軍司理叅軍權判官通判趙

文　林　郎　臨　江　軍　判　官　董　差出

宣教郎通判臨江軍兼管内勸農營田事葉　試院

朝請大夫知臨江軍兼管内勸農營田事潘　剛中　押〔二〕

〔二〕　華亭義塾本中本牒文列於省劄之前，且無「剛中押」三字。

端平元年九月張洽申臨江軍請修改著述候允當進書狀（附小帖子）〔一〕

玖月初柒日，承使軍牒，并差委司户趙從事親至洽所居，爲準省劄指揮，令本軍詢訪洽所著書件目謄寫，申尚書省，以憑投進。證得洽舊嘗私著春秋集傳、春秋集注及歷代郡縣地理沿革表。雖已粗成篇秩，其間亦有未曾修改定本。今來忽準朝旨令行繳納，竊惟洽學術踈淺，斐然有述，止以自備遺忘而已。初未嘗敢以著書自名，不謂上關朝聽。特蒙行下取索，且將以上備乙覽。其在草野愚儒，雖知非稱，其敢以蕪陋爲辭！容日下一面修改校定，俟得允當，却容賫本申納使軍，差人繕寫，繳申朝省。謹先具狀遵禀，欲乞先次備申尚書省照會施行，須至申聞者。

〔一〕題目爲整理者所擬。

右謹具申臨江軍使衙伏望指揮施行。

端平元年九月　日　朝奉郎直祕閣主管建康府崇禧觀賜緋魚袋〔一〕張洽　狀

小貼子

洽照得紹興間侍讀給事胡公被旨纂修所著春秋傳，書内本文及已見援引它書，應有犯淵聖御名及本朝廟諱，並不改易本字，但缺點畫，爲字不成，覆以黄紙。今來洽所繳申三件書内，有與前項事理一同，雖昨來不曾申明，輒敢冒昧遵用紹興已降指揮體例，並依本字修寫，覆以黄紙，以彰聖朝尊經術、開不諱之盛德。所是洽冒昧僭越之罪，伏候朝廷指揮。

〔一〕華亭義塾本無「魚袋」。

中外哲學典籍大全·中國哲學典籍卷

已出版書目

《讀禮疑圖》，〔明〕季本著，胡雨章點校。

《王制通論》《王制義按》，程大璋著，吕明烜點校。

《關氏易傳》《易數鈎隱圖》《删定易圖》，劉严點校。

《易說》，〔清〕惠士奇著，陳峴點校。

《易漢學新校注（附易例）》，〔清〕惠棟著，谷繼明校注。

《春秋尊王發微》，〔宋〕孫復著，趙金剛整理。

《春秋師説》，〔元〕黄澤著，〔元〕趙汸編，張立恩點校。

《宋元孝經學五種》，曾海軍點校。

《孝經集傳》，〔明〕黄道周撰，許卉、蔡傑、翟奎鳳點校。

《孝經鄭注疏》《孝經講義》，常達點校。

《孝經鄭氏注箋釋》，曹元弼著，宫志翀點校。

《孝經學》，曹元弼著，宫志翀點校。

《四書辨疑》，〔元〕陳天祥著，光潔點校。

《小心齋劄記》，〔明〕顧憲成著，李可心點校。

《太史公書義法》，孫德謙著，吴天宇點校。

《肇論新疏》，〔元〕文才著，夏德美點校。

《張九成集》，〔宋〕張九成著，李春穎點校。

《周易口義》，〔宋〕胡瑗著，白輝洪、于文博、［韓］徐尚賢點校。

《周易外傳校注》,〔清〕王夫之著，谷繼明校注。

《周易内傳校注》,〔清〕王夫之著，谷繼明、孟澤宇校注。

《春秋集注》,〔宋〕張洽著，蔣軍志點校。

《春秋集傳》,〔宋〕張洽著，陳峴點校。

《錢時著作三種》,〔宋〕錢時著，張高博點校。

《涇皋藏稿》,〔明〕顧憲成著，李可心點校。

《周易玩辭》,〔宋〕項安世著，杜兵點校。

《高子遺書》,〔明〕高攀龍著，李卓點校。

《周易學》，曹元弼著，周小龍點校。

《春秋屬辭》,〔元〕趙汸著，張立恩整理。

《春秋釋例》,〔晉〕杜預著，徐淵整理。

《春秋闕疑》,〔元〕鄭玉著，張立恩點校。

更多典籍敬請期待……